DAS GROSSE REISEBUCH
DEUTSCHLAND

DAS GROSSE REISEBUCH

DEUTSCHLAND

NAUMANN & GÖBEL

DAS GROSSE REISEBUCH DEUTSCHLAND

© Naumann & Göbel Verlagsgesellschaft mbH
in der VEMAG Verlags- und Medien Aktiengesellschaft, Köln

Kartographie: Kartographisches Institut und Verlag G. Nabert, Frankfurt/Main
Bildredaktion und Bildquellen: Grafik & Foto Design Dieter Blase, Steinfurt
Gesamtherstellung: Naumann & Göbel Verlagsgesellschaft mbH

Der Verlag hat mit großer Sorgfalt auf Aktualität und Richtigkeit des Karteninhalts
sowie der genannten Adressen zum Zeitpunkt der Drucklegung geachtet.
Dennoch können wir keine Verantwortung für Fehler, Mängel, Veränderungen
oder bei Redaktionsschluss nicht bekannte Änderungen übernehmen.

Dieses Werk berücksichtigt die neue deutsche Rechtschreibung

ISBN 3-625-10653-1

Die Reisegebiete
und die entsprechenden Straßenkarten

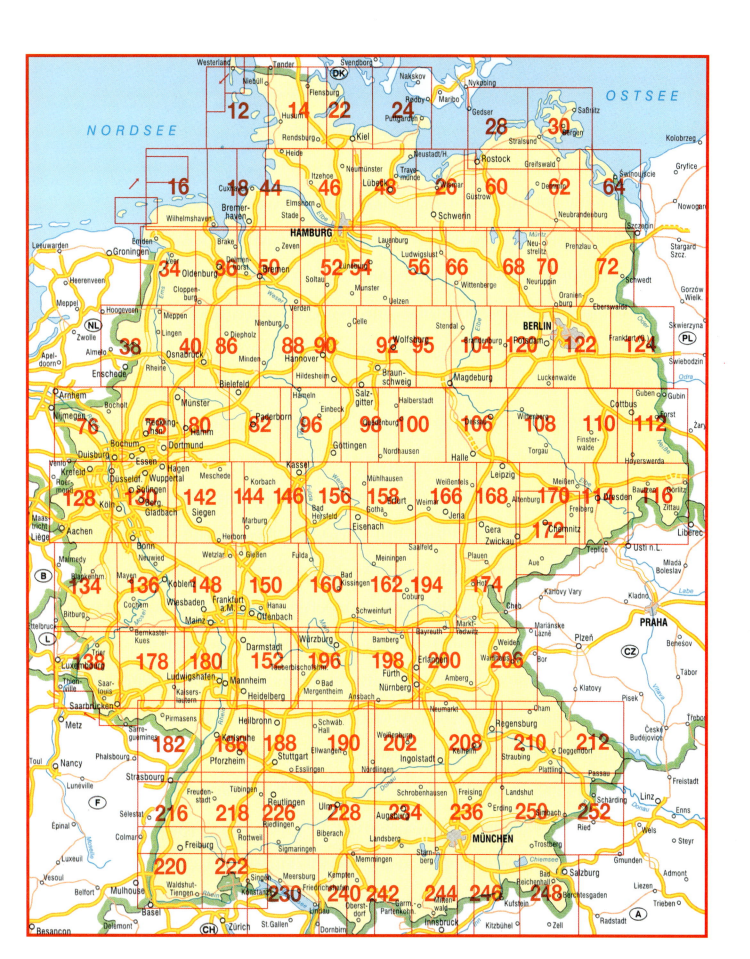

Inhalt

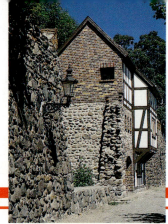

Inhalt

Zeichenerklärung zu den Straßenkarten

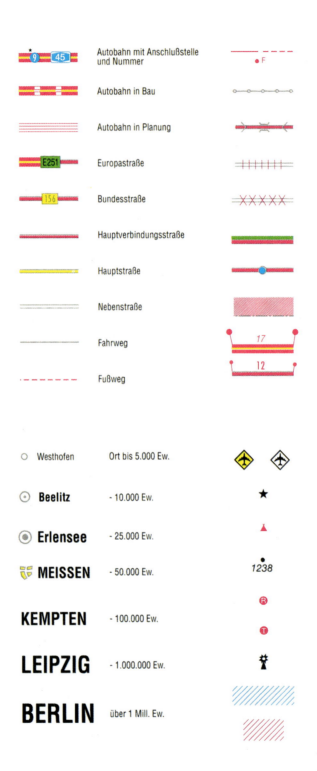

	Autobahn mit Anschlußstelle und Nummer	● F
	Autobahn in Bau	
	Autobahn in Planung	
E251	Europastraße	
156	Bundesstraße	
	Hauptverbindungsstraße	
	Hauptstraße	
	Nebenstraße	
	Fahrweg	17
	Fußweg	12

○ Westhofen	Ort bis 5.000 Ew.	
⊙ **Beelitz**	– 10.000 Ew.	★
◉ **Erlensee**	– 25.000 Ew.	▲
MEISSEN	– 50.000 Ew.	1238
KEMPTEN	– 100.000 Ew.	Ⓡ
		Ⓣ
LEIPZIG	– 1.000.000 Ew.	
BERLIN	über 1 Mill. Ew.	

0	5	10	15	20	25	30 km

0	5	10	15 miles

Naturparks in Deutschland

Idyllisches Ostfriesland

Störtebeker-Denkmal in Marienhafe

Expedition ins Wattenmeer

Krabbenkutter im Wattenmeer

An den Kais von Bremerhaven

Die Nordsee
und die friesischen Inseln

Ebbe und Flut sind im Gegensatz zur eher milden Ostsee die rhythmischen Elemente der rauhen Nordsee. Land, Meer und Himmel sind der Dreiklang, der die tischebene Marschenlandschaft prägt. Der blanke Hans hat über die Jahrhunderte hinweg Land und Leute hinter haushohe Deiche getrieben, und dennoch ist dieses herbe Stück Land zu einem Lieblingsurlaubsziel geworden. Viel dazu beigetragen haben die Inseln, vom ursprünglichen Borkum bis zum eher feinen Sylt. Eines steht in jedem Falle fest: Wer hier Urlaub macht, kommt erholt zurück.

Sonnenuntergang über Pellworm

Leikenhusen auf Utholm

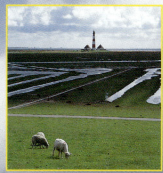
Leuchtturm in Westerhever

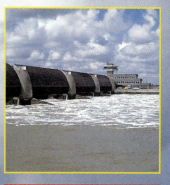
Land und Meer: Eider-Sperrwerk

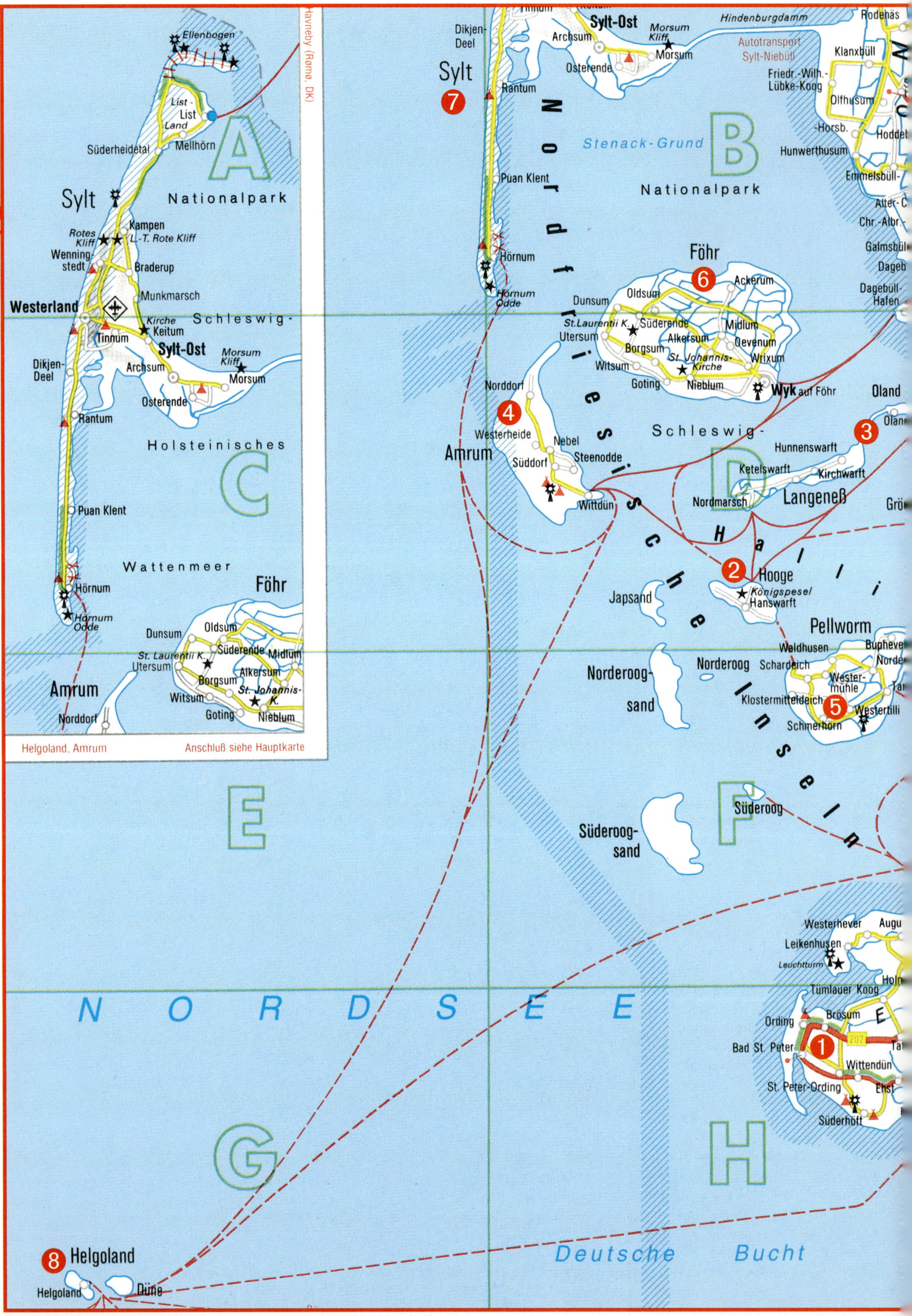

Ellenbogen

List
List
Land
Süderheidetal
Mellhörn

Sylt

Nationalpark

Rotes
Kliff
Kampen
L.-T. Rote Kliff
Wenning-
stedt
Braderup
Munkmarsch

Westerland
Schleswig-
Kirche
Keitum
Tinnum
Sylt-Ost
Morsum
Kliff
Archsum
Morsum
Dikjen-
Deel
Osterende
Rantum

Holsteinisches

Puan Klent

Wattenmeer
Föhr

Hörnum
Hörnum
Odde
Dunsum
Oldsum
Süderende
Midlum
St. Laurentii K.
Utersum
Alkersum
St. Johannis-
K.
Amrum
Borgsum
Witsum
Norddorf
Goting
Nieblum

Helgoland, Amrum
Anschluß siehe Hauptkarte

E

C

Havneby (Rømø, DK)

Sylt
7

Tinnum
Archsum
Sylt-Ost
Dikjen-
Deel
Osterende
Morsum
Kliff
Morsum
Rantum

Hindenburgdamm
Rodenäs
Klanxbüll
Autotransport
Sylt-Niebüll
Friedr.-Wilh.-
Lübke-Koog
Olfhusum
Hoddet

Nordfriesische
Nordfriesisches

Stenack-Grund

Nationalpark

Hunwerthusum

Alter-C
Chr.-Albr.
Galmsbüll
Dageb
Dagebüll-
Hafen

Puan Klent

Föhr
6
Ackerum
Dunsum
Oldsum
St. Laurentii K.
Süderende
Utersum
Midlum
Alkersum
Qevenum
Borgsum
St. Johannis-
Kirche
Wrixum
Witsum
Goting
Nieblum
Wyk auf Föhr

Hörnum
Hörnum
Odde

Norddorf
Oland
Olan
3

Westerheide
Schleswig-
Hunnenswarft
Amrum
Nebel
Steenodde
Ketelswarft
Kirchwarft
Süddorf
Nordmarsch
Langeneß
Grö
Wittdün

2
Königspesel
Hooge
Hanswarft

Japsand
Pellworm

Waldhusen
Bupheve
Norderoog
Scharddeich
Norde
Wester-
mühle
Norderoog-
sand
Klostermitteldeich
5
Westertilli
Ta
Schmerhorn

Süderoog

Süderoog-
sand

F

D

Schleswigsche Inseln

B

A

Westerhever
Augu
Leikenhusen
Leuchtturm
Holn

Tümlauer Koog
Brösum
Ording
E
Bad St. Peter
1
Tai
Wittendün
St. Peter-Ording
Ehs
Süderhöft

N O R D S E E

G

H

8 **Helgoland**
Helgoland
Düne

Deutsche Bucht

Wasser, Watt und Wind: Halligen und Inseln im Norden

Von St. Peter Ording führen die B 202 und B 5 zu den nördlich gelegenen Häfen, von denen aus die einzigartigen Halligen und die Nordfriesischen Inseln zu erreichen sind. Huckepack auf dem Autotransport über den berühmten Hindenburgdamm wird die Insel Sylt erreicht. Herrliche Sandstrände, Wattwanderungen und eine Vielzahl von Sehenswürdigkeiten erwarten den Besucher.

Leikenhusen auf Utholm

Attrakionen

Auf der B 202 über die Halbinsel Eiderstedt nach ❶ **St. Peter Ording**: 980 m lange **Seebrücke**, die zur vorgelagerten Sandbank führt.

Leuchtturm in Westerhever

Mit der Fähre von Schlüttsiel nach der ❷ **Hallig Hooge**: Sie gilt als landschaftlich schönste Hallig, sehenswert ist der **Königspesel** (1776).

Mit der Fähre von Schlüttsiel nach der ❸ **Hallig Langeneß**: Die größte Hallig bildet mit Oland den Abschluss der Halligenwelt im Norden; eine Besichtigung wert ist die neugotische **Kirche**, eine **Friesenstube** auf der Hokenwarft sowie das **Museum Kapitän Tadsen** auf der Ketelswarft.

Mit der Fähre von Schlüttsiel oder Dagebüll oder mit der Fähre von Wyk auf Föhr nach ❹ **Amrum**: Schöner Rundblick von der Plattform des **Leuchtturms**, 5 km Rundweg um Wittdün auf Amrum mit 1,5 km langen **Bohlensteg** durch die Dünen; besuchenswert ist das

alte Friesendorf **Nebel** mit der **St.-Clemens-Kirche** sowie dem in einer alten Windmühle beherbergten **Heimatmuseum**; in Norddorf beginnt der 6 km lange **Wattwanderweg** nach Föhr, der nur mit Führung angetreten werden sollte.

Freizeit und Kultur

Von Strucklahnungshörn auf der Halbinsel Nordstrand mit der Autofähre nach ❺ **Pellworm**: **Turmruine** (13. Jh.), **Neue Kirche** mit goldenem Altarblatt (1634), **Wohnhaus** des Inselvogts **Detlef von Liliencron**, zwei kleine **Wattenmuseen** mit Funden aus dem Watt.

Mit der Fähre von Dagebüll nach ❻ **Föhr**: Sammlungen zur Inselgeschichte im **Dr.-Häberlein-Friesenmuseum** sowie romanische **St.-Nicolai-Kirche**

Sonnenuntergang über Pellworm

(13. Jh.) in Wyk; sehenswert in Nieblum die spätromanische **St.-Johannis-Kirche** (Friesendom), westlich von Borgsum die Ringwallanlage **Lembecksburg** (Wikingerzeit); lohnend ist die **St.-Laurentius-Kirche** in Süderende bei Utersum; von

Dunsum aus **Wattwanderweg** (6 km) nach Amrum.

Rund ums Auto

Verkehrsfunk
NDR II 98,7 MHz

Mit Autotransport von Niebüll nach ❼ **Sylt**; Sehenswürdigkeiten in Westerland: **Alte Westerländer Dorfkirche** (1635), **Friedhof der Namenlosen**; in Wenningstedt lohnt ein Spaziergang durch den Ortsteil **Braderup** sowie ein Besuch des gut erhaltenen Hünengrabs **Megalithgrab Denghoog**; besuchenswert in Keitum das **Sylter Heimatmuseum**, das **Altfriesische Haus** (1739), die **St.-Severin-Kirche** (13. Jh.) sowie der Grabhügel **Tipkenhoog** (um 1500), in Tinnum ist die Fluchtburg aus der Wikingerzeit **Tinnumsburg** und die **Alte Landvogtei** erwähnenswert.

Fremdenverkehrsverbände

Fremdenverkehrsverband Schleswig-Holstein
24105 Kiel
Niemannsweg 31
Tel.: 0431/5600-0
Nordfriesische Inseln
Arbeitsgemeinschaft
Grüne Küstenstraße
25813 Husum
Am Markt
Tel.: 04841/898730
Sylter Tourismuszentrale GmbH
25980 Tinnum
Keitumer Landstr. 10 b
Tel.: 04651/6026
Bädergemeinschaft Amrum
25946 Wittdün/Amrum
Postfach 1247, Tel.: 04682/891

Spaß für Kinder

Nordseebaden und Sprünge in die Brandung sind das ganze Jahr und bei jeder Witterung möglich im **Freizeitbad Sylter Welle**, das an der Strandpromenade in Westerland wie ein gläserner Schiffsbug ins Meer ragt. Ganzjährig von 10–22 Uhr, sonntags und montags 10–21 Uhr geöffnet, Tel.: 04651/998243.

In ❽ Helgoland: **Schauaquarium** und Freilandbecken für Seehunde.

Regionale Küche

Auf den Nordfriesischen Inseln von Sylt bis Nordstrand sollte man sich fangfrischen Fisch und Meeresfrüchte nicht entgehen lassen; berühmt sind die Sylter Austern. Auf den sturmumpeitschten Inseln weiß man wärmende Getränke zu schätzen: Der Pharisäer wurde auf Nordstrand erfunden. Diese Kaffeespezialität ziert ein Sahnehäubchen, unter dem sich ein kräftiger Schuss Rum verbirgt.

Sylter Austern und ein Glas Wein findet man bei **Gosch** in List/Sylt, Hafen und Hafenstraße 16. Spitzenküche und Regionales bietet **Jörg Müller** in Westerland/Sylt in der Süderstraße 6. Im **Halligblick** auf Nordstrand, Norderhafen 18, genießt man Fischspezialitäten und eine wunderschöne Aussicht.

13

Immer eine frische Brise: Von der Ostsee an die Nordsee

Die A 7 in Richtung Norden führt zur altehrwürdigen Stadt Flensburg mit der nach ihr benannten Förde, direkt an der Grenze zu Dänemark. Auf der B 199 geht es von dort an die Nordsee mit den sehenswerten Städten Niebüll, Bredstedt, Odenbüll auf der Halbinsel Nordstrand bis nach Husum, der Geburtsstadt Theodor Storms: Landschaft, die in die Welt des Schimmelreiters entführt.

Land und Meer: Eider-Sperrwerk

Attraktionen

A 7 Abfahrt ❶ **Flensburg**, welches eine Fülle von Sehenswürdigkeiten bietet: **Kompagnietor** (diente früher als Gildehaus der Schiffer), Staffelgiebelbau **Nordertor** (1595), das Zentrum der dänischen Volksgruppe **Flensborghus** (1725), **Alt-Flensburger Haus** (1780), **St.-Marienkirche** mit einem geschnitzen **Hochaltar** (1598), einer geschnitzen **Kanzel** (1597), dem **Grabmal der Anna von Buchenwald** sowie von Käte Lassen gestaltete **Fenster, Nordermarkt** mit dem **Schrangen**,

Blick über Flensburg

einem 1595 errichteten Gebäude mit Laubengang sowie dem **Neptunenbrunnen** aus dem Jahr 1758, gotische **Heilig-Geist-Kirche, Südermarkt**, angelegt im 14. Jh., Backstein-Hallenkirche **St.-Nikolaikirche** mit berühmtem **Orgelprospekt**, die um 1200 errichtete älteste Kirche der Stadt **St. Johannis, Städtisches Museum** und **Naturwissenschaftliches Heimatmuseum**

Empfehlenswert sind im Sommer Ausflugsfahrten auf der Förde

von Flensburg nach ❷ **Glücksburg**. Sehenswert im Stadtteil Sandwig ist das **Schloss**, eine der schönsten Wasserburgen Deutschlands, im **Schlossgarten** liegt die **Orangerie**.

Freizeit und Kultur

Auf der B 5 nach ❸ **Niebüll** mit dem Autoverladebahnhof zur Fahrt nach Sylt über den Hindenburgdamm: **Friesisches Heimatmuseum, Naturkundliches Heimatmuseum** (Tier und Naturkunde des nordfriesischen Raums), Werke des Malers und Bildhauers **Richard-Haizmann** im gleichnamigen **Museum**.

An der B 5 ❹ **Bredstedt**: spätgotische **Kirche** und **Apotheke**.

Von der B 5 westlich nach ❺ **Odenbüll**: Odenbüller **Kirche** mit spätgotischem Schnitzaltar und Kanzel (16. Jh.).

Auf der B 5 nach ❻ **Husum**: **Schloss** mit alten Kaminen und dem darin untergebrachten **Schlossmuseum**, das **Cornilsche Haus** (1612), am Markt befindet sich das historische **Rathaus** (1601), das **Geburts-**

haus von Theodor Storm sowie der **Asmussen-Woldsen-Brunnen, Ostenfelder Bauernhaus** (historisches Geestbauernhaus), **Storm-Museum** sowie das **Nissenhaus** (nordfriesisches Museum).

Spaß für Kinder

Etwa sieben Kilometer nördlich von Schleswig liegt an der B 201 Richtung Kappeln der kleine Ort Tolk mit dem nördlichsten Freizeitpark Deutschlands: Die ❼ **Tolk-Schau** mit Achterbahn, Autoskooter, Wackelfahrrädern, einer Trampolin-Großanlage und der Wasserrutschbahn »Nautic-

Schloss Glücksburg

Jet«. Geöffnet April bis Oktober, 9–18 Uhr täglich. Finkmoor 1, 24984 Tolk, Tel.: 04622/922.

Regionale Küche

Aus dem Land hinter der Nordseeküste stammt das bei Feinschmeckern begehrte Salzwiesenlamm. Diese Lämmer grasen im Vorland der Deiche; daher ist ihr Fleisch besonders würzig. Die Schleswig-Holsteiner haben eine Vorliebe für Gerichte, in denen Deftiges mit Süßem kombiniert wird: Neben der bekannten Spezialität Birnen, Bohnen und Speck serviert man hier z. B. karamelisierte Bratkartoffeln zum Grünkohl.

Eine der besten Küchen Schleswig-Holsteins findet man in Bargum: In **Andresens Gasthof** an der B 5, Dorfstraße 63. Gute Adressen in Husum sind das **Thomas-Hotel**, Zingel 9, und das **Restaurant im Nordseehotel**, Dockkoog.

15

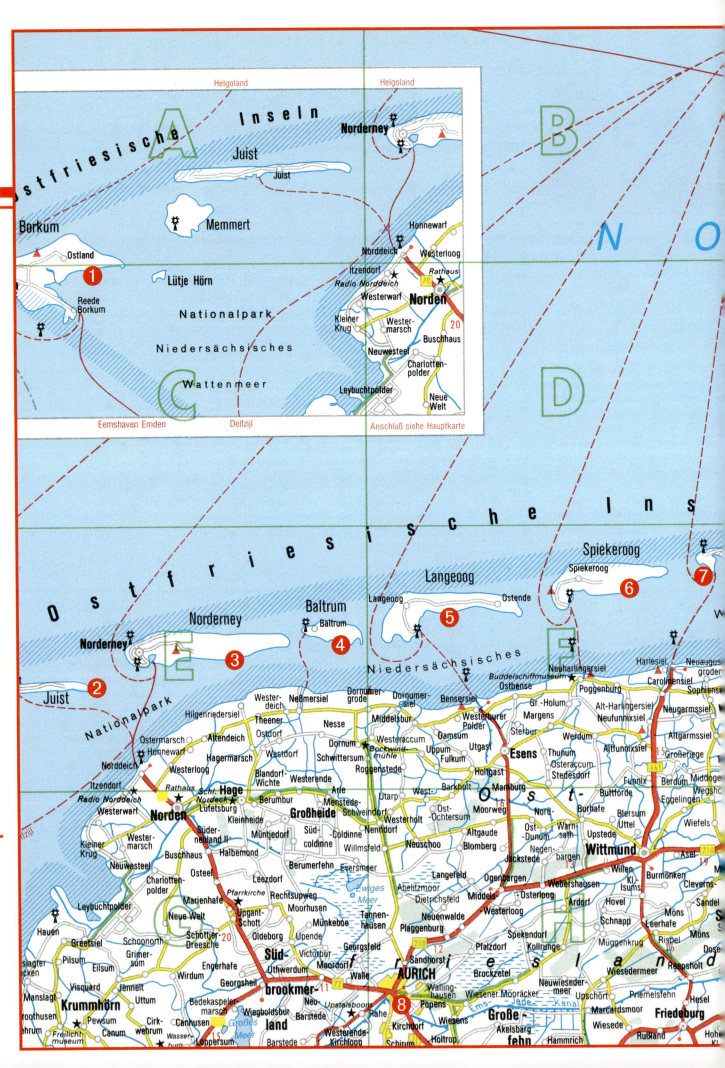

Sieben auf einen Streich: Die Ostfriesischen Inseln

Von der Kreisstadt Aurich aus führen die Straßen zu den Häfen, die Ausgangspunkte für Ausflüge oder längere Aufenthalte auf den sieben Ostfriesischen Inseln sind. Neben Stränden, Bädern, Leuchttürmen und gesunder Luft bieten die Inseln im Nationalpark Niedersächsisches Wattenmeer eine Fülle von Möglichkeiten, sich über Kultur und Geschichte der stolzen Friesen zu informieren.

Expedition ins Wattenmeer

Attraktionen

Von Aurich aus führen verschiedene Straßen zu den Häfen, von denen aus die **Ostfriesischen Inseln** erreicht werden können.

Von Emden geht die Fähre nach ❶ **Borkum** (Verkehrsbeschränkungen für Kraftfahrzeuge): Besuchenswerte Ziele sind der **Alte Leuchtturm** (1576) und der **Neue Leuchtturm**, der eine schöne Fernsicht bietet, und das **Dykhus** (Inselmuseum). Die Unterwasserwelt der Nordsee kann man im **Nordseeaquarium** erleben.

Von Norddeich mit der Fähre nach ❷ **Juist** (autofrei): sehenswert ist das **Küstenmuseum**,

Idyllisches Ostfriesland

die Sandinsel **Memmert** ist Deutschlands größte Vogelschutzinsel.

Ebenfalls von Norddeich geht die Fähre nach ❸ **Norderney**: Das **Fischerhaus-Museum** ist ebenso besuchenswert wie das **Stadtarchiv** mit einer alten Kartensammlung.

Von Neßmersiel aus fährt die Fähre nach ❹ **Baltrum** (autofrei): Das Wahrzeichen der Insel ist die **Inselglocke**, sehenswert ist auch die **Inselkirche** (1826).

Störtebeker-Denkmal in Marienhafe

Die Fähre von Bensersiel fährt zur Insel ❺ **Langeoog** (autofrei): Lohnende Ziele sind der **Wasserturm**, die **Seenot-Beobachtungsstation**, die eine gute Aussicht bietende **Melkhörn-Düne** sowie die **Hafenanlage**.
Neuharlingersiel ist der Hafen für die Fähre nach ❻ **Spiekeroog** (autofrei): besonders sehenswert ist die aus dem Jahr 1696 stammende **Inselkirche**.

Von Harlesiel fährt die Fähre auf die letzte und östlichste ostfriesische Insel ❼ **Wangerooge**: Im alten **Leuchtturm** befindet sich das **Inselmuseum**.

Freizeit und Kultur

A 31 Abfahrt Emden Nord über die B 210 oder A 28 Abfahrt Filsum über die B 72 oder aus Richtung Wilhelmshaven über die B 210 nach ❽ **Aurich**. Die wichtigen Sehenswürdigkeiten finden

sich in der Altstadt: das **Schloss** (1852), die klassizistischen Bauten **Lambertikirche** und **Reformierte Kirche**, das **Gebäude der Ostfriesischen Landschaft** (niederdeutscher Renaissancestil) mit wertvollen **Delfter Kacheln**, in der **Stiftsmühle**, die heute noch arbeitet, findet sich eine Sammlung alter Mühlengeräte. Eine alte Versammlungsstätte (Thing) der Friesen war **Upstalsboom**, südwestlich von Aurich; die Steinpyramide gilt noch heute als Symbol für die Zuammengehörigkeit der Friesen.

Fremdenverkehrsverbände

**Die Nordsee –
7 Inseln 1 Küste**
26414 Schortens
Postfach 2102
Tel.: 04421/978923
Touristinformation Aurich
26603 Aurich
Norderstr. 32
Tel.: 04941/4464
Kurverwaltung Norderney
Tel.: 04932/8910
Touristinformation Borkum
26757 Borkum
Jörg-Schütte-Platz 5
Tel.: 04922/19433

Spaß für Kinder

Norderney mit seinen vier ausgedehnten Stränden ist ein **Badeparadies**, nicht nur für Kinder. Auch bei schlechtem Wetter muss auf den Badespaß nicht verzichtet werden, dafür sorgt das **Erlebnis- und Freizeitbad »Die Welle«.**

Öffnungszeiten am besten bei der Kurverwaltung Tel.: 04932/8910 oder beim Fremdenverkehrsamt (s. o.) erfragen.

Auf **Baltrum** können Kinder an einer **Schleppnetzfahrt** teilnehmen und lernen so die Schätze des Meeres kennen, bevor der Fang wieder dem Meer übergeben wird.

Regionale Küche

An den Küstenorten und auf den Ostfriesischen Inseln sollte man die frisch gepulten Nordseekrabben probieren. Sie schmecken auf einem gebutterten Schwarzbrot oder als Bestandteil eines lockeren Rühreies. Ein Getränk ist in Ostfriesland besonders beliebt: der Schwarztee. Er wird aus der »Ostfriesischen Mischung« zubereitet und in einem traditionellen Teekännchen auf einem Messingstövchen serviert. Und so trinkt man ihn: Zuerst wird der Kandiszucker, Kluntje genannt, in die Tasse gegeben, dann der Tee darüber gegossen und schließlich mit einem speziellen Löffel die Sahne untergehoben. Wichtig: Nicht umrühren!

Empfehlenswerte Gasthäuser: Der **Reichshof** in Norden, Neuer Weg 53, das **Regina Maris** in Norddeich, Badestraße 7 c, sowie in Varel der **Friesenhof** am Neumarktplatz 6.

Rund ums Auto

Verkehrsfunk
NDR II 98,1 MHz

17

Helgoland
Düne
Husum

Deutsche

Bucht

A

Nationalpark
Blauort
Tertius
Schleswig-Holsteinis
Trischen

B

N O R D S E E

Wattenmeer

C

Scharhörn
Nationalpark
Hamburgisches
Wattenmeer
Neuwerk

D

Nationalpark

Großer
Knechtsand

Niedersächsisches

Kugelbake
Duhnen
Alte Liebe
Sahlenburg
Döse
Ritzebüttel
CUXHAVE
Holte-Spangen
Cuxhaven
Osterend
Arensch
Altenwalde
Groden
Westerende
Alten-walde
Berensch
Franzenburg
Luding
Spieka-Neufeld
Oxstedt
Gudendorf
Kösterweg
Westermoor
Nordholz
Deichsende
Würster-heide
Westermoor
Feuerstätt
Cappel-Neufeld
Cappeler-Niederstrich
Spiekaer
Nordermarren
Spieka
Wanhöden
H a d e
Westerwar
Nordholz
Süderheide
Dorumer-Neufeld
Cappel
Midlum
Krempel
Ahlen-Falkenberg
Dorum-Niederstrich
Kransburg
Neumühlen
Neuenwalde
Holßel
Dorum
E234
Neuenwalde
Halemer
Wattenmeer
Schmarren
Misselwarden
Mulsum
Pipinsburg
Steingräbe
73
Wremen
Sievern
Talenfeld
Hymendorf
Fickmühlen
Hülsing
Debstedt
Debstedt
Imsum
Drangst
Schottwarden
27
Langen
Wehden
eroge
Minsener
Oog
Oldoog
Freilichtmus.
Leherheide
Elmlohe
Kührste
meer
shausen
Minsen
Schillig
Brhv.-Überseehafen
Laven
Marschkamp
Frikensiel
ferns
Wiarder
Altendeich
Wiarden
Horumersiel
Lehe
Spaden
Bramel
chen
St.-Joost
Hohenstiefersiel
E
Mellum
Weddewarden
BREMERHAVEN
Poggenburg
Schmidtshörn
Nationalpark
Wremen
Bed
Wuppels
Hooksiel
Niedersächsisches
Freilichtmus.
Brhv.-Mitte
Gr Sellstedter
Haddien
Utwarde
Pütthausen
Wattenmeer
Tettens
Deutsches
Schiffahrtsmus.
Schiffdorf
Sellstedt
ühlenreihe
Waddewarden
Langwardendeich
Langwarden
Fedderwarderdeich
Weser
Schottwarden
Surheide
er
Silenstede
Fedderwarder-groden
Voslapp
Ruhwarden
Niens
Lehe
Brhv.-Geestemünde
Moorhausen
Fedder-warden
Langwarden
Tossenser-deich
Süllwarden
Burhave
Burhaversiel
Waddenserdeich
Geeste-münde
Brhv.-Wulsdorf
Moorsum
Fedderwarden
Edoburg
Butjadingen
Tossens
Seeverns
Brüddewarden
Wuls-dorf
Hohewurt
Heidmühle
Kaiser-Wilhelm-Brücke
Eckwarderdeich
Hollwarder-wisch
Sillens
Schweewarden
Bexhövede
Bohlswarte
Aldenburg
Kopperhörner Mühle
Eckwarden
Kl. Eckwarden
Tettens
Blexen
Donnern
Kaiser-Wilhelm-Brücke
Eckwarder-hörne
Iffens
Abbehauser-wisch
Lan-hausen
Stinstedt
Kreuz
Fedderwarden
Marensiel
Stollham
Abbehausen
Bülter Wisch
hausen
Sande
Wilhelmshv
Cäciliengroden
Stollhammer-Ahndeich
Moorseersand
Großensi
Meterland
29
Gödens
Sanderahm
Hohendeich
Ellwürden
Esens
Neustadt-gödens
Idagroden
Jadebusen
Hohenfelde
NORDENHAM
Schloß
436

WILHELMSHAVEN

Jade

Wo Elbe, Weser und Jade in der Nordsee verschmelzen

Drei Städte bestimmen die Region am Nationalpark Niedersächsisches Wattenmeer und Nationalpark Hamburgisches Wattenmeer: Bremerhaven, Cuxhaven und Wilhelmshaven. Jede dieser Hafenstädte ist einen Besuch wert. Warum nicht bei der Gelegenheit einen Ausflug nach Helgoland wagen, der Felseninsel weit vor der Küste, die geprägt ist von einer wechselvollen Geschichte.

An den Kais von Bremerhaven

Attraktionen

A 27 Abfahrt ❶ **Bremerhaven**: Im Jahr 1827 gründete der Bremer Bürgermeister Johann Smidt die Stadt als Vorhafen Bremens, da die Schiffe schon damals zunehmend mehr Tiefgang hatten. Die Attraktionen der Stadt liegen fast alle an der Weser: Ab morgens um 7 Uhr finden am **Fischereihafen** die **Fischauktionen** statt, im **Nordseemuseum** kann u. A. das Skelett eines 14 m langen Finnwals bestaunt werden, das **Morgensternmuseum** bietet heimatkundliche Sammlungen. Einen weiten Ausblick über die Stadt, den Fluss und die Hafenanlagen hat der Besucher des **Radarturms** am **Columbus Center**. Direkt an der Weser steht das sehenswerte **Deutsche Schifffahrtsmuseum** mit der **Bremer Kogge** von 1380 und vielen weiteren berühmten historischen Schiffen. Eine besondere Attraktion ist der **Museumshafen**. Einen Besuch wert ist auch die **Columbuskaje** am Flussufer. Kunstinteressierten sei die **Kunsthalle** empfohlen.

In Hooksiel

Freizeit und Kultur

A 27 von Bremen aus nach ❷ **Cuxhaven**, seit 1816 Seebad: wo Weser und Elbe zusammenfließen, steht das Wahrzeichen der Stadt, die **Kugelbake**. Auf den fast ununterbrochen dicht

Krabbenkutter im Wattenmeer

vorbeifließenden Schiffsverkehr hat man einen schönen Ausblick vom Hafenbollwerk **Alte Liebe** (1732), besuchenswert ist auch das **Schloss Ritzebüttel** in der Nähe des Bahnhofs.

Von Cuxhaven und Wilhelmshaven aus verkehren Schiffe nach der etwa 70 km vor der Küste liegenden Insel **Helgoland**, die nicht nur wegen der Möglichkeit des zollbegünstigten Einkaufs, sondern wegen des milden ozeanischen Klimas und der reinen Luft beliebt ist. Sehenswert ist das **Aquarium** mit 150 Tierarten in 45 Wasserbecken.

A 29 Abfahrt ❸ **Wilhelmshaven**. Vom Rathausplatz aus hat der Besucher einen guten Zugang zu den Sehenswürdigkeiten: Schöner Rundblick vom Turm des **Rathauses**, das **Küs-**

tenmuseum informiert über Küstenbesiedlung, Seefahrt und Seezeichen, die Windmühle **Kopperhörner Mühle** ist eine der wenigen erhaltenen in dieser Region, augestattet mit Erinnerungen an die Kaiserliche Marine ist die **Christus- und Garnisonskirche**, die vor über 90 Jahren in Betrieb genommene Kaiser-Wilhelm-Drehbrücke führt über den Großen Hafen. Von der **Anlegestelle der Bäderschiffe** nach Helgoland werden **Hafenrundfahrten** durchgeführt. Neben dem **Seewasseraquarium** ist auch die **Vogelwarte Helgoland** mit einer Schausammlung einen Besuch wert.

Fremdenverkehrsverbände

**Die Nordsee –
7 Inseln 1 Küste**
26414 Schortens
Postfach 2102
Tel.: 04421/978923
**Fremdenverkehrsamt
Wilhelmshaven**
26382 Wilhelmshaven
Bahnhofsplatz 7
Tel.: 04421/913000
Tourismusförderungsgesellschaft Bremerhaven mbH
27568 Bremerhaven
Van-Ronzelen-Str 2
Tel.: 0471/946460
Verkehrsamt Cuxhaven
Tel.: 04721/4040

Spaß für Kinder

A 29, Abfahrt Oldenburg-Nord, dann über die B 211 bis Brake, B 212 bis Nordenham und Landstraße über Butjadingen nach

Tossens: Der ❹ **Nordsee-Tropen-Parc** ist eine Ferienanlage mit einem **Badeparadies**: Wellenbad, Gegenstromanlage und Rutschen, eingerahmt von tropischen Pflanzen, sorgen für Südsee-Atmosphäre. Strandallee 36, 26969 Tossens, Tel.: 04736/9280.

Im ausgeschilderten **Bremerhavener Zoo am Meer** sind alle Tiere des Nordens zu Hause. Tel.: 0471/42071.

Regionale Küche

Bremerhaven mit seinem Fischereihafen versorgt nicht nur Bremen mit frischem Fisch. Überall an der Küste stehen hier feine Meerestiere wie Scholle, Steinbutt oder Seezunge auf der Speisekarte. Im Juni isst man gern die jungen Matjesheringe, die aus Holland importiert werden. Klassisch zubereitet werden sie mit grünen Bohnen, Pellkartoffeln und Specksauce serviert. Übrigens: Den an Niedersachsens Nordseeküste gerne nach einem guten Essen getrunkenen Korn nennt man scherzhaft »Ostfriesischer Landwein«.

In origineller maritimer Atmosphäre tafelt man im **Restaurant Seute Deern** im Laderaum des Museumsschiffs am Alten Hafen Bremerhavens. Der **Seepavillon Donner** in Cuxhaven, Bei der Alten Liebe 5, bietet Fischspezialitäten.

Rund ums Auto

Verkehrsfunk
RB 1 104,3 MHz

19

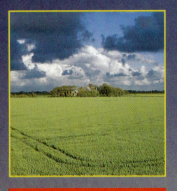
Schönes Schleswig-Holstein

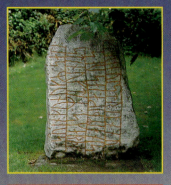
Runenstein aus der Siedlung Haithabu

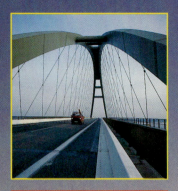
Die Fehmarnsundbrücke

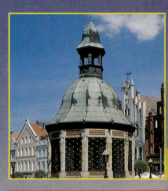
Der Marktplatz von Wismar

Kreidefelsen auf Rügen

Die Ostsee zwischen Flensburg und der Oderbucht

Von Flensburg bis nach Usedom reicht die deutsche Ostseeküste, und wer sie einmal kennengelernt hat, den zieht es immer wieder dahin zurück. Seien es die mondänen Bäder wie Travemünde oder Timmendorfer Strand, alte Hansestädte wie Lübeck, Wismar oder Rostock, seien es verträumte Dörfer, weite Strände oder einmalige Landschaften wie das Fischland, der Darß, die Kreidefelsen auf Rügen oder die Halbinsel Usedom. Zu entdecken gibt es so viel, dass er stimmt, der Spruch, den man überall an der Küste hört: »Kiek ens rin«, schauen Sie rein …

Schwerin – Schloss mit Kreuzkanal

Ostseebad Prerow auf dem Darß

Der Leuchtturm von Warnemünde

Fassade des Stralsunder Rathauses

Zwischen Süß- und Salzwasser: Rund um die Eckernförder Bucht

Der Besucher der reizvollen Landschaft zwischen Flensburg, Schleswig, Rendsburg und Kiel sollte nicht versäumen, neben den Attraktionen und Sehenswürdigkeiten der historischen Städte auch die Landschaft rund um die Schlei, den Wittensee, den Westensee, rund um die Eckernförder Bucht und die Kieler Förde zu genießen. Ein netter Gasthof zum Entspannen findet sich in jedem Fall.

Runenstein aus der Siedlung Haithabu

Attraktionen

A 215 Abfahrt ❶ **Kiel**, gelegen an der auch großen Schiffen zugänglichen Kieler Förde.

Schönes Schleswig-Holstein

Attraktionen der Stadt: Die **St.-Nikolaikirche**, deren Bau um 1240 begonnen wurde, das **Schloss**, das **Stadtmuseum** im **Warleberger Hof** sowie das älteste Gebäude der Stadt, das **Franziskanerkloster**. Aus jüngerer Zeit stammt das **Opernhaus** (1905–1907 erbaut) am See **Kleinen Kiel**, das etwas später entstandene **Rathaus** mit einer Aussichtsplattform. Werke schleswig-holsteinischer Künstler von der Barockzeit bis zur Gegenwart sind in der **Kunsthalle** ausgestellt. Ebenso wie der **Oslokai**, von dem die Fähren nach Dänemark abfahren, ist auch das **Olympia-Zentrum** in Schilksee einen Besuch wert.

Freizeit und Kultur

A 7 Abfahrt ❷ **Schleswig**, die älteste Stadt des Landes Schles-

wig-Holsteins: Unbedingt sehenswert ist der gotische **St.-Petri-Dom** mit dem **Hochaltar**. Weitere Sehenswürdigkeiten sind das **St. Johanniskloster**, das klassizistische **Rathaus**, gut erhaltene **Bürgerhäuser** (Arbo's'sches Haus, Freinss's'sches Haus und der Schmiedehof), der **Von Günderoth's'sche Hof**, in dem das **Städtische Museum** untergebracht ist, sowie **Schloss Gottorf**, das größte Fürstenschloss Schleswig-Holsteins. Weitere Museen: das **Schleswig-Holsteinische** und das **Archäologische Landesmuseum**.

Sehr lohnenswert ist ein Ausflug zu der aus der Wikingerzeit stammenden Siedlung **Haithabu**. Anschauliche Rekonstruktionen findet der Besucher im **Haithabu-Museum**.

Eisenbahnbrücke bei Rendsburg

Von Schleswig führt die B 201 zum idyllischen ❸ **Kappeln**, in dem die **Nikolaikirche** mit dem Altar (1641) von Hans Gudewerdt zu einem Besuch einlädt.

Von Kappeln auf der B 203 nach ❹ **Eckernförde**, wohin sich die Fahrt vor allem wegen der **St. Nicolaikirche**, des **Alten Rathauses** am malerischen **Rathausmarkt** sowie wegen des **Fischereihafens** lohnt.

A 7 Abfahrt ❺ **Rendsburg**: Sehenswertes des an der Grenze der Landesteile Schleswig und Holstein gelegenen Städtchens: Die 1911–1913 errichtete **Eisenbahnbrücke** über den Nord-Ostsee-Kanal (Länge fast 5 km, Höhe 140 m), das **Rathaus**, die **St. Marienkirche**, die **Christkirche** sowie das älteste Bürgerhaus der Stadt, genannt **Landsknecht**.

Spaß für Kinder

A 215, Ausfahrt Blumenthal, dann über die B 4 Richtung Molfsee zum ❻ **Schleswig-Holsteinischen Freilichtmuseum**

Molfsee. Die »alte Zeit« wird lebendig in den Gebäuden, in denen Meister alter Handwerksberufe ihrer Tätigkeit nachgehen. Geöffnet von April bis Oktober täglich außer Montag von 9–18 Uhr. Tel.: 0431/65555.

Das ❼ **Aqua Tropicana** in dem Ostsee-Kurort **Damp** mit Wasserfall, Strömungskanal und einem märchenhaften Kinderbereich. Zu erreichen von der A 7, Abfahrt Büdelsdorf, dann über die B 203 Richtung Eckernförde und Kappeln. Tel.: 04352/808580.

Regionale Küche

Zu den Spezialitäten zählen die Kieler Sprotten. Dabei handelt es sich um einen kleinen saftigen Hering, der mit Haut und Gräten verspeist wird und am besten aus der Hand schmeckt.

Kaum jemand weiß heute mehr, dass via Flensburg ein exotisches Getränk heimisch gemacht wurde: der Jamaica-Rum. Er wurde über den dortigen Hafen importiert und in den zahlreichen Brennereien veredelt. An der Küste genießt man ihn gern als Grog, gemischt mit Zucker und heißem Wasser.

Angenehme Restaurants in Schleswig sind das ruhig gelegene **Waldschlösschen**, Kolonnenweg 152, und das **Olschewski's**, Hafenstraße 40.

23

 Æbleskov · Ommel · Kragnæs · Marstal · Rise · Ristinge · Nyby · Hesselbjerg · Helsned · Humble · Tryggelev · Vesteregn · Søndergade · Magleby · Søndenbro · Bagenkop · Vognsbjerg · Gulstav · Fuglsbølle · Herslev · Illebølle · Lindelse · Kædeby Haver · Kædeby · Vindeby · Havbølle · Hennetved · Brandsby · Fodslette · Sædballe · Strynø By · Strynø · Rudkøbing · Langeland · Königs-Grabstätte

Højsmarke · Tårs · Sandby · Købelev · Sandbjerg · Museum · Magleting · Lille Løjtofte · Vester Nordlunde · Vester Hejrin · Jys · Vesterborg · Sletnæs · Nakskov Fjord · Enehøje · Lindelse · Branderslev · Nikoleikirche · Vester Karleby · Halsted · Kloster · Skovlænge · Nakskov · Ullerslev · Tjennem · Søllested · Langø · Ydø · Rårup · Holleby · Torpe · Ore · Vestenkov · Sjunkeby · Arninge · Skodsebølle · Ryde · Højrebylund · Stibanke · Jordbjerg · Næsby · Tillitse · Græshave · Opager · Vejlebys · Vesternæs · Knubbeløkke · Munkeby · Majbølle · Dannemare · Gloslunde · Vejleby · Alminde · Maglehøj Strand · Langholm · Lolland · Hoby · Hobyskov · Vie · Gerri · Hummingen · Kramnitse · Tjørnebjerg · Bredfjed · Rødbyhavn

Kaliningrad (Königsberg) Klaipeda (Memel) · Riga St.Petersburg Tallinn · Fehmarn Belt · Eisenbahnfähre mit Autotransport nach Rødbyhavn

OST SEE · Langelands Bælt · Göteborg Oslo

Bucht · Hohwachter Bucht

Westermarkelsdorf · Attenteil · Niobe-Denkmal · Westfehmarn · Gammendorf · Krummensiek · Schlagsdorf · Dänschen-dorf · Puttgarden · Fährhafen Puttgarden · Bojendorf · Petersdorf · Todendorf · Presen · Fehmarn · Bannesdorf · Wasservogel-reservat · Lemkendorf · Bisdorf · Klausdorf · Sulsdorf · Lemkenhafen · Landkirchen · Niendorf · Gahlendorf · Flügge · Orth · Burg · Vitzdorf · Kathariner · Westerbergen · Mühlenmuseum · Albertsdorf · Avendorf · Burgstaaken · Meeschendorf · Strukkamp · Wulfen · Staberdor · Fehmarnsund-brücke · Burgtiefe · Fehmarnsund · Heinrichsruh · Leuchtt Staberh · Nysted

Fehmarn-

Heiligenhafen · Warteburg · Großenbrode · Johannistal · Dazendorf · Klaustorf · Lütjenhof · Lütjenbrode · Sulsdorf · Neu-ratjensdf. · Seekamp · Sütel · Techelwitz · Gremersdorf · Lohrstorf · Neukirchen · Meeschendorf · Michaelisdorf · Giddendorf · Klötzin · Kraksdorf · Heringsdorf · Siggen · Oldenburg · Göhl · Quals · Augustenhof · Sussau · Lübbersdorf · Gaarz · Rosenfelde · Johannisdorf · Sebent · Damlos · Koselau · Rosenhof · Kreuzkate · Sipsdorf · Schwienkuhl · Thomsdorf · Grube · Harmsdorf · Herrenhaus · Riepsdorf · Dahme · Lensahn · Rüting · Guttau · 40 · Langenhagen · Kabelhorst · woldshorst · Dahmeshöved · Manhagen · Leuchtturm · Kloster · Cismar · Kellenhusen · Sieversdorf · Schönwalde · Marxtorf

Schmoel · Hohenfelde · Todendorf · Satjendorf · Schwartbuck · Gadendorf · Tröndel · Matzwitz · Waterneversdorf · Stöfs · Behrensdorf · Panker · Hohwacht · Weißenhäuser Strand · Großwessek · Groß-Klein · Sehlendorf · Weißenhaus · Pilsberg · Dransau · Giekau · Darry · Neudorf · Klamp · Lütjenburg · Döhnsdorf · Farve · Ehlersdorf · Oldenburg-Süd · Neuhaus · Wentorf · Kaköhl · Wangels · Grammdorf · Gaarz · Guttesgabe · Korten · Herren · Blekendorf · Nessendorf · Hansühn · Bellin · Herrenhaus · Wasbuck · mmershagen · Rantzau · Engelau · Høgsdorf · Kletkamp · Testorf · Kükelühn · Muchein · Gowens · Flehm · Kayhof · Schönweide · Dannau · Søren · Benz · Gr.-Rölübbe · Sasel · Mönchneversdorf · Nüchel · Bungsberg · Kirche · Neukirchen · Malkwitz · Kirchnüchel · Halendorf · Nienrade · Beschendorf · Grebin · Sieversdorf · Holsteinische Schweiz · Naturp · Nüchel · Sielbeck · Sagau · Neuversfelde · Schönwalde am

Große Binnen See · Große Krossee · See · omenburg

133 · 168 · 21 · 430 · 202 · 20 · 9 · 207 · 14 · 8 · 501 · E47 · 1 · 12 · 30

① ② ③ ④ ⑤ ⑥ ⑦ ⑧ ⑪

Lange Küsten und eine Brücke über den Fehmarnsund

Die stets erfrischende Brise an den langen Küsten der Holsteinischen Schweiz, das gesunde ozeanische Klima, die feinsandigen Strände, aber auch die durch alte Städte, Bauerndörfer und Gutshäuser geprägte Landschaft laden zu einem Erholungsurlaub ein. Dabei sollte ein Besuch der Insel Fehmarn mit ihren vielfältigen Attraktionen nicht versäumt werden: Einfach über die Brücke fahren!

Die Fehmarnsundbrücke

Attraktionen

B 207 nach ❶ **Fehmarn** über die 963 m lange **Fehmarnsundbrücke**. Die Insel wird wegen ihres fruchtbaren Bodens als Kornkammer Schleswig-Holsteins bezeichnet und hat einige Attraktionen zu bieten. Der Hauptort der Insel, **Burg**, ist wegen seiner typisch norddeutschen Atmosphäre an sich sehenswert, speziell lohnt der Besuch des **Peter-Wiepert-Heimatmuseums** und die Besichtigung der **St.-Nikolai-Kirche**. **Burgstaaken** ist ein uriger kleiner Fischerhafen, wo häufig fangfrischer Fisch verkauft wird. Nur noch als Ruine ist das um das Jahr 1520 als Piratennest berüchtigte **Glambek** in der Ortschaft Burgtiefe erhalten.

In der Holsteinischen Schweiz

In der Ortschaft Landkirchen sei die **St.-Petrikirche** empfohlen. Eine als Museum eingerichtete **Segelwindmühle** aus dem Jahre 1787 ist in Lemkehafen zu besichtigen. Am 26.7.1932 ertranken beim Untergang des Segelschulschiffs Niobe 69 Marinesoldaten, denen das **Niobe-Denkmal** gewidmet ist. Von Puttgarden aus verkehren die

Fähren zur nicht einmal 20 km entfernten dänischen Insel Lolland.

Freizeit und Kultur

An der B 207 liegt ❷ **Heiligenhafen**: Der rege Kurbetrieb des Städtchens begründet sich vor allem durch die dem Hafen vorgelagerte **Nehrung**, deren östlicher Teil, der **Graswarder** als Naturschutzgebiet ein reges Vogelleben hat. Eine Besichtigung wert ist das Heimatmuseum.

Bauernhaus in Ostholstein

Ende der A 1 bei ❸ **Oldenburg** in Holstein: sehenswert ist die ursprünglich als Bischofssitz gedachte romanische Anlage der **St.-Johanniskirche**.

Entlang der B 501 sind drei Ortschaften gelegen, die lohnende Ziele für schöne Ausflüge sind:

❹ **Cismar**: Ein wunderschön geschnitzter **Reliquienaltar** aus der Zeit um 1130 schmückt den Chor der **Klosterkirche**.

❺ **Kellenhusen**: Der feinsandige Strand von Kellenhusen gilt als einer der besten an der Ostsee.

❻ **Dahme**: Etwa 2 km südlich liegt der **Leuchtturm Dahmeshöved**, zu dem sich ein schöner Spaziergang anbietet.

Rund ums Auto

Verkehrsfunk
NDR II 91,9 MHz

An der B 202 liegt das schöne ❼ **Lütjenburg**: Sehenswert die alten **Fachwerkhäuser** mit schönen **Zunftschildern**. In der Stadt steht auf dem Vogelberg der **Bismarckturm**. Einen Besuch wert ist die **St.-Michaelskirche** (1220/30) mit **Gutslogen** und **Grabkapellen** holsteinischer Adelsfamilien. Eines der Hauptwerke der holsteinischen Renaissance ist die **Reventlow-Kapelle** mit dem Grabmal Ottos von Reventlow, beachtenswert auch der geschnitzte **Flügelaltar** (1467).

Fremdenverkehrsverbände

Fremdenverkehrsverband Schleswig-Holstein
24105 Kiel
Niemannsweg 31
Tel.: 0431/5600-0
Fremdenverkehrsgemeinschaft Lütjenburg
24321 Lütjenburg
Markt 12
Tel.: 04381/402049
Städtisches Verkehrsamt Oldenburg
23758 Oldenburg/Holstein
Tel.: 04361/4980
Kurverwaltung Heiligenhafen
23774 Heiligenhafen
Bergstr. 43
Tel.: 04362/90720
Insel-Information Fehmarn
Tel.: 04371/3054

Spaß für Kinder

Der **Ferienpark** des Kurorts ❽ **Weißenhäuser Strand**, Seestraße 1, 23758 Weißenhäuser Strand, Tel. 04361/550, ist ebenso ein Traum wie das subtropische **Badeparadies**. Täglich von 9.30–20.30 Uhr geöffnet. Zu erreichen ist Weißenhäuser Strand über die A 1, Abfahrt Oldenburg/Mitte, dann über die B 202 Richtung Weißenhaus. Ab dort ausgeschildert.

Regionale Küche

Die traditionelle ostholsteinische Küche liebt die Kombination von Süßem, Salzigem und Saurem. Die holsteinische Schinkensuppe vereint z. B. Backpflaumen, Rüben, Kartoffeln und Katenschinken. Aus den zahlreichen Seen der ostholsteinischen Seenplatte kommen fangfrischer Zander, Hecht und Barsch. Doch auch Fleisch wird hier gerne genossen, beispielsweise der Holsteiner Katenschinken. Er wird in reetgedeckten Katen geräuchert und erhält dadurch seinen besonderen Geschmack.

Ein gemütliches Gasthaus findet man an der Straße von Oldenburg Richtung Weißenhäuser Strand: **Dann over Kate**. Auf Fehmarn empfiehlt sich die **Südermühle**, Mühlenweg 3, im Örtchen Petersdorf.

25

Naturschutzgebiet auf Poel

Kultur und Erholung: Schwerin, Wismar und die Ostseebäder

Die A 241 führt den Besucher direkt nach Schwerin, von wo es unbeschwerlich auf der B 106 nach Wismar geht: berühmte Städte deutscher Geschichte am Rande der Mecklenburger Seenplatte. Wer sich den angenehmen Wind bei ausgedehnten Spaziergängen an der Küste ins Gesicht wehen lassen möchte, um anschließend fang-frischen Fisch zu genießen, sollte die Ostseebäder besuchen.

Attraktionen

A 241 Abfahrt ❶ **Schwerin**, dessen historischer Stadtkern mit berühmten Sehenswürdigkeiten sich gut zu Fuß erobern lässt: Zentrum des Stadtkerns ist der **Marktplatz** mit dem klassizistischen **Rathaus** (vergoldete **Reiterstatue** als Nachbildung des Stadtwappens auf der Zinne). Besonders lebhaft ist der **Schlachtermarkt**, wenn an

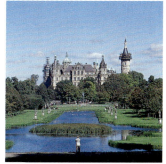
Schwerin – Schloss mit Kreuzkanal

Markttagen die Produkte des Umlandes feilgeboten werden. Als einziges mittelalterliches Gebäude, welches alle Brände in Schwerin überstand, überragt der **Dom** den Marktplatz. Der 117 m hohe neugotische **Turm** kann erstiegen werden. Ebenfalls eine besondere Attraktion ist das **Schweriner Schloss** (im Innern u. A. Thronsaal, Wappen, Rote Audienz, Tee- und Winterzimmer). Weitere Sehenswürdigkeiten sind: **Burggarten** und **Schlossgarten** mit **Grotte** und **Orangerie**. Der schönste Platz der Schweriner Altstadt ist der **Alte Garten**, in der **Puschkin-** und der **Schlossstraße** findet der Besucher sehenswerte histo-

rische Bauten und Fachwerkhäuser. Das **Staatliche Museum** zeigt die größte Kunstsammlung Mecklenburg-Vorpommerns.

Freizeit und Kultur

Umgebung von **Schwerin**: Eine **Schifffahrt** mit den Schiffen der Weißen Flotte auf dem Schweriner See ist ein erholsamer Ausflug. An dunkle Zeiten deutscher Geschichte erinnert das Mahnmal **Raben Steinfeld** am Südufer des Sees: 10.000 Menschen kamen bei dem Todesmarsch von Häftlingen im April/Mai 1945 ums Leben.

B 106 nach ❷ **Wismar**: Zentrum der Stadt ist der Marktplatz mit dem klassizistsichen **Rathaus**. Bis zum Ende des 19. Jh. ging die Wasserversorgung der alten Hansestadt vom Pavillon **Alte Wasserkunst** aus. In prächtiger norddeutscher Backsteingotik präsentiert sich das

Der Marktplatz von Wismar

Pastorenwohnhaus **Archidiakonat**, das älteste Bürgerhaus der Stadt ist der **Alte Schwede**, sehenswert das 1569 errichtete **Schabbel-Haus**. Der 80 m hohe **Marienkirchturm** ist das

Wahrzeichen der Stadt, ein bedeutendes Bauwerk der Frührenaissance der **Fürstenhof**. An Kirchen sind beachtenswert: **Heilig-Geist-Kirche** und die **Nikolaikirche**.

Die über einen Damm mit dem Auto erreichbare Insel ❸ **Poel** (Leuchtturm bei Timmendorf, achteckige Sternenschanze aus dem 17. Jh. bei Kirchdorf sowie Heimatmuseum) ist für Ausflüge oder längere Aufenthalte ebenso empfehlenswert wie die Ostseebäder ❹ **Rerik**, ❺ **Boltenhagen**, ❻ **Kühlungsborn** sowie ❼ **Heiligendamm**.

Spaß für Kinder

Der **Schweriner Zoo** liegt am Südufer des Schweriner Sees und hat von April bis September von 9–17 Uhr, im Winter von 10–16 Uhr geöffnet. Waldschulenweg 1, 19061 Schwerin, Tel.: 0385/2013000.

Ebenfalls am Schweriner See liegt das **Freilichtmuseum**, Alte Crivitzer Landstraße 13, Tel.: 0385/2013011. Geöffnet von Mai bis Oktober.

Regionale Küche

Die Mecklenburger Küche zeichnet sich durch eine besondere Liebe zu Backpflaumen aus. Der im ganzen Bundesland beliebte Gänsebraten wird traditionell mit Apfelspalten und Backpflaumen gefüllt. Wie in vielen Regionen Norddeutschlands schätzt man auch hier süß-saure Speisen. Und so kombiniert man Backpflaumen mit geschmortem Rindfleisch und mit Schweinebraten oder ganz schlicht mit Speck und Kartoffeln: »Plumm und Tüffel«. Auch in der mecklenburgischen Graupensuppe, einer kräftigen Rindfleischsuppe mit Graupen, dürfen Backpflaumen nicht fehlen.

Landestypische Spezialitäten bieten das Hotel und Restaurant **Stadt Hamburg** in Wismar, Am Markt 24, und das **Weinhaus Uhle** in Schwerin, Schusterstraße 13.

Bøto By
Familieland Falster

Nykøbing Strandhuse
Falster

Gedesby

Gedser

Birkemose

A

B

O S T S E E

Hanko Helsinki Ka...
(Königsberg) Klaipeda (Me...)
Riga St.Petersburg Tallinn
Liepāja (Libau) Kaliningrad (K...)
St.Petersburg Tallinn

Kiel

Trave-münde

C

B o d d e n l a n

Prerow **7** Zingst Müggenburg
Seemannskirche
D a r ß **8** Zi

Wieck

39

6 Ahrenshoop
Niehagen Born
Bresewitz
Bliesenrade
Bodstedt Pruchten
Michaelsdorf

Saaler

5 Wustrow
Neuendorf Heide
Neuendorf
Hermannshagen Dorf
Hermannshof

Barth Marienkirch
Glow

9
Fuhlendorf Barth Holz
Herrmannshagen Heide
Kronsberg Divitz *Gutshaus*
Frauendorf Rubitz
Lüdershagen Spoldershagen
Flemen
Kenz Saatel
Löbnitz

Dierhagen Strand
Neuhaus **4** Dierhagen
16 Dandorf
Langendamm
Saal
Kückens-hagen
Hessenburg Bartelshagen II
Beiershagen Martenshagen
Kindshagen
Redebas
Manschen-hagen
Starkow

Wismar

Graal-Müritz
Freiland-Museum
Hirschburg
Klockenhagen
Altheide
Petersdorf

Damgarten
Ribnitz- **3** *Bernstein-Museum*
105
Daskow
Carlewitz Pantlitz
Bookhorst
Kuhlrade
Brünkendorf
Altenhagen
Hoevet
Neuseehagen
Weitenhag
Mi

E

Gelbensande
Willershagen
Wiethagen
Behnkenhagen
Barthelshagen
Blankenhagen
Mandelshagen
Cordshagen

Markgrafenheide **2**
Warnemünde
Diedrichshagen
Hinrichshagen
Röversehagen
Oberhagen
Volkshagen
Vogtshagen
19
E22
Gresenhorst
Alt-
Guthendorf
Kloster
Wulfshagen
Neu-
Marlow
Eixen
Semlow
Leplow
Katzeno

Elmenhorst
Diedrichshagen
8
103
Groß Klein
Nienhagen
Mönchhagen
Klein Kussewitz
Poppendorf
Danschenburg
Dammerstorf
Wendorf
Teutendorf
Reppelin
Stubbendorf
Wohsen
Schulenberg
Kavelsdorf
Rönkend
Drechow

Lichtenhagen
Hinrichshagen
E55
Übersehafen
Krummendf
Rostock-Nord
Gehlsdorf
Groß Kussewitz
Groß Freienholz
Fienstorf
Steinfeld
Thulendorf
Sagerheide
Kneese Hof
Bad Sülze
Landsdorf
Kraka
Re

Raben-horst
Admannshagen-R.-Toitenwinkel
Bargeshagen
Dierkow
Bentwisch
Rostock-Ost
Wendfeld
Sanitz
Barkvieren
Dudendorf
Böhlendorf
Tribsees
Stadttore

E22
103
Lamprechts-hagen
11
Marienkirche Rathaus
Pastow
Broderstorf
Groß
Lüsewitz
Stömstorf
Gnewitz
Schabow
Langsdorf
Tec

ROSTOCK
14
Roggenb
12
Ehmkendorf
Nutschow
Breesen
Fäsekow
Groß Schwaß
Biestow
Kessin
Sildemow
Oberkösterbeck
Teschendorf
Nierkrenz
Zarnewanz
Liepen
Carlsthal
Tangrim

Konow
stanstorf
Kritzmow
Groß Stove
Hohenschwarts
Niex
Bandelstorf
Lieblingshof
Petschow
Vietow
10
Helmstorf
Starkow
Dorfkirche
Thelkow
Grammow
Bassendorf
Neu Quitze

Blisekow
Stabelow
Papendorf
Niendorf
Kavelstorf
Schlage
Gubkow
Prangendorf
Weitendorf
Reddershof
Cammin
Tessin
Vilz
Kowalz
Behren-Lübchin
Viechein
Bäbelitz
Alt-
Was

Clausdorf
Fahrenholz
Buchholz
Kavelstorf
Dummerstorf
Göldenitz
Eickhof
Drusewitz
Selpin
Nustrow
Woltow
Lühburg
Duckwitz
Warbelow
Groß Niekör
Neu Niekör

Klein-Bölkow
eiligen-hagen
Nienhusen
Polchow
Damm
Klingen-dorf
Prisannewitz
Kossow
Teschow
Alt-
Katwin
Kobrow
Goritz
Groß
Ridsenow
Samow
Strietfeld
Gnoien
Dölz
Stub

Matersen
Hohen Luckow
Groß Viegeln
Scharstorf
Dolgen
Sabel
Groß-Lantow
Pinnow
Neu
Polchow
Walkendorf
Neu Niekör

Wekrent
Boldenstorf
Groß-Belitz
Bröbberow
Zeez
E55
Wiendorf
103
20
15
110
18

Badespaß, Bernstein und das bemerkenswerte Rostock

Den Wunsch, bei einem Strandspaziergang einen der begehrenswerten Bernsteine zu finden, hat wohl jeder Besucher der mecklenburg-vorpommernschen Küste. Falls das Glück ausbleibt, kann man die Steine im Heimatmuseum von Ribnitz-Damgarten am Saaler Bodden bewundern. Nach einem Besuch der geschichtsträchtigen Hansestadt Rostock bietet die Küstenlandschaft Erholung pur.

Der Leuchtturm von Warnemünde

Attraktionen

A 19 Abfahrt ❶ **Rostock**: Die Hansestadt ist die größte Stadt Mecklenburg-Vorpommerns mit einer Vielzahl von Sehenswürdigkeiten. Rund um den Neuen

»Zeesenboot« auf Fischland

Markt lassen sich originalgetreu wiedererrichtete **Bürgerhäuser** bewundern. Hier steht auch das Mitte des 13. Jh. entstandene **Rathaus**. Ebenfalls sehenswert ist das wohl 1470 errichtete **Kerkhofhaus**, das **Steintor** (eines der 4 erhaltenen Stadttore von ursprünglich 22), das Doppelgiebelhaus **Alte Münze**, wo in früheren Zeiten die Stadt eigene Münzen prägen ließ, das **Kröpeliner Tor** (13. Jh.), welches als Wahrzeichen der Stadt gilt. Zu einem Bummel laden die **Kröpeliner Straße**, die **Lange Straße** sowie der **Alte Hafen** ein. Über 100 Modelle zur Geschichte der Schifffahrt sind im **Schifffahrtsmuseum** präsentiert. Das **Kulturhistorische Museum** im 1977 restaurierten Nonnenkloster zum Heiligen Kreuz informiert u. A. über die Geschichte der Stadt. Etwas außerhalb des Stadtzentrums können die um 1250 entstandene **Nikolaikirche** und die im 14. Jh. errichtete **Petrikirche** besichtigt werden.

Freizeit und Kultur

Ein Ausflug von Rostock (am schnellsten mit der S-Bahn) nach ❷ **Warnemünde** ist lohnend: Eine Vielzahl niedriger **Fischerhäuser** erinnern an das einstige Fischerdorf. Sehenswert ist die **Promenade** am Alten Strom, von der **Mole** aus kann der Besucher die in den Rostocker Überseehafen einfahrenden Fähren und Frachter begrüßen.

Auf der B 105 nach ❸ **Ribnitz-Damgarten**: Heimatmuseum im Clarissinnenkloster, besonders empfehlenswert das **Bernsteinmuseum**. In der **Klosterkirche** (1400) sind sechs gotische **Tafelgemälde** zu besichtigen.

Ostseebad Prerow auf dem Darß

Vor Ribnitz-Damgarten führt die Straße Richtung Ostsee zur Halbinsel Fischland-Darß-Zingst. Neben ❹ **Dierhagen** und ❺ **Wustrow** ist ❻ **Ahrenshoop** mit seinen reetgedeckten Häusern und einem herrlichen Strand das bekannteste Seebad des Fischlandes, an das sich der Darß anschließt. Dort gibt es eine bemerkenswerte **Flora und Fauna** mit z. T. vom Aussterben bedrohten Tierarten. Im

Badeort ❼ **Prerow** sind die **schilfgedeckten Häuser**, die **Seemannskirche** (18. Jh.) sowie das **Darß-Museum** sehenswert. Östlich vom Darß schließt sich die Halbinsel Zingst mit dem Ostseebad ❽ **Zingst** an.

❾ **Barth**: Eine im 16. Jh. gedruckte **niederdeutsche Bibel** kann in der gotischen **Marienkirche** bewundert werden.

Fremdenverkehrsverbände

Landesfremdenverkehrsverband Mecklenburg-Vorpommern
18059 Rostock
Platz der Freundschaft 1
Tel.: 0381/448426
Regionalverband Mecklenburgische Ostseebäder
18209 Bad Doberan
Kühlungsborner Str. 4
Tel.: 038203/62120
Fremdenverkehrsverband Fischland Darß/Zingst
18374 Ostseebad Zingst
Barther Str. 31
Tel.: 038234/6400
Stadtinformation Ribnitz
Tel.: 03821/2201

Spaß für Kinder

Ein mächtiger, über hundert Jahre alter Mammutbaum begrüßt die Besucher am Eingang des **Zoologischen Gartens Rostock**, Rennbahnallee 21, Tel.: 0381/20820. Schwerpunkt des Zoos sind Haltung und Zucht

von nordischen Land- und Meerrestieren, v. a. Eisbären, Robben, Elche, Rentiere und Pinguine. Extra für Kinder: verschiedene Spielstationen. Der Zoo ist ausgeschildert oder kann mit der Straßenbahnlinie 11 und der Buslinie 39 erreicht werden. Täglich geöffnet.

Regionale Küche

In ganz Mecklenburg-Vorpommern bevorzugt man eine deftige Küche, in der Fisch eine wichtige Rolle spielt. Die Hochseefischerei in der Ostsee, vor allem von Rostock aus, beliefert das Land mit frischen Seefischen. Besonders beliebt sind Flundern, Heringe und Makrelen. Süßwasserfische wie Hecht, Karpfen und Zander gedeihen auch in den küstennahen Bodden. Man bevorzugt eine schlichte Zubereitung, wobei der Fisch gedünstet und mit Salzkartoffeln, Meerrettich und Butter serviert wird. Doch findet man auch aufwendigere Zubereitungsarten wie Spickhecht in Sahnesauce.

Im **Fischrestaurant Atlantic** in Rostock/Warnemünde, Am Strom 107, kann man fangfrischen Ostseefisch genießen. Landestypische Küche bietet der **Ratskeller** in Rostock, Neuer Markt 22.

Rund ums Auto

Verkehrsfunk
NDR II 93,5 MHz

Strelasund und eine Vielzahl von Bodden: Stralsund und Rügen

Kreidefelsen auf Rügen

Was Sylt für die nördliche, ist Rügen für die östliche Seite – die von Bodden zergliederte größte deutsche Insel in der Ostsee. Aber auch die Insel Hiddensee, in die sich Gerhart Hauptmann verliebte und der er bis zu seinem Tod treu blieb, lohnt einen ausgedehnten Ausflug. Zeit sollte sich der Besucher für das mittelalterliche Stralsund mit seiner Vielfalt an Sehenswürdigkeiten nehmen.

Attraktionen

Sternförmig führen die B 105, 194 und 109 auf ❶ **Stralsund** zu. Die mittelalterliche Stadt am Strelasund ist idealer Ausgangspunkt für vielseitige Ausflüge, bietet aber auch selbst eine Fülle von Sehenswürdigkeiten: Das monumentalste Bauwerk der Stadt, die **Marienkirche** (Baubeginn 14. Jh.) mit einer **Orgel** von enormen Ausmaßen, die **Heilgeistkirche** aus dem 15. Jh., die **Jakobikirche** mit hohem Turm sowie die **Nikolaikirche**, die im Innern eine Fülle von Kunstschätzen beherbergt. Im Jahr 1251 gründete der Dominikanerorden das **Katharinenkloster**, das

Fassade des Stralsunder Rathauses

Johanniskloster wurde 1254 von den Franziskanern gegründet. Den **Alten Markt** der Stadt dominiert das **Rathaus** mit einer herausragenden **Fassade** in norddeutscher Backsteingotik. Das älteste Stralsunder Wohnhaus (13. Jh.) steht in der **Mühlenstraße**.

Freizeit und Kultur

Von Stralsund aus führt die B 96 auf die Insel ❷ **Rügen**. Die durch Boddengewässer in mehrere Halbinseln zergliederte Insel ist Deutschlands größte in der Ostsee.

Die älteste Stadt Rügens ist ❸ **Garz** mit schönen **Bürgerhäusern**, dem gotischen Backsteinbau **Stadtkirche** sowie dem **Ernst-Moritz-Arndt-Museum**.

❹ **Putbus** ist nicht nur an sich und wegen des **Landschaftsparks** einen Besuch wert, sondern auch wegen der Schmalspurbahn **Rasender Roland** (Geschwindigkeit: 30 km/h), die Puttbus mit den Ostseebädern der Granitz verbindet.

Die ❺ **Granitz** ist ein ausgedehntes Waldstück, inmitten dessen das neugotische **Jagdschloss Granitz** steht. Die bekannten Ostseebäder der Granitz sind **Göhren, Baabe, Sellin** und **Binz**. ❻ **Saßnitz**, bereits im 19. Jh. bekannter Badeort, ist **Fährhafen** für die Verbindungen nach Dänemark und Schweden.

Nördlich von Saßnitz führt die Straße nach ❼ **Stubbenkammer** mit einer grandiosen **Kreidesteilküste**. Die höchste Erhebung ist der **Königsstuhl** mit einer Höhe von 117 m, der dem Besucher einen herrlichen Blick gewährt. Inmitten von Rügen liegt die Kreisstadt ❽ **Bergen**, die mit der eindrucksvollen, in nord-

deutscher Backsteingotik erbauten **St.-Marienkirche**.

Vom Stralsunder Hafen aus erreicht der Besucher mit Fahrgastschiffen die Insel ❾ **Hiddensee**. Die größte Sehenswürdigkeit der Insel ist das **Haus Seedorn**, das Wohnhaus Gerhart Hauptmanns, der der Insel seit seinem ersten Besuch 1885 treu blieb.

B 194 ❿ **Grimmen**: Hallenkirche **Marienkirche**, **Rathaus** in gotischem Backsteinstil.

Spaß für Kinder

Für Kinder, die Seeluft schnuppern wollen und alte Seefahrergeschichten lieben, ist ein Ausflug

nach **Kap Arkona**, dem nördlichsten Punkt Rügens, ein lohnenswertes Abenteuer. Der 1826 als einer der ersten erbauten Leuchttürme beherbergt heute eine Ausstellung über die erste Seenot-Rettungsstation.

Alte Haustierrassen, heimische Wildtiere und ein Meerwasseraquarium im **Tierpark Stralsund**, Barther Straße, Tel.: 03831/293033.

Regionale Küche

Auf Rügen isst man gern Pflückhecht, der in einem essigsauren Sud gegart und dann in Stücke »zerpflückt« wird. Geschätzt wird auch die Rügener Aalsuppe und der Rügener Entenbraten. Übrigens: Das heute in ganz Deutschland bekannte Kommissbrot ist im 17. Jahrhundert von den Bäckern Stralsunds »erfunden« worden. Als nämlich die Stadt im Dreißigjährigen Krieg von den Truppen Wallensteins belagert wurde, wurden die Bäcker von dessen Verpflegungskommission gezwungen, ein nahrhaftes Brot von einheitlichem Äußeren zu backen.

Empfehlenswerte Adresse: Das Fischrestaurant **Kliesow's Reuse**, Dorfstraße 23 a in Alt-Reddewitz auf Rügen.

Rund ums Auto

Verkehrsfunk
NDR II 93,5 MHz

31

Torhaus und Turm in Burgsteinfurt

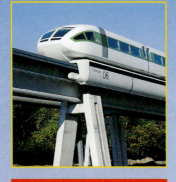

Magnetschwebebahn bei Haren

Blick über Osnabrück

Das Schloss in Oldenburg

Mit dem Ballon über die Dammer Berge

Das Emsland

»Moin, Moin« begrüßen sich die Einheimischen im Emsland,
und dies bedeutet nicht, wie der Fremde irrtümlich annehmen mag,
»Guten Morgen«, es leitet sich vielmehr von dem ostfriesischen
Begriff »Moi« ab, und dies bedeutet soviel wie »schön«.
Und schön ist es in der Tat in diesem nordwestlichen Teil Nieder-
sachsens mit der einstigen Residenzstadt Oldenburg im Zentrum.
Es gibt viel zu entdecken, vom typischen Runddorf Rysum mit
seiner alten Kirchenorgel, der fünfstöckigen Windmühle in Varel am
Jadebusen bis hin zur Kunsthalle in Emden mit bemerkenswerten
Kunstwerken des 20. Jahrhunderts.

Der Jolanthe-Brunnen in Cloppenburg

Erdölförderung im Emsland

Tecklenburg

Am Kanal in Papenburg

33

AURICH

Krummhörn

Hinte

EMDEN

Wiesmoor

Großefehn

Ostfriesland

Dollart

Ems

Borkum

NIEDERLANDE

Winschoten

LEER

Weener

Bellingwolde

Onstwedde

Vlagtwedde

PAPENBURG

Rhauderfehn

Ostrhauderfehn

Saterland

Barßel

Apen

Bourtanger Moor

Haren (Ems)

Werlte

Sögel

Börger

Östlich der Ems: Landschaft des Moors und der Fehne

Bietet das gut über die A 31 erreichbare Emden dem Besucher noch den Reiz einer Hafenstadt nahe des offenen Meeres, verzaubert östlich der A 31 bereits eine Landschaft, die durch eine besondere Art der Moorkultur, der Fehnkultur, charakterisiert ist. Inmitten dieser außergewöhnlichen Region liegt Papenburg mit seiner reizvollen Kanallandschaft.

Magnetschwebebahn bei Haren

Attraktionen

A 31 nach ❶ **Emden**, dem maritimen Herz Ostfrieslands. Vom Turm des **Rathauses** hat der Besucher einen wunderbaren Ausblick auf die Innenstadt sowie auf den Hafen. Das **Ostfriesische Landesmuseum** am Hafen beherbergt u. a. die berühmte **Rüstkammer** der Stadt mit Waffen und Rüstungen aus dem 16. und 17. Jh. In der Großen Straße 1 lädt **Dat Otto Huus** mit Kuriositäten aus der Karriere des in Emden geborenen Komikers Otto Waalkes zum Schmunzeln ein. Henri Nannen, seinerzeit Herausgeber des Wochenmagazins Stern, stiftete seiner Geburtsstadt eine Sammlung von Werken der klassischen Moderne und zeitgenössischer Kunst, die einen Besuch der **Kunsthalle** (Hinter dem Rahmen 13) sehr empfehlenswert machen. Von Emden aus sind **Tagesfahrten** auf einem Katamaran zur **Insel Borkum** möglich.

Freizeit und Kultur

A 31 oder A 28 Abfahrt ❷ **Leer**. Die alte Hafenstadt gehört zu den ältesten Missionsstädten Ostfrieslands mit **Bürgerhäusern** aus dem 17. und 18. Jh. in niederländischem Frühbarock. Das **Haus Samson** zeigt die frühere bürgerliche Wohnwelt in Ostfriesland. Weiterhin sehenswert ist auch das im norddeut-

»Moorexamen«

schen Barockstil erbaute Haus **Waage**. Das **Heimatmuseum** beherbergt Sammlungen zu Wohnkultur, Schifffahrt und Vogelwelt. Die **Haneburg** ist eine der wenigen erhaltenen Renaissanceburgen.

Von Leer aus auf der B 70 oder von der A 31, Ausfahrt Rhede, nach ❸ **Papenburg**: Die Stadt wartet mit einer reizvollen **Kanallandschaft** mit zahlreichen **Klappbrücken** auf. Eine besondere Attraktion sind die **Schiffsnachbauten**, die die Kanäle zieren. Papenburg ist die größte deutsche **Fehnkolonie** (Moorkultivierung). Weitere Sehenswürdigkeiten sind die gotische **St.-Antonius-Kirche** aus dem Jahr 1877 und das barocke **Rathaus**. Nachbauten Papenburger Schiffstypen und die letzte Bockwindmühle im Emsland sind

Am Kanal in Papenburg

im **Binnenschifffahrts-Freilichtmuseum** zu besichtigen.

Etwas nördlich von Papenburg liegt ❹ **Rhauderfehn**: Ein Ausflug dorthin ist wegen des **Fehn- und Schifffahrtsmuseums** für Ostfriesland und das Saterland (Sammlungen zur Fehn- und Moorbesiedelung, zur Kultur der Fehnjer sowie der Schifffahrt) empfehlenswert.

Über die B 401 führt die Straße von Papenburg aus nach ❺ **Sögel**. Das **Schloss Clemenswerth** beherbergt das **Emslandmuseum** mit Sammlungen zur Vor- und Früh- sowie Landesgeschichte.

Spaß für Kinder

Vom Norden her A 31, Abfahrt Haren, von Süden kommend die

B 70 bis 10 km nördlich von Meppen, dann die B 402 Richtung Haren: Über Jahrhunderte hinweg wurden in ❻ **Haren an der Ems** Schiffe gebaut, von denen heute einige im **Schifffahrtsmuseum**, Kanalstraße, 49733 Haren, Tel.: 05931/8225 besichtigt werden können.

Außerdem in Haren: Das Ferienzentrum **Schloss Dankern**, Tel.: 05932/2006, mit 5000 m² überdachter Spielfläche, riesigen Abenteuerspielplätzen etc.

Regionale Küche

Im ostfriesischen Binnenland war früher Fleisch rar und Getreide der Hauptbestandteil der Mahlzeiten. Viele Traditionsgerichte spiegeln das noch heute wieder: Der Knipp beispielsweise besteht aus Hafergrütze und Schweinefleisch, das durch den Fleischwolf gedreht wurde. Speckendicken sind kräftige Pfannkuchen mit dünnen Scheiben Schinkenspeck und Mettwurst. Doch auch Süßes hat hier Tradition: Der ostfriesische Butterkuchen schmeckt hervorragend zum Tee.

In Leer gibt es im **Sophien Café**, Heisfelder Straße 78, Ostfriesentee und guten Kuchen. Die **Alte Posthalterei** an der B 72 zwischen Leer und Aurich (Hesel, Leeraner Straße 4) bietet typische Regionalküche.

Rund ums Auto

Verkehrsfunk
NDR II 93,5 MHz

WILHELMSHAVEN

BREMERHAVEN

NORDENHAM

Jadebusen
Nationalpark
Niedersächsisches
Wattenmeer

Varel

Stadland

Brake

Rastede

Wiefelstede

Bad Zwischenahn

Loxstedt

Stotel

Elsfleth

Schwanewede

Osterholz-Scharmbeck

Ritterhude

OLDENBURG

Hude

Berne

Lemwerder

Vegesack

BREMEN

Wardenburg

Hatten

GANDERKESEE

DELMENHORST

STUHR

Neustadt

Großenkneten

Naturpark

Wildeshausen

Weyhe

Syke

Bassum

Cloppenburg
Emstek

Visbek

Twistringen

Weser

Ostenholz / *Geest*

Osenberge

Zwischen Friesen und Sachsen: Oldenburg und Umgebung

Das Schloss in Oldenburg

Von Norden wie von Süden führen die A 28 und A 29 nach Oldenburg, von wo aus die Städte Brake, Hude, Delmenhorst und Wildeshausen sowie Cloppenburg bequem erreicht werden können. Nicht nur die Sehenswürdigkeiten der Städte laden zum Verweilen in dieser Region ein, sondern auch ausgedehnte Spaziergänge an der Weser und in der Moorlandschaft rund um Oldenburg.

Attraktionen

A 28 oder A 29 Abfahrt ❶ **Oldenburg**. Die drittgrößte Stadt Niedersachsens, ehemalige großherzogliche Residenz, liegt am historischen Schnittpunkt zwischen Sachsen und Friesland. Der modernen Kunst ist das **Augusteum** gewidmet, das **Museum am Damm** der Archäologie. Über das allseits präsente Moor informiert das **Museum für Naturkunde und Vorgeschichte** mit seiner moorkundlichen Abteilung. Neben dem **Stadtmuseum** ist das **Krankenhausmuseum** im Peter-Friedrich-Hospital sehenswert. Besuchen sollte man auch das herzogliche **Schloss** im Renaissancestil aus dem 17. Jh., in dem das **Landesmuseum für Kunst- und Kulturgeschichte** beherbergt ist. Es zeigt Malerei und Plastiken sowie kunstgewerbliche Gegenstände aus dem Mittelalter. Vom späten Mittelalter kündet der **Lappan**, 1468 als Turm des Heiliggeistspitals erbaut. Sehenswert ist weiterhin die **St. Gertruden-Kapelle** und die evangelische Pfarrkirche **St. Lamberti**.

Gehöft im Oldenburger Land

Freizeit und Kultur

Von Oldenburg aus führt die B 211 nördlich nach ❷ **Brake**. Neben einem sehr interessanten **Schifffahrtsmuseum** bietet dem Besucher die in der Weser liegende **Halbinsel Harriersand** Möglichkeiten zu sportlichen Aktivitäten wie zur Erholung.

Der Jolanthe-Brunnen in Cloppenburg

Von Brake aus führt die B 212 bis nach Berne, von wo eine Straße nach ❸ **Hude** führt, wohin ein Abstecher wegen der Ruine des 1232 erbauten **Zisterzienserklosters**, einem eindrucksvollen Monument der Frühgotik, lohnt.

Die B 212 in Richtung Süden führt zur A 28, die den Weg nach ❹ **Delmenhorst** weist. Die heutige Industriestadt war im Mittelalter Sitz einer Nebenlinie des oldenburgischen Grafenhauses. Heute ist von der gräflichen Burg leider nur noch der **Wassergraben** zu sehen. Einen guten Blick auf die Stadt und das Umland hat der Besucher des besteigbaren städtischen **Wasserturms**.

Von Delmenhorst führt die B 213 nach ❺ **Wildeshausen**, wel-

ches inmitten des zu schönen Spaziergängen einladenden **Naturparks Wildeshauser Geest** liegt. Aus der Bronze- und Eisenzeit stammen die über 500 Gräber, die auf dem **Pestruper Gräberfeld** im Süden der Stadt zu besichtigen sind. In der Stadt ist die **Basilika** (13. Jh.) sehenswert, für deren Grundriss der Osnabrücker Dom Pate stand. In der **Sakristei** sind Fragmente eines Bilderzyklus aus dem 15. Jh. zu sehen. Auf die frühe Entstehungszeit der **Alexanderkirche** deuten Reste von unregelmäßigem Mauerwerk aus Findlingssteinen.

Fremdenverkehrs-verbände

Fremdenverkehrsamt Wilhelmshaven
26382 Wilhelmshaven
Bahnhofsplatz 7
Tel.: 04421/913000
Tourismusförderungsgesellschaft Bremerhaven mbH
27568 Bremerhaven
Van-Ronzelen-Str 2
Tel.: 0471/946460
Verkehrsverein Oldenburg
26122 Oldenburg
Wallstr. 14
Tel.: 0441/15744
Verkehrsverein der Freien Hansestadt Bremen
28195 Bremen
Hillmannplatz 6
Tel.: 0421/308000

Spaß für Kinder

Über die A 1, Ausfahrt Cloppenburg, Weiterfahrt auf der B 72,

gelangt man nach ❻ **Cloppenburg**. Hier lohnt ein Besuch im **Freilichtmuseum**, Bether Straße, Tel.: 04471/94840. Geöffnet in der Sommersaison von 9–18 Uhr, sonst von 10–16 Uhr.

Im **Freizeitbad Cloppenburg** ist für rege Unterhaltung gesorgt. Hagenstraße 28, Tel.: 04471/2218, zu erreichen über die B 27, Anschlussstelle Cloppenburg-Bethen, Bether Straße. Geöffnet Montag 15.30–21 Uhr, Dienstag bis Freitag 15–21 Uhr, Samstag und Sonntag 9–18 Uhr.

Regionale Küche

Im Land um Oldenburg wird der Grünkohl nicht nur gern gegessen, man kann sogar Kohlkönig werden: Im Winter unternehmen Vereine »Kohl-und-Pinkel-Fahrten«, bei denen man sich bei einem Gang durch die winterliche Kälte und allerlei Spielen den richtigen Appetit verschafft, als dessen Höhepunkt der Kohlkönig gewählt wird. Grünkohl wird im Oldenburger Land mit Kasseler, Bauchspeck und Pinkel serviert – eine Wurst mit Hafergrütze, die nur hier hergestellt wird.

Im **Vielstedter Burnhus** in Vielstedt bei Hude kann man nicht nur köstliche regionale Spezialitäten genießen, sondern auch ein Heimatmuseum besichtigen.

37

Rund ums Auto

Verkehrsfunk
NDR II 99,8 MHz

Entlang der Grenze zu den Niederlanden: Das Emsland

Klein, aber fein: Das über die A 1 von Osten oder über die A 31 von Süden zu erreichende attraktive Bad Bentheim kann Ausgangspunkt für die Erkundung des Emslandes sein. Von hier führt der Weg entlang der Ems Richtung Norden nach Nordhorn, Lingen und Meppen oder nach Süden nach Ahaus. Auch ein Abstecher zu den Nachbarn nach Holland lässt sich hier problemlos einrichten.

Torhaus und Turm in Burgsteinfurt

Attraktionen

An der A 1 von Osnabrück Richtung Hengelo (Niederlande) liegt ❶ **Bad Bentheim**, seit Anfang des 18. Jh. ein Kurort mit **Heilquelle** (Thermalsole und Schwefelheilbad). Eingeschossige **Fachwerkhäuser** mit altertümlichen Ankerbalkenverzimmerungen prägen das malerische Städtchen am Fuße der **Burg Bentheim**. Die Burg selbst, Stammburg der Bentheimer Grafen, gehört zu den größten Befestigungsanlagen Niedersachsens und soll schon im 10. Jh. entstanden sein. Das **Schlossmuseum** zeigt Sammlungen zur Geschichte der Grafschaft sowie der Burg. Ebenfalls sehenswert sind das **Kreismuseum** mit **Amateurfunkmuseum** im ehemaligen **Patrizierhaus Stoltenkamp**. Weiterhin: das **Brasilienmuseum** (Missionstätigkeit) im **Franziskanerkloster Bardel**, die spätgotische **Annenkirche** und die barocke **Johanneskirche.**

Das Wasserschloss in Ahaus

In dem zu Bad Bentheim gehörenden Ort Gildehaus befindet sich ein **geologisches Freilichtmuseum**.

Freizeit und Kultur

Südlich an der A 31 ❷ **Ahaus**: Die Burg der Stadt wurde zwischen 1689 und 1695 zu einem sehenswerten repräsentativen **Wasserschloss** umgebaut.

Von Bad Bentheim auf der B 213 nördlich über die A 1 nach ❸ **Nordhorn**. Neben der bemerkenswerten **St.-Ludger-Kirche** (1447) bietet die Stadt einen 4 km langen **Skulpturenweg** mit 28 Werken der modernen Bildhauerei und 200 km befestigte **Radwege**.

Die B 213 führt weiter nach ❹ **Lingen**. Der Ausflug in diese einstige Festung und Universitätsstadt (1667 bis 1815) lohnt wegen des **Professorenhauses**, dem schönen dreieckigen **Marktplatz**, an dem das historischen **Rathaus** (1663) mit altem **Sitzungssaal** und **Glockenspiel** zu finden ist. Auch das **Palais Danckelmann** aus dem Jahre 1946 sowie das **Haus der Kivelinge** (Kivelinge = unverheiratete Bürgersöhne) von 1583 lohnen eine Besichtigung.

Von Lingen führt die B 70 nach ❺ **Meppen** an der Ems, welches bereits im Jahre 948 Marktrecht erhielt. Ein besonderes Erlebnis in dieser Stadt ist ein Bummel durch die Altstadt mit seinem fast 600 Jahre alten **Rathaus** (1408, aufgestockt 1601) und den klassizistischen **Bürgerhäusern**. Ebenfalls interessant ist die **Jesuiten-Residenz** (um 1727) und der Barockbau der **Gymnasialkirche** (1743). Die Flüsse Hase und Radde münden bei Meppen in die Ems **(Schleusenanlagen).**

Fremdenverkehrsverbände

Emsland-Touristik GmbH
49716 Meppen
Ordeniederung 1
Tel.: 05931/44124/6
Verkehrsverein Meppen
49716 Meppen
Markt 43
Tel.: 05931/153106
Fremdenverkehrsamt Nordhorn
48529 Nordhorn
Firnhaberstr. 17
Tel.: 05921/3403
Münsterland-Touristik »Grünes Band«
48565 Steinfurt
Postfach 1265
Tel.: 02551/9392-91/0

Spaß für Kinder

Zwischen Meppen und Lingen, zu erreichen über die A 31, Ausfahrt Geeste, liegt ❻ **Groß Hesepe**. Hier – interessant vor allem für kleine Moorhexen – ist das

Moormuseum, Geestmoor 6, 49744 Geeste, Groß Hesepe. Freizeitangebote in **Nordhorn**: Weitläufiger Tierpark mit Streichelzoo, eine Fahrt mit dem Ausflugsschiff auf der Vechte.

Immer lohnenswert durch das wunderschöne Emsland mit seinen Mooren: **»Schippern auf der Ems«** nach Meppen, Papenburg oder Lingen mit dem Fahrgastschiff »Amisia«. Planungen über Tel.: 05932/8225.

Regionale Küche

Im Grenzgebiet zwischen dem Emsland und dem westlichen Zipfel Westfalens dominieren die Gerichte vom Schwein, allem voran der Schinken. Wo so viele Schweine ihre Schinken lassen müssen, finden natürlich auch die anderen Teile Verwendung. Was die den fetten Genuss begleitenden Schäpse anbelangt, dominiert im Norden der klare Korn, im Süden der Steinhäger. Bekannt geworden sind z. B. die auf Kornbasis aufgesetzten Obstschnäpse aus Meppen.
Ein großes Angebot deftiger Hausmannskost gibt es in der **Barriere** in Ahaus, Legdener Str. 99 (Münsterländer Krüstchen, Pfefferpotthaast, hausgemachte Blut-, Leber- und Mettwurst etc.). In Lingen empfiehlt sich ein Besuch des **Alten Forsthaus Beck** in der Georgstr. 22.

Erdölförderung im Emsland

39

Rund ums Auto

Verkehrsfunk
NDR II 97,8 MHz

Apeldorn Loherfeld Westerloh Holtort Lähden Heitum Feld Hamstrup Hammesdamm Hochelsten Schwichteler

Elbergen Borkhorn Lodbergen Herbergen Darrel Vestrup

Löningen Böen Bunnen Hagel Barlage Essen Bevern Lüsche Hausstette Wester-bakum

E233 Wienobst Huckelrieden Brook Ahausen Osteressen Addrup Carum Märschendorf Bahlen

Haselünne Andrup Bookhof Felsen Neuenlande Börstel Anten Renslage Kl. Mimmelage Quakenbrück Gr.-Mimmelage Lechterke Wohld Bünne Dinklage Wasser-burg

Klosterholte Lötten Groß-Dohren Ohrthausen Stiftsmuseum Grafeld Berge Nortrup Langen Badbergen Grönloh Langwege Holdorf Ihorst

Bramhar Gr.-Bawinkel Brockhausen Hekese Loxten Suttrup Farwick Helle Rüsfort

Dusthok Brögbern Bülten Drope Ndr. Gersten Handrup Hestrup Vechtel Naturpark Wasserschloß Basum Druchhorn Talge Gehrde Fladderlohausen Langenberg Naturpark Handorf

Laxten Baccum Langen Rentrup Oberdorf Höne Fürstenau Schwagstorf Bippen Kettenkamp Döhten-Sussum Holsten Ankum Bersenbrück Rüssel Woltrup-Wehbarg Brickwedde Bieste Wittenberg Neuenkirchen Gramke

Niederthuine Hollenhorst Lohe Freren Setlage Settrup Poggenort Schlichthorst Hollenstede Engelern Aslage Merzen Heeke Hülsort Kl. Vörden Kreuz Bg. Neuenkirchen Hörsten Vörden

Hüvede-Sommeringen Bramsche Messingen Brumsel Wilsten Talge Achteresch Ostendorf Overwater Dresselhsn. Bertlingen Wiemerslage Schale Höckel Südmerzen Ueffeln Balkum Sögeln Malgarten Campemoor Wittenfelde Vörden Hinnenkamp

Hesselte Heitel Altenlünne Schardingen Kirchhof Schapen Rüschen-dorf Halverde Weese Steinfeld Neuenkirchen Teutob Grüne-gras St. Martin Bramsche Kalkriese Schloß Barenaue Niewedde

Varenrode Westermoor Borken Staden Albers Twenhusen Haarhof Rothers-hausen Achmer Hesepe Epe Lappenstuhl Alt Barenaue Venne Ostercappe Haaren

Spelle Hopsten Visse Breischen Ober-Recke steinbeck Espel Wackum Vinte Feldflach Pente Schleptrup Engter Schmittenhöhe Evinghausen Vorwalde Broxten Borgwedde Krebsburg

Ostenwalde Uffeln Pusselbüren Ndr. bockraden Wiehe Metten Wersen Büren Fiestel Rulle Lechtingen Ruine Westerheide Vor dem Bruche Icker Krebsburg

Dreierwalde Uthuisen Hagenort Schierloh Wallenhorst Oberseeste Hollage Pye Osn. Powe Schinkel Belm Wulfte

Hörstel Gravenhorst Esch Schafberg Muckhorst Hövering-hsn. Hambüren Lotte Osn.-Hafen Leye Eversburg Bodesheide

Ibbenbüren Laggenbeck Osterledde Hamburen Lotte Atter Gonfelst Osnabrück Osn.-Hellern Darum

Wapelhm. Fernrodde Heine Bevergern Birgte Habichtswald Osterberg Gaste Hasbergen Sutthausen Harderberg Osn.-Nahne Uphsn. Natbergen Wissingen Bissen

St. Arnold Mesum Elte Feldkante Lage Dörenthe Brochterbeck Ledde Bad Holthsn. Ober-bauer Altholzhausen Sutthausen Kloster Oesede Holsten-Mundrup

Catenhorn Hauenhorst Horstmersch Niederdorf Leeden Georgs-Marien-Hütte Hagen a.T.W. Dören-B. Kloster Oesede Borgloh Ruine Oesede

Emsdetten Sinningen Bertling Austum Wechte Tecklenburg Lengerich Niedermark Schollbruch Mentrup Wellendorf Hankenberge Eppendorf

Visbör Uhlenbrock Middendorf Saerbeck Ferlemann Overbeck Lengerich Höste Naturp. Holperdorp Bad Iburg Hilter a.T.W. Teuto Vessendorf

Borghorst Dichtler Ahlintel Tidde Hembrup Westlad-bergen Nieder-lengerich Westerbeck Lienen Ostenfelde Glane Sentrup Hilter a.T.W. Nolle Dis

Nordwalde Westerode Lintels Brook Ladbergen Stock-diek Schultenhof Ringel Aldrup Meckelwege Witte Remsede Bad Rothenfelde

Greven Vosskotten Gimbte Korthorst Kattmanns-kamp Vorbleck Auf dem Donnerbrink Visbeck Bad Laer Kram-Brook

Altenberge Neuhaus Temming Aldrup Bockholt Brock Schwege Westen-dorf Glandort Hardensetten Müschen

Aabauer-schaft thausen Hansell Renfert Laxen Holthaus Groß-Stetzkamp Ostbevern Lohburg Füchtorf Sudendorf Schierloh Stockheim Elve Knettenhsn. Loxten

Keine Schlacht, sondern schöne Touren am Teutoburger Wald

Zu Füßen des Teutoburger Waldes liegt die westfälische Stadt Osnabrück, die neben Münster eine wichtige Rolle bei den Verhandlungen um den Westfälischen Frieden gespielt hat. Neben den vielfältigen Attraktionen der Stadt laden von hier aus schöne Touren rund um den Naturpark Nördlicher Teutoburger Wald zu Besichtigungen und Wanderungen ein.

Mit dem Ballon über die Dammer Berge

Attraktionen

A 1, A 30 und A 33 Abfahrt **Osnabrück**: ❶

Blick über Osnabrück

Die am Teutoburger Wald gelegene Stadt war von 1643 bis 1648 neben Münster Ort der Konferenz, die zum Westfälischen Frieden führte. Sie fand im **Friedenssaal** des reich ausgestatteten **Rathauses** (um 1500) statt. Bedeutende Attraktionen der Stadt sind weiterhin: Der **Dom**, dessen älteste Teile aus dem 11. Jh. stammen, hat einen **Innenraum** von monumentaler Struktur. Hier findet der Besucher das **bronzene Taufbecken** und das eindrucksvolle **Triumphkreuz**. Sehenswert sind außerdem der **Kreuzgang** und die **Domschatzkammer**, zu deren Kostbarkeiten alte Schachfiguren aus Bergkristall und ein mit Edelsteinen besetztes **Kapitelkreuz** gehören. Buntes Treiben ist auf dem Wochenmarkt auf der **Großen Domfreiheit** zu beobachten. Sehr interessant sind die **Johanniskirche**, die **Katharinenkirche** und die gotische **Pfarrkirche St. Marien**. Osnabrück bietet weiterhin bedeu-

tende Sammlungen im **Diözesanmuseum**, im **Kulturgeschichtlichen Museum** sowie im **Naturwissenschaftlichen Museum**. Besuchenswert sind auch das **Dominikanerkloster**, das **Fürstbischöfliche Schloss**, die **Stadtwaage** sowie der **Ledenhof** an der **Alten Münze**.

Freizeit und Kultur

Nördlich an der A 1 liegt ❷ **Neuenkirchen** (Oldenburg). Der Erholungsort liegt am Weststrand der Dammer Berge und lädt zu schönen Wanderungen ein.

Von der Abfahrt Lohne/Dinklage führt die Straße nach ❸ **Quakenbrück**. Im Kern der Hansestadt markieren Froschspuren auf dem Pflaster den sogenannten **Poggenpfad** (Froschpfad), der zu allen bedeutenden Gebäuden führt: **Fachwerkhäuser** aus dem 17. und 18. Jh., **Burgmannshöfe**, das **Stadttor** (1485), die gotische Hallenkirche **St. Sylvester** mit ihrer reichen Ausstattung.

Tecklenburg

Die A 30 führt westlich von Osna-

brück nach ❹ **Rheine**, einer traditionsreichen Textilstadt. Hauptsehenswürdigkeit ist die spätgotische Stadt- und Pfarrkirche **St. Dionysius**. Mit 116 m Höhe ist der Turm der neuromantischen **Antoniuskirche** der höchste Westfalens. Die wuchtige Hallenkirche stammt aus dem 15. Jh. Im **Falkenhof** befindet sich das gleichnamige **Museum**. Im Stadtteil Bentlage liegt die seit 1603 betriebene **Saline Gottesgabe**, deren Siedhaus und Gradierwerk als technische Denkmäler restauriert wurden. Ebenfalls sehenswert: **Schloss Bentlage**, welches ab 1437 ein Kreuzherrenkloster war.

Fremdenverkehrsverbände

Fremdenverkehrsverband Osnabrücker Land
49082 Osnabrück
Am Schölerberg 6
Tel.: 0541/95111-0
Fremdenverkehrsamt Teutoburger Wald
32758 Detmold
Felix-Fechenbach-Str. 3
Tel.: 05231/623473
Landesverkehrsverband Westfalen
44135 Dortmund
Friedensplatz 3
Tel.: 0231/527506

Spaß für Kinder

Am Südrand Osnabrücks, im Buchenwald am Schölerberg, liegt landschaftlich reizvoll der **Osnabrücker Zoo**, Am Waldzoo 2–3, Tel.: 0541/951050. Mit Löwen- und Tigergehegen, einer

Menschenaffenanlage, einer Tropenhalle, Streichelzoo, einem Bienenhaus und einem Ameisenlehrpfad. Abfahrt Nahne der A 30. Geöffnet täglich von 8–18.30 Uhr, im Winter von 9 Uhr bis zum Einbruch der Dunkelheit.

Außerdem: Das **Planetarium** im Museum am Schölerberg, Am Schölerberg 8, 49082 Osnabrück, Tel.: 0541/560030.

Regionale Küche

Bodenständig, gehaltvoll, deftig sind die Merkmale der Küche rund um Osnabrück. Eine regionale Spezialität sind Buchweizenpfannkuchen mit Speck. Auch hier an der Grenze zu Westfalen stehen Würste und Schinken hoch im Kurs. Nach dem Schlachtfest gibt es die sogenannte Wöbkenbraut, einen zu kleinen Laiben geformten Teig aus Roggenschrot und Blut. Die Wöbkenbrautschnitten werden erwärmt und mit Butter oder Schmalz bestrichen. Bei solch gehaltvoller Kost darf natürlich ein guter Korn nicht fehlen.

Zum Probieren regionaler Spezialitäten empfiehlt sich ein Besuch im Restaurant **Hopfenblüte**, Lange Straße 48 in Quakenbrück, seit über 150 Jahren in Familienbesitz. Auf der Karte: Steckrübensuppe, Grünkohl mit Speck, Mettwurst und Bratkartoffeln und natürlich Buchweizenpfannkuchen.

Rund ums Auto

Verkehrsfunk
NDR II 89,2 MHz

41

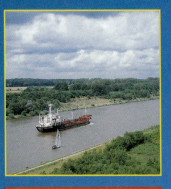

Nord-Ostsee-Kanal

Containerbrücken in Hamburg-Tollerort

Das Schloss in Plön

In der Lüneburger Heide

Das Holstentor in Lübeck

Die Hansestädte Bremen, Hamburg und Lübeck

Vieles haben sie gemeinsam, die alten Hansestädte: Ihre Weltoffenheit, Liberalität, Internationalität und ihren Zugang zum Meer. Bremen mit dem großen Überseehafen Bremerhaven und mit einem der wohl schönsten Schifffahrtsmuseen der Welt, Lübeck mit Travemünde, dem Dreh- und Angelpunkt des Skandinavientourismus und schließlich Hamburg, Deutschlands Tor zur Welt, das am Willkommhöft Seeleute aus aller Welt mit Nationalhymne und Flaggenhissung freundlich begrüßt. In allen drei Städten gibt es viel zu entdecken.

Der Roland auf dem Bremer Markt

Allee in Griese Gegend

Im Lokmuseum Bruchhausen-Vilsen

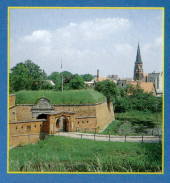

Dömitz an der Elbe

Von Brunsbüttel über Heide nach Büsum: reizvolles Dithmarschen

Nord-Ostsee-Kanal

Zwischen der Nordsee und dem Nord-Ostsee-Kanal mit den imposanten Schleusenanlagen an der Mündung in die Elbe liegt die reizvolle Landschaft Dithmarschen, die nicht nur zu Watt-Wanderungen und Krabbenbrötchen einlädt. Städte und Städtchen wie Brunsbüttel, Marne, Friedrichskoog, Meldorf, Heide und Büsum bieten dem Besucher viele Attraktionen und Sehenswürdigkeiten.

Attraktionen

Zu den Städten ❶ **Cuxhaven** und ❷ **Bremerhaven** siehe Seite 18 und 19.

Bei Marne

Nördlich der Elbe an der B 5 liegt ❸ **Brunsbüttel**. Der Ort ist erst 1970 durch Zusammenlegung von Brunsbüttel und Brunsbüttelkoog entstanden. Die Hauptattraktion von Brunsbüttel sind die gewaltigen **Schleusenanlagen** des **Nord-Ostsee-Kanals**, der hier in die Elbe mündet. Westlich des Kanals im Ortsteil Brunsbüttel stehen nette **Fachwerkhäuser**, die kleine barocke **Jakobuskirche** und das **Heimatmuseum**. Einen eindrucksvollen Blick auf die Unterelbe mit dem starken **Schiffsverkehr** bietet der Elbdeich.

Freizeit und Kultur

Nach Überquerung des Nord-Ostsee-Kanals mit der ständig verkehrenden Autofähre gelangt der Besucher in die Region Dithmarschen.

B 5 ❹ **Marne**: Zu den Sehenswürdigkeiten der Stadt gehören die wertvollen **Dithmarscher Möbel**, die im im Jugendstil erbauten **Rathaus** zu sehen sind, die kreuzförmige **Saalkirche** sowie der **Müllenhoff-Märchenbrunnen** und das **Marschendenkmal**.

Von Marne lohnt sich ein Abstecher Richtung Westen nach ❺ **Friedrichskoog**. Hauptziele sind hier der **Krabbenkutterhafen**, die **Fischersiedlung** und eine **Seehundstation**. Vor der Nordwestspitze des Festlandes liegt die Vogelschutzinsel **Trischen**.

B 5 ❻ **Meldorf**, der ehemalige Hauptort der Bauernrepublik Dithmarschen (bis 1559). Besonders sehenswert in dieser einzigen mittelalterlichen Stadt in Dithmarschen ist die **St.-Johannis-Kirche**, ein bedeutender gotischer Kirchenbau, in dem sich eine Vielzahl wertvoller Kunstschätze befindet. Einen Besuch wert sind weiterhin: **Dithmarscher Landesmuseum**, **Dithmarscher Bauernhaus** (mit Einrichtung aus dem 17. und 19. Jh.) sowie das **Landwirtschaftsmuseum**.

Die B 5 führt über die A 23

nach ❼ **Heide**: Museum für **Dithmarscher Vorgeschichte**, **Heider Stadtmuseum**, das dem plattdeutschem Heimatdichter gewidmete **Klaus-Groth-Museum** sowie das **Brahms-Haus**. Weiterhin sehenswert: **St.-Jürgen-Kirche** sowie **St.-Georg-Brunnen**, der die Dithmarscher Geschichte darstellt. Seit über 500 Jahren findet auf dem größten unbebauten **Marktplatz** Deutschlands in Heide der traditionelle **Wochenmarkt** statt.

B 203 ❽ **Büsum**: Ein Ausflug in das Nordsee-Heilbad lohnt neben der Gelegenheit zum **Wattwandern** wegen des **Fischerei-Hafens**, der Fischerkirche **St. Clemens** und des **Nordsee-Aquariums**.

Fremdenverkehrsverbände

Tourismusförderungsgesellschaft Bremerhaven mbH
27568 Bremerhaven
Van-Ronzelen-Str 2
Tel.: 0471/946460
Verkehrsamt Cuxhaven
Tel.: 04721/4040
Fremdenverkehrsverband Schleswig-Holstein
24105 Kiel
Niemannsweg 31
Tel.: 0431/5600-0
Kurverwaltung Büsum
25761 Büsum
Südstrand 11
Tel.: 04834/8001

Spaß für Kinder

Mitten in einer Wald- und Wiesenlandschaft erstreckt sich auf

5 ha der ❾ **Spiel- und Sportpark Wingst**, Schwimmbadallee 10 a, Wingst, Tel.: 04778/660. Ein geruhsamer Freizeitpark mit 55 Spiel- und Sportmöglichkeiten, z. B. Sommerrodelbahn, Trampolin, Minigolfanlage, Indianerdorf, beheiztes Freibad. Zu erreichen über die B 73 zwischen Cuxhaven und Stade. Geöffnet täglich von 10–18 Uhr.

Regionale Küche

Fisch in allen Varianten spielt in dieser Gegend natürlich die Hauptrolle. Kein Wunder, er schwimmt ja schließlich fast vor der Haustüre von Städten wie Cuxhaven oder Büsum. Die Stadt Büsum hat der berühmten Kutterscholle, die mit Nordseekrabben und frischen Kartoffeln serviert wird, ihren Namen gegeben. Beliebt sind auch Heringsgerichte aller Art, der Brathering mit Bratkartoffeln fehlt auf keiner Speisekarte, ebenso wie der Schellfisch. Zu empfehlen ist die leider selten gewordene Maischolle, sie gilt als besonders fein. Die Schollen kommen nach den Winterstürmen wieder in flachere Gewässer und ernähren sich von kleinen Krebsen und Muscheln – das prägt den Geschmack.

Nordsee-Seezunge oder Büsumer Krabben isst man im **Alten Muschelsaal**, Hafenstraße 27 in Büsum, einem Restaurant, das aus einer alten Fischerkneipe mit Gallionsfigur entstanden ist.

Rund ums Auto

Verkehrsfunk
RB 1 89,3 MHz

45

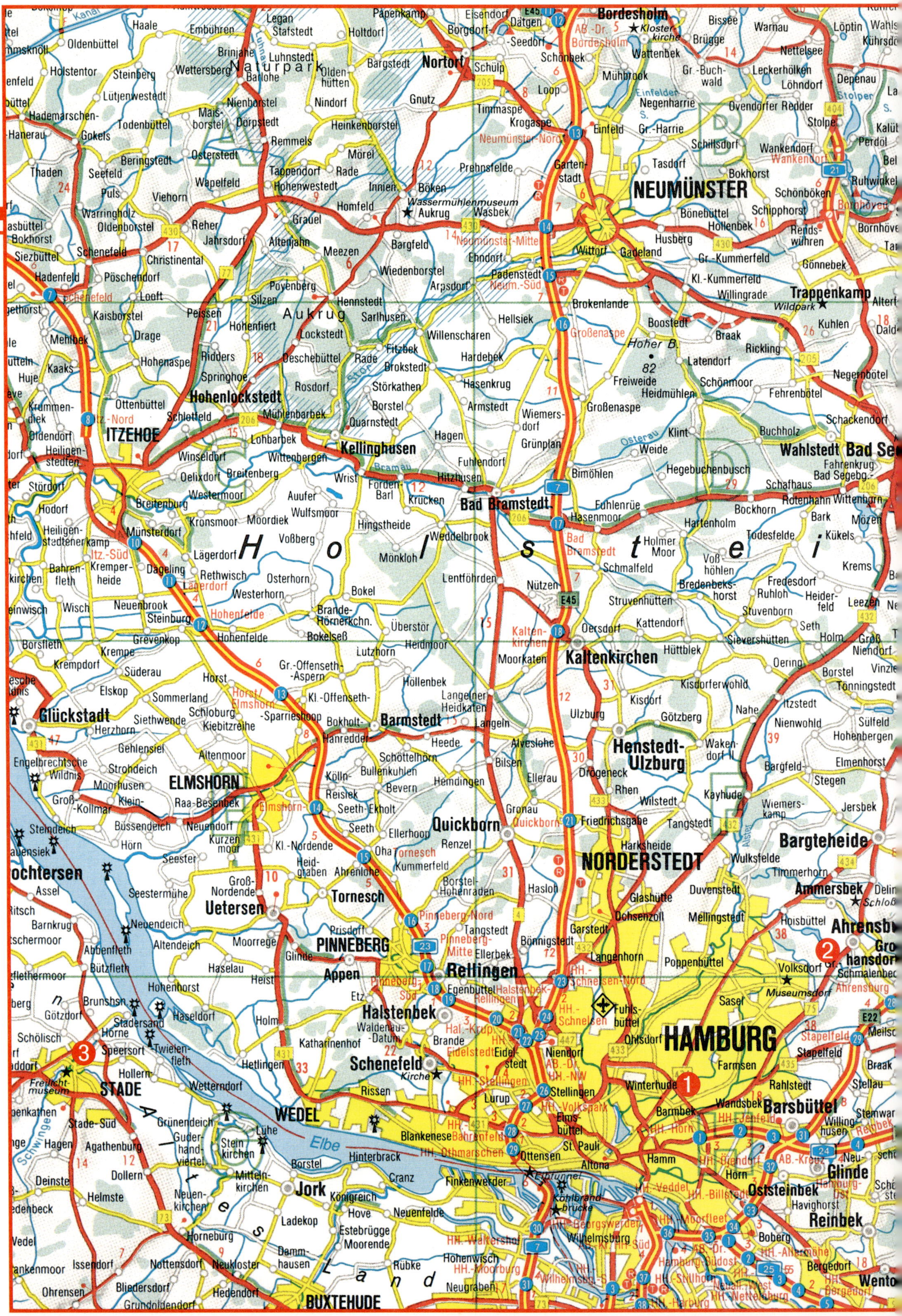

Naturpark

Bordesholm
NEUMÜNSTER
Trappenkamp
Wahlstedt Bad Se
ITZEHOE
Bad Bramstedt
Hohenlockstedt
Kellinghusen
Kaltenkirchen
Henstedt-Ulzburg
Bargteheide
Ammersbek
Ahrensb
Glückstadt
ELMSHORN
Barmstedt
Quickborn
NORDERSTEDT
Uetersen
Tornesch
PINNEBERG
Rellingen
Halstebek
Schenefeld
HAMBURG
Barsbüttel
STADE
WEDEL
Glinde
Oststeinbek
Reinbek
Jork
Bergedorf
Wento
BUXTEHUDE

Hanse, Hafen und High Life: Freie und Hansestadt Hamburg

Containerbrücken in Hamburg-Tollerort

Über verschiedene Autobahnen aus allen Himmelsrichtungen, ebenso gut auch mit dem Flugzeug oder der Bahn erreicht der Besucher Hamburg, eine Stadt, die nicht nur wegen ihres legendären Vergnügungsviertels einen Besuch unbedingt lohnt. Erholung vom Trubel der Stadt ist im Alten Land südlich der Elbe zu finden. Hier gibt es eine weitere Hansestadt: die schöne Stadt Stade.

Attraktionen

Sternförmig führen aus allen Richtungen die A 1, 7, 23, 24 und 25 nach ❶ **Hamburg**. Die Freie und Hansestadt Hamburg bietet dem Besucher eine solche Vielfalt an Attraktionen, dass hier nur die wichtigsten genannt werden können: Von den **St.-Pauli-Landungsbrücken** hat der Besucher ein eindrucksvolles Panorama mit den in den oder aus dem über 800 Jahre alten **Hafen** fahrenden Überseeschiffen.

Hamburger Außenalster

Von hier bieten sich **Hafenrundfahrten** an. Lebhafes Treiben ist sonntags ab 5 Uhr auf dem **Fischmarkt** zu beobachten. Die mittelalterliche Architektur ist noch in Bauelementen einiger Hauptkirchen enthalten: **St.-Jacobi-Kirche**, **St.-Katharinen-Kirche**, die gotische Backsteinkirche **St. Petri**. Das Wahrzeichen der Stadt, die als »Michel« bezeichnete **St.-Michaels-Kirche** bietet eine hervorragende Aussicht. Mit spätklassizistischer **Börse** und **Rathausplatz** bildet das mächtige, von 1886 bis 1897 in historisierendem Stilgemisch erbaute **Rat-**

haus ein städtebauliches Ensemle. Schöne **Giebelhäuser** aus dem 17. und 18. Jh. sind im **Nicolaifleet** zu sehen. Für den kunstinteressierten Besucher bieten sich an: **Kunsthalle** (Sammlungen zur Romantik), **Museum für Kunst und Gewerbe** (schöne Jugendstil-Räume). Weitere besuchenswerte Museen: **Museum für Hamburgische Geschichte**, **Hamburgisches Museum für Völkerkunde und Vorgeschichte**, **Altonaer Museum** mit Sammlungen zur Schifffahrt. Hamburg hat drei Staatstheater: das **Deutsche Schauspielhaus**, die **Hamburgische Staatsoper** sowie das **Thalia Theater**. Ein Besuch in den Musicals **Phantom der Oper** (Neue Flora) und **Cats** (Operettenhaus) bereitet besonderes Vergnügen. Dieses erwartet den Besucher auch in der bunten Glitzerwelt der **Reeperbahn** im Vergnügungsviertel St. Pauli. Zu ausgedehntem Einkaufsbummel laden **Jungfernstieg** an der Binnen-Alster oder auch die Milchstraße im reizenden Wohn- und Ladenviertel **Pöseldorf** an der Außenalster ein.

Schloss Ahrensburg

Freizeit und Kultur

Von Hamburg aus ist ein Ausflug über die B 75 nach ❷ **Ahrensburg** empfehlenswert: Sehr schönes **Renaissance-Schloss** (um 1595) mit **Museum**.

Südlich der Elbe auf der B 73 nach ❸ **Stade**: Geprägt wird die mittelalterliche Hansestadt durch bürgerliche **Fachwerkhäuser** aus dem 17. und 18. Jh. Starke Befestigungsanlagen erhielt die Stadt zur Zeit der Schwedenherrschaft (1645 bis 1712): **Schwedenspeicher** mit **Museum zur Stadtgeschichte**. Weiterhin sehenswert: **Freilichtmuseum**, die spätgotische **St.-Wilhadi-Kirche**, die gotische **Stadtkirche St. Cosmae und Damiani** sowie der alte **Kran** am Fischmarkt.

Fremdenverkehrsverbände

Fremdenverkehrsverband Hamburg
20095 Hamburg
Steinstr. 7
Tel.: 040/30051-0
Fremdenverkehrsamt Bad Segeberg
23795 Bad Segeberg
Hamburger Str. 30
Tel.: 04551/951204
Fremdenverkehrsamt Neumünster
Tel.: 04321/43280

Rund ums Auto

Verkehrsfunk
NDR II 88,7 MHz

Spaß für Kinder

Der Grundsatz für den **Tierpark Carl Hagenbeck** in Hamburg, Hagenbeckallee 31, ist, Tiere artgerecht zu halten und nicht hinter Gitter zu sperren. Auch die Walrossdame Antje, Pausenfüller des NDR, ist hier zu Hause. Zu erreichen über die A 7, Ausfahrt Hamburg-Stellingen, dann den Hinweisschildern folgen. Täglich geöffnet ab 9 Uhr.

Viel Platz zum Spielen, Rad, Skateboard oder Inline-Skates fahren ist im Park **Planten und Blomen**, nahe der Innenstadt am Holstenwall.
Außerdem in Hamburg: Ein **Wachsfigurenkabinett**, Spielbudenplatz 3, 20359 Hamburg.

Regionale Küche

Die Nouvelle Cuisine war nie die feine Art der Hafenstädter. Statt des Außergewöhnlichen greift der Hamburger zu Vertrautem: In Speck gebratene Scholle, grüne Heringe aus der Pfanne, Schellfisch in Senfsauce, Pannfisch, Labskaus, Aalsuppe, Beefsteak nach Hamburger Art aus dem Filetmittelstück und hinterher natürlich Rote Grütze.

Einen Teil dieser Spezialitäten bietet neben einem wunderschönen Blick auf die Silhouette der Innenstadt **Bobby Reich**, eine Hamburger Institution, seit 1883 in Familienbesitz in Winterhude, Fernsicht 2.

47

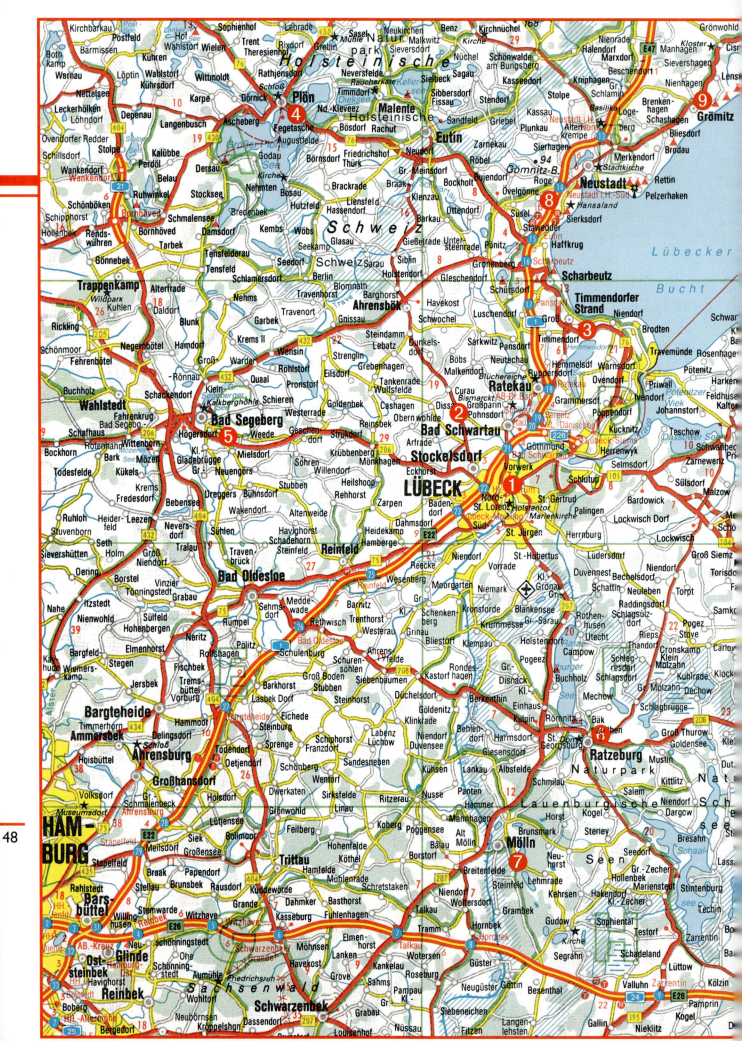

Das Holstentor in Lübeck

Die Bucht und Vielfalt der Seen: Backsteingotik in und um Lübeck

Die A 1 führt direkt nach Lübeck, dem Inbegriff deutscher Backsteingotik. Aber auch die umliegenden Städte weisen diesen einzigartigen Baustil Deutschlands Norden auf. Für Entspannung und Erholung ist ebenfalls gesorgt: Dazu laden Timmendorfer Strand und die in herrliche Landschaft eingebetteten Seen rund um die altehrwürdige Hansestadt ein.

Attraktionen

A 1 Abfahrt ❶ **Lübeck**, die schönste deutsche Stadt der Backsteingotik, der Thomas Mann mit den »Buddenbrooks« ein literarisches Denkmal setzte. Die Ziele des Besuchers konzentrieren sich auf die Altstadt der Hansestadt: **Holstentor** (1464 bis 1468 erbaut), **Rathaus** (Paradebeispiel der Backsteingotik), bei dem sich auch eine Innenbesichtigung lohnt. Mächtig erhebt sich der romanisch-gotische **Dom** am Südrand der Altstadt mit einem **Umgangschor** von 125 m Länge. Das am besten erhaltene Beispiel eines Gildehauses ist das **Haus der Schiffergesellschaft** (1535). Das **Buddenbrookhaus** steht in der Mengstraße. Eine schöne Aussicht über die Stadt erhält man von der Aussichtsplattform der marktnahen **Petrikirche**. An Kirchen sind weiterhin sehenswert: **Ratskirche St. Marien**, **Jakobikirche** und **Katharinenkirche**. Eine Sammlung zur Kunst- und Kulturgeschichte Lübecks zeigt das **St.-Annen-Museum**. Ein Besuch der Stadt sollte mit einer **Hafenrundfahrt** verbunden werden.

Typisches Beispiel der Backsteingotik

Freizeit und Kultur

An der A 1 liegt das Heilbad ❷ **Bad Schwartau** mit der stärksten **Jod-Quelle** Norddeutschlands.

An der B 76 liegt ❸ **Timmendorfer Strand**, eines der beliebtesten Bäder an der Ostsee.

Die B 76 führt nordwestlich nach ❹ **Plön** mit seinem bezaubernden **Renaissanceschloss** (1633–1636) und Park direkt am Großen Plöner See.

Das Schloss in Plön

Über die B 430 und die B 404 geht es südlich nach ❺ **Bad Segeberg**, wo im Sommer die Konzerte des **Schleswig-Holstein-Musikfestivals** stattfinden.

Südlich von Lübeck führt die B 207 nach ❻ **Ratzeburg**. Nicht nur wegen des an die Werke des Künstlers erinnernden **Barlach-Museums** sowie der im **Andreas-Paul-Weber-Haus** gezeigten Werke des Grafikers ist der Besuch der Stadt lohnend. Hier steht auch ein sehenswerter **Dom**, der vom Beginn der nord-

deutschen Backsteinbauweise zeugt. Die Stadt ist von waldumsäumten Seen umgeben, die zu Spaziergängen einladen.

Von Ratzeburg aus führen die B 208 und B 207 nach ❼ **Mölln**. Die »Eulenspiegelstadt« liegt im Zentrum der Lauenburgischen Seenplatte. An den Schalk erinnern das **Eulenspiegelmuseum** und der **Eulenspiegelbrunnen**. Das sehenswerte Stadtbild überragt die **St.-Nikolai-Kirche** (14. Jh.). Das **Rathaus** in Backsteingotik stammt aus eben dieser Zeit.

Fremdenverkehrsverbände

Fremdenverkehrsverband Schleswig-Holstein
Niemannsweg 31
24105 Kiel
Tel.: 0431/5600-0
Amt für Lübeck-Werbung und Tourismus
23552 Lübeck
Beckergrube 95
Tel.: 0451/1228100
Fremdenverkehrsamt Bad Segeberg
23795 Bad Segeberg
Hamburger Str. 30
Tel.: 04551/951204
Ostseebäderverband Schleswig-Holstein
23570 Lübeck-Travemünde
Vorderreihe 57
Tel.: 04502/6863

Spaß für Kinder

A 1, Ausfahrt Eutin, dann Richtung Sierksdorf: Der ❽ **Hansa-Park**, direkt an der Ostsee gele-

gen, lässt keinen Wunsch offen. Viele Fahrtattraktionen, Indianerlager, Westernstadt etc. Am Fahrenkrog 1, 23730 Sierksdorf, Tel.: 04563/4740. Geöffnet von April bis Oktober, täglich ab 9 Uhr.

A 1, Abfahrt Neustadt Nord, dann auf der B 501 nach ❾ **Grömitz**: Der Zoo **Arche Noah**, Mühlenstr. 32, Tel.: 04562/51402 und die **Grömitzer Welle**, Strandpromenade, Tel.: 04562/256247, ein Erlebnis-Meerwasser-Brandungsbad.

Regionale Küche

Wer an Lübeck denkt, denkt zunächst an Marzipan. Nur wenige wissen, dass Lübeck auch über eine bemerkenswerte Tradition im Weinhandel verfügt. Schon im Mittelalter wurde Lübecker Rotspon getrunken. Die Kaufleute der Hansestadt importierten Bordeaux und Burgunderweine und lagerten sie in ihren Kellern. Eine Spezialität der Hansestadt ist der Eintopf »Lübecker National« aus Speck, Rüben, Möhren, Kartoffeln und Schweinefleisch. Auch gibt es hervorragenden Labskaus, z. B. im **Gasthaus Schiffergesellschaft** von 1535, Breite Straße 2. Im vielbesuchten Ostseebad Timmendorfer Strand empfiehlt sich das **Landhaus Carstens**, Strandallee 73, mit Holsteiner Küche.

49

Rund ums Auto

Verkehrsfunk
NDR II 101,9 MHz

Schiffdorf
BREMERHAVEN
NORDENHAM
Einswarden
Sellstedt
Altluneberg
Stühbusch
Neu-Ebersdorf
Ebersdorf
Nd. Ochtenhausen
Schwinger Steindamm
Hohewurt
Donnern
Wehdel
Geestenseth
Auf dem Loh
Freisdorf
Elm
Mulsum
Hönau-Lindorf
Bexhövede
Stinstedt
Wollingst
Bülter See
Hipstedt
Glinde
Bremervörde
Oerel
Barchel
Engeo
Hesedorf
Essel
Sadersdorf
Loxstedt
Lohe
Abelhorst
Heerstedt
Heyerhöfen
Appeln
Sünderwald
Basdahl
Spreckens
Fahrendorf
Oese
Bevern
Plönjeshausen
Byhusen
Bredenbeck
Farven
Uetlande
Oberwarfe
Fleeste
Wiemsdorf
Dedesdorf
Büttel
Holte
Stotel
Hetthorn
Nesse
Osterndorf
Westerbeverstedt
Lunestedt
Beverstedt
Kirchwistedt
Volkmarst
Klenkendorf
Minstedt
Malstedt
Freschluneberg
Hahnenknoop
Hollen
Deelbrügge
Taben
Altwistedt
Mintenburg
Sandbostel
Deinstedt
Ohrel
Neuenlande
Schwegen
Wittstedt
Heise
Stubben
Wellen
Ahe
Brillit
Langenhausen
Rechtenfleth
Langendamms-moor
Langenfelde
Brunshausen
Hellingst
Kuhstedt
Friedrichsdorf
Heinrichsdorf
Augustendorf
Ob.-Ochtenhausen
Parnewinkel
Weißenberg
Driftsethe
Kransmoor
Kassebruch
Gackau
Bramstedt
Bokel
Lohe
Oldendorf
Holste
Gnarrenburg
Selsingen
Haaßel
Viehh
Hagen
Sandstedt
Axstedt
Steden
Findorf
Karlshöfen
Glinstedt
Granstedt
Anderlingen
Twistenbostel
Offenwarden
Hagen
Finna
Harrendorf
Kuhstedter-moor
Vollersode
Seedorf
Lavenstedt
Brake
Wersabe
Dorfhagen
Lübberstedt
Nordsode
Rhade
Rockstedt
Schiffahrtsmuseum
Uthlede
Hammelwarden
Wulsbüttel
Albstedt
Bilohe
Wallhöfen
Godenstedt
Brauel
Offensen
Wurthfleth
Lehnstedt
Hoope
Hambergen
Heißenbüttel
Friedensheim
Ostersode
Rhadereistedt
Badenmühlen
Zeven
Heine
Ohlenstedt
Oldenbüttel
Heilsdorf
Bornreihe
Heudorf
Hanstedt
Ostereistedt
Aschwarden
Brakland
Garlstedt
Spreddig
Teufelsmoor
Breddorf
Aspe
Meyenburg
Rade
Hülseberg
Sandhausen
Badenstedt
Oldendorf
Hinnebeck
Vorberg
Lange Heide
Freißenbüttel
Altendamm
Hüttenbusch
Hepstedt
Brüttendorf
Schwanewede
Westerbeck
Teufelsmoor
Neu St. Jürgen
Ostertimke
Brümmerhof
Wistedt
Neuenkirchen
Heilshorn
Pennigbüttel
Überhamm
Schlußdorf
Kirchtimke
Brundorf
Osterholz-Scharmbeck
Mevenstedt
Adolphsdorf
Tüschendorf
Westertimke
Wehldorf
Eggestedt
Buschhausen
Worpswede
Gyhum
Löhnhorst
Farge
Stendorf
Malerkolonie
Otterstein
Tarmstedt
Bülstedt
Steinfeld
Winkeldorf
Bockel
Waakhausen
Seehausen
Wilstedt
Nartum
Hesedorf
Blumenthal
Beckedorf
Leuchtenburg
Werschenrege
Vierland
Osterhgn.-Ihlpohl
Niederende
Lüninghausen
Grasberg
Vorwerk
Stapel
Horstedt
Wartleth
Vegesack
Ritterhude
Worphausen
Eickedorf
Huxfeld
Dipshorn
Bardenfleth
Wührden
Frankenburg
Benkel
Mulmshorn
Lemwerder
Burg-Grambke
Niederblockland
Heidberg
Dannenberg
Buchholz
Northausen
Taaken
Bittstedt
Schleeßel
Maibusch
Butzhausen
Oslebshsn.
Lilienthal
Falkenberg
Rautendorf
Bardewisch
Tecklenburg
Weser
Oberblockland
Seebergen
Quelkhorn
Otterstedt
Reeßum
Clüverborstel
Höperhöfen
Bötersen
Ochtum
Seehausen
Gröpelingen
Borgfeld
Wilhelmshausen
Stuckenborstel
Sottrum
Bookholzberg
Deichhausen
Walle
Fischerhude
Heimathaus
Ottersberg
Hassendorf
Findorf
BREMEN
Schierbrok
Schönemoor
Strom
Schwachhausen
Oberneuland
Sagehorn
Brillkamp
Fährhof
Stenum
Woltmershsn.
Dom
Roland
Steinkamp
Bockhorst
Hellwege
Grüppenbühren
Hasbergen
Neustadt
Oyten
Bassen
Wümmingen
Ahausen
Stickgras
Hemelingen
Osterholz
Mitteldorf
Habbrügge
Huchting
Habenhsn.
Mahndorf
Embsen
Schanzendorf
Hintzendorf
Breitenfeldsmoor
GANDERKESEE
DELMENHORST
STUHR
Uphusen
Borstel
Grasdorf
Haberloh
Hoyerswege
Brinkum
Bollen
Bierden
Uesen
Baden
Völkersen
Heidkrug
Havekost
Annen
Seckenhausen
Dreye
ACHIM
Etelsen
Holtum
Brink
Leeste
Ahausen
Kirchweyhe
Horstedt
Cluvenhagen
Holtebüttel
Kl. Henstedt
Heiligenrode
Weyhe
Sudweyhe
Dibbersen
Werder
Daverden
Langwedel
Walle
Brammer
Kreepen
Lehmkuhl
Prinzhöfte
Gr. Ippener
Kirchseelte
Fahrenhorst
Melchiorshausen
Jeebel
Riede
Donnerstedt
Holtorf-Lunsen
Intschede
Dauelsen
Deelsen
Horstedt
Schulenberg
Naturpark
Ristedt
Barrien
Felde
Thedinghausen
Ahsen-Oetzen
Morsum
Eissel
Ritzenbergen
Scharnhorst
Freizeitpark
Dünsen
Fesenfeld
Leerßen
Gessel
Okel
Emtinghausen
Beppen
Wulmstorf
Blender
Gr. Hutbergen
Verden
Rundebusch
Klosterseelte
Schorlingborstel
Osterholz
Neu-Morsum
Einste
Oiste
Hönisch
Pferdemuseum
Eitze
Weitzmühlen
Luttum
Wohlde
Harpstedt
Wildeshauserkamp
Syke
Schnepke
Bahlum
Holtum
Döhlbergen
Wahnebergen
Kl.-Köhren
Stühren
Nordwohlde
Steimke
Godestorf
Schwarme
Hustedt
Stedebgn.
Gr.-Köhren
Hollwedel
Dimhausen
Bramstedt
Wachendorf
Spraken
Martfeld
Eitzendorf
Rieda
Ahnebgn.
Hohenaverbergen
Winkelsett
Holzhausen
Halbetzen
Hörsten
Magelsen
Barnstedt
Reckum
Beckeln
Gr.-Henstedt
Bünte
Heiligenfelde
Kleinenborstel
Hölingen
Geest
Bassum
Henstedt
Süstedt
Wechold
Hilgermissen
Wienbgn.
Stedorf
Osterbinde
Uenzen
Heesen
Dörverden
Beckstedt
Köbbinghausen
Kl.-Ringmar
Gr.-Ringmar
Neubruchhsn.
Scholingborstel
Bruchhausen-Vilsen
Hoyerhagen
Ubbendorf
Mehringen
Drübber
Barme
Westen
Abbenhausen
Hallstedt
Albringhausen
Ochtmannien
Berxen

Der Roland auf dem Bremer Markt

Ein Weltdorf der Kunst vor den Toren der alten Hafenstadt

Aus verschiedenen Richtungen führen die A 1 und die A 27 zur Hansestadt Bremen, die jedem seit der Kindheit durch die berühmten Bremer Stadtmusikanten ein Begriff ist. Nicht minder sehenswert ist der Künstlerort Worpswede am Rande der schönen Moorlandschaft. Entlang des Hamme-Oste-Kanals warten weitere Attraktionen auf den Besucher.

Attraktionen

A 1 oder A 27 Abfahrt ❶ **Bremen**, älteste Hafenstadt Deutschlands. Herausragend aus den Sehenswürdigkeiten der Hansestadt ist das **Rathaus**. Zu den beachtenswerten Räumen gehören die **Festhalle** im Obergeschoss mit Erinnerungen an alle Epochen der städtischen Geschichte sowie die **Güldenkammer**. Auf der Schmalseite des Rathauses sind die **Figuren Kaiser Karls** und der sieben **Kurfürsten** zu sehen. Ebenfalls am Marktplatz sind die beiden weiteren Hauptattraktionen der Stadt zu sehen: die **Bremer Stadtmusikanten**, eine Bronzeplastik von Gerhard Marcks, sowie der 1404 errichtete **Roland von Bremen**, das Freiheitssymbol der Stadt.

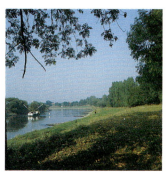
Fischer auf der Weser

Weitere Sehenswürdigkeiten sind: der **St.-Petri-Dom** mit dem Bleikeller, die alte Handwerksgasse **Böttcherstraße** mit dem **Ludwig-Roselius-Haus** (Glockenspiel) sowie das **Schnoorviertel**, das älteste Viertel der Stadt mit Häusern aus dem 16. bis 18. Jh. An Museen sind

lohnend: Die **Kunsthalle** mit Sammlungen aus fünf Jh. europäischer Kunst und das **Bremer Landesmuseum für Kunst und Kulturgeschichte**.

Freizeit und Kultur

An der B 74 nördlich von Bremen liegt ❷ **Osterholz-Scharmbeck**. Sehenswert sind: die romanische **Klosterkirche St. Marien** (12. Jh.), die **Wassermühle** in Scharmbeckstotel, die **Windmühle** von Rönn. Die Stadt liegt reizvoll zwischen Geesthöfen, dem Teufelsmoor und dem Urstromtal der Hamme. Sammlungen zur Stadtentwicklung findet der interessierte Besucher im **Kreisheimatmuseum** und im **Kreisarchiv**.

Östlich von Osterholz-Scharmbeck liegt der bekannte Künstlerort ❸ **Worpswede**. 1889 entschlossen sich die Künstler Fritz Mackensen, Otto Modersohn und Hans am Ende, später dazustoßend Heinrich Vogeler und Fritz Overbeck dazu, in diesem Ort zu leben. Damit war die Bekanntheit von Worpswede als **»Weltdorf der Kunst«** begründet. Um den Ort herum fährt der Besucher auf reizvollen Straßen in der Hammerniederung oder im Teufelsmoor.

Weiter nördlich an der B 74 ist ❹ **Gnarrenburg** gelegen, dessen Kirche unter Denkmalschutz steht.

Die B 74 führt schließlich nach ❺ **Bremervörde**. Sehenswert sind hier die **St.-Liborius-Kirche** (1651), bedeutende Sammlungen im Kreismuseum **Bach-**

Im Lokmuseum Bruchhausen-Vilsen

mann-Museum und das Kanzleigebäude der **Burg Vörde**. Die alte Residenzstadt der Bremer Erzbischöfe bietet darüber hinaus Möglichkeiten zu Freizeitaktivitäten am **Vörder See**.

Fremdenverkehrsverbände

Tourismusverband Niedersachsen-Bremen
Hannover Tourismus Center
30175 Hannover
Theodor-Heuss-Platz 1–3
Tel.: 0511/8113
Verkehrsverein der freien Hansestadt Bremen
28195 Bremen
Hillmannplatz 6
Tel.: 0421/308000
Tourismusförderungsgesellschaft Bremerhaven
27568 Bremerhaven
Van-Ronzelen-Str 2
Tel.: 0471/946460
Verkehrsverein Bremervörde
27432 Bremervörde
Tel.: 04761/3638

Spaß für Kinder

A 27, Ausfahrt Verden-Ost zum

❻ **Freizeitpark Verden**. Hier öffnet sich Kindern die Tür zu einer lebendigen Märchenwelt. Lindhooper Str. 135, 49733 Verden/Aller, Tel.: 04231/64083. Geöffnet von April bis Oktober.

A 27, Ausfahrt Bremen-Burglesum und Weiterfahrt über die B 74 nach Osterholz-Scharmbeck zum **Tiergarten Ludwigslust**, Garlstedter Kirchweg 31, 27711 Osterholz-Scharmbeck. Ein kleiner Tierpark mit großer Anziehungskraft für Kinder.

Regionale Küche

In Bremen gibt es nicht nur den über die Landesgrenzen hinaus berühmten Braunkohl (Grünkohl) mit Pinkel. Es ist leicht, mit Bremer Spezialitäten ein umfangreiches, kräftiges Menü zusammenzustellen. Es beginnt mit der Hühnersuppe mit Blumenkohl oder Spargel, süßem Rahm und Eigelb, wie sie bei der berühmten **Schiffermahlzeit** serviert wird, oder Bremer Heringssalat, wird fortgesetzt mit Bremer Kükenragout oder Limandenfilet mit Salzkartoffeln (die Limande ist ein Plattfisch) und endet mit Bremer Klaben oder Mehlpudding. Am besten genießen Sie diese Spezialitäten im **Bremer Ratskeller** am Markt oder im urgemütlichen **Friesenhof**, Hinter dem Schütting 12/13.

Rund ums Auto

Verkehrsfunk
RB 1 93,8 MHz

51

HAMBURG
Altona
Elbtunnel
Köhlbrandbrücke
Wilhelmsburg
Finkenwerder
Cranz
Jork
Königreich
Hove
Neuenfelde
Estebrügge
Moorende
Ladekop
Dammhausen
Rübke
Neugraben
Horn
Ost-steinbek
Glinde
Havighorst
Reinbek
Boberg
Bergedorf
Wentorf
Wulfshof
Neuengamme
Kirchwerder
Howe
Hohedeich
Bullenhausen
Over
Achterdeich
Deinste
Dollern
Helmste
Fredenbeck
Wedel
Issendorf
Frankenmoor
Ohrensen
Bargstedt
Horneburg
Nottensdorf
Neukloster
Bliedersdorf
Hedendorf
BUXTEHUDE
Altes Land
Grundoldendorf
Ruschwedel
Ottensen
Ovelgönne
Neu Wulmstorf
Fischbek
Eilendorf
Immenbeck
Harsefeld
Doosthof
Hollenbeck
Griemshorst
Ahlerstedt
Ahrensmoor
Ahrenswohlde
Apensen
Pippensen
Daensen
Nindorf
Beckdorf
Revenahe
Goldbeck
Rahmstorf
Sauensiek
Regesbostel
Wiegersen
Holtorfsbostel
Holvede
Wohnste
Hollenstedt
Moisburg
Appel
Grauen
Emmen
Elstorf
Ardestorf
Wulmstorf
Harburger Berge
Ehestorf
Vahrendorf
Sottorf
Rosengarten
Naturpark Harburger Berge
Ohlenbüttel
Langenrehm
Ganna-B. 152
Emsen
Rade
Nenndorf
Leversen
Tötensen
Emmelndorf
Hittfeld
Fleestedt
Harburg
Meckelfeld
Hörsten
Fliegenberg
SEEVETAL
Maschen
Hoopte
Stelle
Stöckte
Gehrden
Tönnhausen
Ashausen
WINSEN
Borstel
Scharmbeck
Luhdorf
Pattensen
Holtorfsloh
Thieshope
Wulfsen
Bahlburg
Tangendorf
Garstedt
Toppenstedt
Vierhöfen
Garlstorf
Oelstorf
Salzhausen
Westergellersen
Luhmühlen
Södersdorf
Putensen
Eyendorf
Lübberstedt
Raven
Wetzen
Marxen am Berge
Oldendorf
Soderstorf
Etzen
Dehnsen
Schwindebeck
Amelinghausen
Rehlingen
Bockum
Wulfsode
Lopau
Schatensen
Hohenhausen
Kl.-Ippensen
Gr.-Ippensen
Vierden
Bockhorst
Halvesbostel
Hollinde
Ochtmannsbruch
Dierstorf
Wennerstorf
Wenzendorf
Drestedt
Dibbersen
Vaensen
Groß-Klecken
Bendestorf
Harmstorf
Horst
Ramelsloh
Ohlendorf
Dohren
Kakenstorf
Trelde
Sprötze
BUCHHOLZ
Itzenbüttel
Reindorf
Jesteburg
Asendorf
Marxen
Brackel
Quarrendorf
Bötersheim
Heidenau
Freetz
Kallmoor
Lengenbostel
Kalbe
Sittensen
Tiste
Hasen
Wüstenhöfen
Tostedt
Todtglüsingen
Bruns-B. 129
Holm-Seppensen
Lüllau
Fliddern-B. 107
Holm
Dierkshausen
Schierhorn
Hanstedt
Nindorf
Vaerloh
Wistedt
Langeloh
Knick
Höckel
Handeloh
Hamersen
Alpershausen
Appel
Stemmen
Wümme
Königsmoor
Otter
Kampen
Welle
Inzmühlen
Wesel
Naturpark Lüneburger Heide
Ollsen
Schätzendorf
Sahrendorf
Wehlen
Magdalenen-Kapelle
Undeloh
Egestorf
Helvesiek
Riepe
Todtshorn
Ottermoor
Horst
Haxloh
Wesseloh
Wintermoor
Eggersmühlen
Vahlde
Lauenbrück
Wildpark
Westerholz
Jeersdorf
Scheeßel
Benkeloh
Einloh
Fintel
Freilichtmus.
Ostervesede
Westervesede
Haswede
Ehrhorn
Wilseder B. 169
Wilsede
Heidemuseum
Niederhaverbeck
Oberhaverbeck
Döhle
Evendorf
Wohlsdorf
Bartelsdorf
Rotenburg (Wümme)
Wensebrock
Brockel
Deepen
Großenwede
Insel
Reinsehlen
Schneverdingen
Lünzen
Zahrensen
Nersum
Grauen
Lieste
Gallhorn
Behringen
Bennighöfen
Scharrl
Heide
Bispingen
Hörpel
Volkwardingen
Steinbeck
Rehrhof
Ehlbeck
Hützel
Hemsbünde
Hastedt
Bothel
Hemslingen
Söhlingen
Bellen
Moordorf
Tewel
Schwalingen
Schülern
Heber
Hassel
Bretel
Rosebruch
Brochdorf
Delmsen
Sprengel
Langeloh
Ilhorn
Gilmerdingen
Hillern
Timmerloh
Riekenbostel
Rutenmühle
Hütthof
Neuenkirchen
Drögenbostel
Leverdingen
Reimerdingen
Wolterdingen
Deimern
Stübeckshorn
Töpingen
Alvern
Breloh
Lüdingen
Buchholz
Hiddingen
Wittorf
Weißenmoor
Heidepark
Ellingen
Ahlften
Dittmern
Hötzingen
Soltau-Ost
Ilster
Schwitschen
Behningen
Wiedingen
Oeningen
Dreeßel
Nindorf
Visselhövede
Leitzingen
Soltau
Harber
Moide
Munster
Riepholm
Frielingen
Willingen
Tetendorf
Schafwinkel
Jeddingen
Ottingen
Woltem
Bassel
Suroide
Penzhorn
Dethlingen
Brambostel
Oerrel
Bleckwedel
Wehnsen
Kettenburg
Meinern
Mittelstendorf
Marbostel
Soltau-Süd
Dehnernbockel
Meinholz
Heide
Ahrsen
Bommelsen
Riepe
Jettebruch
Fuhrhop
Heins
Stellichte
Gutskapelle
Jarlingen
Kroge
Mengebostel
Wietzendorf
Reiningen
Zabels Höhe 77
Trauen
Kreutzen
Sieverdingen
Idsingen
Ebbingen
Benefeld
Bomlitz
Dorfmark
Langemannshof
Reddingen
Velligsen
Faßberg
Schmarbeck
Hamwiede
Hünzingen
Borg
Uetzingen
Vierde
Unter-Grünhagen
Harken-B. 143
Marbostel
Poitzen
Hankenbostel
Nordkampen
Vethem
Fulde
Vogelpark
Honerdingen
Lönsgrab
Untereinzingen
Becklingen
Gertrudenhof
Rodehorst
Müden
Hetendorf
Wietzer Berg 102
Haussel-B. 119
Alten-sothrieth
Oberohe
Schneeheide
Walsrode
Fallingbostel
Örbke
Osterheide
Wardböhmen
Widdernhausen
Bonstorf
Baven
Naturpark
Südkampen
Sindorf
Benzen
Walsrode-Süd
Rodershöfen
Düshorn
Pröbsten
Nindorf
Weesen
Lutterloh
Kirchboitzen

Kultur, Heilbad, bunte Vogelwelt: Entlang der Lüneburger Heide

Wer sich den Wunsch nach etwas Ruhe, Erholung und Natur abseits der Großstadt Hamburg erfüllen möchte, findet westlich entlang der Lüneburger Heide Gelegenheit dazu: in Buxtehude, der Stadt des Wettrennens zwischen Hase und Igel, im Freilichtmuseum nahe der Stadt Scheeßel, in der Therme von Soltau oder im bunten Vogelpark in Walsrode.

Eingang der Pfarrkirche in Scheeßel

Attraktionen

Es gibt verschiedene Möglichkeiten, dem Trubel der Großstadt Hamburg zu entfliehen, etwa durch einen Ausflug entlang der B 73 nach ❶ **Buxtehude**. Hauptsehenswürdigkeit der Stadt ist die **St.-Petri-Kirche**, eine beeindruckende dreischiffige Backsteinbasilika aus dem 13. Jh. Die prachtvolle **Kanzel** sowie das **Altarretabel** stammen aus der Barockzeit. Weitere Sehenswürdigkeiten der Stadt sind die alten **Bürgerhäuser**, der **Marschtorzwinger** und das **Heimatmuseum**. An das denkwürdige Rennen zwischen Hase und Igel erinnert der **Brunnen »Has und Swinegel«**. Verschiedene Zeugnisse bäuerlicher Lebensformen und Kultur sind im etwa 10 km östlich der Stadt gelegenen **Freilichtmuseum** am Kiekeberg zu besichtigen.

Freizeit und Kultur

An der B 75 südwestlich von Hamburg liegt ❷ **Scheeßel** an dem Flüsschen Wümme: Die **Pfarrkirche** hat eine bemerkenswerte barocke Ausstattung. Im Innern beherrscht eine riesiger **Kanzelaltar** den Raum. Das **Freilichtmuseum Meyerhof** ist für einen Ausflug lohnend.

A 7 Abfahrt ❸ **Soltau**: Die Stadt ist vor allem für ihre **Therme** bekannt. Mehrere tausend Jahre lang hat das **Solewasser** in einem Salzstock gelagert und gilt

heute als natürliches Heilmittel. Das Wasser wird einer Quelle in 200 m Tiefe entzogen und in die Becken eingelassen. Bei einem Besuch der Therme lassen sich Badefreuden und Heilkur bestens miteinander verbinden.

Nahe der A 27 an der B 209 liegt ❹ **Walsrode**, welches von Hamburg aus auch gut über die A 7 erreichbar ist. Das am nordwestlichen Stadtrand in einem alten Bauernhaus eingerichtete **Heidemuseum** sei vor allem Liebhabern des Dichters **Herman Löns** empfohlen. An ihn erinnern alte Bauernstuben, ländliche Arbeitsgeräte und viele Erinnerungen. Die Besonderheit des Stadtteils Vorbrück ist der

Heimatmuseum in Buxtehude

hölzerne **Glockenturm** der Meinerdinger Kirche. Für Tierfreunde ist der im Norden der Stadt liegende berühmte **Vogelpark** von Interesse. Über 5000 Vögel aus rund 850 Arten leben in der gepflegten Gartenanlage mit einer **Paradieshalle** für tropische Großvögel mit üppiger Flora, Wasserfällen, Teichen und Bachläufen. Eine zweite begehbare **Tropenhalle** mit Bananenstauden, Orchideen, Palmen und Gummibäumen beherbergt kleine tropische Vogelarten. Den See- und Wattvögeln ist die **Bran-**

Hier geht's zum Walsroder Museum

dungsanlage mit Meeresstrand und Dünenlandschaft reserviert. Außerdem zu bestaunen: ein **Papageienhaus**, eine **Sittichanlage**, eine **Greifvogelanlage**, eine **Fasanerie** sowie eine **Pinguinanlage**.

Fremdenverkehrsverbände

Fremdenverkehrsverband Lüneburger Heide
21335 Lüneburg
Barckhausenstr. 35
Tel.: 04131/73730

Fremdenverkehrsamt Fallingbostel
29683 Fallingbostel
Sebastian-Kneipp-Platz 1
Tel.: 05162/4000

Fremdenverkehrsverband Hamburg
20095 Hamburg
Steinstr. 7
Tel.: 040/30051-0

Spaß für Kinder

An der B 3 nördlich von Soltau liegt der **Heide-Park Soltau**. Von der A 7 zu erreichen über die Ausfahrt Soltau-Ost, dann über die B 71 bis Harber,

von dort aus den Hinweisschildern folgen. Die Alte und die Neue Welt treffen aufeinander: Ein Heidedorf mit Fachwerkhäusern trifft auf die Freiheitsstatue und Mississippi-Dampfer, eine Loopingbahn, Bobbahn und einen Wildwasserkanal. Heidenhof, 29614 Soltau, Tel.: 05191/91248. Geöffnet von Ende März bis Ende Oktober, 9–18 Uhr (letzter Einlass 16 Uhr).

Regionale Küche

Zu Unrecht heißt dieser nordwestliche Zipfel der Lüneburger Heide »Niedersachsens kulinarische Wüste«. Zwar gibt es in der Tat Straßenkneipen, deren Speisekarte von Zigeuner- und Jägerschnitzeln beherrscht wird. Wer sucht, findet aber auch hier regionale Köstlichkeiten. Die sandigen Böden der Heide sind hervorragender Nährboden nicht nur für Kartoffeln, sondern auch für Heidschnucken, Rehe, Rebhühner und Hasen. Delikate Wildgerichte sind auch die Spezialität des **Lerchenkrugs** an der B 75 in Waffensen bei Rotenburg (Wümme). Im Gasthof **Drei Linden**, Billingstraße 102 in Baven, nördlich von Hermannsburg, speisen Sie in einer gemütlichen Gaststube mit Kamin. Wir empfehlen die Heidjervesper mit Heidschnuckenschinken.

Rund ums Auto

Verkehrsfunk
NDR II 95,9 MHz

53

HAMBURG

Hinterbrack · Königreich Cranz · Neuenfelde · Este brügge · Moorende · Rübke · Hohenwisch · Neugraben · Fischbek · Neu-Wulmstorf · Wulmstorf · Ehestorf · Vahrendorf · Sottorf · Leversen · Totensen · Emmelndorf · Nenndorf · Ecker · Lindhorst · Ohlendorf

Ottensen · Altona · Fischbüttel · Hamm · HH-Othmarschen · Kohlbrand brücke · Waltershof · HH-Moorburg · Wilhelmsburg · HH-Süd · HH-Moorfleet · Horn · Ost steinbek · Glinde · Havighorst · Reinbek · Boberg · Bergedorf · Wentort · Börnsen · Escheburg · Geesthacht · Neuengamme · Kirch werder · Howe · Achter deich · Elbstorf · Schwinde

Schönning stedt · Aumühle · Friedrichsruh · Wohltorf · Sachsenwald · Grove · Schwarzenbek · Grabau · Müssen · Brunstorf · Hohenhorn · Worth · Hamwarde · Wiershop · Hasental · Grünhof · Krukow · Juliusburg · Lauenburg

Neu-Wulmstorf · Harburger Berge · Rosen garten · Naturpark garten · Grauen · Ohlenbüttel · Appel · Emmen · Oldendorf · Eckel · Buchholz · Dibbersen · Wenzendorf · Wenzendorf · Steinbeck · Vaensen · Bendestorf · Jesteburg · Asendorf · Brackel · Quarrendorf · Garstedt · Wulfsen · Thiese · Tangendorf · Toppenstedt

SEEVETAL · Meckelfeld · Hörsten · Fliegenberg · Drage · Nieder Marschacht · Ober-Tespe · Artlenburg · Lauenburg · Bütlingen · Lüdershausen

STELLE · Maschen · Hoopte · Stöckte · Gehrden · Tonnhausen · Hunden · Laßronne · Eichholz · WINSEN · Oldershausen · Sangenstedt · Handorf · Rottorf · St. Dionys · Brietlingen · Wittorf

BUCHHOLZ · Itzenbüttel · Reindorf · Marxen · Holtorfsloh · Thieshope · Pattensen · Winsen-Ost · Handorf · Bardowick · Scharnebeck · Adendorf · Rullstorf

Tostedt · Knick · Höckel · Handeloh · Otter · Kampen · Welle · Todtshorn · Dierkshausen · Schierhörn · Hanstedt · Nindorf · Wildpark · Garlstorf · Oelstorf · Westergellersen · Kirchgellersen · Heiligenthal · LÜNEBURG · Reppen stedt · Lüne · Hagen · Vögelsen · Barendorf

Naturpark · Lüneburger · Wehlen · Magdalenen Kapelle · Undeloh · Schätzen dorf · Sahrendorf · Egestorf · Gödenstorf · Eyendorf · Lübberstedt · Salz hausen · Süder gellersen · Oedeme · Deutsch Evern · Hacklingen · Wendisch Evern · Vastorf

Wilseder-B. 169 · Heidemuseum · Döhle · Raven · Oldendorf · Soderstorf · Wetzen · Marxen am Berge · Heinsen · Melbeck · Embsen · Kolkhagen · Grünhagen · Bienenbüttel · Eitzen

Nieder Haverbeck · Über Haverbeck · Hörpel · Volkwardingen · Dehnsen · Etzen · Sottorf · Betzendorf · Barnstedt · Bardenhagen · Beverbeck · Steddorf · Rieste · Varendorf · Medingen

SCHNEVERDINGEN · Behringen · Bennighofen · Borstel · Steinbeck · Rehrhof · Rehlingen · Amelinghausen · Timpen-B. 115 · Glüsingen · Tellmer · Velgen · Oldendorf · Seedorf · Kloster

Zahrensen · Gallhorn · Schülern · Heber · Hützel · Ehlbeck · Bockum · Wettenbostel · Holthusen I · Oetzfelde · Wessenstedt · Barum · Hohenbünstorf · Tätendorf · Eppensen

Lieste · Schülern · Hillern · Timmerloh · Bispingen · Wulfsode · Lopau · Oechtringen · Brauel · Hanstedt · Vinstedt

Sprengel · Ilhorn · Reimerdingen · Wolterdingen · Deimern · Töpingen · Schatensen · Wriedel · Kloster · Ebstorf · Emmendorf · Kirchwe

Gilmerdingen · Heidepark Dittmern · Hötzingen · Alvern · Ilster · Breloh · Brockhöfe · Allenbostel · Altenebstorf · Melzingen

Leverdingen · Ellingen · Ahlften · Wiedingen · Harber · Soltau-Ost · MUNSTER · Dethlingen · Einke · Gerdau · Holthusen · Bargfeld · Klein-Süstedt · UELZEN

SOLTAU · Leitzingen · Frielingen · Willingen · Tetendorf · Bassel · Penzhorn · Soltau-Süd · Dehner bockel · Meinholz · Derrel · Böhlsen · Marien-Kirche · Veerßen

Meiner · Riepe · Jettebruch · Mittelstendorf · Marbostel · Fuhrhop · Langen mannshof · Marbostel · Trauen · Zabels Höhe · Kreutzen · Faßberg · Schmarbeck · Niebeck · Böddenstedt · Holxen · Wrestedt

Mengebostel · Dorfmark · Vierde · Reddingen · Velligsen · Poitzen · Müden · Hankenbostel · Oberohe · Räber · Graulingen · Suderburg · Hösseringen · Nienwohlde · Stadensen · Museumsdorf · Breitenhees

Osterheide · Harken-B. 143 · Unter einzingen · Becklingen · Widderhausen · Bonstorf · Wietzer-Berg · Baven · Haussel-B. 119 · Naturpark · Weesen · Lutterloh · Unterlüß · Neuensothrieth · Altensothrieth · Neu Lutterloh · Süd heide

Bleckmar · Hagen · Dohnsen · HERMANNSBURG · BERGEN · Hamm-B.

① ② ③ ④

Heidschnucken und Backstein-architektur: Lüneburger Heide

Die St. Johanniskirche in Lüneburg

Über diverse Bundesstraßen oder auf der A 250 gut erreichbar ist ein Juwel deutscher Backsteinarchitektur: Lüneburg. Südlich der Stadt erstreckt sich die herrliche Landschaft der Lüneburger Heide, durchweht von der unverwechselbar duftenden Luft. Nach ausgedehnten Wanderungen oder Radtouren laden auch Uelzen oder Hermannsburg zu gemütlichen Stadtbesichtigungen ein.

Attraktionen

Von Hamburg aus führt die A 250 direkt nach ❶ **Lüneburg**, nach der die südlich der Stadt liegende Heide benannt ist. Lüneburg kam einst durch sein Salzvorkommen zu Macht, Einfluss und Wohlstand und bietet mit die eindrucksvollste Backsteinarchitektur in Deutschland. Sehenswert ist das **Kaufhaus**, das **Hospital zum Roten Hahn**, die alte **Schifferkirche St. Nikolai**, vor allem auch der **Drehkran**, der im 18. Jh. aufgestellt wurde. Vorgängermodelle beluden bereits im 14. Jh. die Schiffe mit Salz. Was die Innengestaltung berifft, zählt das **Rathaus** der Stadt zu den schönsten profanen Bauten aus dem Mittelalter in Deutschland. Beeindruckend ist der **Große Ratssaal** (1330) mit gotischen **Glasfenstern**, der sog. **Ratsstuhl** mit Resten der mittelalterlichen Fußbodenheizung sowie die **Ratsstube** (1564 bis 1567) mit wertvollen **Schnitzereien**. Am Hauptplatz der Stadt, **Am Sande** genannt, sind zahlreiche **Giebelhäuser** aus verschiedenen Epochen zu bewundern. Der älteste Giebel wurde im 15. Jh. errichtet. Sehenswert ist auch die **St. Johanniskirche**, deren Kern aus dem 12. Jh. stammt. An Museen bietet die Stadt: **Museum für das Fürstentum Lüneburg** (bedeutende Sammlung zur Stadt- und Landesgeschichte), das **Brauereimuseum** im Gasthaus zur Krone, das **Ostpreußische Jagdmuseum** mit Sammlungen über Wild, Wald und Pferde Ostpreußens sowie das **Schütting** oder **Schwarze**

Haus, im Jahre 1548 als Brauhaus errichtet.

In der Lüneburger Heide

Freizeit und Kultur

Von **Lüneburg** aus sind Ausflüge in die landschaftlich schöne Lüneburger Heide mit den bekannten Heidschnucken unbedingt empfehlenswert. Dazu bietet sich der **Naturpark Lüneburger Heide** an, dessen Mittelpunkt der 169 m hoch gelegene Wilseder Berg ist. In dem kleinen Dorf Wilsede findet der Besucher **Dat ole Huus**, ein niedersächsisches Bauernhaus aus der Jahrhundertwende mit einem **Heidemuseum**.

Palmschleuse in Lauenburg

Von Lüneburg aus führt die B 4

südlich nach ❷ **Uelzen**, einem touristischen Zentrum in der Lüneburger Heide. Sehenswert sind hier die **St. Marienkirche** (erstmals 1281 erwähnt) und die **Heiligengeistkapelle** (1231). Das **Heimatmuseum** in Uelzen ist ebenso einen Besuch wert wie das etwa 16 km südwestlich der Stadt gelegene **Landwirtschaftsmuseum**.

A 7 Abfahrt Soltau-Süd auf der B 3 über Bergen nach ❸ **Hermannsburg**: Peter- und Pauls-Kirche sowie **Missionsmuseum**, in dem die Geschichte der 1849 gegründeten Missionsstation erzählt wird.

Fremdenverkehrs-verbände

Fremdenverkehrsverband Lüneburger Heide
21335 Lüneburg
Barckhausenstr. 35
Tel.: 04131/73730
Verkehrsbüro der Stadt Uelzen
29525 Uelzen
Herzogenplatz 2
Tel.: 0581/800442
Touristinformation Lüneburg
21335 Lüneburg
Am Markt
Tel.: 04131/309593
Fremdenverkehrsverband Hamburg
20095 Hamburg
Steinstr. 7
Tel.: 040/30051-0

Spaß für Kinder

Von der A 7, Abfahrt Garlstorf

sind es noch zwei Kilometer in Richtung Nindorf zum ❹ **Wildpark Lüneburger Heide**. Ein großer Rundgang führt an den mit großem Einfühlungsvermögen in die Heidelandschaft eingefügten Freiluftanlagen vorbei, in denen über 1000 Wildtiere leben, z. B. Wisente, Wölfe, Mufflons und Steinböcke. Ganzjährig geöffnet, Tel.: 04184/89390.

Lüneburgs weißes Gold, das Salz, sorgt für den besonderen Reiz der **Salztherme Salü**. Mit Wellenbad, Außenbecken, Saunalandschaft, Rutsche, Sprudelliegen und Wildwasserkanal. Uelzener Str. 1–5, 21335 Lüneburg, Tel.: 04131/723100. Täglich geöffnet.

Regionale Küche

Drei kulinarische Spezialitäten gehören zur alten Salzstadt Lüneburg: Heidschnucken, Heidehonig und Heidesand, ein einfaches, aber delikates Gebäck, am besten zum Tee gereicht. Die Heidschnucken mit ihren typischen schwarzen Köpfen stammen vom Mufflon ab und haben einen leichten Wildgeschmack. Sie werden mit einer Sahnesauce zubereitet und mit Rotkohl und Preiselbeeren serviert. Preiselbeeren sind auch Bestandteil der Buchweizentorte. In Lüneburg empfehlen wir den Besuch des **Ratskellers**, Am Markt 1 und des **Kronen Brauhaus**, Heiligen-Geist-Str. 39, das letzte von vormals 70 Lüneburger Brauhäusern.

Rund ums Auto

Verkehrsfunk
NDR II 96,4 MHz

55

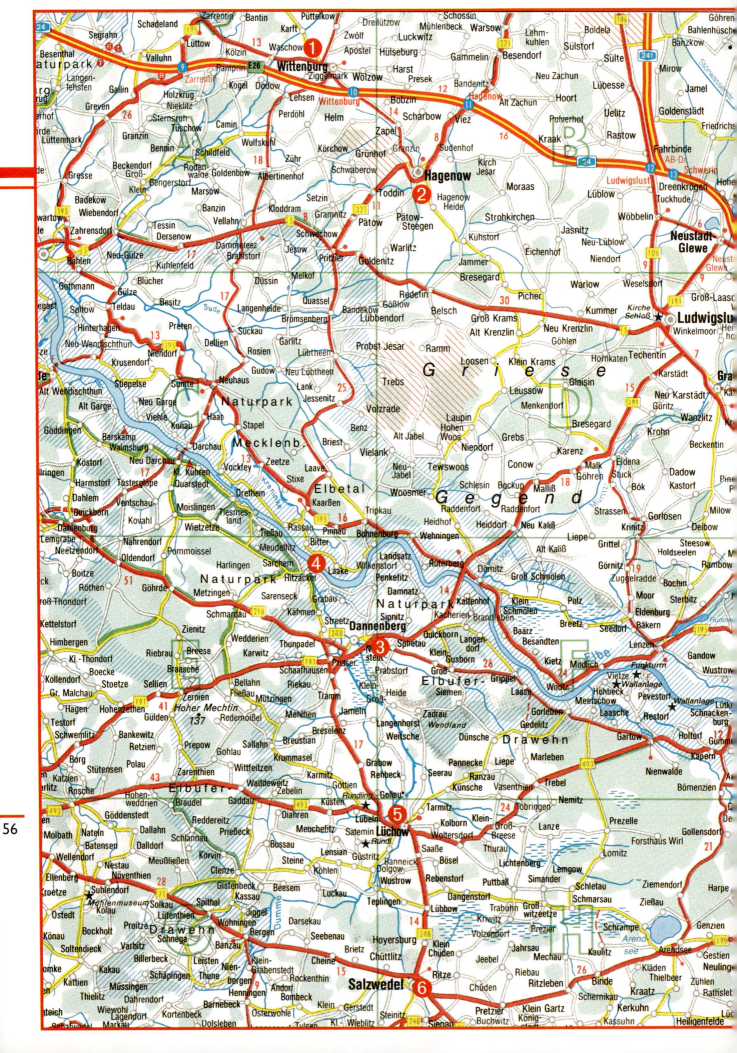

Grabmal Theodor Körners in Wöbbelin

Links und rechts der Elbe: Von Wittenburg bis Salzwedel

Umringt von den Naturparks Mecklenburgisches Elbetal und Elbufer-Drawehn schlängelt sich der breite Strom Elbe durch die Landschaft. Ob der Besucher im Norden in Wittenburg oder im Süden in Salzwedel Station macht: Das Verweilen in dieser Region lohnt sich nicht nur wegen der schönen Fachwerkarchitektur, sondern auch, um genüsslich einmal richtig frische Luft zu schnappen.

Attraktionen

Direkt an der A 24 gelegen ist ❶ **Wittenburg**: Zu einem Bummel durch die Stadt regt die verträumte Atmosphäre am **Marktplatz** an, an dem viele schöne alte **Fachwerkhäuser** zu bestaunen sind. Hier steht auch das eindrucksvolle **Rathaus**, im Tudorstil 1852 gebaut. Vom Ursprung der Stadt zeugen die **Reste der Slawenburg** aus der Zeit um 800. Zeugnis der langen Geschichte der kleinen Stadt geben ebenfalls die **Reste der Stadtbefestigung** aus dem 13. Jh. mit mächtigen Mauern und idyllisch anmutenden wild bewachsenen **Türmen**. Ebenfalls sehenswert: Die frühgotische **Bartholomäuskirche** mit geschnitztem **Altar** aus dem Mittelalter und **Holzkanzel** aus der Renaissance. Die umliegende Wald- und Heidelandschaft lädt zu Wanderungen ein.

Freizeit und Kultur

Von Wittenburg führt eine Straße zu dem an der B 321 gelegenen ❷ **Hagenow**. Mit einem hübschen Ortskern und einem Mühlteich hat sich dieser Ort das Flair eines mecklenburgischen **Handwerkerdorfes** bewahrt. Das **Heimatmuseum** zeigt Ausstellungen zur regionalen Vor- und Frühgeschichte sowie zur Tradition des Handwerks. Eine **Schuhmacherwerkstatt** erinnert an die Zeit um 1857, als sich über 150 Schumacher in Hagenow Konkurrenz machten.

B 191 ❸ **Dannenberg**: Die Inschrift am **Rathaus** (1780) hat bis heute nicht an Aktualität verloren: »Wi Börgers hebbn de Last darvon un mütt dat all betahlen« – Wir Bürger haben die Last davon und müssen das alles bezahlen.

Dannenberg liegt inmitten des **Naturparks Elbufer-Drawehn**, der Radwanderern und Reitern ausgedehnte Touren erlaubt.

Nördlich von Dannenberg liegt direkt an der Elbe das paradiesische ❹ **Hitzacker**, welches im Jahr 1203 zum ersten Mal als Burg erwähnt wurde. Sehenswert ist hier das alte **Fachwerk**. Kurgästen bietet der Ort entspannte Ruhe und Erholung.

B 248 oder B 493 ❺ **Lüchow**: Der Ort, einst wichtiger Stützpunkt an der Handelsstraße von Hamburg nach Magdeburg, ist wegen seiner **Fachwerk-Altstadt** sehenswert. Als Besonderheit der Umgebung gelten die zum Wahrzeichen des Wendlands gewordenen **Rundlingsdörfer**.

Von Lüchow führt die B 248 süd-

Allee in Griese Gegend

lich nach ❻ **Salzwedel**, einem der bedeutendsten Orte in der Altmark. Das Stadtbild ist von **Fachwerkhäusern** geprägt, welche fast unverändert Jahrhunderte überdauert haben. Besonders sehenswert ist das **Rathaus** aus dem Jahr 1509.

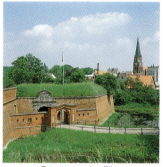
Dömitz an der Elbe

Fremdenverkehrsverbände

Fremdenverkehrsverband Schweriner Land/ Westmecklenburg
19288 Ludwigslust
Alexandrinenplatz 5–7
Tel.: 03874/666922
Landesfremdenverkehrsverband Sachsen
01067 Dresden
Friedrichstr. 24
Tel.: 0351/491700
Salzwedel-Information
Tel.: 03901/422438

Spaß für Kinder

In Salzwedel ausgeschildert findet sich leicht der Weg zum **Tierpark Salzwedel**. Giraffen, Elefanten oder Kamele gibt es hier nicht zu sehen, dafür jede Menge Tiere, die in unseren Regionen beheimatet sind und die man dennoch nicht allzu oft

zu Gesicht bekommt. Für die Kleinen gibt es einen Streichelzoo und einen Kinderspielplatz. Nur eine kurze Fußstrecke entfernt befindet sich das **Freibad** Salzwedels.

Im ehemaligen Grenzgebiet nach Westen, nördlich von Salzwedel, bietet der **Naturlehrpfad** »Bürgerholz« auf Rundwanderwegen, z. T. durch ein Feuchtgebiet, interessante Möglichkeiten zur Naturbeobachtung.

Regionale Küche

Das Wendland entspricht mit seiner regionalen Küche weitgehend den Spezialitäten der Lüneburger Heide. Die östlich anschließende Altmark charakterisieren Wald, Wasser und Weide. Hier ist viel Rotwild zu Hause, und so finden wir auch viele Wildgerichte auf den Speisekarten. Für Fischliebhaber sind die Muränen aus dem Arendsee eine besondere Köstlichkeit. Ein apartes Gebäck mit Höhenflug verhalf der Stadt Salzwedel zu besonderen Konditorehren, der Salzwedeler Baumkuchen. Er besteht aus vielen, übereinander liegenden Sandteigscheiben und wird von einer sich drehenden Walze, dem Baum, gebacken.

Regionale Küche mit saisonalen, marktfrischen Produkten bietet das Hotel **Eichenhof** in Neu-Kaliß, Ludwigsluster Str. 2.

57

Rund ums Auto

Verkehrsfunk
NDR II 102,2 MHz

Hubbrücke in Plau

Die Schlossanlage von Güstrow

Fritz-Reuter-Denkmal in Stavenhagen

Wiekhäuser in Neubrandenburg

Der Strand von Ahlbeck

Mecklenburgische Seenplatte, Prignitz und die Uckermark

Zwischen Warnemünde und dem Greifswalder Bodden im Norden bis zum Naturpark Elbufer und dem Oderbruch im Süden finden wir im Industriestaat Deutschland eine der am dünnsten besiedelten Regionen des Landes mit viel unzerstörter Natur. Eine Erholungs- und Ferienlandschaft für Ruhesuchende, aber auch für stille Naturbeobachter, die in den Flussniederungen und an den Seeufern noch Störche beobachten können. Der Heimatdichter Fritz Reuter nannte die Mecklenburgische Seenplatte seinen »Garten Eden«, und daran hat sich hier zum Glück noch nicht allzuviel geändert.

Anklamer Torturm in Usedom

Im Schlosspark von Neustrelitz

Königin-Luise-Denkmal in Gransee

Mirower Schleuse

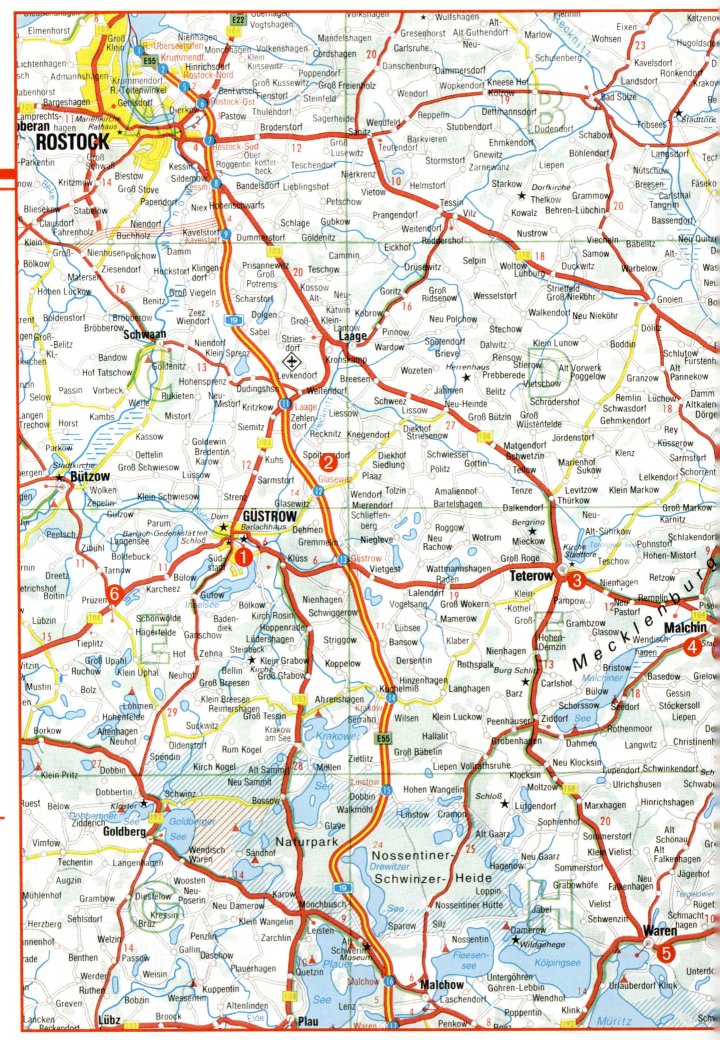

Seen, so weit das Auge reicht: Güstrow und Umgebung

Als das Herz Mecklenburgs gilt Güstrow, welches leicht erreichbar an der A 19 gelegen ist. Von hier aus lassen sich bequem die nördlichen Seen der einmalig schönen Mecklenburgischen Seenplatte erobern: Ein Ferien- und Erholungsparadies, in welchem verstreut sehenswerte Städte, Ortschaften und Dörfer liegen. Natur pur mit einem ordentlichen Schuss Geschichte und Kultur.

Die Schlossanlage von Güstrow

Attraktionen

A 19 Abfahrt ❶ **Güstrow**: Die Stadt, eingebettet in eine wunderschöne Seenlandschaft, gilt als das Herz Mecklenburgs. Sie ist reich an Geschichte und Kultur, wovon auch die Sehenswürdigkeiten zeugen. Ältestes Gebäude der Stadt ist der gotische **Dom St. Marien** (Pfeilerbasilika). Im Seitenschiff ist das Gefangenendenkmal »**Der Schwebende**« von **Ernst Barlach** zu bewundern. Plastiken des Künstlers, der Güstrow als seine künstlerische Heimat wählte, sind in der **Gertrudenkapelle** (1430) zu besichtigen. Uneingeschränkt dem Künstler gewidmet ist das **Atelier-Haus** auf dem Heidberg. Da Güstrow von den Folgen des Krieges verschont blieb, verfügt es heute über eine fast geschlossene **historische Bebauung**, die eine Besichtigung empfehlenswert macht. Herausragend ist die ehemalige **Residenz** (1555 bis 1605) mit einer imposanten **Schlossanlage**.

Freizeit und Kultur

Nördlich von Güstrow liegt die Ortschaft ❷ **Recknitz** (B 103 bis zum Abzweig Zehlendorf). Beachtenswert ist die **Dorfkirche** aus der Mitte des 13. Jh. Der Granitbau zeigt Merkmale sowohl der Romanik als auch der Gotik. Ausdrucksstark ist der spätgotische **Flügelaltar** aus dem 15. Jh.

Östlich von Güstrow, wo B 104 und B 108 kreuzen, liegt ❸ **Teterow** in der Hügellandschaft des Mecklenburger Bergrückens. Sehenswürdigkeiten: Zwei alte Stadttore, das **Malchiner** und das **Rostocker Tor**. Aus dem Jahr 1350 stammt das **Torschreiberhaus**. Eine Besichtigung lohnt unbedingt auch die **Kirche St. Peter und Paul**, deren **Gewölbemalereien** im Chor aus dem 14. Jh. und deren **Schnitzaltar** aus dem 15. Jh. stammen.

Von Teterow ist es nur eine kurze Strecke über die B 104 nach ❹ **Malchin**. Zu besichtigen sind hier die **Pfarrkirche St. Maria und St. Johannes** und die **Stadtmauer** mit den drei Toren: **Kalensches Tor**, **Steintor** sowie **Fangelturm**. Das Erholungsgebiet um den **Malchiner See** lädt den Besucher zu entspannenden Spaziergängen ein.

Das Malchiner Tor in Teterow

Südlich von Malchin führt die Straße nach ❺ **Waren** an der Müritz. Die Stadt ist Mittelpunkt der Mecklenburgischen Seenplatte und ein beliebter Erholungs- und Luftkurort. Sehenswert sind hier die gotische Backsteinkirche **Marienkirche** (13. Jh.), das **Alte Rathaus** sowie die **Georgskirche** (13. Jh.) mit gotischen **Holz-**

schnitzarbeiten. Über Landeskultur, Umwelt- und Naturschutz Mecklenburgs informiert das **Müritz-Museum**.

Hubbrücke in Plau

Spaß für Kinder

In Mühlengeez-Güstrow, direkt an der B 104 von Güstrow Richtung Sternberg, liegt der ❻ **Salzberger Erlebnispark**. Viel Spaß versprechen Attraktionen wie Go-Carts, Autoscooter,

Wellenflieger, Fahrten mit dem »Nautic Jet« oder mit der Drachentretbahn. Besonders prickelnd: die Skyflieger. Der Park ist von März bis Oktober täglich geöffnet. Tel.: 038450/20022.

Außerdem in unmittelbarer Nähe der Autobahnabfahrt Güstrow: Der **Natur- und Umweltpark** Güstrow, in dem die letzten Wölfe Mecklenburgs in fast freier Wildbahn leben. Täglich ab 9 Uhr geöffnet.

Regionale Küche

Für viele Touristen ist ein Ausflug nach Mecklenburg zugleich eine kulinarische Reise in die Vergangenheit. Denn wo sonst findet man so viele bodenständige Dorfkrüge und ursprünglich-gemütliche Fischgaststätten an der Küste? Auch die Speisekarten dokumentieren dieses Beharrungsvermögen für traditionelle Gerichte wie dem Mecklenburger Rippenbraten, Matjes mit Pellkartoffeln und Speckstippe, Aal in Aspik, Grützwurst und schließlich Beerengrütze und Griespudding. Kein Wunder, dass Bier das klassische Getränk dieser Region ist. Zur Verdauung trägt der Köhm, ein Klarer mit Kümmel, bei.

Die Vorliebe für süßsaure Gerichte können Sie in Plau, im **Hotel Klüschenberg**, Klüschenberg 14, auf der Speisekarte wiederfinden.

61

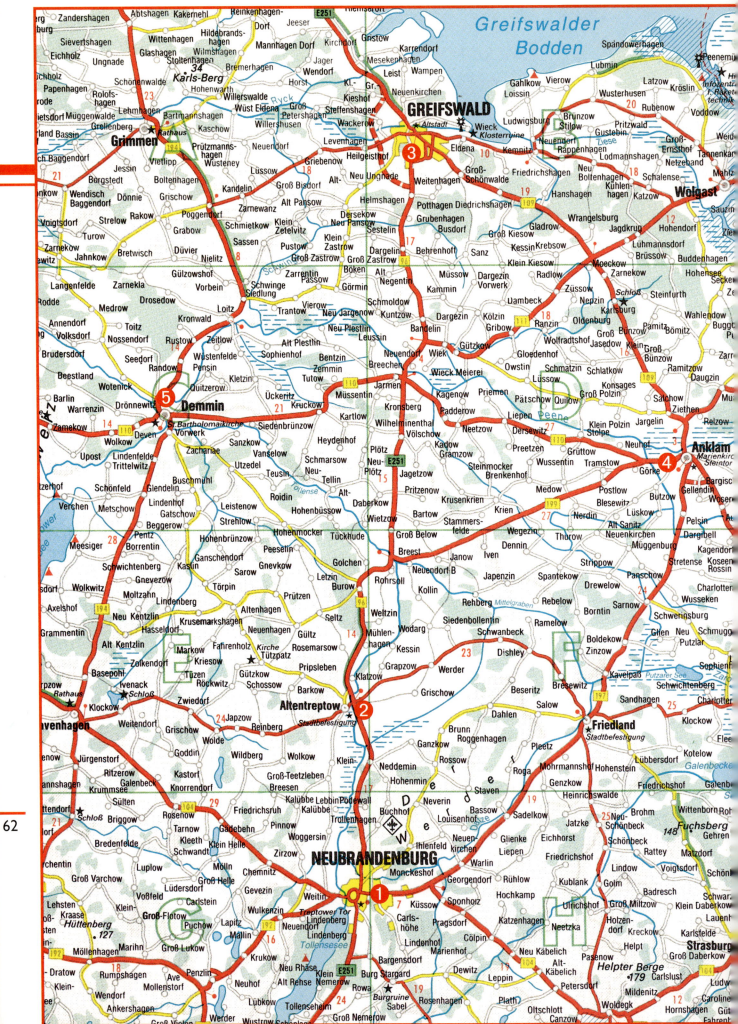

Fritz-Reuter-Denkmal in Stavenhagen

Vom Tollensesee bis zum Bodden: Neubrandenburg und Greifswald

Vom Süden kommend führt die B 96 durch Neubrandenburg bis nach Greifswald. Beide Städte sind wegen ihrer einzigartigen Sehenswürdigkeiten eine Reise wert. Abwechslung von Geschichte und Kultur findet der Besucher bei Schiffsrundfahrten auf dem Tollensesee und im Greifswalder Bodden. In Altentreptow Station zu machen, um die Luft Mecklenburgs zu genießen, lohnt sich.

Attraktionen

B 96 nach ❶ **Neubrandenburg** am Tollensesee. Die **Befestigungsanlage** steht als mittelalterliches Baudenkmal von europäischem Rang auf der Denkmalliste der UNESCO.

Wiekhäuser in Neubrandenburg

Einen schönen Blick auf die Stadt hat der Besucher von der **Plattform** des **Hauses der Kultur und Bildung** auf dem Marktplatz. Von hier ist die **Marienkirche** im Stil der Backsteingotik mit einem monumentalen Ostgiebel (1298) zu erkennen. Vier Tore gewähren Einlass durch die insgesamt 2,3 km lange und über 7 m hohe Stadtmauer: **Stargarder Tor** (2. Hälfte des 14. Jh.), **Neues Tor** (15. Jh.), **Friedländer Tor** (Baubeginn um 1300) und **Treptower Tor** (um 1400). Mit hochummauertem Torhof, Innen- und Außentor sind alle vier Tore komplizierte Festungsbauten, die eine eingehende Besichtigung lohnen. Das Friedländer Tor beherbergt das **Zentrum für Bildende Kunst**. Mehr als 50 **Wiekhäuser** befanden sich ursprünglich im Stadtmauerring Neubrandenburgs.

Eine große Zahl davon ist restauriert. Zur Stadtseite hin sind die Wiekhäuser als Fachwerkhäuser gestaltet, zur Landseite hin sind sie Bestandteil der Befestigungsanlage. Als einer der schönsten Wehrtürme der Sadt gilt der **Fangelturm**. Weiterhin sehenswert: **Fritz-Reuter-Denkmal** sowie der gegenüber liegende **Mudder-Schulten-Brunnen**.

Eine **Dampferrundfahrt** auf dem **Tollensesee** sollte nicht versäumt werden.

Freizeit und Kultur

In nördlicher Richtung führt die B 96 nach ❷ **Altentreptow**, wo am Klosterhof der größte **Findling** Mecklenburgs mit einem Rauminhalt von 140 Kubikmetern zu besichtigen ist. Sehenswert ist die Backstein-Hallenkirche **St. Petri** (14 Jh.) mit schönem **Schnitzaltar** und wertvollem **Chorgestühl**.

Marktplatz von Greifswald

Die B 96 führt nördlich direkt nach ❸ **Greifswald** an der Ostsee. Die Stadt bietet einen schönen historischen **Marktplatz**, an dem vor allem die Fassaden von **Giebelhäusern**

bemerkenswert sind. Das um 1400 entstandene **Gotische Haus** gilt als das schönste Greifswalds. Ebenfalls beachtenswert ist der **Dom St. Nikolai**. In dieser Backsteinbasilika sind **Renaissance- und Barockgrabmäler** zu besichtigen. Zu den Beispielen einer chorlosen Hallenkirche gehört die **Marienkirche** mit Wandmalereien im Innern. Einen Besuch wert sind die **Klosterruine Eldena** und das **Fischerdorf Wieck** östlich von Greifswald. Eine Schiffsrundfahrt im **Greifswalder Bodden** sollte sich der Besucher nicht entgehen lassen.

Fremdenverkehrsverbände

Fremdenverkehrsverband Vorpommern
17489 Hansestadt Greifswald
Fischstr. 11
Tel.: 03834/898238
Fremdenverkehrsverein Demmin
17102 Demmin
Am Markt 23
Tel.: 03998/256323
Stadtinformation Anklam
17389 Anklam
Kleiner Wall 11
03971/210541
Neubrandenburger Fremdenverkehrsverein
17033 Neubrandenburg
2. Ringstr. 21
Tel.: 0395/5442318

Spaß für Kinder

Den Vögeln Mecklenburgs hatte Otto Lilienthal die Technik des Fliegens abgeschaut und dann

selbst die ersten Flugapparate gebaut. Im ❹ **Otto-Lilienthal-Museum** in **Anklam**, Ellbogenstraße 1, Tel.: 03971/245500 sind die Modelle gesammelt. Zu erreichen über die B 110 von Rostock oder die B 109 von Greifswald.

Einführung für Kinder in die Sternenwelt: Die ❺ **Sternwarte Demmin**, Im alten Wasserturm, 17109 Demmin, Kreuzung B 110 und B 194. Vorher telefonisch erkundigen: 03998/222410.

Regionale Küche

Eine Vorliebe teilen die Bewohner dieses Landstrichs mit den Niedersachsen: Die Liebe für die Kombination süß-sauer. Diese exotisch anmutende Geschmacksvariante sollte der Besucher ohne Vorurteile genießen. Sie hat ihren Ursprung im 30-jährigen Krieg und wurde von den Schweden importiert. Probieren Sie also warme Blutwurst mit Rosinen, Rindfleisch mit Pflaumen, Kalbsbrust mit grünen Stachelbeeren, gewürzt mit Zimt, und schließlich Tollatschen, Klöße aus Semmelbröseln, Mehl, Zucker, Schweineblut, Griebenschmalz und Rosinen. Das maritime Kontrastprogramm finden Sie in Greifswald-Wieck im **Gasthaus zur Fähre**, Fährweg 2. Hier kommt Aal in Aspik mit Zwiebelbratkartoffeln auf den Tisch.

Rund ums Auto
Verkehrsfunk
NDR II 93,5 MHz

63

Bucht, Haff und Heide: Festland und die Insel Usedom

Im Naturpark Usedom

Über je eine Klappbrücke im Norden (B 111) wie im Süden (B 110) ist die paradiesische Insel Usedom zu erreichen. Wie auf einer Perlenkette aufgereiht liegen hier die Badeorte zwischen Oderbucht und Achterwasser. Nicht minder einen Besuch wert sind die Städte Wolgast, Anklam und Pasewalk sowie das am Stettiner Haff und an der Heide gelegene Ueckermünde.

Attraktionen

Über Wolgast führt die B 111 auf die Insel ❶ **Usedom**, ein beliebtes Ferienparadies. Sie ist nur über die beiden Klappbrücken in Wolgast und westlich der Stadt Usedom erreichbar. An der Ostseeküste liegen aneinandergereiht bekannte Badeorte: **Zinnowitz**, **Koserow** (Ausgangspunkt für Wanderungen zur höchsten Erhebung Streckelsberg), **Bansin** (mit sehenswertem Tropenhaus), **Heringsdorf** (Gedenkstätte für Maxim Gorki) sowie **Ahlbeck**. Im Städtchen ❷

Der Strand von Ahlbeck

Usedom, an der B 110 gelegen, sind sehenswert: Das **Anklamer Tor**, die spätgotische **Marienkirche** und das **Rathaus** aus dem 18. Jh.

Freizeit und Kultur

Die der Insel Usedom am nächsten gelegene Stadt auf dem Festland ist die über die B 111 erreichbare Stadt ❸ **Wolgast**. Einen guten Überblick über die Stadt wie über die Insel hat der Besucher vom **Turm** der dreischiffigen Backsteinbasilika **St. Petri** (15. Jh.). Beachtenswert ist auch die **Gertrudenkapelle**, ein 1420 errichteter gotischer Backsteinbau. Auch das **Rathaus** und die **Bürgerhäuser** wie das **Speicherhaus**, in dem das **Museum für Stadtgeschichte** untergebracht ist, sind bemerkenswerte Dokumente der Geschichte der Stadt. Interessant ist ebenfalls das **Geburtshaus** von **Philipp Otto Runge**.

Der südliche Zugang zur Insel Usedom führt über die an der B 109 gelegenen Stadt ❹ **Anklam**, welche seit 1283 Mitglied der Hanse war. Sehenswert sind hier: Die gotische Hallenkirche **St. Marien** (13. Jh.) mit einer **Marienfigur** und Resten des **Chorgestühls** aus dem 15. Jh., das 32 m hohe **Steintor**, in dem das **Heimatmuseum** untergebracht ist. Zu den Attraktionen der Stadt gehören außerdem der mittelalterliche Wehrturm **Hohe Stein** (südlich vor der Stadt gelegen) und der **Pulverturm** im Stadtzentrum.

Südlich wie nördlich Abzweig von der B 109 nach ❺ **Ueckermünde**. Eine Besichtigung lohnen hier: **Renaissanceschloss** (1546), in welchem sich das **Haffmuseum** befindet, die barocke Stadtkirche **St. Marien** sowie am Hafen **Speicherbauten** und die **Kapitänshäuser** am Alten Bollwerk.

B 109 ❻ **Pasewalk**: Die Stadt lohnt einen Aufenthalt wegen vier beachtenswerter Turm- und Torbauten aus dem 15. Jh.: **Mauerturm »Kiek in de Mark«**, **Mühlen-**, **Prenzlauer-** und **Pulver-Torturm**. Eine Besichtigung lohnen weiterhin die **St. Nikolaikirche** (13. Jh.), die dreischiffige Hallenkirche **Marienkirche** (14. Jh.), vor der das aus Muschelkalk bestehende sog. **Mordkreuz** (14. Jh.) steht, sowie das spätgotische Giebelhaus **Hospital St. Spiritus**.

Fremdenverkehrsverbände

Fremdenverkehrsverband Vorpommern
17489 Hansestadt Greifswald
Fischstr. 11
Tel.: 03834/898238

Fremdenverkehrsverband »Insel Usedom«
17459 Ückeritz
Bäderstr. 4
Tel.: 038375/23410

Stadtinformation Anklam
17389 Anklam
Kleiner Wall 11
03971/210541

Touristinformation »Stettiner Haff«
17373 Ueckermünde
Schulstr. 18/19
Tel.: 039771/23233

Spaß für Kinder

51 Tierarten, darunter eine Braunbärenfamilie im **Tierpark Wolgast**: Tannenkamp, 17438 Wolgast.

400 Tiere aus 100 verschiedenen Arten sind zu sehen im schön gelegenen **Tierpark Ueckermünde**, Chausseestraße 76, 17373 Ueckermünde; Anfahrt von Rostock über die B 110 bis Anklam, dann B 109 Richtung Pasewalk, in Ducherow abbiegen in die Landstraße nach Ueckermünde.

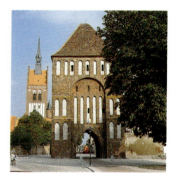

Anklamer Torturm in Usedom

Regionale Küche

In Pommern ist kulinarisch der Einfluss der osteuropäischen Nachbarn bemerkenswert. Nirgendwo sonst in Deutschland spielt die Gans bei der Ernährung eine derart dominierende Rolle. Die Verwendungsmöglichkeiten für das delikate Federvieh sind endlos. Einige Kostproben sind die geräucherte Gänsebrust, gepökelte Keulen mit Teltower Rübchen, Gänsesülze, die hier Gänseweißsauer heißt, ein Ragout aus Gänseklein, Gänseblut und Backobst heißt Schwarzsauer, Pommerscher Kaviar schließlich besteht aus zerhacktem Gänseflomen mit Zwiebelwürfeln. In Zinnowitz auf Usedom im **Hotel Vineta**, Strandpromenade 1, gibt es zu besonderen Anlässen die Pommersche Gans, gefüllt mit Äpfeln, Backpflaumen, Zimt und geriebenem Schwarzbrot.

Rund ums Auto

Verkehrsfunk
NDR II 93,5 MHz

65

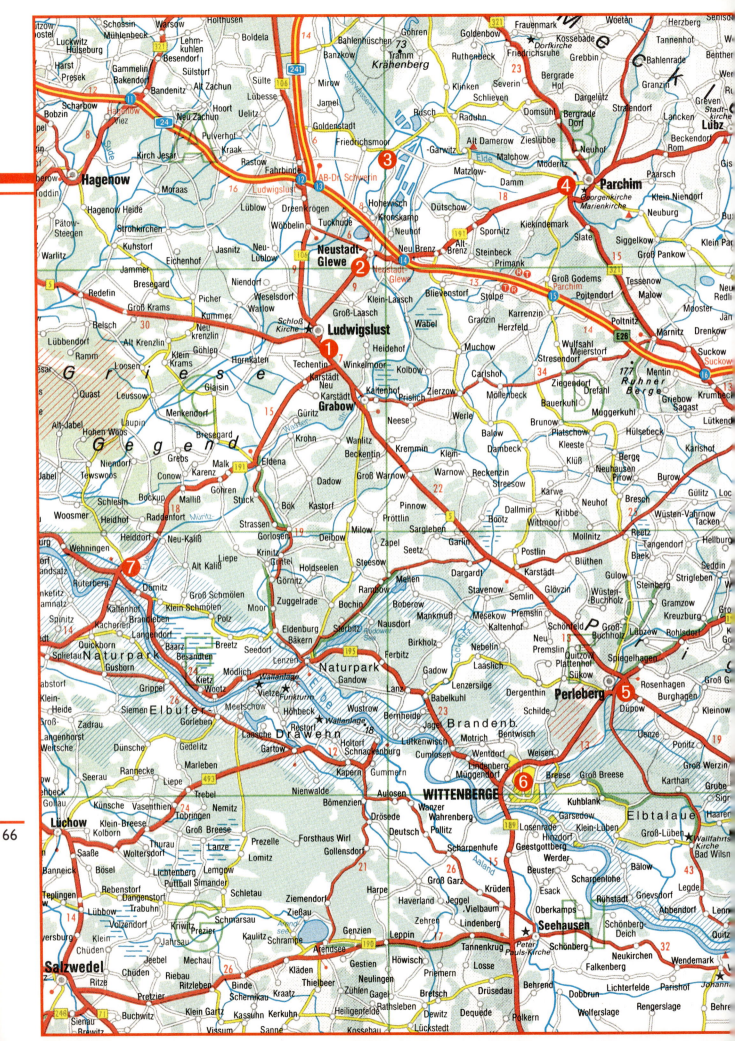

»Klein Versailles« nördlich der Elbe: Ludwigslust und Umgebung

Etwa 80 Jahre residierten die Mecklenburger Herrscher in Ludwigslust und ließen es nicht an Prunk und Protz fehlen. Der Besucher sollte jedoch nicht versäumen, sich auch in Neustadt-Glewe, in Friedrichsmoor, in Parchim, in Perleberg und Wittenberge umzuschauen. Jeder dieser zwischen Elbe und Mecklenburgischer Seenplatte gelegenen Orte hat etwas zu bieten.

Am Arendsee

Attraktionen

B 5 ❶ **Ludwigslust**, wo ab 1756 für etwa 80 Jahre die mecklenburgischen Herrscher residierten. Sehenswert ist die unter Denkmalschutz stehende barocke **Stadtanlage** mit Kopfsteinpflaster. Das spätbarocke **Schloss**, welches auch »Klein Versailles« genannt wird, entstand zwischen 1772 und 1776 und liegt in einem **Schlosspark**, der bereits englische Reisende im 18. Jh. entzückte. 14 Vasen aus der Attika sowie 40 überlebensgroße Statuen schmücken die **Repräsentationsfassade** des Schlosses. Um die Wasserspiele der **Kaskade** möglich zu machen, wurde eigens ein 28 km langer Kanal angelegt. In Ludwigslust sind die **Stadtkirche** (1770) und **barocke Wohnbauten** sehenswert.

Impressionen aus Grabow

Freizeit und Kultur

Von Ludwigslust ist es nur eine kurze Strecke nach ❷ **Neustadt-Glewe** mit einer beachtenswerten **Burganlage** aus

dem 14. Jh. Zu der Anlage, die zu den wenig gut erhaltenen in Mecklenburg gehört, kamen im 15. Jh. ein **Wehrturm** mit Zinnenkranz, im 16. Jh. das **Alte Haus** und im 17. Jh. das **Neue Haus** hinzu. Das **Schloss** in der Stadtmitte weist sowohl Renaissance- als auch Barockelemente auf.

Schlossbrücke in Ludwigslust

Etwa 15 km nördlich von Ludwigslust liegt ❸ **Friedrichsmoor** mit einem gegen Ende des 18. Jh. erbauten **Jagdschloss**. In dem barocken Fachwerkbau ist eine **Bildtapete** (Motiv: Die Jagd bei Compiègne) aus Frankreich zu bewundern.

Von Neustadt-Glewe führt die B 191 nach ❹ **Parchim**. Hier sind vor allem die Kirchen **St. Marien** (13. Jh.) und **St. Georgen** (13. Jh.) mit jeweils 50 m hohen Türmen bemerkenswert. Im Innern sollte der Besucher die spätgotischen **Triumphkreuzgruppen** und **Wandmalereien** beachten. Neben dem **Rathaus** (Traufenhaus mit Stufengiebeln aus dem 14. Jh.) sind in der Umgebung des Marktes alte **Bürger- und Handwerkshäuser** zu sehen.

In südöstlicher Richtung führt die B 5 nach ❺ **Perleberg**, welches

seit 1990 wieder zum Bundesland Brandenburg gehört. Sehenswert sind hier: **Rathaus** am Großen Markt (15. Jh.) mit schwarzglasiertem Staffelgiebel, die **Rolandsfigur** (1546) auf dem Markt, die **Stadtkirche** (14. Jh.) mit reich geschmückten Portalen und spätgotischer Innenausstattung sowie schöne alte **Bürgerhäuser**.

Im an der B 189 liegenden ❻ **Wittenberge** sind der gotische **Steintorturm** (14. Jh.) und das **Arbeiter- und Industriemuseum** mit vorwiegend technischen Sammlungen zu besichtigen.

Fremdenverkehrsverbände

Fremdenverkehrsverband Schweriner Land/ Westmecklenburg
19288 Ludwigslust
Alexandrinenplatz 5–7
Tel.: 03874/666922

Tourismusverband des Landes Brandenburg
14473 Potsdam
Schlaatzweg 1
Tel.: 0331/27528–0

Fremdenverkehrsverein Prignitz
19348 Perleberg
Hamburger Str. 47
Tel.: 03876/616973

Touristinformation Wittenberge
19322 Wittenberge
Bahnhofstr. 56
Tel.: 03877/904219

Spaß für Kinder

Über Jahrhunderte sollte die ❼ **Festung Dömitz** fremde

Heere davon abhalten, in Mecklenburg einzufallen. Heute können Kinder (und Eltern) hier die am besten erhaltene Flachlandfestung Deutschlands bewundern und sich in die alten Ritterzeiten zurückversetzen. Dömitz liegt an der B 195.

Für kleine Naturforscher ein Paradies: Der **Naturpark Elbufer-Drawehn**, der eine in Europa einzigartige Storchenkolonie beherbergt, außerdem Kraniche, Sumpfschildkröten oder Seeadler.

Regionale Küche

Die Küche dieses östlich an die Mecklenburgische Seenplatte anschließenden Landstrichs ist nahrhaft. Es gibt reichlich Fleisch und Speck, und es darf an Schmorkohl nicht fehlen. Die vielen schwarzweiß gefleckten Kühe produzieren Milch. Milchsuppe, Schinken und geräucherte Wurst sind Bestandteil eines reichhaltigen Frühstücks. Auch die Hausschlachtung ist in diesem Gebiet noch nicht ausgestorben. Ludwigslust ist inzwischen zu einem Zentrum feiner delikater geräucherter Wurstwaren herangewachsen. Südlich von Wittenberge liegt Abbendorf mit seinem **Dörpkrog an Diek**, Dorfstr. 1. Hier wird das Nationalgericht, der Prignitzer Knieperkohl mit Eisbein, serviert.

67

Rund ums Auto

Verkehrsfunk
ORB 106,6 MHz

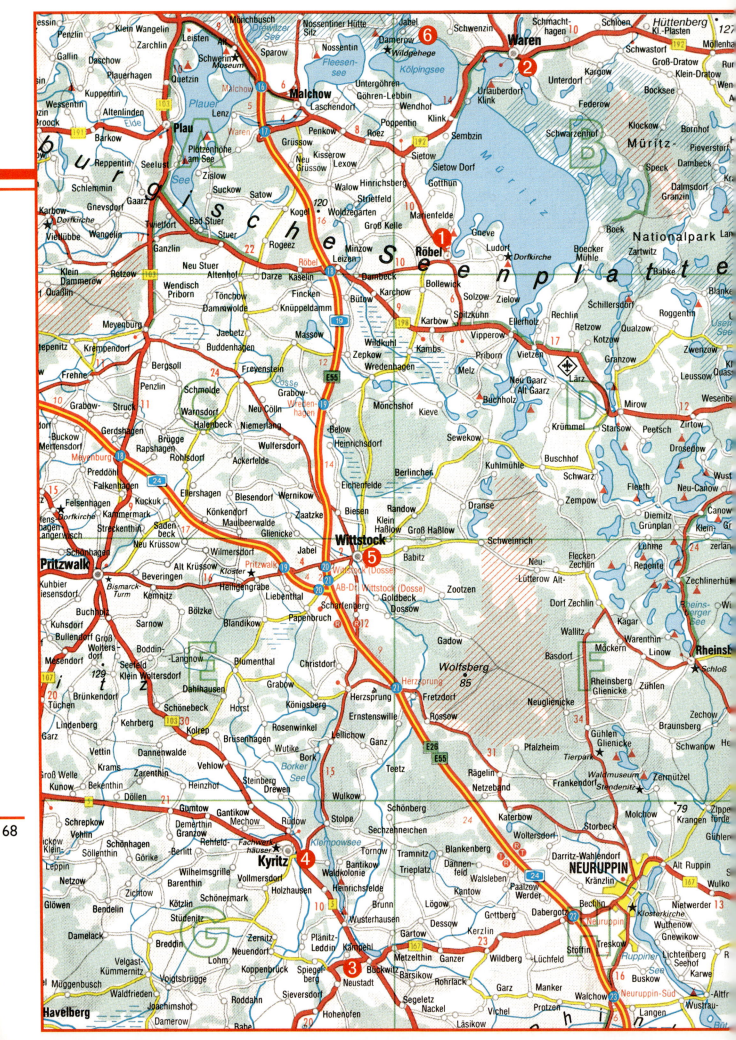

Stadtpanorama von Havelberg

Mecklenburgische Seenplatte und ein Ritter, den die Lüge bestrafte

Westlich der A 24, die den Besucher auf direktem Wege zu der einmalig schönen Ferienlandschaft der Mecklenburgischen Seenplatte bringt, gibt es einige Orte und Städte, für die ein kurzer oder längerer Aufenhalt eingeplant werden sollte. Nicht nur wegen des in der Gruftkapelle der Dorfkirche von Kampehl liegenden Ritters, dem ein besonderes Schicksal widerfuhr.

Attraktionen

Vom Süden her kommend führt die A 24 direkt durch die **Mecklenburgische Seenplatte**. Beliebtes Urlaubsziel in dieser einmalig schönen Landschaft ist die **Müritz**, der größte See Norddeutschlands, dessen Name aus dem Slawischen stammt und »kleines Meer« bedeutet. Dampferfahrten nach Röbel und Wassersport haben im Sommer auf dem See Hochkonjunktur. In ❶ **Röbel** hat der Besucher einen herrlichen Blick vom 58 m hohen Turm der alten **Marienkriche**. Das Ostufer der Müritz liegt entlang der Vogelzugroute und gehört zur Kette der **Europareservate**, in denen bedrohte Pflanzen und Tiere einen geschützten Lebensraum genießen. Das Städtchen ❷ **Waren** an der nördlichen Spitze der Müritz ist Mittelpunkt des Fremdenverkehrs.

Freizeit und Kultur

A 24 Abfahrt Neuruppin, auf der B 167 westlich nach ❸ **Kampehl**: Ein Abstecher in diesen kleinen Ort lohnt sich wegen einer Attraktion der besonderer Art. In der **Gruftkapelle** der Dorfkirche liegt die **mumifizierte Leiche** des 1703 verstorbenen Ritters von Kahlbutz. Dieser erschlug den Geliebten eines schönen Mädchen, welches sich dem jähzornigen Ritter nicht fügen wollte. In dem darauffol-

Mecklenburg – Heimat von Fontane

genden Prozess beschwor der Ritter seine Unschuld, andernfalls solle sein Leib niemals zu Staub werden. Als die Gruft 1794 geöffnet wurde, fand man den unverwesten Leichnam.

Weiter nördlich auf der B 5 kommt der Besucher nach ❹ **Kyritz**, in dem trotz mehrerer Brände **Fachwerkhäuser** mit Balkeninschriften und Schnitzwerk aus dem 17. Jh. sowie einige **Traufenhäuser** aus dem 18. Jh. unversehrt blieben.

Mirower Schleuse

Von Kyritz führt eine Straße, die die A 24 quert, nach ❺ **Wittstock**, das als eines der schönsten Städte der ehemaligen Mark Brandenburg gilt. Noch zu sehen sind Reste der im 13. Jh. gegründeten **Burg**, ebenso der **Torturm** der Oberburg, in dem das **Kreisheimatmuseum** untergebracht ist. Zu besichtigen sind

weiterhin zahlreiche **Wehrtürme** aus dem Mittelalter und das gotische **Gröper Tor**, ein Backsteinbau aus dem 14. Jh. Die **Marienkirche**, eine dreischiffige Backstein-Hallenkirche aus dem 14. und 15. Jh. mit der **Marienkapelle** von 1814 und der **Südkapelle** aus dem 15. Jh., ist eine Besichtigung wert. Der **Hochaltar** der Kirche ist aus zwei Flügelaltären (16. Jh.) zusammengesetzt. Ebenfalls sehenswert sind das **Sakramentshäuschen** von 1516 und die **Kanzel** aus dem 17. Jh.

Fremdenverkehrsverbände

Fremdenverkehrsverband Mecklenburgische Seenplatte
17207 Röbel
Turnplatz 2
Tel.: 039931/51381
Touristinformation Rheinsberger Seenkette
16831 Rheinsberg
Markt
Tel.: 033931/2059
Fremdenverkehrsbüro Wittstock
160909 Wittstock
Markt 1
Tel.: 03394/433442
Fremdenverkehrsverband Ruppiner Land
16812 Neuruppin
Postfach 21
Tel.: 03391/511141

Spaß für Kinder

Vor Jahrhunderten durchzogen Wisentherden die europäischen

Wälder und Wiesen. Bis zum Ersten Weltkrieg waren sie fast ausgestorben, nur wenige Exemplare überlebten bis 1925 in der Freiheit. Im ❻ **Damerower Werder** lebt heute die einzige **Wisentherde** in Ostdeutschland frei auf einem 320 ha großen Gelände, einige Tiere werden in einen Schaugatter gehalten, damit man die riesigen Urrinder auch zu Gesicht bekommt. Zu erreichen ist das Damerower Werder von Waren an der B 192 über die Landstraße Richtung Jabel.

Regionale Küche

Das Müritzer Seengebiet ist mit 20.000 ha Wasserfläche ein Paradies für Fische. Aale, die frisch vor Ort geräuchert werden, Barsche, Karpfen, Schleien, Hechte und als besondere Delikatesse zarter Zander sind so auch die Favoriten auf den Speisekarten der zahlreichen Seegaststätten. In den Gewässern der Ruppiner Schweiz werden inzwischen wieder Flusskrebse gefangen. Frisch serviert werden sie in Neuruppin im **Märkischen Hof**, einem Haus mit Atmosphäre, in der Karl-Marx-Str. 51/52. Dort finden Sie auch die oben genannten Fische in verschiedenster delikater Zubereitung.

Rund ums Auto

Verkehrsfunk
ORB 106,6 MHz

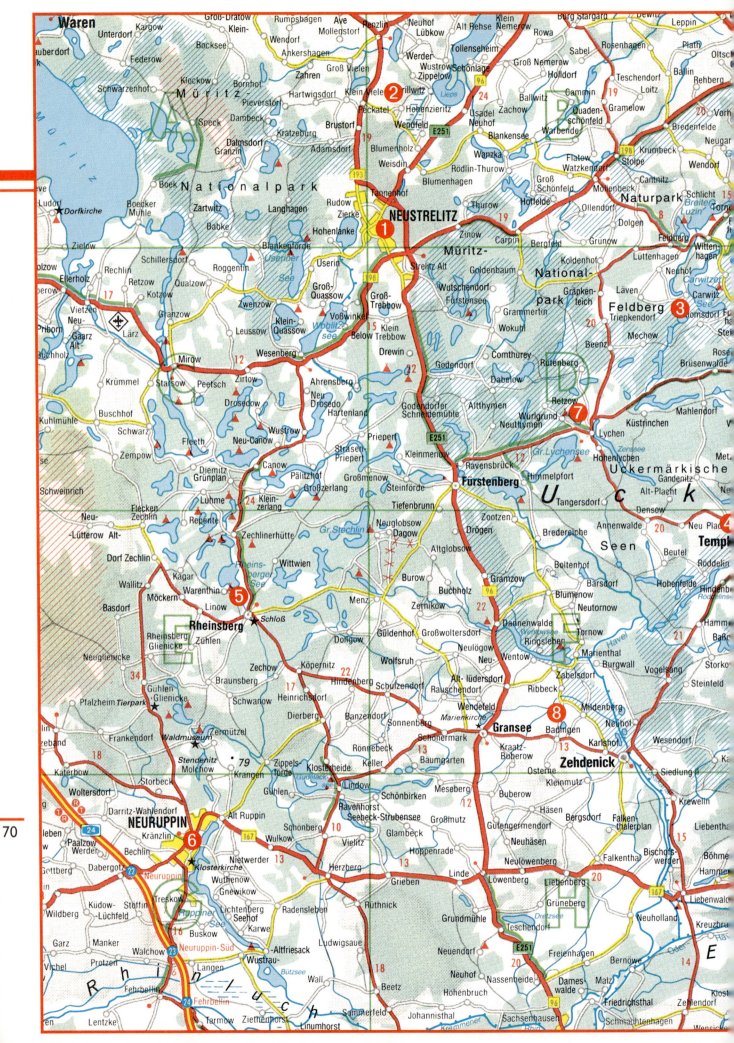

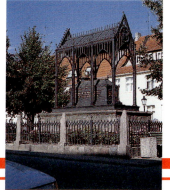
Königin-Luise-Denkmal in Gransee

Söhne der Region: Fontane, Tucholsky, Schinkel, Schliemann

Das südöstlich der Müritz gelegene Gebiet mit über 300 Seen im Müritz Nationalpark, im Naturpark Feldberg und der Uckermark scheint besonders anregend für einige berühmte, weit über Deutschland hinweg bekannte Köpfe gewesen zu sein. Auf den Spuren der Söhne der Region findet der Besucher reizvolle Städte in zauberhafter Landschaft.

Attraktionen

Aus allen vier Himmelsrichtungen führen die B 96 und 198 nach ❶ **Neustrelitz**, welches inmitten des **Müritz-Nationalparks** liegt, umgeben von über 300 kleinen Seen. Zu den noch erhaltenen barocken Sehenswürdigkeiten gehören der **Marktplatz** und der **Schlosspark**, den Lenné im 19. Jh. in einen **Landschaftspark** umgestaltete. Die neugotische **Schlosskirche** stammt aus dem Jahr 1859. Beachtenswert ist ebenfalls die **Stadtkirche** (barocke Saalkirche von 1778) mit einem **Turm** (1831) sowie das klassizistische **Rathaus**. Gedenktafeln am klassizistschen Bau des ehemaligen Gymnasiums **Carolinum** (1807) erinnern an berühmte Schüler: den Archäologen **Heinrich Schliemann** und den Maler **Wilhelm Riefstahl**. Im **Museum der Stadt Strelitz** ist die Geschichte des ehemaligen Herzogtums Mecklenburg-Strelitz und der Stadt bis 1850 dargestellt.

Freizeit und Kultur

Etwa 13 km nördlich von Neustrelitz befindet sich die Ortschaft ❷ **Hohenzieritz**, in dem das **Barockschloss** und der **Luisentempel** im Schlosspark mit einer Kopie des **Marmorsarkophags** an die hier 1810 verstorbene Preußenkönigin Luise erinnern.

Von der B 198 aus ist ❸ **Carwitz** erreichbar, in dem seit 1933 der Schriftsteller **Hans Fallada**

lebte. In seinem Wohnhaus kann das Arbeitszimmer besichtigt werden kann.

Im Schlosspark von Neustrelitz

Auf der Höhe von Fürstenberg an der B 96 befindet sich östlich der Luftkurort ❹ **Templin** in waldreicher und landschaftlich reizvoller Lage. Sehenswert ist hier: Das **mittelalterliche Straßennetz mit Fachwerkbauten**, die neben der von Neubrandenburg am vollkommensten erhaltene **mittelalterliche Stadtbefestigung**, die Toranlage **Templiner Tor**, das **Rathaus** sowie die spätgotische **St.-Georg-Kapelle** mit einem **Flügelaltar** (um 1500).

Westlich der B 96 liegt ❺ **Rheinsberg**, berühmt geworden durch **Kurt Tucholskys** »Bilderbuch für Verliebte«. Hauptattraktion der Stadt ist das **Schloss** sowie der malerische **Altstadtkern** mit **Doppelstubenhäusern**.

Direkt an der A 24 liegt ❻ **Neuruppin**, welches Friedrich Wilhelm II. nach der Feuersbrunst von 1787 wieder aufbauen ließ. Die Stadt ist Geburtsort des Dichters **Theodor Fontane** und des Baumeisters **Karl Friedrich Schinkel**. Einige originale Bilderbögen des **Neuruppiner Bilderbogens**, wohl die erste Ausgabe

einer farbigen Zeitung in der Welt, können im **Heimatmuseum** bestaunt werden.

Fremdenverkehrsverbände

Fremdenverkehrsverband Mecklenburgische Seenplatte
17207 Röbel
Turnplatz 2
Tel.: 039931/51381
Touristinformation Rheinsberger Seenkette
16831 Rheinsberg
Markt
Tel.: 033931/2059
Fremdenverkehrsverband Ruppiner Land
16812 Neuruppin
Postfach 21
Tel.: 03391/511141
Fremdenverkehrsverband Uckermark
17268 Templin
Am Markt 12
Tel.: 03987/52115

Spaß für Kinder

Über die B 96, Abfahrt Fürstenberg und Weiterfahrt über die Landstraße in östlicher Richtung gelangt man nach ❼ **Lychen**. Die unzähligen Seen der Umgebung, laden zu **Bootsfahrten** ein, zum Beispiel auf dem Großen Lychensee, Reederei Knaak und Kreyß, Tel.: 039888/3893.

Rund 25 km südlich von Templin befindet sich der ❽ **Museumspark Mildenberg**, eine ehemalige Ziegelbrennerei, die zu einem Werks- und Technikmuseum umgebaut wurde. Tel.:

03307/310287. Besichtigungszeiten erfragen!

Anlegestelle am Useriner See

Regionale Küche

Es gibt eine alte, aus der Not geborene märkische Volksweisheit, die besagt, dass einfache Ernährung gesund ist. Die waldreiche Uckermark war zwar schon immer das Jagdrevier der Kaiser und später der Bonzen zu Nazi- und DDR-Zeiten, das Wild aber wurde an Berliner Tafeln serviert. So ist es kein Wunder, dass die Uckermärker Kaninchen nicht nur als Haustier, sondern vor allem als delikaten Braten schätzen.

Frisch aus der Pfanne serviert wird er im **Waldschlösschen**, Am Kanal 1 in Malz, ganz im Südosten auf der nebenstehenden Karte. In diesem bereits 1907 eröffneten Restaurant dreht sich alles um den »Stallhasen«, der sogar als Roulade serviert wird.

71

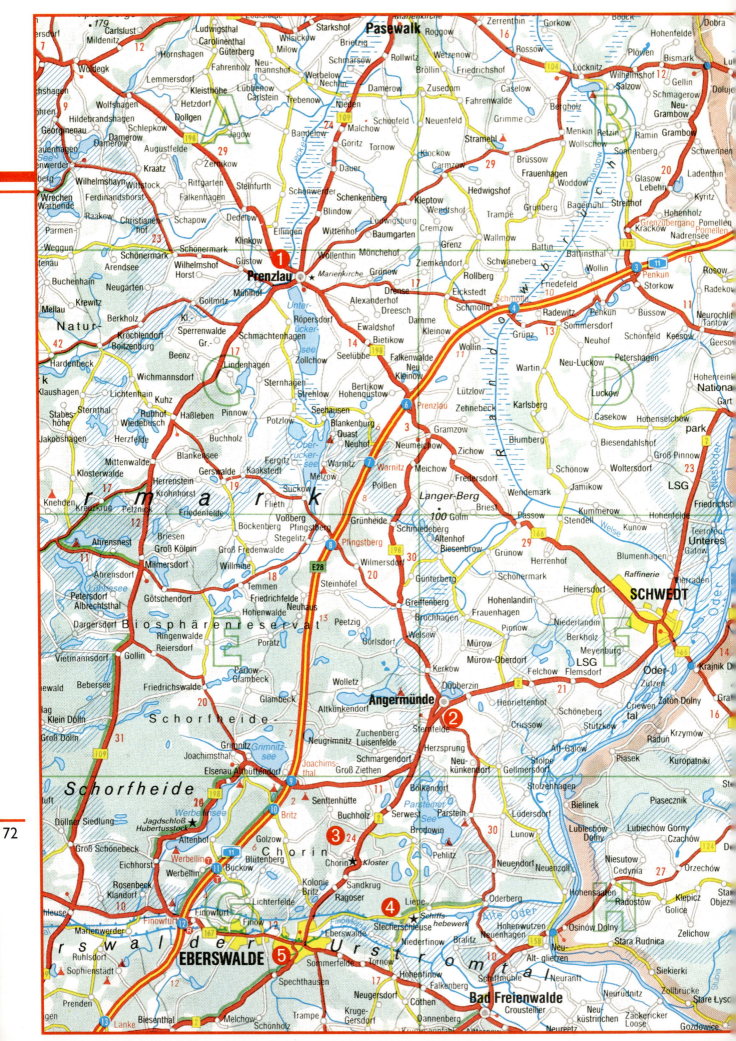

Schiffshebewerk in Niederfinow

Die Uckermark, eine eindrucksvolle Ruine und Schiffe im Aufzug

Links und rechts der nach Polen führenden A 11 erwarten den Besucher Attraktionen der unterschiedlichsten Art: Das imposante Schiffshebewerk in Niederfinow, das früher als Steinbruch missbrauchte eindrucksvolle Zisterzienserkloster bei Chorin, hübsche Fachwerkhäuser in Angermünde und Prenzlau inmitten der fruchtbaren Uckermark. Langeweile kommt in dieser Region nicht auf.

Attraktionen

Auf der von Berlin nach Polen führenden A 11, Abfahrt Prenzlau, dann auf der B 198 nach ❶ **Prenzlau**. Die Stadt ist Zentrum der fruchtbaren **Ukermark**, in der u. a. Weizen und Zuckerrüben gedeihen. Neben einigen erhaltenen Überresten der mittelalterlichen Wehranlage, **der Stadtmauer** mit den drei **Tortürmen** sind auch der **Hexen-** und **Pulverturm** sowie mehrere **Wiekhäuser** sehenswert. Besonders beachtenswert: Die **Marienkirche**, das »Herz der Uckermark«, ist eine der schönsten mittelalterlichen Backsteinkirchen; im Innern des frühgotischen Backsteinbaus **Nikolaikirche** (1343) befindet sich ein bronzenes **Taufbecken**. Sehenswert ist der **Mitteltorturm** (13. und 14. Jh.) sowie das **Klostergebäude** aus dem 14. Jh., in dem das **Kulturhistorische Museum** untergebracht ist (Sammlungen aus der Geschichte der Landwirtschaft, frühgeschichtliche Funde). Das **Stadtwappen** von Prenzlau ziert der Schwan, da die Jagd auf den Vogel unter Friedrich I. sehr beliebt war.

Rathausturm von Templin

(13. Jh.) mit **Bronzetaufkessel** aus dem 14. Jh. und **Reliefs** aus dem 16. Jh. sowie eine beachtenswerte **Orgel** aus dem 18. Jh. Weiterhin sehenswert ist die **Heiliggeistkapelle** (15. Jh.), die **Franziskanerkirche** aus dem 13. Jh., welche heute als Lagerraum dient, das spätbarocke **Rathaus**, die Reste der **Stadtbefestigung** sowie der **Pulverturm**.

Zwischen Angermünde und Eberswalde liegt etwas abseits der B 2 ❸ **Chorin**. Berühmt wurde dieser beschauliche Ort durch das 1258 gegründete und 1272 nach Chorin verlegte **Zisterzienserkloster**. Da der Bau im 17. Jh. als Steinbruch missbraucht wurde, ist das Kloster heute nur noch als Ruine erhalten. Dennoch beeindruckt die gotische dreischiffige Backstein-Basilika den Besucher. Besonders die dreiteilige **Westfassade** mit **Treppentürmen**, **Spitzbogenblenden** und einer **Rosettenblende** sind eine Besichtigung wert. Gut erhalten sind die **Klostergebäude** wie **Sakristei** mit **Kreuzrippengewölbe**.

An der B 167 östlich von Eberswalde erwartet den Besucher in ❹ **Niederfinow** das **Schiffshebewerk**: In einer gewaltigen, 1926 bis 1933 erbauten Stahlkonstruktion hebt und senkt ein Aufzug in nur fünf Minuten die Schiffe über einen Höhenunterschied von 36 m.

Fremdenverkehrsverbände

Stadtinformation Pasewalk
17328 Pasewalk
Am Markt 2
Tel.: 03973/213995
Fremdenverkehrsverband Uckermark
17268 Templin
Am Markt 12
Tel.: 03987/52115
Uckermärkischer Verkehrsverein Prenzlau
17291 Prenzlau
Marktberg 19
Tel.: 03984/2791
Fremdenverkehrsverein Angermünde
16278 Angermünde
Brüderstr. 12
Tel.: 03331/32268
Eberswalder Fremdenverkehrsinformation
16225 Eberswalde
Pavillon am Markt
Tel.: 03334/23168

Spaß für Kinder

Über die A 11, Ausfahrt Finowfurt und weiter über die B 167 gelangt man über Finow durch die Siedlung Westend zum ❺ **Zoo Eberswalde**. Schön im Landschaftsschutzgebiet der Barnimer Heide gelegen, leben hier außer einheimischen Wildtieren auch außereuropäische Tiere. Extra für Kinder: Streichelzoo, Spielplatz, Ponyreiten oder eine Kutschfahrt durch den Zoowald.

Am Wasserfall, 16255 Eberswalde, Tel.: 03334/22733. Täglich ab 9 Uhr geöffnet.

Im Biosphärenreservat Schorfheide

Regionale Küche

Mitten in der Schorfheide, dem Gebiet zwischen Zehdenick und dem Werbellinsee, liegt das 1849 errichtete **Schloss Hubertusstock**. Früher war es der Rastplatz von jagdlustigen Kaisern, Königen und Parteigrößen, heute beherbergt es ein jedermann zugängliches Landgasthaus im zweitgrößten Biosphärenreservat Deutschlands und bietet eine ausgesuchte Wild- und Fischküche. Es liegt in Eichhorst im Ortsteil Hubertusstock an der B 198.

Im idyllisch gelegenen **Haus Chorin** in der alten Klosterstadt Chorin, Neue Klosterallee 10, wird neben regionaler Küche auch vegetarische Kost geboten.

Freizeit und Kultur

Westlich der A 11 liegt ❷ **Angermünde**. Das Landstädtchen am Mündesee mit verträumtem **Markt** und alten **Fachwerkhäusern** bietet dem Besucher die gotische **Marienkirche**

73

Förderturm in Bottrop

Das Schill-Denkmal in Wesel

Viele Wege führen nach Duisburg

Schloss Neuhaus

Blick auf die Bochumer Ruhr-Uni

Das Ruhrgebiet und Westfalen

Es war einmal die von Kohle und Stahl geprägte mächtigste Industrieregion in der Mitte Europas mit allen damit verbundenen ökologischen Begleiterscheinungen. Heute lebt diese Vergangenheit fast nur noch in Form technischer Kulturdenkmale fort. Längst ist das Ruhrgebiet um vieles besser als sein Ruf. Entlang der Ruhr entstand eine einzigartige Großstadtlandschaft mit vielen grünen Lungen, mit Wasserschlössern, Freizeitparks, aber auch der Aalto-Oper in Essen und dem legendären Bochumer Schauspielhaus. Hier ist heute High-Tech zu Hause, und eine der lebendigsten Dienstleistungs-gesellschaften kann sich einer Kulturvielfalt erfreuen, die selbst Berliner blass um die Nase werden lässt.

Die Schwanenburg in Kleve

Schloss Münster

Maximilianpark Hamm

Stadtpanorama von Warburg

De Steeg • Doesburg • Oosterwijk • De Baakse Kamp • Gravenkamp • Groenlo • Zwillbrock
Rozendaal • Rheden • Hoog-Keppel • Hummelo • Vendelink • De Schepper • Zwolle • Meddo

DOETINCHEM • Zelhem • Marienvelde • Lichtenvoorde • WINTE

Didam • Gaanderen • Varsseveld • Bredevoort • Aalten

Zevenaar • 's-Heerenberg • Emmerich • Wisch • Dinxperlo • BOCHOLT • Rhede

EMMERICH • Isselbg. • Rees • Werth

KLEVE • Bedburg-Hau • Kalkar • Rees • HAMMINKELN

GOCH • Uedem • Xanten • WESEL • VOERDE

Weeze • Sonsbeck • Alpen • RHEINBERG • DINSLAKEN

Kevelaer • Issum • Kamp-Lintfort • MOERS

VENRAY • GELDERN • Neukirchen-Vluyn • DUISBURG

Horst • Straelen • Kerken • Rheurdt

VENLO • KEMPEN • Tönisberg

Maasbree • Tegelen • Grefrath • KREFELD

NETTETAL • Tönisvorst

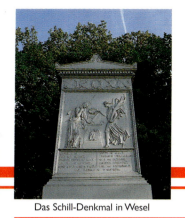
Das Schill-Denkmal in Wesel

Binnenhafen, Rhein und Römer: Duisburg und umliegende Städte

Großstadt und niederrheinische Landschaft: In nächster Nähe zur Stadt mit dem weltgrößten Binnenhafen führt ein gut ausgebautes Straßennetz zu einer Vielfalt von Sehenswürdigkeiten, von denen einige 2000 Jahre zurück in die Geschichte führen. Der mäandernde Rhein lädt zu Spaziergängen ein, ein Ausflug in das in nächster Nähe liegende Holland bietet sich an.

Attraktionen

Ein Netz von A 3, A 40, A 42, A 57, A 59 führt nach und durch ❶ **Duisburg**, der größten niederrheinischen Stadt des Ruhrgebiets. Zwischen Alt-Duisburg und Duisburg-Ruhrort liegt der Hafen der Stadt, der der größte **Binnenhafen** der Welt ist und zu **Schiffsrundfahrten** einlädt. Im **Museum der deutschen Binnenschifffahrt** ist der **Radschleppdampfer »Oscar Huber«** zu besichtigen. Das **Kultur- und stadthistorische Museum** hält Sammlungen aus vor- und frühgeschichtlicher Zeit, archäologische und stadtgeschichtliche sowie die **Mercator-Sammlung** bereit. In der **Salvatorkirche** (15. Jh.) befindet sich in der Chorkapelle das **Epitaph für Gerhard Mercator**, den Begründer der modernen Kartografie. Für den an Kunst interessierten Besucher lohnt sich vor allem der Besuch des **Wilhelm-Lehmbruck-Museums**.

Freizeit und Kultur

An der B 57 liegt die von den Römern im 1. Jh. v. Chr. gegründete Stadt ❷ **Xanten**. Die besondere Attraktion der Stadt ist die rekonstruierte Zivil- und Veteranenstadt **Colonia Ulpia Traiana**. Der **archäologische Park** zeigt nicht nur Amphitheater und Taverne, Brunnen und Wasserleitung sowie das historische Stadtbild, sondern auch die Verfahren der Ausgrabungen.

Außerdem sehenswert ist die gotische **Stiftskirche St. Viktor** mit reichhaltiger Innenausstattung. Von der Stadtbefestigung ist das **Klever Tor** (1393) erhalten.

Die Schwanenburg in Kleve

Der B 57 westlich folgend, wird ❸ **Kalkar** erreicht, wo der Besucher die bekannten **Schnitzarbeiten** (15. und 16. Jh.) der Kalkarer Schule in der spätgotischen **Nicolaikirche** bewundern kann.

Es folgt an der B 57 Richtung Westen ❹ **Kleve**: In der **Stiftskirche** befinden sich die Gräber der Herzöge von Kleve, sehenswert ist das **Chorgestühl** der **Minoritenkirche**.

In der Umgebung von Duisburg sind weiterhin einen Besuch wert:

❺ **Wesel** an der A 3: **Kirche zu den Heiligen Engeln**, **Kirche St. Willibrord**, **Zitadelle** mit **Schill-Kasematten** und **Museum**.

❻ **Bocholt** an der A 3: **Rathaus** im Stil niederländischer Backsteinrenaissance, **Textilmuseum**.

❼ **Isselburg-Anholt**: **Wasserburg Anholt** der Fürsten zu Salm-Salm.

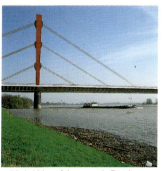
Viele Wege führen nach Duisburg

❽ **Krefeld** (an der A 57 südlich Duisburg): **Museumszentrum Linn** mit **Burg Linn**, **Textilmuseum**.

Fremdenverkehrsverbände

Landesverkehrsverband Rheinland
Rheinallee 69
53173 Bonn
Tel.: 0228/362921/22
Stadtinformation Duisburg
47051 Duisburg
Königstr. 53
Tel.: 0203/3052561
Verkehrsverein Kevelaer
47623 Kevelaer
Peter-Plümpe-Platz 12
Tel.: 02832/122151/2
Arbeitsgemeinschaft Fremdenverkehr Xanten
46509 Xanten
Rathaus, Karthaus 2
Tel.: 02801/772238

Spaß für Kinder

Der **Duisburger Zoo** ist einer der größten Tiergärten des Ruhrgebiets. Hauptanziehungspunkte: das Delfinarium und das Walarium. Mülheimer Str. 273,

Tel.: 0203/3055923. Autobahnkreuz Duisburg abfahren, links in die Karl-Benz-Straße und dann rechts in die Mülheimer Straße.

Das **Erlebnisbad Bahia** in Bocholt, Hemdener Weg 169, mit Riesenrutsche, Tauchbecken, Whirlpools und Kinderbereich. Tel.: 02871/3666, täglich von 10–22 Uhr geöffnet, sonntags von 9–21 Uhr.

Regionale Küche

Wenn nicht gerade Spargelzeit ist, ist die Küche dieser Pils- und Altbierregion eher bodenständig. Zum Alt trinkt man Korn, häufig mit einem Schuss Magenbitter, er schwimmt dann oben auf dem Schnaps, und das Ganze heißt Samtkragen. Zu erwähnen ist der **Römerpark** in Xanten, in der römische Küche aus den Zeiten Cäsars zu genießen ist. Die holländische Grenze ist nahe: Was dort die Brodjestafel, ist hier die niederrheinische Kaffeetafel. Matjes und Muscheln schätzt man auf beiden Seiten. Typisches bietet die **Waldschänke** in Wesel, Flürener Weg 49, z. B. Reibekuchen mit Schwarzbrot und Apfelkraut, kross gebratene Blutwurst mit Zwiebeln und Senfkrustenbraten.

77

Rund ums Auto

Verkehrsfunk
WDR II 99,2 MHz

Stadtlohn
Südlohn
Gescher
Legden
Rosendahl
COESFELD
Billerbeck
Havixbeck
Altenberge
Nottuln
Velen
BORKEN
Heiden
Reken
Raesfeld
Naturpark
Hohe Mark
Münsterland
DÜLMEN
HALTERN
Senden
Lüdinghausen
Nordkirchen
Olfen
Selm
DORSTEN
Schermbeck
MARL
OER-ERKENSCHWICK
DATTELN
WALTROP
LÜNEN
WERNE
RECKLING-HSN.
HERTEN
GLADBECK
BOTTROP
CASTROP-RAUXEL
GELSEN-KCHN.
HERNE
DORTMUND
OBERHAUSEN
ESSEN
BOCHUM
MÜLHEIM
WITTEN
HERDECKE
WETTER
HAGEN
SCHWERTE
HATTINGEN
Sprockhövel
VELBERT
HEILIGENHS.
Holz-wickede

Rauchende Schlote, schlechte Luft? Wasserschlösser, kuriose Museen!

Wer immer noch mit dem Vorurteil lebt, der Ruhrpott sei Inbegriff von industrieller Umweltverschmutzung, dem sei ein Besuch des Ruhrgebietes dringend empfohlen. Herrliche Wasserschlösser laden zu Spaziergängen ein, Schiffsfahrten bieten Entspannung, kuriose Museen erweitern den Horizont. Warum nicht einmal einen Besuch im Dortmunder Kochbuchmuseum wagen?

Förderturm in Bottrop

Attraktionen

Ein Netz von A 1, A 2 und A 45 umschließt ❶ **Dortmund**. Im Zentrum der Stadt befinden sich einige außergewöhnliche Museen: das **Brauerei-Museum**, das **Deutsche Kochbuchmuseum**, das **Museum am Ostwall** (Kunst des 20. Jh.), das **Museum für Naturkunde**, sowie das **Museum für Kunst- und Kulturgeschichte**. Neben der **Reinoldikirche** (13. Jh.), der **Propsteikirche** (16. Jh.) und der **Petrikirche** (14. Jh.) ist die **Marienkirche** (12. Jh.) mit den **Tafeln des Marienaltars** und dem **Berswordt-Altar** sehenswert.

Freizeit und Kultur

Die südwestliche Nachbarstadt Dortmunds ist ❷ **Witten**. Neben dem **Heimatmuseum** lohnt sich ein Ausflug hierher vor allem wegen des 9 km langen **Bergbaulehrpfades** im Muttental mit einem **Besucherstollen**.

Blick auf die Bochumer Ruhr-Uni

Südlich von Witten liegt ❸ **Hagen**, welches zu einem Besuch im **Westfälischen Freilichtmuseum** einlädt.

Burg Vischering in Lüdinghausen

Westlich von Witten schließt sich ❹ **Bochum** an. Herausragende Sehenswürdigkeit der Stadt ist das **Deutsche Bergbau-Museum** mit einem **Anschauungsbergwerk**. Weiterhin beachtenswert: die **Pfarrkirche** (12. Jh.) im Ortsteil Stiepel sowie die im Zentrum stehende **Propsteikirche** (16. und 19. Jh.). Das **Schauspielhaus** ist wegen seiner herausragenden Inszenierungen in ganz Deutschland bekannt.

Westlich von Bochum schließt sich ❺ **Essen** an. Besondere Sehenswürdigkeiten sind das spätgotische **Münster**, die katholische **Propsteikirche** und das berühmte **Folkwang-Museum** (Kunst vom 19. Jh. bis heute). Der **Grugapark** ist eine besondere Attraktion (Ökogarten, Pflanzenschauhaus, Vogelfreiflughalle, Aussichtsturm, Mittelmeergarten, Bonsai-Haus).

Südwestlich von Essen liegt ❻ **Mülheim** (an der Ruhr): die **Ruhrpromenaden** mit dem **Wasserbahnhof**, von wo die Ausflugsschiffe ablegen, sowie die **Blumenuhr**.

Nördlich von Mühlheim liegt ❼ **Oberhausen**, wo die im Ortsteil Osterfeld liegende **Wasserburg Vondern** mit einem Herrenhaus und Tor- und Vorburg (16. Jh.) zu besichtigen ist. Über das Ruhrgebiet hinaus ist die Stadt wegen der nach ihr benannten **Kurzfilmtage** bekannt.

Im nördlich von Bottrop gelegenen ❽ **Gladbeck** ist das **Wasserschloss Wittringen** mit dem **Heimatmuseum** Gladbeck einen Ausflug wert.

Fremdenverkehrsverbände

Landesverkehrsverband Westfalen
Friedensplatz 3
44135 Dortmund
Tel.: 0231/527506
Kommunalverband Ruhrgebiet
45128 Essen
Kronprinzenstr. 35
Tel.: 0201/20690

Spaß für Kinder

In Borken an der B 67 lockt das ❾ **Erlebnisbad Aquarius** alle Badefreunde mit Wildwasserkanal, Gegenstromanlage, Whirlpool, Bio- und finnischer Sauna, Solarium, Fitnessraum. Parkstraße 20, Tel.: 02861/9350. Täglich geöffnet.

Ein ganz besonderes Erlebnis ist der ❿ **Movie World** Park in Bottrop. Alles rund um den Film erleben Besucher hier aktiv mit.

Hier tauchen Sie ein in die Welt Hollywoods mit all seinen legendären Filmen und Figuren und erleben Abenteuer, die Sie sonst nur aus dem Film kennen. A 31, Abfahrt Kirchhellen, Warner Allee 1, 46244 Bottrop, Tel.: 02045/899899.

Regionale Küche

Wenn man das Ruhrgebiet nur vom Tatort her kennt, dann weiß man, dass Schimanski sich von Currywurst, Pommes rot-weiß und Dosenbier ernährt. Ältere Fernsehzuschauer erinnern sich an Komissar Haverkamp, der eine Vorliebe für Altbier und Frikadellen hatte. In der Tat gibt es im Ruhrgebiet gutes Pils, Dortmund ist mit 630 Millionen Litern Ausstoß die zweitgrößte Braustadt der Welt nach Milwaukee. Wer jedoch wissen will, wie die wahren Spezialitäten der Region schmecken, dem empfehlen wir den Besuch von **Haus Overkamp**, Wittbräucker-Str. 633 in Dortmund, der **Kartoffelkiste**, Schweizer Str. 105 in Duisburg, und der **Dampfbierbrauerei Borbeck**, Heinrich-Braun-Str. 9–15 in Essen.

79

Rund ums Auto

Verkehrsfunk
WDR II 99,2 MHz

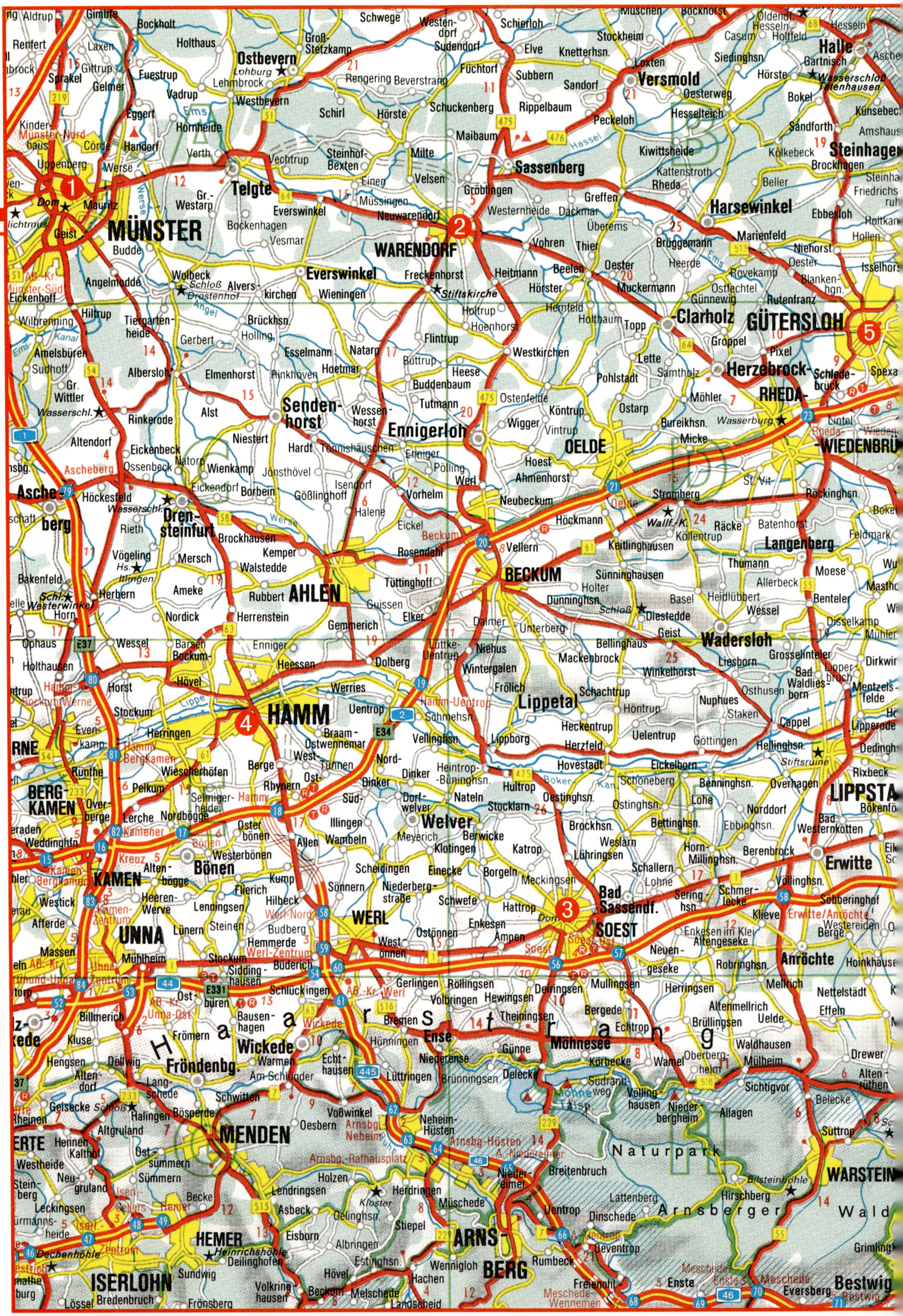

Münster
Telgte
Ostbevern
Warendorf
Sassenberg
Versmold
Halle
Steinhagen
Harsewinkel
Gütersloh
Clarholz
Herzebrock
Rheda-Wiedenbrück
Everswinkel
Sendenhorst
Ennigerloh
Oelde
Drensteinfurt
Ascheberg
Ahlen
Beckum
Langenberg
Wadersloh
Lippetal
Hamm
Lippstadt
Bergkamen
Kamen
Bönen
Welver
Erwitte
Unna
Werl
Soest
Bad Sassendf.
Anröchte
Fröndenbg.
Wickede
Ense
Möhnesee
Menden
Hemer
Iserlohn
Arnsberg
Warstein
Bestwig
Haarstrang
Naturpark
Arnsberger Wald

Im Herzen Westfalens: Münster und das Münsterland

Einst wurde in Münster der Westfälische Friede geschlossen, mit dem der grausame Dreißigjährige Krieg dem Ende zuging. Viele sehenswerte Bauwerke im Münsterland stammen noch aus dieser Zeit. Münster ist jedoch auch die Stadt der Radfahrer, so wie das gesamte Münsterland zu ausgedehnten Touren einlädt. Besondere Attraktionen bieten dabei Warendorf, Soest und Hamm.

Beliebt: Westfälischer Schinken

Attraktionen

A 1 Abfahrt ❶ **Münster**, wo am 24.10.1648 der Westfälische Friede zur Beendigung des Dreißigjährigen Krieges geschlossen wurde.

Maximilianpark Hamm

Herausragende Sehenswürdigkeit der Stadt ist der **Dom**, ein mächtiges romanisches Bauwerk mit der **astronomischen Uhr** (1540) als Höhepunkt der reichen Innenausstattung. Zu den Meisterwerken der Gotik gehört das **Rathaus** mit dem an Holzschnitzereien reichen **Friedenssaal**. Schöne Bürger- und Kaufmannshäuser findet der Besucher am **Prinzipalmarkt**. Das **Krameramtshaus** ist das schönste und größte der **Giebelhäuser** Münsters. Sehenswert sind folgende Kirchen: die **Lambertikirche** (um 1400), die **Apostelkirche** (13. bis 17. Jh.), die **Martinikirche**, die **Ludgerikirche** mit einer schönen **Kanzel** (um 1720) sowie die im 14. Jh. erbaute Hallenkirche **Überwasserkirche** mit einem mächtigen gotischen Turm. Im **Westfälischen Landesmuseum für Kunst und Geschich-**

te sind sehenswerte Kunstwerke zu besichtigen. Einen Besuch wert sind auch das **Westfälische Museum für Naturkunde** und das **Westfälische Museum für Archäologie** sowie das **Stadtmuseum**.

Freizeit und Kultur

Östlich von Münster führt die B 64 nach ❷ **Warendorf**, an dessen Marktplatz noch viele hochgiebelige **Bürgerhäuser** zu sehen sind. Außerdem sehenswert ist die **Alte Pfarrkirche** mit Tafeln am **Hochaltar**, die zu den großen Werken altdeutscher Malerei zählen. Über die Stadtgeschichte und bürgerliche Wohnkultur informiert das **Heimatmuseum** im Rathaus.

Südlich von Warendorf liegt an der B 475 ❸ **Soest**. Das Stadtbild der ehemalige Hansestadt wird von alten **Fachwerkhäusern** und dem grünen Sandstein der Kirchenbauten und Wallanlagen geprägt. Teil der Stadtbefestigung war das **Osthofentor**, in welchem ein **Museum** mit Erinnerungsstücken an die Soester Fehde untergebracht ist. Weiterhin sehenswert: der **Patroklidom** mit dem **Dom-Museum**, die Kirche **St. Petri**, der um 1400 geschaffene **Nikolausaltar** in der **Nikolaikapelle** sowie die Kirchen **Maria zur Höhe** und **Maria zur Wiese** mit wunderschönen **Glasmalereien** (Westfälisches Abendmahl).

Ebenfalls südlich von Münster an der B 63 liegt ❹ **Hamm**. Die Hauptsehenswürdigkeit der Stadt ist das **Gustav-Lübcke-Muse-**

um mit wichtigen Sammlungen zur Vor- und Frühgeschichte, einer ägyptischen Sammlung sowie mit griechischer und römischer Kleinkunst und Münzen. Ebenfalls sehenswert: Das **Römermuseum** und der **Maximilianpark** mit dem 34 m hohen **Gläsernen Elefanten**.

Schloss Münster

Fremdenverkehrsverbände

Landesverkehrsverband Westfalen
Friedensplatz 3
44135 Dortmund
Tel.: 0231/527506
Fremdenverkehrsverband Münsterland
48565 Steinfurt
An der Hohen Schule 13
Tel.: 02551/939291
Stadtwerbung und Touristik Münster
48127 Münster
Tel.: 0251/492–2710
Verkehrsverein Warendorf
48231 Warendorf
Markt 1
Tel.: 02581/19433

Rund ums Auto

Verkehrsfunk
WDR II 94,1 MHz

Spaß für Kinder

Der **Allwetterzoo** in Münster heißt so, weil die Wege zwischen den großen Tierhäusern überdacht sind und so auch bei schlechtem Wetter für trockene Haut sorgen. Tiere aus allen Erdteilen sind hier zu Hause. Der Zoo ist in Münster ausgeschildert, Sentruper Straße 315, Tel.: 0251/89040.

In ❺ Gütersloh: Das Freizeitbad **Die Welle**, Stadtring Sundern 10, 33332 Gütersloh, Tel.: 05241/822164.

Regionale Küche

»Das westfälische Abendmahl« heißt das Motiv eines Kirchenfensters der schönen Soester Wiesenkirche. Der mittelalterliche Künstler zeigt Jesus umgeben von seinen Jüngern vor einem Berg ganzer Schinkenlaibe, Schweinsköpfen, Pumpernickelbroten und irdenen Krügen voll Korn und Bier. Damit sind die wesentlichen Spezialitäten dieser Region bereits genannt. Für typisch westfälische Küche wie dicke Bohnen mit Speck, Potthast, Stielmus, westfälischer Rosenkranz aus Mettwurstenden mit einem Berg Kartoffeln in der Mitte, in der Pfanne angebraten, empfiehlt sich das alte Brauhaus **Pinkus Müller** in Münster, Kreuzstraße 4–10, in dem bereits seit 1816 Bier gebraut und von dort aus in alle Welt verschickt wird.

81

BIELEFELD
LEMGO
Dörentrup
Extertal
Barntrup
Bad Pyrmont
Lügde
Blomberg
Schieder-
Schwalenberg
Leopolds-höhe
LAGE
DETMOLD
Bad Meinberg
Steinheim
Marienmünster
Nieheim
Schloß Holte
Stukenbrock
Augustdorf
Horn-
Bad Driburg
Brakel
Verl
Hövelhof
Schlangen
Bad Lippspringe
Altenbeken
Willebadessen
Borgentreich
Delbrück
PADERBORN
Lichtenau
Salzkotten
Borchen
Geseke
Büren
Wewelsburg
Wünnenberg
Warburg
Desenberg
Marsberg
Diemelstadt
Volkmarsen
Brilon
Diemelsee
Bad Arolsen

Naturpark
Hermannsdenkmal
Externsteine
Eggegebirge
Teutoburger Wald
Naturpark Habichtswald

① ② ③ ④ ⑤ ⑥ ⑦

Auf den Spuren Hermann des Cheruskers

Teutoburger Wald und Eggegebirge bestimmen die Landschaft, durch die sich die A 33 und A 44 schlängeln. Die Region lädt zu reizvollen Spaziergängen ein. Aber auch die Städte Paderborn, Bielefeld, Detmold, Bad Driburg und Warburg haben Attraktionen und Sehenswürdigkeiten zu bieten, die einen längeren Aufenthalt zu einem nicht nur kulinarischen Genuss werden lassen.

Schloss Neuhaus

Attraktionen

A 33 Abfahrt ❶ **Paderborn**: Die Sehenswürdigkeiten Paderborns liegen innerhalb der Stadtbefestigung. Der **Dom** (11. bis 13. Jh.) dominiert die Altstadt und hält für den Besucher einen **gotischen Kreuzgang** (mit dem **Hasenfenster** aus dem 16. Jh.), den **Domschatz** mit einem **Tragaltar**, ein sehr schönes **Paradiesportal** sowie das **Fürstenberggrabmal** aus dem 17. Jh. bereit. Weitere Sehenswürdigkeiten sind die **Bartholomäuskirche** sowie das **Erzbischöfliche Diözesanmuseum**, in dem sich die **Imad-Madonna** befindet (um 1060). Auch die **Jesuitenkirche**, **Busdorfkirche** und **Abdinghofkirche** sind einen Besuch wert.

Das Rathaus von Paderborn

Beachtenswert sind die Bürgerhäuser **Adam-und-Eva-Haus** und das **Heisingsche Haus** sowie das **Rathaus**. Am nördlichen Rand der Stadt liegt das **Paderborn-Schloss Neuhaus**. Das Renaissance-Schloss ist eines der bedeutendsten Westfalens.

Freizeit und Kultur

Südlich von Paderborn liegt an der A 44 ❷ **Wewelsburg** mit einer eindrucksvollen, im Dreieck gebauten **Höhenburg** (17. Jh.).

Stadtpanorama von Warburg

Von Paderborn aus führt die A 33 in nördlicher Richtung nach ❸ **Bielefeld**. Die ältesten Gebäude der Stadt sind: **Neustädter Marienkirche** (13./14. Jh.) und das gotische **Crüwellhaus** sowie der restaurierte **Bergfried** in der **Sparrenburg**. Sehenswert ist besonders das **Bauernhaus-Museum** mit alten **Fachwerkbauten** sowie die **Kunsthalle** mit Kunst des 20. Jh., vor allem Malerei deutscher Expressionisten.

Östlich zwischen Paderborn und Bielefeld liegt ❹ **Detmold**. An die Residenzzeit der Grafen und Fürsten zur Lippe erinnert das sehenswerte **Renaissanceschloss** und das **Neue Palais** (1706 bis 1708). Einen Besuch lohnen das **Lippische Landesmuseum**, das **Westfälische Freilichtmuseum** sowie die **Adlerwarte Berlebeck**. Das berühmte **Hermannsdenkmal** liegt etwa 5 km südwestlich der Stadt.

Über die B 68 und die B 7 in südöstlicher Richtung gelangt der Besucher nach ❺ **Warburg**. Das **mittelalterliche Stadtbild** Warburgs ist weitgehend erhalten geblieben. Das **Eckmännchen** (1471) ist das älteste datierte Fachwerkhaus Westfalens. Auf der Grenze zwischen Unter- und Oberstadt, die 1436 zu einer Stadt vereint wurden, steht das **Rathaus** (1568).

Einen Abstecher lohnt die östlich von Paderborn an der B 64 gelegene Stadt ❻ **Bad Driburg**. In der Nähe liegt die **Burgruine Iburg** im Eggegebirge.

Fremdenverkehrsverbände

Landesverkehrsverband Teutoburger Wald
32756 Detmold
Felix-Fechenbach-Str. 3
Tel.: 05231/623473

Verkehrsverein Paderborn
33098 Paderborn
Marienplatz 2a
Tel.: 05251/882980

Touristinformation Detmold
32754 Detmold
Rathaus am Markt
Tel.: 05231/977328/

Wirtschaftsentwicklungs- und Marketing-Gesellschaft Bielefeld
33602 Bielefeld
Willy-Brandt-Platz 2
Tel.: 0521/516779

Spaß für Kinder

Zwischen Bielefeld und Paderborn, A 33, Abfahrt Schloss Holte Stukenbrock, liegt der

❼ **Safari- und Hollywood-Park Stukenbrock**. Der größte Stolz Stukenbrocks sind die weißen Löwen, von denen es nur noch wenige auf der ganzen Welt gibt. Unzählige Highlights wechseln sich im Erlebnispark ab, für den ein einziger Tag eigentlich nicht lange genug ist. Geöffnet von Ende März bis Ende Oktober, Tel.: 05207/88696.

Regionale Küche

An diesem östlichsten Teil Westfalens grenzt im Süden das Sauerland. Kulinarisch bestehen keine wesentlichen Unterschiede. Im waldreichen Sauerland sind auf den Speisekarten häufiger Wild- und Forellengerichte verzeichnet. In Brilon-Gudenhagen befindet sich, in einem wunderbar erhaltenen Fachwerkhaus, das **Haus Waldsee** am Waldfreibad; zu seinen Spezialitäten zählen Kartoffelsuppe mit Steinpilzen, Wildgerichte mit Pillekuchen (Reibekuchen) und Apfelpfannkuchen mit Zimtsahne. Ebenfalls in einem originalgetreu restaurierten Fachwerkhaus im Museumshof Selle bei Bielefeld befindet sich das historische **Gasthaus Selle**, Buschkampstraße 75. Dort stehen u. a. dicke Bohnen mit Speck, Mettenden mit Bratkartoffeln auf der typisch westfälischen Speisekarte.

Rund ums Auto

Verkehrsfunk
WDR II 93,2 MHz

83

Der Harz – ein Wintermärchen

Hoffmann-von-Fallersleben-Denkmal

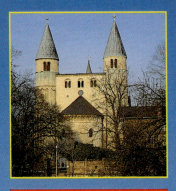
Die Stiftskirche von 961 in Gernrode

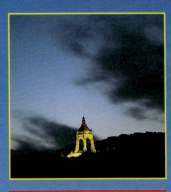
Das Tor nach Westfalen

Windmühle in Levern

Der Teutoburger Wald, das Weserbergland und der Harz

Fachwerk, wie es Spitzweg nicht schöner hätte malen können, zeichnet Städte wie Celle, Wolfenbüttel, Wernigerode, Quedlinburg und Goslar aus. Das Weserbergland, der Harz und die Südheide sind die Heimat vieler deutscher Sagen vom Rattenfänger in Hameln über Till Eulenspiegel bis zum Hexentanzplatz im Harz. Dome überragen die historischen Stadtkerne von Braunschweig, Hildesheim, Halberstadt und Königslutter am Elm. Wer dieses Gebiet zwischen Ems und Elbe mit offenen Augen besucht, unternimmt eine romantische Reise in Deutschlands Vergangenheit.

Burgplatz in Braunschweig

Schloss in Hessisch-Oldendorf

Harzerkundung per Bahn

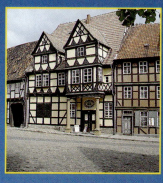

Klopstockhaus in Quedlinburg

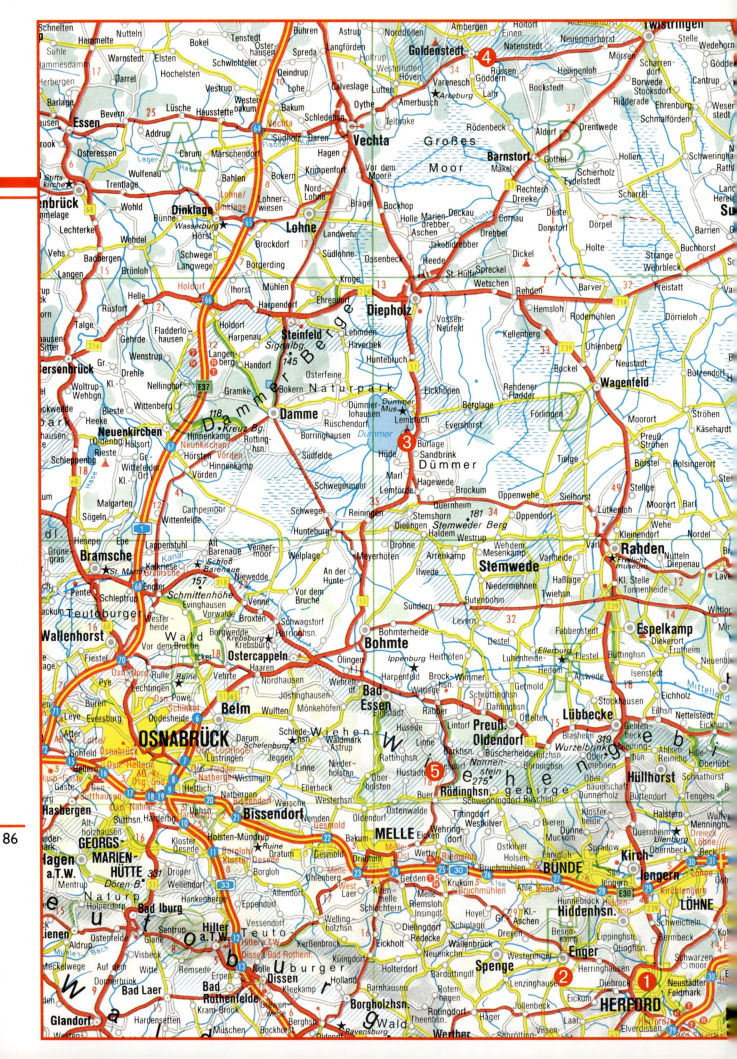

Von Herford über das Wiehengebirge zum Naturpark Dümmer

Herford liegt gut erreichbar zwischen der A 2 und der A 30. Nicht nur wegen des nach ihr benannten Bieres lohnt sich ein Ausflug in diese Stadt. Unbedingt sehenswert sind die Münsterkirche und die Marienkirche. Nördlich des Wiehengebirges lockt der Naturpark Dümmer mit dem Dümmer See zu erholsamen Ausflügen und vielfältigen Möglichkeiten für Freizeitaktivitäten.

Stadtkirche in Bramsche

Attraktionen

Zwischen der A 2 und der A 30 liegt ❶ **Herford**. Die Stadt entstand rund um das Damenstift (Ende des 8. Jh.). Die dazu gehörende **Münsterkirche** bildet noch heute den Mittelpunkt der Stadt. Zu der reichen **Innenausstattung** dieser ersten Hallenkirche Westfalens (erbaut 1220 bis 1270) zählen u. a. die **Tumben** der Herforder Äbtissinnen, das aus dem 16. Jh. stammende niederländische **Kreuzigungsgemälde**, die **Apostelfiguren** an den Pfeilern des Mittelschiffs aus dem späten 15. Jh., die **Glasmalereien** von E. Klonk (1953) sowie die **Christopherusfigur** (um 1520) über der Paradiestür. In Herford findet der Besucher noch schöne alte **Fachwerkhäuser**, u. a. das mit geschnitzten Figuren und Wappen reich verzierte **Remensnider-Haus** aus dem Jahr 1521. Das ehemalige **Bürgermeisterhaus** schmückt ein spätgotischer Fialengiebel. Von den vielen Kirchen der Stadt sind neben der Münsterkirche sehenswert: die **Jakobikirche** mit schönen Holzschnitzereien (14. Jh.), die **Johanniskirche** (13. und 14. Jh.) sowie die außerhalb der Altstadt stehende **Marienkirche**. Die ursprünglich romanische Marienkirche wurde im 14. Jh. in eine Hallenkirche umgewandelt, die zu den schönsten gotischen Kirchen Westfalens zählt. In dem als Hochaltaraufsatz dienenden steinernen **Reliquientabernakel** aus dem 15. Jh. befindet sich der Baumstamm, der früher die Stelle der Marienerscheinung gekennzeichnet hat. Die steinerne **Mariensta-**

Freizeit und Kultur

Erholung im Naturpark Dümmer

Nur wenige Kilometer westlich von Herford liegt ❷ **Enger**. Hier ist die **Stiftskirche** mit dem **Wittekindsarkophag** beachtenswert. Ein Besuch im **Widukind-Museum** ist lohnend. In und um Enger stehen stattliche Höfe der ehemaligen Gefolgsleute Widukinds. Diese **Sattelmeierhöfe** genossen einst besondere Vorrechte.

Windmühle in Levern

Bei Rahden führt die Straße westlich in den ❸ **Naturpark Dümmer**, dessen Mittelpunkt

tue ist wohl um 1330 geschaffen worden.

der **Dümmer See** ist. Dieses Erholungsgebiet zwischen den Dammer Bergen mit dem 145 m hohen Signalberg und dem Stemweder Berg mit einer Höhe von 181 m lädt zu vielfältigen Freizeitaktivitäten ein.

Nördlich des Naturparks Dümmer führt die Bundesstraße über Diepholz in Richtung Vechta, von wo aus ❹ **Goldenstedt-Ambergen** erreicht wird. Hier ist die **Ostdeutsche Heimatstube** zu finden, in der künstlerische Arbeiten, Trachten und Dokumente aus Ostdeutschland besichtigt werden können.

Fremdenverkehrsverbände

Landesverkehrsverband Teutoburger Wald
32756 Detmold
Felix-Fechenbach-Str. 3
Tel.: 05231/623473

Fremdenverkehrsverband Osnabrücker Land
49082 Osnabrück
Am Schölerberg 6
Tel.: 0541/95111–0

Fremdenverkehrsverband Dümmerland
49356 Diepholz
Langestr. 51
Tel.: 05441/8468

Spaß für Kinder

Der **Dümmer See** ist mit 15 km² der zweitgrößte See in Nordwestdeutschland, um den sich problemlos schöne Wanderungen oder Spaziergänge mit Strandaufenthalten oder Bootsfahrten verbinden lassen. In dem

am See gelegenen Ort **Lembruch** befindet sich das Dümmermuseum, das in einer 20 m langen Aquarienfront alle Fischarten des Sees vorstellt. Zu erreichen ist der Dümmer See über die B 51 zwischen Diepholz und Bohmte.

In 49328 Barkhausen bei Melle: Das ❺ Freilichtmuseum **»Saurierspuren«**, A 30, Abfahrt Melle-Ost, dann Landstraße Richtung Buer/Barkhausen.

Regionale Küche

Der geografische Facettenreichtum schlägt sich in seiner traditionsbewussten, gehaltvollen und deftigen Küche nieder. So stellen im Landesinneren wie etwa um Osnabrück und Herford Buchweizenpfannkuchen mit Speck eine regionale Spezialität dar. Diese sowie weitere Wurstspezialitäten lassen sich durch ein frisch gezapftes Pils hervorragend abrunden.

Zu empfehlen sind die **Gaststätte Klute**, Lotterstr. 30 in Osnabrück oder das **Haus Sahrmann**, Laarer Str. 207 in Herford; zu den regionalen Spezialitäten des Hauses zählen Grünkohlgerichte oder Gänsebraten mit Rotkraut, Preiselbeeren und Semmelknödeln.

Rund ums Auto

Verkehrsfunk
NDR II 89,2 MHz

A map of the Weser/Leine region of Lower Saxony (Niedersachsen), Germany.

Major towns and labelled places (reading roughly top to bottom, left to right):

Klageholz, Blockwinkel, Engeln, Scholen, Duddenhausen, Bücken, Mahlen, Hohenholz, Altenteich, Rethem, Böhme, Kirchwahlingen, Bierde, Hellberg

Affinghausen, Hohenmoor, Asendorf, Calle, Helzendorf, ehem. Stiftskirche, Holtrup, Eystrup, Altenbrücken, Hämelhsn., Stöcken, Hedern, Frankenfeld, Eilte, Ahlden (Aller)

Mallinghausen, Kuhlenkamp, Nordholz, Schweringen, Warpe, Sebbenhsn., Gandesbergen, Rethemer Moor, Neu-Bosse, Büchten

Schwaförden, Brake, Uepsen, Dienstborstel, Staffhorst, Windhorst, Balge, Rohrsen, Haßbergen, Lichtenhorst, Grethem, Nienhagen, Gilten

Vorwohlde, Ohlendorf, Päpsen, Mellinghsn., Harbergen, Wietzen, Blenhorst, Buchhorst, Gadesbünden, Lichtenmoor, Sonnenborstel, Untere Bauernschaft, Suderbruch, Neudorf, Norddrebber

Labbus, Brünhausen, Lindern, Sieden, Borstel, Bockhop, Langeln, Holte, Siedenburg, Südhalenbek, Lemke, Marklohe, Holtorf, Erichshagen, Heemsen, Steimbke, Rodewald, Stöckendrebber, Mittlere Bauernschaft Obere, Niederost.

Feldhausen, Campen, Penningsehl, Glissen, Oyle, Martinskirche, NIENBURG, Stöckse, Wendenborstel

Munterloh, Barenburg, Hasselbusch, Heide, Hesterberg, Döhrenkamp, Binnen, Bühren, Liebenau, Langendamm, Giebichenstein, Wenden, Laderholz, Brase, Warmel, St. Osdacus

Kirchdorf, Düdinghausen, Deblingshausen, Estorf, Schessinghsn., Leeseringen, Linsburg, Nöpke, Bevensen, Dudensen, Mandelsloh, Averhoy

Steyerberg, Wellie, Landesbergen, Groß Varlingen, Husum, Naturpark, Eckberg, Hagen, Mariensee, Basse, Metel, Scharrel

Heerde, Göthen, Kuppendorf, Sarninghsn., Anemolter, Brokeloh, Bolsehe, Steinhuder, Wulfelade, Evensen, Luttmersen

Hespeloh, Darlaten, Mensinghausen, Bruchhagen, Schinna, Heidhausen, Schneeren, Empede, Scharnhorst, Suttorf

Steinloh, Gösloh, Hoysinghausen, Sehnsen, Holzhausen, STOLZENAU, Hahnenberg, Steinhuder Meer, Neustadt a. Rübenberge

Uchte, Nendorf, Hibben, Müslingen, Frestorf, Böthel, Leese, Düsselburger Wall, Mardorf, Hot Weißer Berg, Moordorf, Dammkrug, Osterwald-Unterende

Lohhof, Ihlt, Hamme, Huddenstorf, Schlüsselburg, Rehburg-Loccum, Schl. Wilhelmstein, Steinhude, Poggenhagen, Frielingen, Bordenau

Warmsen, Höfen, Raddestorf, Buchholz, Wasserstraße, Loccum Kloster, Bad Rehburg, Winzlar, Klein-heidorn, Altenhagen, Blumenau, Schloß Ricklingen, Meyenfeld

Harrienstedt, Glissen, Hävern, Dören, Seelenfeld, Münchehagen, Wiedenbrügge, Wölpinghausen, Hagenburg, Bokeloh, WUNSTORF, GARBSEN, SEELZE

Bohnhorst, Sapelloh, Brüninghorst, Westenfeld, Ovenstädt, Windheim, Ilse, Neuenknick, Quinheide, Rosenhagen, Bergkirchen, Sachsenhagen, Aubagen, Mesmerode, Idensermoor, Kolenfeld, Wunstorf-Kolenfeld, Dedensen

Maaslingen, Mehlingen, Jössen, Gorpsen-Vahlsen, Ilserheide, Wiedensahl, Pollhagen, Nienbrügge, Ottensen, Rehren, Haste, Hohnhorst, Großmunzel, Osterwehren, Lathwehren

Brandheide, Süfelde, Wietersheim, Schramholz, Lande, Biekle, Niederwöhren, Nordsehl, Hülshagen, Lindhorst, Ohndorf, Beckedorf, Kreuzriehe, Suthfeld, Waltringhsn., Goxe

PETERSHAGEN, Raderhorst, Quetzen, Hiddensen, Meerbeck, STADTHAGEN, Heuerßen, Soldorf, Obernwöhren, Rodenbg., Hohenbostel, Eckerde, Stemmen

Stemmer, Holzhsn. II, Kutenhausen, Hahlen, Frille, Hespe, Levesen, Enzen, Blyinghsn., Habichthorst, Reinsen, BAD NENNDORF, Bad Nenndorf, Bantorf, Goltern, Ditterke, Langreder

Holzhsn. I, Hartum, Meinsen, Evesen, Seggebruch, Tallensen-Ehlen, Gelldorf, Nienstädt, Wendthagen-Ehlen, Schoholtensen, Apelern, Feggendorf, Lauenau, Egestorf, Leveste, Lemmie, Gehr.

MINDEN, Haddenhsn., Neesen, Scheie, BÜCKEBURG, Vehlen, Ahnsen, OBERNKIRCHEN, Altenhagen, Pohle, Messenkamp, Hohe Warte, Redderse, Sorsum, WENNIGSEN

Dützen, Häverstedt, Barkhsn., Lerbeck, Hocke, Meißen, Klus, Schloß, Bad Eilsen, 367, AUETAL, Kathrinhagen, Kl. Holtensen, Schmarrie, Hohe Kamp, Nienstedt, Deister, Bredenbeck

PORTA WESTFALICA, Nammen, Kleinenbremen, Lohfeld, Rolfshagen, Buch-holz, Bernsen, Rehren, Hattendorf, Hulsede, Wasserbg., 379, Bredenbeck, Steinkr.

Neesen, Holzhausen, Porta Westfalica, Vennebeck, Lühden, Bad Eilsen, Deckbgn., Rannenberg, Langenfeld, Beber, Bakede, Böbber, Luttringhsn., Nettelrede, SPRINGE

AD NHSN, Holtrup, AB-Kr. Bad Oeynhausen, Erder, Veltheim, Eisbergen, Todenmann, Schaumburg, Amelungsberg, Welsede, Rohden, Barksen, Zersen, Weserbergland, Bad Münder a. Deister, Hamelspringe, Altenhagen, Hachmühlen, Alvesrode

Vlotho, Valdorf, Faulensiek, Harke, Bentorf, Langenholzhausen, Silixen, Krankenhgn., Exten, Hohenrode, Rumbeck, Heßlingen, Hess. Oldendorf, Schaumburg-, Höfingen, Welliehausen, Hohe Egge, 437, Kl.-Süntel, Altenhagen, Brüllsen, Brünnighausen, Wülf.

E34, Kalldorf, 514, RINTELN, Möllenbeck, Engern, Großen-wieden, Friedrichsburg, Fischbeck, Unsen, Wehrbergen, Herkensen, Kl.-Hilligsfeld, Bisperode, Behrensen, COPPENBRÜGGE

Kalletal, Heidelbeck, Laßholz, Volkers, Uchtdorf, Goldbeck, Dehmkerbrock, Weidehohl, Halvestorf, Klein-Berkel, Hameln, HAMELN, Rattenfängerhaus, Rohrsen, Afferde, Diedersen, Dörpe, Bessingen, Marienau, Voldagse

UFLEN, Kirchheide, Matorf, Asendorf, Vallentrup, Egge, Bremke, Buchhals, Almena, Meierhsn., Mutthopen, Dehmke, Hastenbeck, Voremberg, Hemmendorf, Lauenstein, Brüntorf, Niedermeien, EXTERTAL, Grupenhagen

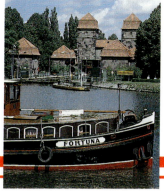
Schachtschleuse in Minden

Rattenfängerstadt, Westfälische Pforte, Routen entlang der Weser

Die Geschichte vom Flötenspieler, der 130 Kinder entführte, ist nur eine Sage, dennoch ist in Hameln natürlich das Rattenfängerhaus zu besichtigen. Entlang der Weser führt es den Besucher über Rinteln, den Weserdurchbruch bei Porta Westfalica in die Domstadt Minden. In Asendorf wartet die Museums-Eisenbahn darauf, Gäste gemütlich durch die Landschaft zu schaukeln.

Attraktionen

Die B 83 und die B 217 kreuzen in ❶ **Hameln**, der bekanntesten Stadt des Weserberglandes. Die geläufigste Attraktion der Stadt ist das **Rattenfängerhaus** mit einer Giebelfassade im Stil der Weser-Renaissance. Die Inschrift an der Seitenfassade des Hauses erinnert an den 26. Juni 1284, als ein bunt gekleideter Flötenspieler 130 Kinder zum Kalvarienberg am Koppenberg entführt haben soll, wo sich ihre Spur verlor. Neben dem Rattenfängerhaus sind weitere **Bürgerhäuser** wie das **Leisthaus** und das **Stiftsherrenhaus** (heute **Museen** mit Sammlungen zur Kultur- und Stadtgeschichte und zur **Sage um den Rattenfänger**) oder das **Postgebäude** sehenswert, die als Meisterwerke der Weser-Renaissance gelten. Sie liegen wie das Rattenfängerhaus vor allem in der **Osterstraße**. Sehenswert sind auch die **Münsterkirche St. Bonifatius** (13. Jh.) und die barocke **Garnisonskirche** (frühes 18. Jh.). Von der mittelalterlichen Stadtbefestigung sind die Türme **Haspelmath-Turm** und **Pulverturm** erhalten.

Abendstimmung an der Weser

Der **Lachsbrunnen** zeugt vom einstigen Reichtum der Weser an Lachsen. Von der Weserbrücke aus bietet sich ein **Ausflug auf der Weser** an.

Freizeit und Kultur

An der A 2 gelegen ist ❷ **Rinteln**, dessen Straßen von **alten Häusern** geprägt sind. Am Marktplatz kann das aus zwei Häusern bestehende, zum Teil im Stil der Weser-Renaissance gebaute **Rathaus** (16. Jh.) besucht werden. Einen Besuch lohnt auch das **Heimatmuseum »Eulenburg«** an der Klosterkirche.

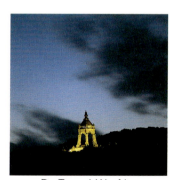
Das Tor nach Westfalen

Ebenfalls günstig an der A 2 ist ❸ **Porta Westfalica** gelegen. Neben der **Westfälischen Pforte**, der Porta Westfalica, dem Weserdurchbruch zwischen Wiehengebirge und Wesergebirge, ist hier die **Ringwallanlage** aus der karolingischen Zeit einen Besuch wert.

Nördlich des Wiehengebirges liegt ❹ **Minden**. Das bedeutendste Baudenkmal der Stadt ist der restaurierte hochgotische **Dom** mit dem romani-

schen **Einturmblock** des Westhauses (12. Jh.). In der Domschatzkammer befindet sich das **Mindener Kreuz** (Bronzekruzifix). Sehenswert sind auch die **Maßwerkfenster** des Doms. In der Bäckerstraße findet der Besucher schöne **Renaissance-Häuser**.

Nördlich von Nienburg an der B 6 liegt die Ortschaft ❺ **Asendorf**. Ein Ausflug hierher lohnt wegen der ersten deutschen **Museums-Eisenbahn**. Wertvolle Dampflokomotiven, Güterwagen sowie Pack- und Postwagen sind hier zu bewundern. Die Züge verkehren auf einer 8 km langen Schmalspurstrecke.

Fremdenverkehrsverbände

Fremdenverkehrsverband Weserbergland
31787 Hameln
Inselstr. 3
Tel.: 05151/93000

Tourismusverband Hannover Region
30175 Hannover
Theodor-Heuss-Platz 1–3
Tel.: 0511/8113569

Fremdenverkehrsamt Nienburg
31582 Nienburg
Langestr. 18
Tel.: 05021/87355

Spaß für Kinder

In Minden-Dützen, zu erreichen über die B 65 westlich von Minden, liegt der ❻ Freizeitpark **potts park** mit Achterbahn, Springbooten, Flugzeugkarussell, Spiegelhaus, Riesenrad etc. Geöffnet von April bis September, Bergkirchener Str. 99, Tel.: 0571/51088.

Über die A 2, Abfahrt Wunstorf-Luthe, und die B 441 geht es zum ❼ **Dinosaurierpark Münchehagen** mit rund 100 originalgetreuen Rekonstruktionen. Durchgehend ab 9 Uhr geöffnet, Alte Zollstraße, Tel.: 05037/2073.

Regionale Küche

Nicht zuletzt aus historischen Gründen stellt Hannover als Landeshauptstadt einen Schmelztiegel kulinarischer Genüsse dar. So sind als typische Spezialitäten weder die zum Grünkohl gereichte Brägenwurst noch die »Lüttje Lage« , bei der Bier und Korn gleichzeitig in zwei Gläsern akrobatisch getrunken wird, wegzudenken. Eine weitere Spezialität der Region stellen die geräucherten Aale aus Niedersachsens größtem See, dem Steinhuder Meer, dar, die kein Gourmet auslassen sollte.

Der für den Winter typische Grünkohl mit Brägenwurst lässt sich im **Landhaus Ammann**, Hildesheimer Str. 185 oder in der **Gastwirtschaft Wichmann Döhren**, Hildesheimer Str. 230, jeweils in Hannover, bei trefflichem Ambiente genießen.

Rund ums Auto

Verkehrsfunk
NDR II 102,6 MHz

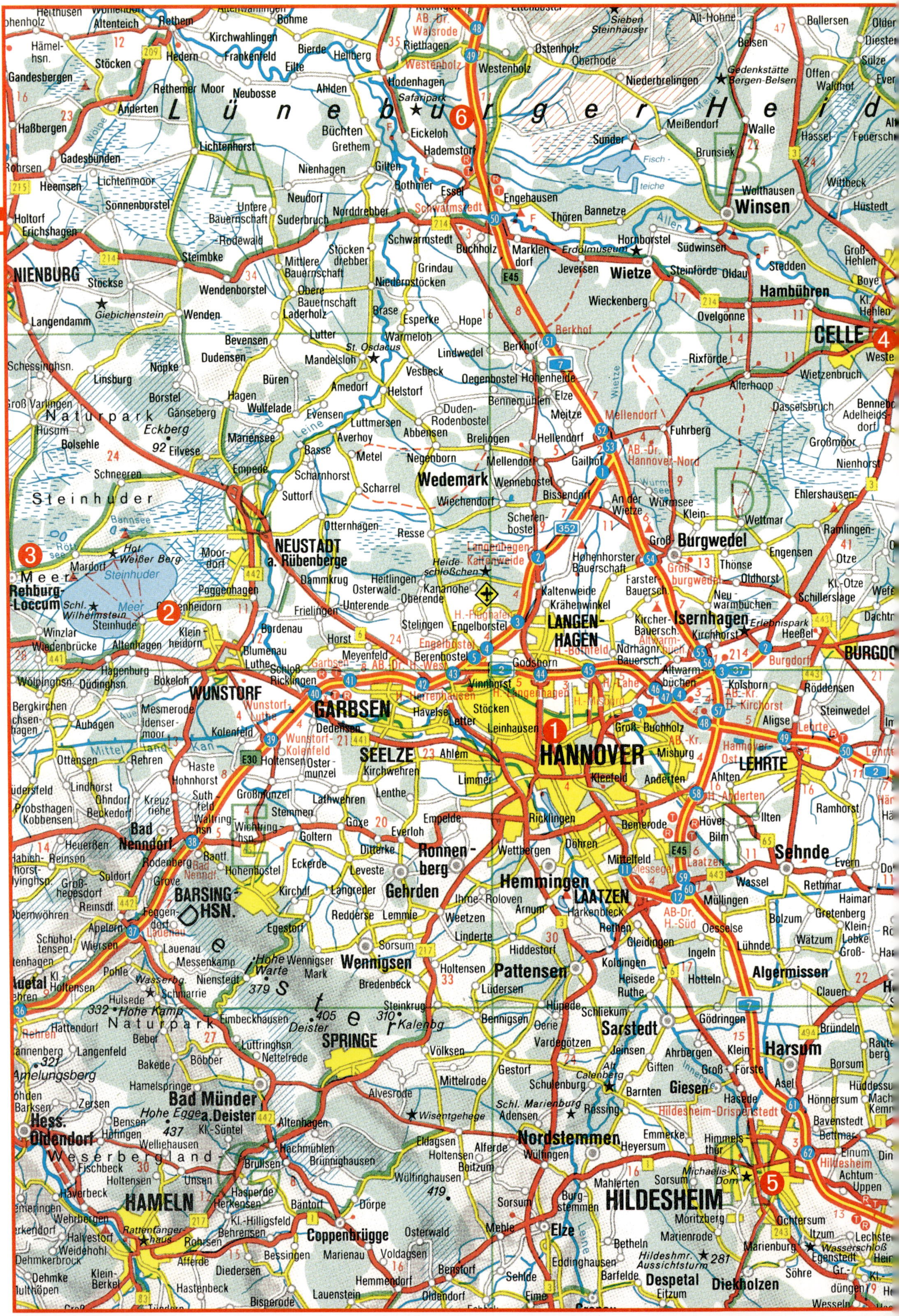

Lüneburger Heid

NIENBURG

CELLE 4

HANNOVER 1

WUNSTORF

GARBSEN

SEELZE

NEUSTADT a. Rübenberge

LANGEN-HAGEN

Isernhagen

Burgwedel

BURGDO

LEHRTE

Sehnde

Algermissen

Harsum

HILDESHEIM 5

LAATZEN

Hemmingen

Ronnen-berg

Gehrden

Wennigsen

Pattensen

Sarstedt

Nordstemmen

SPRINGE

Bad Münder a. Deister

BARSING-HSN.

Bad Nenndorf

HAMELN

Hess.-Oldendorf

Coppenbrügge

Wedemark

Winsen

Wietze

Hambühren

Naturpark Steinhuder

Rehburg-Loccum

Diekholzen

Meer · Steinhuder Meer · Steinhude

Safaripark

Gedenkstätte Bergen-Belsen

Sieben Steinhäuser

Erdölmuseum

Erlebnispark

Weserbergland

Naturpark

Hildesheimer Wald

Heidschlösschen · Kaltenweide

Langenhagen

Hohe Egge · 437

Hohe Kamp · 332

Deister

405 · 310

379 · S

Hohe Warte

419

281 · Hildeshmr. Aussichtsturm

Schl. Marienburg

Schl. Wilhelmstein

Weißer Berg · 92

Eckberg

Steinhuder

92 · Eilvese

Am Rande der Lüneburger Heide: Hannover und Umgebung

Hannover ist vor allem als Messestadt bekannt. Die Stadt bietet aber darüber hinaus eine Vielfalt an Attraktionen, die der Besucher anhand des »roten Fadens« bequem finden kann. Das Steinhuder Meer lockt mit reichlichen Möglichkeiten für alle Arten des Wassersports. Ausreichend Zeit sollte für einen Besuch der Sehenswürdigkeiten der Städte Celle und Hildesheim mitgebracht werden.

Stadtpanorama von Hannover

Attraktionen

Sternförmig führen die A 2 und A 7 nach ❶ **Hannover**. Eine fast 5 km lange Pflastermarkierung (der rote Faden) führt den Besucher zu allen Attraktionen der Stadt, z. B. zur **Marktkirche** (um 1350) und zum **Altstädter Rathaus** (15. Jh.), bedeutende Beispiele norddeutscher Backsteingotik; zum **Anzeigerhochhaus** mit seiner runden Kupferkuppel; zum schönsten Bürgerhaus der Stadt, dem **Leipnizhaus**; zum **Leineschloss**; zum **Palais Wangenheim**; zum **Opernhaus**; zum **Reiterstandbild**; zu den Ruinen der ehemaligen Pfarrkirche **St. Ägidien**; zum in der Nähe des Bahnhofs gelegenen Platz **Kröpcke**, an dem eine Vielfalt von Geschäften zu finden ist. Auch an Museen hat Hannover viel zu bieten: **Sprengel-Museum**, **Kestner-Museum** (antike Kunst), **Niedersächsisches Landesmuseum**, **Wilhelm-Busch-Museum**, **Historisches Museum** sowie das **Herrenhausen-Museum**. Die **Königlichen Gärten** in Herrenhausen sind ebenso einen Ausflug wert wie der **Berggarten**, der **Georgengarten** und der **Welfengarten**.

Freizeit und Kultur

Beliebtes Ausflusgziel ist das westlich gelegene **Steinhuder Meer** mit der Ortschaft ❷ **Steinhude**. Vor allem Wassersport aller Art ist hier die vorherrschende Freizeitaktivität.

Westlich des Sees liegt ❸ **Rehburg-Loccum**. Ein Abstecher hierher lohnt wegen des 1186 gegründeten **Klosters Loccum**, welches als eine der am besten erhaltenen Klosteranlagen des Zisterzienserordens gilt. Beeindruckend in ihrer Schlichtheit sind vor allem die dreischiffige **Gewölbebasilika**, der **Kreuzgang** und der **Kapitelsaal**.

Denkmal vor dem Celler Schloss

Von Hannover führt die B 3 nach ❹ **Celle** mit zahlreichen **Fachwerkhäusern** in der geschlossenen Altstadt (u. a. **Kirche**, **Schloss** und **Rathaus**). Der bedeutendste Raum des prachtvollen **Schlosses** ist die **Renaissance-Kapelle** mit ihrer reichen Ausstattung. Das **Schlosstheater** ist das älteste bespielte Theater Deutschlands. Das gotische Kreuzgewölbe des **Ratskellers** des **Rathauses** stammt aus dem 14. Jh. Sehenswert ist auch die **Stadtkirche** mit interessanter Innenausstattung. In Celle steht die einzige im Barockstil ausgestattete **Synagoge** Norddeutschlands.

Südlich von Hannover an der A 7 ❺ **Hildesheim**: Neben dem **Rathaus**, dem **Tempelhaus** sowie dem **Knochenhaueramtshaus** ist vor allem der **Dom** sehenswert. Er beherbergt

einen **Domschatz**, der zu den größten Kostbarkeiten Deutschlands gehört.

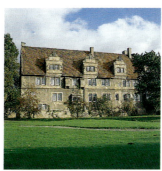

Schloss in Hessisch-Oldendorf

Fremdenverkehrsverbände

Fremdenverkehrsverband Weserbergland
31787 Hameln
Inselstr. 3
Tel.: 05151/93000
Tourismusverband Hannover Region
30175 Hannover
Theodor-Heuss-Platz 1–3
Tel.: 0511/8113569
Touristinformation Celle
29221 Celle
Markt 6
Tel.: 05141/1212
Fremdenverkehrsverband Lüneburger Heide
21335 Lüneburg
Barckhausenstr. 35
Tel.: 04131/73730

Spaß für Kinder

A 7, Abfahrt Westenholz, Richtung Hodenhagen: Der ❻ **Serengeti-Safari-Park Hodenhagen** und der angegliederte Erlebnispark »Freizeit-

land«. Geöffnet von März bis Oktober, Tel.: 05164/531.

In Celle lädt das **Celler Badeland** alle Wasserratten zu einem Riesenvergnügen. 77er Straße in Celle, Öffnungszeiten telefonisch erfragen: Tel.: 05141/23018.

Regionale Küche

Insbesondere um das Gebiet der Lüneburger Heide tut sich wahrlich ein Füllhorn an typischen Spezialitäten auf. Neben dem vorzüglichen Heidehonig stellt das Fleisch der Heidschnucken, das sich von normalem Schaffleisch durch einen leichten Wildgeschmack unterscheidet, eine sehr begehrte Delikatesse dar. Zu diesem Gaumenschmaus dürfen natürlich die für die Heide typischen Wacholderbeeren und Pilze nicht fehlen. Zur Abrundung und Verdauung bietet sich ein aus den Kräutern der Heide gewonnener würziger »Heidegeist« an.

Den Spezialitäten der Lüneburger Heide kann man sich hervorragend beim **Schweine-Schulze**, Neue Straße 36 oder im **Schifferkrug**, Speicherstr. 9, jeweils in Celle, hingeben.

91

Nathan der Weise, Heinrich der Löwe, altmärkische Bauern

Ein Meer an Fachwerkhäusern erwartet den Besucher des über die A 395 gut erreichbaren Wolfenbüttel. Hier vollendete Lessing das berühmte Drama »Nathan der Weise«. In Braunschweig erinnern die Sehenswürdigkeiten vor allem an Heinrich den Löwen. Wer sich über Gifhorn hinaus in den Norden der Region begibt, wird mit dem einzigen Freilichtmuseum der Altmark belohnt.

Attraktionen

An der A 395 liegt ❶ **Wolfenbüttel**. Im **Lessinghaus**, in dem der Dichter seine letzten Jahre verbrachte, erinnert ein Museum an ihn und seine Zeit. Mittelpunkt der Stadt ist der idyllische **Stadtmarkt** mit dem **Rathaus** und zahlreichen **Fachwerkhäusern**. Insgesamt sind in Wolfenbüttel mehr als 500 Fachwerkhäuser erhalten, die zur Zeit der Residenz der Herzöge zu Braunschweig von Kaufleuten, Handwerkern und Hofbediensteten bewohnt wurden. Als einer der bedeutendsten protestantischen Kirchenbauten gilt die 1607 erbaute **Hauptkirche**.

Das **Residenzschloss** der Stadt ist das größte erhaltene Schloss Niedersachsens, dessen **Repräsentationsräume** Besuchern offenstehen. In den Ausstellungsräumen der **Herzog-August-Bibliothek** können kostbare Bücher und eine wertvolle Globensammlung besichtigt werden.

Schlosseinfahrt in Wolfenbüttel

Freizeit und Kultur

Wenige Kilometer nördlich von Wolfenbüttel liegt, über die A 2, A 39 und A 395 gut erreichbar, ❷ **Braunschweig**. In der im Krieg fast völlig zerstörten Altstadt Braunschweigs sind viele Gebäude wieder errichtet worden. Herausragend dabei ist der **Dom St. Blasii**, den Heinrich der Löwe im 12. Jh. errichten ließ. Von ihm wurde auch der beeindruckende siebenarmige **Bronzeleuchter** im Dom gestiftet.

Burgplatz in Braunschweig

Zu den traditionsreichsten Plätzen der Stadt gehört der **Burgplatz**, der durch mittelalterliche Gebäude beeindruckt. Die **Residenz Heinrichs des Löwen** umrahmt den Platz. Im Innern sind bedeutende **Sammlungen** europäischen Kunstgewerbes und alter Malerei zu bewundern. Reliquien, Kunstgegenstände sowie liturgische Geräte früherer Zeiten werden im **Knappensaal** gezeigt. Als ältestes Beispiel einer freistehenden Denkmalplastik gilt der **Braunschweiger Löwe**, den Heinrich der Löwe 1166 als Symbol seiner Macht errichten ließ.

Richtung Norden auf der B 4 wird ❸ **Gifhorn** erreicht. Das **Renaissance-Schloss**, stattliche **Bürgerhäuser** aus dem 16. bis 18. Jh. sowie das **Internationale Wind- und Wassermühlenmuseum** lohnen einen Besuch der Stadt.

Nördlich von Gifhorn, nahe der Stadt Wittingen, liegt ❹ **Diesdorf**. Neben der Besichtigung der Reste des ehemaligen **Klosters** (1161) lohnt sich die Fahrt hierher vor allem wegen des einzigen **Freilichtmuseums** der Altmark, in dem wertvolle Bauernhäuser aus Fachwerk aus dem 17. bis 19. Jh. zu besichtigen sind. Sehr gut wird hier die Kultur und Lebensweise der altmärkischen Bauern vermittelt.

Fremdenverkehrsverbände

Touristeninformation Salzgitter
Tel.: 05341/393738
Fremdenverkehrsverband Wolfenbüttler Land
38300 Wolfenbüttel
Bahnhofstr. 11
Tel.: 05331/84260
Touristeninformation Braunschweig
38102 Braunschweig
Berliner Platz 1
Tel.: 0531/19433
Verkehrsverein Wolfsburg
38440 Wolfsburg
Porschestr. 49a
Tel.: 05361/14333

Spaß für Kinder

An der B 188 westlich von Uetze

liegt der ❺ **Ersepark Uetze**, ein wunderschön angelegter Park mit gespielten Märchenszenen im Tannenwald, Familienachterbahn, Berg- und Talbahn, Purzelbaum-Riesenrad, Oldtimer-Eisenbahn, Riesenrutsche und nostalgischem Jahrmarkt. Geöffnet von Ende März bis Oktober ab 10 Uhr, Gifhorner Str. 2, Tel.: 05173/352.

In **Braunschweig** sind in der **»Arche Noah«** exotische Tiere wie auch heimische Haustiere zu sehen, mit Streichelgehege und Kinderspielplatz. Am Zoo 35, 38124 Braunschweig.

Regionale Küche

In kulinarischer Hinsicht nimmt Braunschweig im südöstlichen Niedersachsen einen Spitzenplatz ein. Es liegt inmitten einer berühmten Spargellandschaft, wo der Spargel – für seine Zartheit und seinen delikaten Geschmack berühmt – »geschlürft« wird. Zur Schlachtfestzeit im Winter weiß Braunschweig mit einem weitaus deftigerem Essen, der Braunschweiger Steeke, aufzuwarten. Hierbei handelt es sich um durchwachsenen Schweinebauch, der mit Gewürzen und einer Zwiebel gekocht zu Sauerkraut gegessen wird.

Zu genießen sind solche Köstlichkeiten im **Ritter St. Georg** und im **Alten Haus**, beide in der Alte Knochenhauersr. 11-13 in Braunschweig.

Rund ums Auto

Verkehrsfunk
NDR II 92,1 MHz

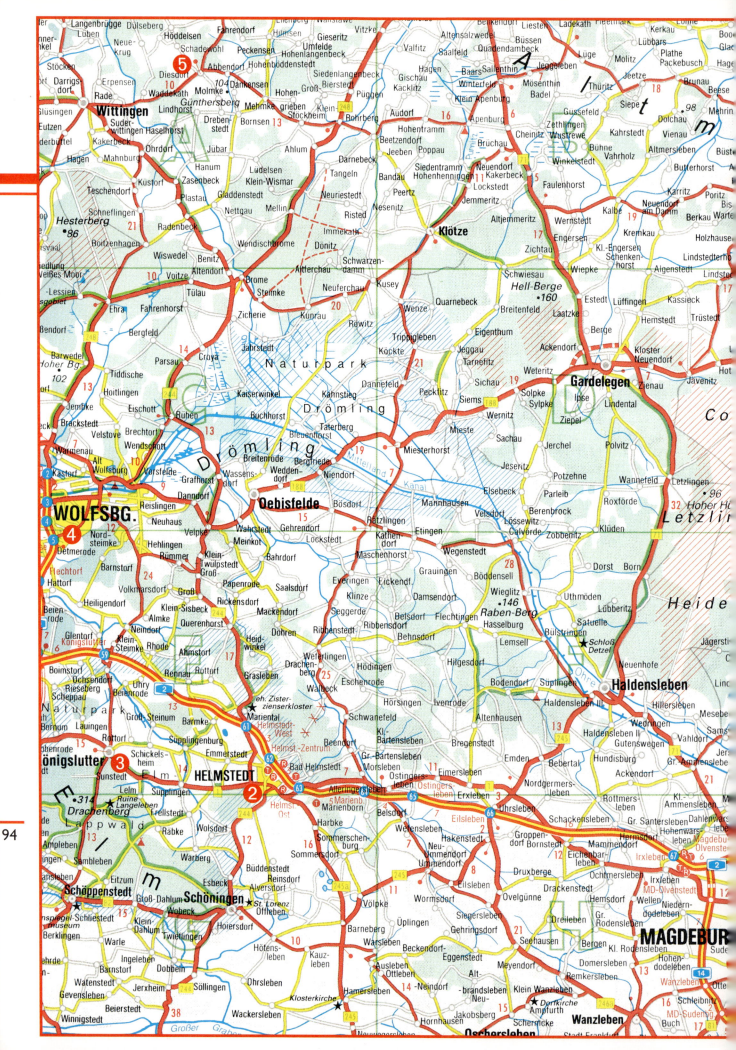

Mit dem Käfer nach Magdeburg, Station in Königslutter

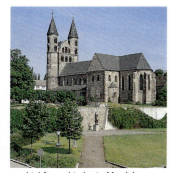

Portal der früheren Universität

Wolfsburg ist die Stadt des Automobilbaus und bietet ein sehenswertes Museum, in dem natürlich auch die verschiedenen Modelle des legendären Käfers besichtigt werden können. Auf dem Weg zur Elbe-Stadt Magdeburg sollte ein Besuch der beschaulichen Stadt Königslutter eingeplant werden. Auch Helmstedt, der ehemalige Grenzübergang, hält Sehenswürdigkeiten bereit.

Attraktionen

A 2 und A 14 Abfahrt ❶ **Magdeburg**. Die Landeshauptstadt von Sachsen-Anhalt ist wichtiger Verkehrsknotenpunkt mit dem größten **Binnenhafen** Ostdeutschlands. Die Sehenswürdigkeiten der im Zweiten Weltkrieg fast vollständig zerstörten Stadt wurden mit großer Sorgfalt wieder errichtet.

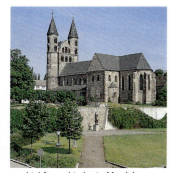

Liebfrauenkirche in Magdeburg

Herausragend ist der **Dom St. Mauritius und St. Katharina**. Er gilt als der früheste rein gotische Kirchenbau Deutschlands, die **Türme** sind 103 und 105 m hoch. Das Innere des Doms beherbergt eine Fülle kunsthistorischer Schätze: den **Skulpturenzyklus der klugen und törichten Jungfrauen** (13. Jh.), im berühmtesten **Grabmal** des Doms ruht Erzbischof Ernst von Sachsen. Beachtenswert ist das gotische **Chorgestühl** (1340), die **Kanzel** (16. Jh.) und die **Alabasterfiguren** des hl. Mauritius und des auferstandenen Christus (1467). Ein Meer von brennenden Kerzen befindet sich stets zu Füßen der zur Erinnerung an die Toten des Ersten Weltkriegs von **Ernst Barlach** geschaffenen

überlebensgroßen **hölzernen Figurengruppe**. In Magdeburg sind weiterhin sehenswert: Das **Kloster Unserer Lieben Frauen**, welches unzerstört blieb und als eine der bemerkenswertesten romanischen Klosteranlagen gilt. Am Ufer der Elbe steht die gotische **Magdalenenkapelle** mit **Maßwerkfenstern** sowie die dreischiffig gebauten Hallenbauten **St. Petri-Kirche** und **Walloner Kirche**. Beachtenswert ist auch die Stiftskirche **St. Sebastian**. Im **Kulturhistorischen Museum** stehen dem Besucher eine sehenswerte **Technische Abteilung** (Magdeburger Halbkugel von 1655) und eine bedeutende **Gemäldegalerie** und **Skulpturensammlung** offen.

Freizeit und Kultur

Die A 2 führt westlich von Magdeburg nach ❷ **Helmstedt**, wo sich der wichtigste Grenzübergang zwischen der DDR und der alten Bundesrepublik befand. Zu den Sehenswürdigkeiten der Stadt gehören die romanische **Felicitaskrypta** der ehemaligen Benediktinerkirche St. Ludgeri und der prachtvolle Renaissancebau **Julianeum**.

Kaiserdom in Königslutter

Von Helmstedt führt die B 1 nach ❸ **Königslutter**. Der **Kaiserdom**, eines der bekanntesten Denkmäler romanischer Baukunst, bietet einen ungewöhnlich schönen **Kreuzgang**.

Von der A 2 führt die A 39 direkt nach ❹ **Wolfsburg**. Das **Volkswagen-Auto-Museum** zeigt 140 Ausstellungsstücke, überwiegend historische Modelle des Volkswagen-Konzerns: Horch, Audi, DKW, Wanderer, NSU-Modelle und natürlich den VW **Käfer**.

Spaß für Kinder

Unmittelbar neben dem VW-Werk befindet sich das **Wolfsburger Badeland**: Wellen-, Spiel-, Massage- und Außenbecken, Wildwasserkanal, Boden-

sprudler, Saunabereich, Tischtennis und Billard lassen keine Langeweile aufkommen. Täglich geöffnet, Allerpark, Tel.: 05361/61176.

Rund 10 km östlich von Wittingen liegen an der B 244 das ❺ **Freilichtmuseum** und das **Erlebnisfreibad Diesdorf**. Molmker Straße, im Ort ausgeschildert, Öffnungszeiten telefonisch erfragen: Tel.: 03902/450 (Museum); 03902/550 (Bad).

Regionale Küche

Mit den brandenburgischen Nachbarn im Osten teilen die Magdeburger die Vorliebe für solch deftige Leckerbissen wie Kasseler Rippenspeer. Typisch für die Gegend um Magdeburg ist ihr gleichnamiger **Bördetopf**, ein mit exotischen Gewürzen abgerundeter rustikaler Eintopf aus Kartoffeln, Hammel- und Schweinefleisch.

In altehrwürdigem Gemäuer wie dem **Herrenkrug – Die Saison**, Herrenkrug 3 in Magdeburg, lassen sich solche Gaumenfreuden genießen. Aber auch die regionale Küche des **Alt Prester**, Alt Prester 102 in Magdeburg, vermag den Liebhaber deftiger und gutbürgerlicher Küche zu überzeugen.

95

HAMELN
Diedersen
Naturpark
Weser-Bergland
Schaumbg.
Aerzen
Bad Pyrmont
Lügde
Emmerthal
Bodenwerder
Salzhemmendf.
Ith
Hils
Eschershausen
Stadtoldendorf
Delligsen
Alfeld
Gronau
Despetal
Diekholzen
Bad Salzdetfurth
Landwehr
Holzminden
HÖXTER
Kloster Corvey
Naturpark Solling-Vogler
Solling
Dassel
EINBECK
Kreiensen
Kalefeld
Moringen
NORTHEIM
Hardegsen
Uslar
Bad Karlshafen
Beverungen
Oberweser
Adelebsen
Bovenden
Nörten-Hardenberg
GÖTTINGEN
Rosdorf
Dransfeld
Trendelburg
Reinhardswald
Naturpark Münden
Borgentreich
Hofgeismar
Reinhardshagen
Grebenstein
Immenhausen
Hann. Münden
Calden
Espenau
Fuldatal
Friedland
Weser
Leine
Diemel
Fulda
Große Blöße 528
Köter-B. 497
Strut-B. 444
Gr. Stein-Bg. 491
Gahren-B. 472
Thüsterberg 433
Hünenburg 400
Bloße Zelle 477
Sababurg
Northeim-Nord
Northeim-West
Göttingen-Nord
Göttingen
E45
7
1
2
3
4
5
6

Lebendiges Mittelalter an Weser, Leine und Fulda

Westwerk des Klosters Corvey

Ith Hils, Solling und Rheinhardswald heißen die Gebirgszüge, an denen vorbei sich die Flüsse Weser, Leine und Fulda schlängeln. Eine reizvolle Region, die mit ebenso reizvollen Städten aufwartet. Höxter und Einbeck lassen mit ihren malerischen Altstädten das Mittelalter wieder lebendig werden. Auch Göttingen und Hannoversch Münden haben Attraktionen zu bieten.

Attraktionen

Beschaulich an der A 83 und der parallel verlaufenden Weser liegt ❶ **Höxter**. Die malerische Stadt ist reich an schönen und alten Bauten und lässt das Mittelalter lebendig werden. Die unmittelbar an der Weser gelegene **Altstadt** ist zu großen Teilen noch von der mittelalterlichen **Stadtmauer** umgeben.

Hoffmann-von-Fallersleben-Denkmal

Zu Ehren des Dichters **Hoffmann von Fallersleben** (Deutschlandlied) erklingt ein aus 35 Bronzeglocken bestehendes **Glockenspiel**, welches in der Laterne des Treppenturms des **Rathauses** (1610 bis 1613) angebracht ist. Als Wahrzeichen der Stadt gelten die beiden Türme der romanischen **Kilian-Kirche** (12. Jh.). Im Innern sind die auf dem Hochaltar stehende **Kreuzigungsgruppe** (um 1520) und die **Barockorgel** (1710) zu bewundern. Besonders gut erhaltene Gebäude sind: das **Tilly-Haus**, der Renaissance-Bau Hotel **Corveyer Hof** und das spätgotische Fachwerkhaus **Hottenstein**. Berühmt ist das **Kloster Corvey**, welches schon bald

nach seiner Gründung zum religiösen und kulturellen Zentrum Sachsens wurde. Im Kloster sind sehenswert: Der **Kreuzgang**, der **Orgelgang**, **Museumsräume**, zu denen der zweigeschossige **Kaisersaal** gehört sowie die beiden sog. **Dichterzimmer** und die **Bibliothek**. Der Aufenthalt in Höxter sollte mit einer **Schifffahrt** auf der Weser verbunden werden.

Altstadthaus in Höxter

Freizeit und Kultur

Ebenfalls zu einer Reise in das Mittelalter lädt das östlich von Höxter gelegene ❷ **Einbeck** ein. Den Mittelpunkt der Altstadt bildet der Markt, an dem das **Rathaus** (16. Jh.), die **Ratswaage** (1565), die **Marktkirche St. Jacobi** mit dem weithin sichtbaren schiefen Turm, das **Brodhaus** (um 1555) und die **Rathausapotheke** (1565) zu sehen sind. In Einbeck erwarten den Besucher nicht nur etwa 400 **Fachwerkhäuser**, sondern auch das **Einbecker Bockbier**. Die Bierbrauer exportierten ihr Bier bereits im 14. Jh. Vor dem Rathaus ist ein Brunnen zu besichtigen, der **Till Eulenspiegel** als **Brauknecht** zeigt.

A 7 Abfahrt ❸ **Göttingen**. Sehenswert sind hier: das **Rathaus** (1369 bis 1443), der **Gänseliesel Brunnen**, die **Marktkirche St. Johannis** (14. Jh.), der kostbare **Flügelaltar** (1402) in der **Jacobikirche** (14. Jh.).

A 7 Abfahrt ❹ **Hannoversch Münden**. Die idyllische **Altstadt** lohnt den Besuch ebenso wie die **St. Blasiuskirche** mit einem beeindruckenden **Barockaltar** sowie das **Welfenschloss** (mit darin untergebrachtem **Städtischen Museum**), welches sich heute als früher Bau der Weser-Renaissance präsentiert.

Fremdenverkehrsverbände

Fremdenverkehrsverband Weserbergland
31787 Hameln
Inselstr. 3
Tel.: 05151/93000
Touristinformation Göttingen
37073 Göttingen
Markt 9
Tel.: 0551/54000

Spaß für Kinder

An der B 1, östlich von Hameln in Salzhemmendorf liegt der Freizeit- und Abenteuerpark ❺ **Rasti-Land**. Eine romantische Fahrt in Rundbooten bei Walzerklängen oder die Electric-Show »Das Traumschiff« versprechen neben Achterbahn- oder Wildwasserbahnfahrten viel Abwechslung. Von April bis Oktober geöffnet, Tel.: 05153/6874.

Ein Zoo nur für Schmetterlinge: Der ❻ **Alaris Schmetterlingspark** in Uslar, zu erreichen über die A 7, Abfahrt Nörten-Hardenberg und weiter über die B 241. Im Ort ausgeschildert, geöffnet von April bis Oktober, Tel.: 05571/6734.

Regionale Küche

Die alte Universitätsstadt Göttingen hat vortreffliche Gaumenfreuden wie ihren berühmten Speckkuchen anzubieten – einen Hefeteigkuchen mit solch kräftigen Zutaten wie Zwiebeln, Räucherspeck, Kümmel, Eiern und saurer Sahne. Darüber hinaus ist das aus dem idyllischen Städtchen Einbeck im Leinebergerland stammende Bockbier á la bonheur, dessen Genuss kein Bierkenner verpassen sollte.

Auf diese regionalen Köstlichkeiten trifft man in der urigen Gaststätte **Zum Brodhaus**, Marktplatz 13 in Einbeck, wo auch das berühmte Einbecker Bier ausgeschenkt wird. Auch in der **Junkernschänke**, Barfüßerstr. 5 in Göttingen isst das Auge mit, wenn solch regionale Spezialitäten wie Karpfen- und Grünkohlgerichte oder andere saisonale Spitzenreiter serviert werden.

97

Rund ums Auto

Verkehrsfunk
NDR II 92,1 MHz

Herrliche Täler, tosende Wildbäche, ruhende Seen: der Harz

Der Harz – ein Wintermärchen

Zahlreiche als besonders schön gekennzeichnete Straßen führen durch den Harz. Hier lohnt sich das Aussteigen, um eine Wanderung entlang der wilden Bäche oder um die schönen Seen zu unternehmen. Erholsam sind die Bäder am Harz, aber auch andere Sehenswürdigkeiten bietet diese Region; etwa in Goslar, wo den Besucher über 800 malerische Häuser erwarten.

Attraktionen

Ein Netz aus B 6, B 82, B 241 und B 498 umgibt ❶ **Goslar**, größte Stadt des Harzes. Über 800 **malerische Häuser** aus der Zeit vor 1800 sind in Goslar zu sehen. Zu den schönsten Patrizierhäusern gehört das **Brusttuch**, ein Fachwerkhaus mit den Grundrissen eines Brusttuches. Viele, z. T. drastische **Holzschnitzereien** sind an dem Haus zu bewundern, etwa die berühmte **Butterhanne**, eine Magd, die fröhlich die Röcke lüftet. Unbedingt sehenswert ist auch die romanische **Kaiserpfalz** aus dem 11. Jh., vor dem die **Denkmäler** Friedrich Barbarossas, Wilhelm I. sowie eine Kopie des Braunschweiger Löwens zu sehen sind. Von den Kirchen der Stadt sind beachtenswert: die **Marktkirche** mit ungleichen **Türmen** und romanischen **Glasmalereien**, die **Jacobikirche** mit bedeutenden **Wandmalereien** und zahlreichen kunsthistorischen Schätzen. Der **Huldigungssaal** des **Rathauses** ist mit reicher **Wand- und Deckenbemalung** verziert. Sammlungen zur Stadt- und Kulturgeschichte findet der Besucher im **Goslaer Museum**, im **Mönchehaus** sind Ausstellungen moderner Kunst zu besichtigen.

Freizeit und Kultur

Der ❷ **Naturpark Harz** ist eine unberührte Landschaft mit dichten Wäldern, tosenden Wildwassern und malerischen Stauseen. In ihrer Romantik herausragend sind das **Okertal** und das **Siebertal**. In anderen Regionen längst ausgestorbene Tiere und Pflanzen sind im Naturpark Harz beheimatet.

Raststätte für müde Wanderer

An der B 4 liegt ❸ **Bad Harzburg**. Das Kurbad (Thermalsole) ist idealer Ausgangspunkt für ausgiebige **Wanderungen**.

Über die B 4 und die B 27 geht es quer durch den Harz nach ❹ **Bad Lauterberg**. Zu den Attraktionen dieses Erholungsgebietes gehören **Vogelstimmwanderungen** sowie **geologische** und **botanische Führungen**.

Vom Bad Lauterberg führt die B 27 nach ❺ **Herzberg am Harz**. Hier ist Niedersachsens größtes **Fachwerkschloss** zu besichtigen. Das **Museum** zeigt Weltgeschichte anhand von Zinnfiguren sowie eine Ausstellung über Bergbau und Forstwirtschaft. Beliebtes Wanderziel von hier aus sind die **Lonauer Wasserfälle**.

B 243 nach ❻ **Osterode**. Einen Rundgang durch die Stadt lohnen zahlreiche schöne **Häuser** und **Kirchen aus vier Jahrhunderten**. Den Mittelpunkt der Altstadt bildet der Markt mit dem **Alten Rathaus** (1522), der **Marktkirche** sowie die **Ratswaage**. Weiterhin sehenswert: die **St.-Jacobi-Schlosskirche** und die **Marienkirche**.

Harzerkundung per Bahn

Fremdenverkehrsverbände

Harzer Verkehrsverband
38640 Goslar
Marktstr. 45
Tel.: 05321/34040
Touristinformationszentrum Nordhausen
99734 Nordhausen
Bahnhofsplatz 3a
Tel.: 03631/902153
Fremdenverkehrsamt Osterode
37520 Osterode am Harz
Eisensteinstr. 1
Tel.: 05522/318–332
Fremdenverkehrsbüro Halberstadt
38820 Halberstadt
Düsterngraben 3
Tel.: 03941/551815

Spaß für Kinder

In Bad Lauterberg an der A 27 wartet mit dem **Hallen-Wellenbad Vitamar** ein Erlebnisbad, das keine Wünsche offen lässt. Masttal 1, täglich geöffnet, Tel.: 05524/850666.

Im Niedersächsischen Bergbaumuseum in **Lautenthal**, von Seesen über die Landstraße zu erreichen, lädt die ❼ **Grubenbahn** zu einer Fahrt unter Tage in ein stillgelegtes Bergwerk ein. Tel.: 05325/4490.

Regionale Küche

Die Küche im Harz weiß insbesondere durch ihren pikanten Facettenreichtum zu brillieren. Neben der reichlichen Verwendung von Pilzen und wild wachsenden Heidelbeeren gibt es in den Waldgebieten reichlich Wild und Geflügel. Vor allem der mit dem Knoblauch verwandte Bärlauch hat nichts von seiner Beliebtheit eingebüßt. Ein echter Klassiker ist der Käsesalat – auch Harzer Tatar genannt.

Das rustikal eingerichtete Restaurant **Zum Jemerstein**, Harzburger Str. 19 in Braunlage, wartet neben regionaler auch mit gutbürgerlicher Küche auf. Geheimtip: Harzer Forelle mit Sahnemeerrettich und Petersilienkartoffeln.

99

Rund ums Auto

Verkehrsfunk
NDR II 103,5 MHz

stedt
Watenstedt
Gevensleben
Jerxheim
Söllingen
Dhrsleben
Hamersleben
16
Neindorf
brandsleben Klein Wanzleben
Neu-
Jakobsberg 15
Dorfkirche
Ampfurth
12
Wanzleben
Wetzleben
Roklum
Winnigstedt
Beierstedt
38
Wackersleben
Klosterkirche
Hornhausen
Oschersleben
Schermcke
Stadt Frankfurt
Blumen-
berg
MD
Buch
Lar
Veltheim
18
Rohrsheim
Dedeleben
Pabstorf
Aderstedt
Schlanstedt
17
Wulferstedt
Andersleben
Pesckendorf
Günthersdorf
Klein Oschersleben
19
Klein Germersleben
Schwane
Hessen
79
Westerburg
Vogelsdorf
A
244
Eilsdorf
Anderbeck
23
Eilenstedt
Krottorf
Großalsleben
Klosterkirche
Kleinalsleben
Hadmersleben
Groß Germersleben
Etgersleben
81
Deersheim
Osterwieck
Altstadt
Dardesheim
Berßel
Huy-
Neinstedt
Dingelstedt
ehem. Kloster
Huysburg
Huy
Sargstedt
Schwanebeck
Nienhagen
Groningen Heynburg
Emersleben
81
Stadtkirche
Kroppenstedt
Westeregeln
Egeln
Kirche Tarth
Schauen
17
Ilse
Zilly
Athenstedt
Asperstedt
Neu Runstedt
Quenstedt
Klein- Groß-
Klosterkirche
Deesdorf
Dalldorf
Hakeborn
Roth
Wasserleben
244
Mulmke
Ströbeck
15
Klein- Groß-
19
Aderleben
Rodershof
Hakel
241
Cochstedt
Groß
Börnen
Schneidl
Langeln
Heudeber
Danstedt
Veltenmühle
Dom
1
79
Heidberg
213
Ditfurt
Köhlers-Berg
153
Wedderstedt
Hausneindorf
Gatersleben
Schadeleben
Friedrichsaue
Neu-
Königsaue
Winningen
Klos
Veckenstedt
Schmatzfeld
15
Reddeber
Pfarrkirche
Minsleben
Derenburg
Böhnshausen
17
HALBERSTADT
Harsleben
14
Himmelhof
2
Morgenrot
Selke
Nachterstedt
Stifts-
Kirche
Wilsleben
180
Hoym
Frose
9
Schloß
St
Drübeck
Klosterk.
Darlingerode
Rathaus
7
Schloß
Benzingerode
Silstedt
22
Langenstein
Münchenhof
QUEDLINBURG
Gersdorfer Burg
22
Badeborn
6
Reinstedt
WERNIGERODE
Hasserode
Nöschenrode
Michaelstein
Oesig
Schloß
Westerhausen
6
12
Altstadt
Stiftskirche
Schloß
Wedderleben
Asmusstedt
Radisleben
Sinsleben
3
Altstadt
185
Kaiserturm
244
Heimburg
Blankenburg
Jasperode
Helsungen
Timmenrode
Warnstedt
6
7
Neinstedt
Bergtheater
Rieder
11
Schloß
Ermsleben
Opperode
Westdorf
Melsdorf
Welbsleben
Quens
10
Elbingerode
Hüttenrode
22
Cattenstedt
Wienrode
Roßtrappe
Thale
Bad Suderode
Gernrode
Stiftskirche
Ballenstedt
Konradsburg
Endorf
Neuplatendorf
Harkerode
18
Burg Lohberg
232
Rothehütte
Baumanns höhle
Rübeland
13
Hermannshöhle
8
Suseburg
Susenburg
Wendefurth
Stecklenberg
Hexentanzplatz
Ramberg
587
Burg Falkenstein
Meisdorf
Klosterkirche
Wieserode
Ulzigerode Arnstein
Sylda
Willerode
Ritterode
Königshütte
Rappbode-Stausee
81
Altenbrak
16
Treseburg
Friedrichsbrunn
Mägdesprung
Burg Anhalt
330
Pansfelde
30
Alterode
Stiftskirche
Stangerode
Bräunrode
Greifenhagen
Tanne
Hasselfelde
Stiege
Allrode
Bärenrode
20
185
13
Alexisbad
Harzgerode
Leine-Berg
Molmerswende
Abberode
16
Ritzgerode
Saurasen
242
86
Trautenstein
242
20
Rotacker
Stiege
Güntersberge
Siptenfelde
Silberhütte
Schielo
Königerode
15
Biesenrode
Leimbach
Vatterode
Schloß
Benneckenstein
626
Bismarckturm
Albrechtshaus
Friedrichshöhe
Straßberg
Neudorf
Braunschwede
Popperode
Hermerode
Rammelburg
Friesdorf
Piskaborn
Klostern
Rothesütte
81
Breitenstein
242
Dankerode
Wippra
Gorenzen
Möllendorf
Sophienhof
37
U
n
t
e
r
27
Netzkater
Schaubergwerk
Poppen-Berg
600
Großer Auerberg
580
Josephskreuz
Hayn
Wolfsberg
Paßbruch
Hohes
a
Rotha
Hayda
20
Ruine Grillenberg
22
Siebigerode
Annarode
Ahlsdorf
Appenrode
Ilfeld
Ruine Hohnstein
Stolberg
Fachwerkhäuser
Rathaus
Herrmannsacker
4
Schwenda
Dorfkirche
Karlsrode
h
Breitenbach
Hoher Kopf
457
Morungs burg
Horlar
Grillenberg
Pölsfeld
Oberdorf
Emseloh
Blankenheim
86
80
Wolfer
Woffleben
Osterode
Niedersachs-
werfen
Neustadt
Buchholz
Rodishain
Dietersdorf
Heimkehle
Breitungen
Agnesdorf
Großleinungen
Morungen
Gonna
Wettelrode
Lengefeld
Hergisdorf
Hörningen
Krimderode
Salza
Petersdorf
Stempeda
Steigerthal
Rottleberode
25
Uftrungen
Questenberg
SANGERHAUSEN
Riestedt
Klosterode
Schmalze
Herreden
Klein-
wechsungen
Altstadt
Dom
NORDHAUSEN
Leimbach
Bielen
Urbach
Rosperwenda
Dittichenrode
Wicke-
rode
Roßla
Wallhausen
Schloß
Burg
Holdenstedt
Beyernaumburg
Liedersdorf
Sotterhausen
Wolfer
100
G
o
l
d
Klein-Werther
Groß-
Sundhausen
38
Berga
Thürungen
18
Bennungen
8
Einzingen
231
Nienstedt
Ober-Berg
Wollersleben
Steinbrücken
Uthleben
Windehausen
Görsbach
80
83
Brücken
Martinsrieth
Oberröblingen
Wolframshsn
Hain
Heringen
Hamma
Kelbra
Talsperre
e
n
e
A
u
e
Hackpfüffel
Niederröblingen
Edersleben
Katharinenrieth
Schloß
Mittelha
Ga
Ruxleben
Neuheide
Schersen
Badra
Ruine Rothenburg
Kulpen-Berg
475
Sittendorf
Tilleda
Kyffhäuser Denkmal
Riethnordhausen
Schloß
Voigtstedt
Klein-
Wernrode -furra
Groß-
Stockhausen
4
Kyffhäuser Geb.
Steinthaleben
Rathsfeld
Ichstedt
Borkleben
Schönfeld
Artern
Winkel
28
Straußberg
Schloß
Bergfriede
Barbarossa höhle
Naturpark
Kyffhäuser
Bendeleben
Udersleben
25
Ringleben
Mönchpfiffel-
Nikolausrieth
Loders
Sondershausen

Harz ohne Grenzen: Fachwerk, wohin das Auge blickt

Die »bunte Stadt« im Harz, Wernigerode, ist Sinnbild des Fachwerks. Aber nicht nur hier begegnet dem Besucher das typische Bild der Landschaft. Auch Stolberg, die »Perle des Harzes«, lohnt unbedingt einen Besuch, wobei Halberstadt, Quedlinburg und Aschersleben nicht vorenthalten werden sollen. Hexentanzplatz und Kyffhäuser-Denkmal sind weitere Attraktionen der Region.

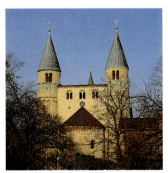

Klopstockhaus in Quedlinburg

Attraktionen

Die B 79 und die B 81 kreuzen in ❶ **Halberstadt**. Zu den bemerkenswertesten Bauten deutscher Gotik gehört der **Dom St. Stephanus** (13. bis 15. Jh.) der alten Residenzstadt. Die **Marienkirche** (13. Jh.) und die **Liebfrauenkirche** (12./13. Jh.) sind ebenso sehenswert wie das ehemalige Wohnhaus des Dichters Gleim (1719 bis 1803), das **Gleim-Haus**. Es beherbergt eine **Handschriftensammlung** (Schiller, Lessing, Herder u. a.), eine **Bibliothek** aus dem 18. Jh. sowie **Ölgemälde** deutscher Dichter und Gelehrter. Das **Städtische Museum** neben dem Dom zeigt sakrale Holzplastiken, eine Sammlung zum Thema Vögel im Museum Heineanum sowie eine Gemäldegalerie niederländischer Romantiker.

Freizeit und Kultur

An der B 6 liegt ❷ **Quedlinburg**. Der Burgberg mit der von Heinrich I. im 10. Jh. gegründeten **Burg** ist Mittelpunkt der Stadt. Neben diesem Schloss ist die sehenswerte **Stiftskirche** zu finden. Romantisch ist die **Altstadt** mit engen Gassen, in denen winzige **Fachwerkhäuser** stehen.

Die B 6 führt weiter östlich nach ❸ **Aschersleben**, in dessen **Altstadt** zahlreiche **spätgotische** und **Renaissance-Bauten** zu sehen sind. Gut erhalten ist die mittelalterliche **Stadtmauer** mit **Zwinger**, **Graben** und 15 **Wehrtürmen**. Die spätgotische Hallenkirche **St. Stephani** (15. bis 16. Jh.) ist reich ausgestattet mit **Gemälden** und **Flügelaltären**.

Nordöstlich von Nordhausen befindet sich die Ortschaft ❹ **Stolberg**, »Perle des Harzes« genannt. Malerische alte Gassen mit **Fachwerkhäusern** aus der Zeit der Renaissance charakterisieren den Ort. Sehenswert sind weiterhin: das **Schloss**, das frühgotische **Rittertor**, das **Rathaus** mit **Sonnenuhr** und außen angebrachter **Treppe**, das **Thomas-Müntzer-Haus** (hier wurde der Bauernführer 1490 geboren) und das **Renaissancehaus** (1535) in der Thomas-Müntzer-Gasse.

Von Stolberg ist es nur ein kurzer Weg zur **Barbarossahöhle** am Kyffhäuser-Gebirge. Zu besichtigen sind hier das unterirdische Gewölbe sowie das 81 m hohe ❺ **Kyffhäuser-Denkmal**.

An dem Fluss Bode liegt ❻ **Thale**. Zur Attraktion **Roßtrappe**, einem eindrucksvollen Felsen, führt ein Sessellift. Gegenüber liegt der sagenumwobene **Hexenplatz**.

Wo die Hexen tanzen (Walpurgishalle)

B 6 und B 244 ❼ **Wernigerode**. Zahlreiche bunt verzierte **Fachwerkhäuser** (besonders schöne Beispiele: das **Rathaus** und das **Krummelsche Patrizierhaus**) aus dem Mittelalter machen die Stadt zur Attraktion.

Fremdenverkehrsverbände

Harzer Verkehrsverband
38640 Goslar
Marktstr. 45
Tel.: 05321/34040
Kyffhäuser Fremdenverkehrsverband
06567 Bad Frankenhausen
Anger 14
Tel.: 034671/3037
Quedlinburg-Information
06484 Quedlinburg
Markt 2
Tel.: 03946/773012
Wernigerode Tourismus
38855 Wernigerode
Nicolaiplatz 1
Tel.: 03943/633035

Spaß für Kinder

Etwas südlich der Stadt Blankenburg befinden sich die ❽ **Rübeländer Tropfstein-**

höhlen. Die größten und bekanntesten – insgesamt sind es 14 Höhlen – sind die Baumanns- und die Hermannshöhle. Tausende von Stalagmiten und Stalaktiten begeistern große und kleine Höhlenforscher in den kilometerlangen unterirdischen Gängen, die sich bisweilen zu prachtvollen Sälen ausweiten. Täglich zu besichtigen, Informationen über die Kurverwaltung, Tel.: 03944/2898.

Regionale Küche

Im Bereich der Getränke verfahren die Harzer ähnlich wie mit ihren Gerichten, die sich durch Pikanterie, Bodenständigkeit und Gesundheit auszeichnen. Insbesondere Tees aus selbst gesammelten Kräutern wie Pfefferminze, Salbei oder Walderdbeerblättern sind beliebt. Nach einer deftigen Mahlzeit sorgt der »Schierker Feuerstein«, ein aus vielen Kräutern hergestellter Magenbitter, für Wohlbefinden.

Im Restaurant des Parkhotels **Unter den Linden**, Klamrothstr. 2 in Halberstadt, lassen sich in eleganter Atmosphäre unter gewölbter Stuckdecke vorzügliche Kalbstaschen in feiner Salbeisauce mit Nudeln genießen. Auch der **Weinkeller Theophano**, Markt 13–14 in Quedlinburg verwöhnt seine Gäste mit regionaler Küche.

101

Rund ums Auto

Verkehrsfunk
MDR Live 91,5 MHz

Die Stiftskirche von 961 in Gernrode

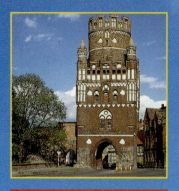
Das Uengliner Tor in Stendal

Schloss Moritzburg

Das Bauhaus in Dessau

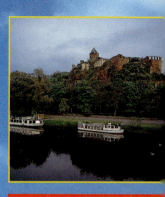
Die Saale bei Halle

Eine Schifffahrt auf der Elbe

Die Elbe zwischen Magdeburg und Dresden bis zur Lausitz

Das im 2. Weltkrieg völlig zerstörte Dresden dürfte nach seiner vollständigen Restaurierung das schönste vollständige Ensemble barocker Bauten beherbergen. Neben dem Elbsandsteingebirge empfehlen sich in seiner Umgebung Schloss Moritzburg und Schloss Pillnitz für einen Ausflug. Aber auch Brandenburg, die Domstadt Magdeburg, die Händelstadt Halle, Dessau mit dem Bauhaus-Museum und natürlich die Lutherstadt Wittenberg lohnen einen Besuch. Der Spreewald, die Heimat der Sorben, bietet eine einzigartige, von Wald und Wasser geprägte Naturlandschaft.

In der Lausitz

Im Spreewald

Blick über Bautzen

In der Muskauer Heide

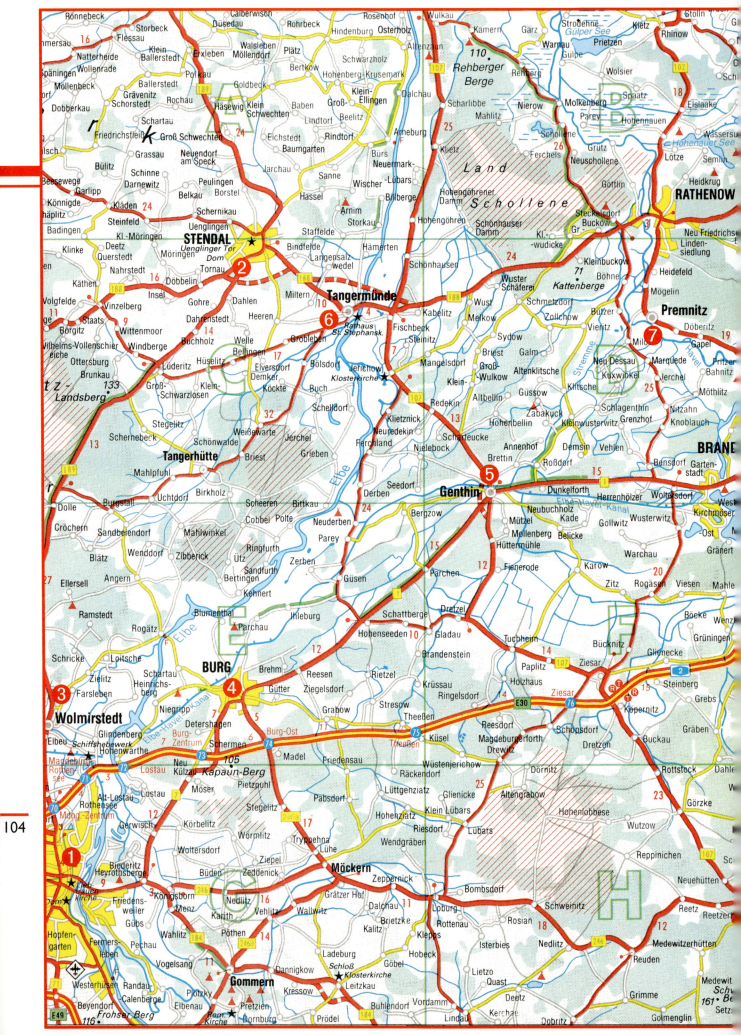

Haustür in Tangermünde

Links und rechts der Elbe: Von Magdeburg nach Stendal

Breit und mächtig mäandert die Elbe entlang der Städte Magdeburg, Wolmirstedt, Burg, Genthin, Tangermünde und Stendal. Der Fluss hat nicht nur die Landschaft, sondern als wichtiger Verkehrsweg auch die Kultur und Wirtschaft dieser Region geprägt. Davon zeugen die Attraktionen und Sehenswürdigkeiten der Städte, die von der A 2 aus über Bundesstraßen gut zu erreichen sind.

Attraktionen

An der A 2 liegt ❶ **Magdeburg** (ausführliche Informationen s. S. 95).

Die B 188 und die B 189 treffen sich in ❷ **Stendal**. Dem Dorf Stendal verlieh um das Jahr 1165 der Markgraf von Brandenburg, Albrecht der Bär, das Marktrecht. Im Jahr 1188 wurde der Grundstein zum sehenswerten **Dom** gelegt. Neben dem **Tangermünder Tor** (Mitte des 15. Jh.) und dem **Pulverturm** lohnt die Besichtigung des **Uengliner Tores**.

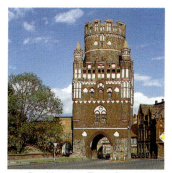
Das Uengliner Tor in Stendal

Dieses reich gegliederte Stadttor stammt aus dem 15. Jh. In der **Großen Stube** des **Rathauses** findet sich eine reiche **Wandtäfelung** von 1462. In den Klausurgebäuden der Klosterkirche des ehemaligen Augustinerklosters aus dem 15. Jh., der **Katharinenkirche**, ist das **Altmärkische Museum** untergebracht. Die spätgotische **Marienkirche**, ein im Jahr 1447 vollendeter Backsteinbau, zeigt im Innern einen spätgotischen **Hochaltar** von 1472, eine **astronomische Uhr** (Ende des 16. Jh.), eine

Triumphkreuzgruppe (14. Jh.) sowie einen **Bronzetaufkessel** (15. Jh.). Das **Winckelmann-Memorialmuseum** im Geburtshaus Winckelmanns informiert über Leben und Werk des Begründers der wissenschaftlichen Archäologie.

Freizeit und Kultur

Nördlich von Magdeburg führt die B 189 nach ❸ **Wolmirstedt**, wo alljährlich am Tag des Bergmanns die Wolmirstedter **Kalifestspiele** stattfinden. Sehenswert ist hier das **Herrenhaus** der ehemaligen Stiftsdomäne, ein Barockbau aus dem 18. Jh., der nach dem Zweiten Weltkrieg mehrfach verändert wurde. Auch die spätgotische, im 30-jährigen Krieg beschädigte **Schlosskapelle** (15. Jh.) lohnt einen Abstecher.

Die am Elbe-Havel-Kanal gelegene Stadt ❹ **Burg** ist Geburtsort des Generals **Karl von Clausewitz** (1780 bis 1831), einst Direktor der preußischen Kriegsakademie und Militärwissenschaftler.

Die B 1 und die B 107 kreuzen in ❺ **Genthin**, Kreisstadt am Elbe-Havel-Kanal mit einem wichtigen Umschlaghafen. Bemerkenswert ist die **Pfarrkirche**, eine barocke Hallenkirche aus dem Jahr 1722. Die **Klosteranlage Jerichow** ist einer der ältesten Backsteinbauten im Norden. Sehenswert ist auch das **Kreisheimatmuseum**.

Zwischen Stendal und Genthin liegt direkt an der Elbe ❻ **Tan-**

germünde. Sehenswert sind hier die **Stadtmauer** mit **Wiekhäusern** und wuchtigen Türmen (beachtenswert: der **Schrotturm**); die Stadttore **Wassertor** (16. Jh.), **Neustädter Tor** (15. Jh.) und der **Hühnerdorfer Torturm** (15. Jh.); die spätgotische **Pfarrkirche St. Stefan** und die spätromanische **Nikolaikirche** sowie die spätgotische **St.-Elisabeth-Kapelle** aus dem 15. Jh.

Fremdenverkehrsverbände

Fremdenverkehrsverband Havelland
Informationsbüro Rathenow
14712 Rathenow
Märkischer Platz
Tel.: 03385/512336
Stendal-Information
39576 Stendal
Kommarkt 8
Tel.: 03931/677190
Fremdenverkehrsverband Altmark
39590 Tangermünde
Markt 1
Tel.: 039322/3460
Brandenburg Information
14776 Brandenburg
Hauptstr. 51
Tel.: 03381/19433

Spaß für Kinder

Das ❼ **Freizeitbad Fit Point** in **Premnitz** ist sehr beliebt und das nicht ohne Grund. Das Freibad mit Schwimmerbecken, Kinderbecken und Riesenrutsche hat nur im Sommer geöffnet, der Fitnessbereich und die Sauna mit Solarium sor-

gen das ganze Jahr über für Wohlbefinden. Premnitz liegt an der B 102, wenige Kilometer südlich von Rathenow. Der Weg zum Bad ist in Premnitz ausgeschildert, Bergstr. 81, Tel.: 03386/210730.

Den **Zoologischen Garten** in Magdeburg, Am Vogelsang 12, Tel.: 0391/280900, erreicht man vom Magdeburger Zentrum über die B 189 in Richtung Neustädter See. Die Zufahrten sind ausgeschildert. Besonders sehenswert ist die Luchsanlage, der Luchs ist auch das Wappentier des Tierparks.

Regionale Küche

In Anlehnung an die alte märkische Volksweisheit, dass das Einfache oft auch das Gesündeste ist, sind auf den Speisekarten der Gasthäuser an der Havel wieder vermehrt Gerichte dieser traditionsbewussten, bodenständigen Küche zu finden. An dem Klassiker, der Brandenburger Hochzeitssuppe, bestehend aus Tafelspitz, Spargel, Möhren und jungen Erbsen, erfreuen sich Herz und Magen.

Auf gutbürgerliche und regionale Küche trifft man im Restaurant des Hotels **Schwarzer Adler**, Lange Straße 52 in der Ortsmitte von Tangermünde.

Rund ums Auto

Verkehrsfunk
MDR Live 102,0 MHz

Westerhusen
Beyendorf
Randau
Calenberge
Vogelsang
Pechau
Ladeburg
Göbel
Hobeck
Isterbies
Nedlitz
Medewitzerhütten
Reuden
Medewitz
Schwarzer Berg 161
Setzsteig

Frohser Berg 116
Frohse
Grünewalde
Plötzky
Elbenau
Pretzien
Röm. Kirche
Dornburg
Gommern
Dannigkow
Leitzkau
Klosterkirche Schloß
Göbel
Lietzo
Quast
Deetz
Dobritz
Grimme
Golmenglin
Stackelitz
Polenzko
Bärenthoren

SCHÖNE-BECK
Frohse
Kirche
Burg
Salzelmen
Felgeleben
Monplaisir
Flötz
Gödnitz
Schora
Moritz
Strinum
Kerchau
Badewitz
Trüben
Mühro
Krakau
Jeber-Bergfrieden
Serno
Weiden

Isleben
Biere
Eggersdorf
Neue Siedlung
Pömmelte
Walternienburg
Johanniskirche
Nutha Siedlung
Nutha
Hohenlepte
Luso
Bone
Mühlsdorf
Garitz
Ragösen
Klein-leitzkau
Thießen
Natho
Hundeluft
Bräsen
Buko

Groß Mühlingen
Wein-Berg
Döben
Wespen
Barby
Kämeritz
Güterglück
Töppel
Zerbst
Stadtbefestigung
Jütrichau
Streetz
Luko
Düben
Zieko

Eickendorf
Klein Mühlingen
Tornitz
Tochheim
Eichholz
Leps
Kermen
Pakendorf
Wertlau
Rodleben
Meinsdorf
Mühlstedt
Klieken

Zens
Warten-Berg
Glöthe
Dorfkirche
Trabitz
Kirche
Werk-leitz
Klein Rosenburg
Groß Rosenburg
Breitenhagen
Bias
Tornau
Roßlau
Büro
Coswig

Ullnitz
Calbe
Brumby
Schwarz
Wispitz
Wedlitz
Colno
Patzetz
Lödderitz
Kühren
Steckby
Neeken
Steutz
Rietzmeck
Brambach
Mittlere
Luisium
Vockerode
Wörlitz

FURT
Bode
Löbnitz
Neugattersleben
Gerbitz
Zuchau
Dornbock
Rajoch
Diebzig
Mennewitz
Aken
Susigke
Klein-kühnau
Großkühnau
DESSAU
reservat
Bauhaus
Mildensee
Elbe
Horstdorf

Hohenerxleben
Klosterkirche
Nienburg
Strenzfeld
Grimschleben
Wulfen
Trebbichau
Kleinzerbst
Chörau
Schloß
Alten
Mosigkau
Torten
Dessau Ost
Oranienbaum

Ilberstedt
Altenburg
Waldau
Latdorf
Drosa
Micheln
Klein-basch-leben
Zabitz
Elsdorf
Elsnigk
Reppichau
Kochstedt
Haideburg
Kleutsch
Sollnitz
Niesau
Zschiese
Jüdenberg

Aderstedt
Walkhügel
Schloß
BERNBURG
Roschwitz
Friedenshall
Molz
Trinum
Poley
Wohlsdorf
Großpaschleben
Schloß
Porst
Zehringen
Scheuder
Merzien
Lausig
Storkau
Quellendorf
Lingenau
Diesdorf
Libbesdorf
E51
Möst
Dessau-Süd
Schierau
Priorau
Möhlau
Gräfen-hai

Güsten
Bründel
Gröna
Plötzkau
Baalberge
Biendorf
Frenz
Klepzig
Groß-Klein-badegast
Reupzig
Frassdorf
Hinsdorf
Meilendorf
Tornau v. d. Heide
Thurland
Raguhn
Marke
Retzau
Zschornewitz

Groß-Wirschleben
Beesedau
Bebitz
Lebendorf
Dohndorf
Wülknitz
KÖTHEN
Arensdorf
Baasdorf
Prosigk
Libehna
Cosa
Salzfurtkapelle
Siebenehsn.
Bobbau
Altjeßnitz
Burgkemnitz

Muckrehna
Beesenlaublingen
Trebitz
Ilberstedt
Könnern
Kirch-Edlau
Berwitz
Gerlebogk
Pfaffendorf
Edderitz
Maasdorf
Gnetsch
Riesdorf
Zehbitz
Wehlau
Wadendorf
Steinfurth
Greppin
Friedersdorf
Muldenstein
Schlaitz

Alsleben
Belleben
Trebnitz
Gröblitz
Gröbzig
Bergfried
Piethen
Cattau
Görzig
Weißandt-Gölzau
Gösitz
Radegast
Löberitz
WOLFEN
Mühlbeck
Pouch

Piesdorf
Strenznaundorf
Nelben
Könnern
Hohen
Schlettau
Wieskau
Trebbichau
Glauzig
Schortewitz
Göttnitz
Rödgen
Stadtkirche
Heideloh
SANDERSDORF
BITTERFELD

Zabenstedt
Ihlewitz
Zickeritz
Golbitz
Löbejün
Plötz
Kösseln
Mösthinsdorf
Werben
Zörbig
Groß-zöbritz
Zörbig
Ramsin
Zscherndorf
Holzweißig
Sauseo

Gerbstedt
Friedeburger-hütte
Rothenburg
Domnitz
Dössel
Merbitz
Krosigk
Kaltenmark
Ostrau
Rieda
Spören
Stumsdorf
Beyers-dorf
Glebitzsch
Renneritz
Roitzsch
Petersroda
Laue
Dößdorf

Heiligenthal
Bösenburg
Freist
Friedeburg
Dobis
Nauendorf
Petersberg 250
Kütten
Schrenz
Brachstedt
Quetzdölsdorf
Schwerz
Brehna
Zaasch
Benndorf

Rumpin
Schloß
Wettin
Neutz-Lettewitz
Petersberg
Nehlitz
Wallwitz
Eismannsdorf
Niemberg
Oppin
Halle a.d.S.
Peißen
Poritzsch
Schenkenberg
Werben
DELITZSCH
Spröda

Rottelsdorf
Kloschwitz
Trebitz
Zaschwitz
Gimritz
Döblitz
Morl
Teicha
Guten-Sennewitz
Plößnitz
Spickendorf
Braschwitz
Landsberg
Doberstau
Kytna
Lissa
Döbernitz
Beerendorf

Schwittersdorf
Beesensted
Fienstedt
Pfützthal
Brachwitz
Lettin
Seeben
Hohenthurm
Doppel-kapelle
Landsberg
Klitsch-mar
Brodau
Selben
Brinnis
Hohen

Dederstedt
Neehausen
ormsleben
Schochwitz
Salzmünde
Dölau
Trotha
Kröllwitz
Tornau
Reußen
Gollma
Halle/S. Peißen
Klepzig
Sietzsch
Werbelin
Kreuma
Lemsel
Kletzen

Süßer See
üttchendorf
Burg
Langenbögen
Lieskau
Halle-Neustadt
Moritzburg
Markt
Diemitz
Dölbau
Halle/S. Ost
Queis
Wiedemar
Zwochau
Wiederitzsch
Seeha

Aseleben
Seeburg
Bennstedt
Zappendorf
HALLE (Saale)
Dölbau
Karlena
Osmünde
Klepzig
Kölsa
Werbelin
Rackwitz
Göbschewitz
Plau

Röblingen am See
Amsdorf
Wansleben am See
Zscherben
Angersdorf
Dieskau
Gröbers
Wiesenena
Glesien
Freiroda
Schladitz
Radefeld
Leipzig-Mitt

Stedten
Schraplau
Holleben
Delitz am Berge
Hohenweiden
Osendorf
Gröbers
Großkugel
Röglitz
Kursdorf
Schkeuditz-Kreuz
E49
Radefeld
Leipzig-N.
Lindenthal
Stahmeln
Wahren

Kuckenburg
Obhausen
Schafstädt
Dörstewitz
Schkopau
Lochau
Döllnitz
Raßnitz
Schkeuditz
Lützschena
Gundorf
THEKLA
LEIPZIG

Esperstedt
Steuden
Großgräfendorf
Bad Lauchstädt
Knapendorf
Burgliebenau
Weiße Elster
MERSEBURG
Teutschenthal
Ammendorf

Der Vorplatz von Schloss Bernburg

Musik, Salz und Architektur: Halle, Schönebeck und Dessau

Von unterschiedlichsten Einflüssen ist die Region im Dreieck Halle-Schönebeck-Dessau geprägt: Ist es in der »Händel-Stadt« Halle die Musik des berühmten Komponisten, so ist es in Schönebeck das Salz und in Dessau das für die moderne Architektur maßgebliche Bauhaus. Alle drei Städte lohnen einen Besuch ebenso wie die reizvolle Landschaft an Saale und Elbe.

Attraktionen

A 14 Abfahrt ❶ **Halle**. Die an der Saale gelegene Stadt ist Geburtsort von Georg Friedrich Händel und wird daher und wegen der Pflege der Musik des Komponisten auch gerne »**Händel-Stadt**« genannt. Das **Geburtshaus** Händels beherbergt eine Sammlung von über 500 **Musikinstrumenten**. Auch Hans-Dietrich Genscher, früherer Außenminister, wurde hier geboren. An Sehenswürdigkeiten bietet Halle die spätgotische **Marktkirche St. Marien** (errichtet 1529), die spätgotische **Pfarrkirche St. Ulrich**, die seit 1976 als Konzerthalle dient. Der **Rote Turm** in Halle war zeitweise mittelalterliche Richtstätte. Eine weitere Attraktion ist die von tiefen Gräben umzogene **Moritzburg** (15. bis 16. Jh.) mit der **Staatlichen Galerie**, wo Malerei und Grafik vom 16. Jh. bis zur Gegenwart zu sehen sind. Weiterhin sehenswert: Der **Dom** sowie das **Halloren- und Salinenmuseum** mit einer Sammlung kostbarer silberner Becher und Pokale.

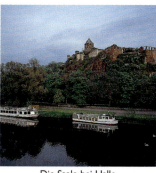
Die Saale bei Halle

Für Erholungssuchende sei eine **Schifffahrt** auf der Saale empfohlen.

Freizeit und Kultur

Die A 14 führt von Halle nördlich nach ❷ **Schönebeck**. Im Stadtteil Salzhelmen wurde im Jahr 1802 das erste deutsche **Solbad** eröffnet. Vom einstigen Wohlstand der Stadt zeugen die repräsentativen **Pfännerstühle** in der **Johanniskirche**, die den Besitzern der Salzsiedereien vorbehalten waren. Im Jahr 1705 wurde hier die **königlich-preußische Saline** eingeweiht. Von dem früher fast 2 km langen **Gradierwerk** sind heute noch 350 m und der **Solturm** erhalten. Für mehr Information über die Salzgewinnung und über die Elbschifffahrt lohnt sich der Besuch des **Heimatmuseums**.

Das Bauhaus in Dessau

Über die B 246 a und die B 184 führt der Weg nach ❸ **Dessau**. Der alte Stadtkern wurde bei einem Bombenangriff 1945 völlig zerstört. Dennoch bietet die Stadt dem Besucher einige Attraktionen, von denen das **Bauhaus** die herausragende ist. Die Anlage, gestaltet von **Walter**

Gropius, wurde in den Jahren 1925 bis 1926 errichtet. Das Bauhaus gilt als Wiege der modernen Architektur und Innenarchitektur. 1933 wurde die hier ansässige Hochschule für Gestaltung aller künstlerischen Disziplinen aufgelöst. Die Anlage beherbergt ein sehr sehenswertes **Museum**. Ein Kleinod deutscher Architektur ist das **Rokokoschloss Mosigkau**, heute ein Museum mit einer wertvollen Sammlung niederländischer Maler. Spaß macht der **Irrgarten** im Park der Residenz. Weiterhin sehenswert in Dessau: Die **Staatliche Galerie** mit bedeutenden Gemälden, untergebracht im ehemaligen klassizistischen **Schloss Georgium**.

Fremdenverkehrsverbände

Landes-Touristenverband Sachsen-Anhalt
39108 Magdeburg
Große Diesdorfer Str. 12
Tel.: 0391/7384300
Touristinformation Dessau
06844 Dessau
Zerbster Str. 2c
Tel.: 0340/2041442
Touristinformation Halle
06110 Halle/Saale
Roter Turm/Markt
Tel.: 0345/2023340

Spaß für Kinder

In Dessau ist die Zufahrt zum **Tierpark Dessau** ausgeschildert, der in einem herrlichen Landschaftspark am Schloss Georgium beheimatet ist. Kinder können im Streichelzoo die Jung-

tiere nicht nur anfassen, sondern auch füttern. Täglich geöffnet, Querallee 8, Tel.: 0340/614426.

In Halle lohnt der Besuch des Erholungsgebiets **Kulturpark Saaleaue** im westlichen Stadtbereich auf der Peißnitz-Insel. In einem kleinen Schmalspurexpress geht es durch ausgedehnte Grünflächen, vorbei an Sport- und Spielplätzen, einer Freilichtbühne, einer Seilbahn und einem Planetarium.

Regionale Küche

Als abwechslungsreich und vielfältig erweisen sich die lukullischen Genüsse, die Sachsen-Anhalt zu seinem kulinarischen Repertoire zählen kann. Während im Harz herzhafte Geschmacksnuancen reüssieren, bevorzugt man in der Altmark fruchtig süße Geschmacksrichtungen. So ist die Kalbsleber mit Birnen und Estragonsauce für jeden Gourmet ein absolutes Muss.

Mit anhaltinischen Spezialitäten weiß das Restaurant **Am Museum**, Franzstr. 90 in Dessau aufzuwarten: Zum deftigen Dessauer Speckkuchen mit einem würzigen Belag aus Sauerrahm, Zwiebeln und Speck empfiehlt sich ein Dessauer Castor-Pils. Auch den dort heimischen Kräuterlikör »Alter Dessauer« sollte man nicht unversucht lassen.

107

Rund ums Auto

Verkehrsfunk
MDR Live 101,6 MHz

Schloß · Bergholz · Kranepuhl · Dahnsdorf · Grabow · Niederwerbig · Nichel · **Treuenbrietzen** · Felgentreu · Frankenfelde · Frankenförde · Wolterdorf · Frankenfelde · **LUCKENW**

Jeserig · Grubo · Lühnsdorf · Niemegk 58 · Haseloff · St. Nikolai-Kirche · Pechüle · 4

Jeserigerhütten · Buchholz · Niemegk · Rietz · Bardenitz · Klausdorf · Kolzenburg · 15

Mützdorf · Radigke · Neuendorf · Hohenwerbig · 12 · Frohnsdorf · Gruna · Neuhof · Neuheim · Kloster Zinna · Werder

Lehnsdorf · Raben · Burg Rabenstein · E51 · Zixdorf · 13 · Dietersdorf · Lüdendorf · 22 · Altes Lager · Dom St. Nikolai · Neumarkt · 3

Setzsteig · Klepzig · Klein Marzehns · Garrey · Zeuden · Pflügkuff · Schwabeck · Feldheim · Malterhausen · Jüterbog · 2

Serno · Göritz · Klein Marzehns · Löbbese · Marzahna · Eckmannsdorf · Niedergörsdorf · Dennewitz · Rohrbeck · Markendorf · Fröhden

Grochewitz · Groß Marzehns · Boßdorf · Assau · Schöneld · Danna · Kaltenborn · Gölsdorf · Bochow · Hohengörsdorf

Buko · Wahlsdorf · Weddin · Kropstädt · Wergzahna · Rahnsdorf · Kurzlipsdorf · Blönsdorf · Seehausen · Oehna · Hohenahlsdorf · Borgisdorf · 102

Zieko · Köselitz · Pülzig · Nudersdorf · Köpnick · Klebitz · Naundorf · Mark Zwuschen · Langenlipsdorf · Welsickendorf · Höfgen · Reinsdorf

Coswig · Schmilkendorf · Thießen · Zahna · Zallmsdorf · Mellnitz · Morxdorf · Seyda · Zellendorf · Körbitz · 25 · Wiepersdo

Möllensdorf · Reinsdorf Nord · Euper · Bülzig · Leetza · Gadegast · Schadewalde · Glücksburg · Linda · Hohenkuhnsdorf

Buro · Griebo · Apollensdorf · **Reformations-gedenkstätten** · Friedrich-stadt · Wiesigk · Zemnick · Gentha · Mügeln · Neuerstadt · Stolzenhain

Biosphären · Wörlitz · Piesteritz · **WITTENBERG** · Labetz · Zörnigall · Dietrichsdorf · Meltendorf · Leipa · Lindwerder · Buschkuhnsdorf

Wörlitzer Park · Mittlere Elbe · Pratau · Kienberge · Mühlanger · Prühlitz · Gielsdorf · Elster · Listerfehrda · Ruhlsdorf · Arnsdorf · Jessener Berge 132 · Steinsdorf · Klein-korga · Groß-Barockschloß · Brandis

reservat · Bleesern · Seegrehna · Dabrun · Melzwig · Gattin · Wartenburg · Gohrsdorf-Hemsendorf · Schweinitz · Dixförda · Hinzenstern

Kakau · Rehsen · Klitzschena · Eutzsch · Rötzsch · Rackith · Schützberg · Battin · Grabo · **Jessen** · Mönchenhöfe · Löben · Holzdorf · Kremitz

Oranienbaum · Bergwitzsee · Pannigkau · Kemberg · Dorna · Globig-Bleddin · Rettig · Klöden · Schöneicho · Purzien · Mebselko · Premsendorf

Schleesen · Bergwitzsee · Reuden · Rotta · Gaditz · Bösewig · Trebitz · Schnellin · Kleinzerbst · Rade · Schöneicho · Gerbisbach · Annaburg · Arnsnesta

denberg · Gremmin · Radis · Uthausen · Ghiest · Gommlo · Meuro · Schnellin · Kleindröben · Düßnitz · Lebien · **Annaburger** · Borken · Frauenhors

Gräfenhainichen · Zschornewitz · Sackwitz · Merschwitz · Pretzsch · Mauken · Priesitz · Plossig · Großnaundorf · Mahdel · **Herzb**

Gröbern · Hohenlubast · Wasserschloß Reinharz · Ogkeln · Axien-Gehmen · Hohndorf · Labrun · Bethau · **Heide**

Burgkemnitz · Gossa · Schkona · Schmerz · Bad Schmiedeberg · Patzschwig · Sachau · Greudnitz · Prettin · Schloß Lichtenburg · Großtreben · Dautzschen · Buckau · Züllsdorf · Falkenwalde

Plodda · Krina · 187 · 182 · Klein-Korgau · Groß- · Wörblitz · Dommitzsch · Last · Döhlen · Rosenfeld · Döbrichau · **Falken**

Muldestausee · Naturpark · Tornau · Dahlenberg · Falkenberg · Trossin · Drebligar · Elsnig · Mockritz · Döbern · Repitz · Rehfeld · Köls

Pouch · Söllichau · Durchwehna · Kossa · Roitzsch · Polbitz · Welsau · Zwethau · Beilrode · Elsterberg · 31

Rösa · Brösa · Hammer-mühle · Schnaditz · Authausen · Drei- · Süptitz · Schloß Hartenfels · Kreischau · Röa · Löbnitz · **Bad Düben** · **Dübener** · Weidenhain · Zinna · **Torgau**

Sausedlitz · Tiefensee · Wellaune · Pristäblich · Görschlitz · Pressel · Loßwig · Gräditz · Triestewitz · Kötten · 87

Poßdorf · Reibitz · Glaucha · Läußig · **Heide** · Großwig · heide · Großer Teich · Pulswerda · Weßnig · Arzberg · Blumb

Spröda · Badrina · Noitzsch · Hohenprießnitz · Gruna · Wöllnau · Wildenhain · Gräfendorf · Melpitz · Bennewitz · Kamitz · Packisch · Otteraitz · Stehla

Wannewitz · Lindenhayn · Battaune · Mockrehna · Klitzschen · Nieder-Audenhain · Mehderitzsch · Bedkwitz · Mahitzschen · Belgern · Martinskirchen

Hohenroda · Krensitz · Gollmenz · Krippehna · Zschepplin · Doberschütz · Ober-Audenhain · Staupitz · Langenreichenbach · Probsthain · Taura · Brottewi

Mocherwitz · Naundorf-Pressen · Rödgen · Hainichen · Eilenburg-Ost · Strelln · Wildschütz · Schilda · Sitzenroda · Neußen · Staritz

Priester · Sorbenturm · Paschwitz · Mölbitz · Schöna · Röcknitz · Schildau · Kaisa · Bockwitz · Wohlau

Krostitz · Wölpern · Thallwitz · Böhlitz · Lossa · Löbnitz · Schildauer Berg · Lausa · Olganitz · Aussig

Kletzen · Mutschlena · Gallen · Jesewitz · Grötzsch · Löbenberg 240 · Kobershain · Schloß · 3 · Ochsensaal · Treptow · Zeuchfeld

Göbschel-witz · Hohenheida · Liemehna · Gotha · Canitz · Großzschepa · Hohburg · Thammenhain · **Dahlener** · Falkenhain · **Heide** · Schmannewitz · Zeuckritz

Seehausen · Merkwitz · Mexsepel · **Taucha** · Dewitz · Püchau · 107 · 67 · Wöllmen

Ablasshandel und 95 Thesen:
Auf den Spuren Luthers

In Jüterbog ist der Tetzelkasten zu besichtigen, in dem Geld für die Ablassbriefe gesammelt wurde – eine Praxis der Kirche, die Luther bewog, seine 95 Thesen an das Tor der Schlosskirche in Wittenberg zu schlagen. Luthers bedeutendes Wirken prägt die Region. Dennoch sollte der Besucher nicht auf einen Ausflug nach Kloster Zinna verzichten: Ein Ort unter Denkmalschutz.

Tor der Schlosskirche in Wittenberg

Attraktionen

A 9 Abfahrt Coswig, über B 187 nach ❶ **Wittenberg**. Die Stadt von großer historischer Bedeutung liegt am Nordufer der Elbe und war lange Zeit Residenz der sächsischen Kurfürsten. **Martin Luther** erhielt hier im Jahre 1512 seinen Lehrstuhl an der 1502 gegründeten Universität. Seine berühmten 95 Thesen schlug Luther 1517 an das Tor der **Schlosskirche** und löste damit die Reformation aus. Drei Jahre später wurde die Päpstliche Bulle mit der Androhung des Bannes vor dem **Elstertor** verbrannt. Der berühmte Humanist und Theologe **Philipp Melanchton** ließ sich im Jahre 1518 in Wittenberg nieder. Luther und Melanchton sind in der Schlosskirche begraben. Sehenswert sind das **Lutherhaus** (Reformationsgeschichtliches Museum) und das **Melanchtonhaus** (Museum), die **Denkmäler** der beiden berühmten Männer stehen am Markt. Dort sind auch das **Renaissance-Rathaus**, die gotische **Stadtkirche** mit dem **Reformationsaltar** von Lucas Cranach d. Ä. sowie der **Marktbrunnen** zu sehen. Im ehemaligen **Residenzschloss** (15. und 16. Jh.) sind das **Natur- und Völkerkunde-Museum** untergebracht. Zahlreiche Grabdenkmäler aus der Renaissance, dem Barock und Klassizismus lohnen einen Besuch des **Alten Friedhofs**.

Wiepersdorf in der Fläming

Freizeit und Kultur

Nordöstlich von Wittenberg liegt an der B 102 ❷ **Jüterbog**. Das **urtümliche Stadtbild** lässt das Mittelalter lebendig werden. Seinerzeit war hier die Tuchherstellung, die Müllerei und das Braugewerbe vorherrschend. Der malerische **Markt** mit **spätgotischen Backsteinbauten** lädt zu einem vergnügten Bummel ein. Überragt wird die Garnisonsstadt von den zwei Türmen der **Nikolaikirche**, wo man den **Tetzelkasten** bestaunen kann, in dem Geld für Ablassbriefe gesammelt wurde. Diese waren Anlass für Martin Luther, seine 95 Thesen zu verfassen.

Kloster Zinna

Von Jüterbog ist es eine kurze Wegstrecke auf der B 101 nach dem nördlich gelegenen Ort ❸ **Kloster Zinna**.

Einen besonderen Reiz erhält der **unter Denkmalschutz stehende Ort** dadurch, dass seine Anlage noch heute dem Originalzustand entspricht. Glanzpunkt der **Klosteranlage** aus dem 12. Jh. (Zisterzienser) ist die aus Mitte des 15. Jh. stammende Abtei, die ein **Heimatmuseum** beherbergt.

Nordlich von Jüterbog liegt an der B 101 ❹ **Luckenwalde**. Die wirtschaftliche Entwicklung der Stadt wurde durch den Anschluss an die Eisenbahnlinie Berlin-Halle begünstigt. Die **Fußgängerzone** lädt zu gemütlichem Einkaufsbummel ein, **Stadt- und Tierpark** eignen sich für Erkundungstouren.

Fremdenverkehrsverbände

Fremdenverkehrsverband Potsdam-Havelland-Fläming
14482 Potsdam
August-Bier-Str. 47
Tel.: 0331/7475776
Fremdenverkehrsverband Dübener Heide
06901 Kemberg
Markt 1
Tel.: 034921/20391
Landesfremdenverkehrsverband Sachsen
01067 Dresden
Friedrichstr. 24
Tel.: 0351/491700

Spaß für Kinder

An der B 107, südlich von Coswig, liegen Wörlitz und der ❺ **Wörlitzer Park**. Über 200 Jahre alt und der erste im englischen Stil angelegte Landschaftspark in Deutschland, ist der Wörlitzer Park eine grüne Oase, die Erholung und gute Laune verspricht. Es gibt viel zu sehen: Das Wörlitzer Schloss am Ufer des gleichnamigen Sees, das Amphitheater, einen künstlichen Vulkan, die Neptunsgrotte, das kuppelgekrönte Pantheon mit antiken Statuen, zahlreiche Pavillons und Tempelbauten, Palmengärten und eine Roseninsel auf dem See.

Regionale Küche

Was für die Nürnberger der Lebkuchen, ist für die Wittenberger der Lutherkeks, welcher gerne zu besonderen Anlässen in liebevoll gestalteten, dekorativen Dosen verschenkt wird.

Aber der Mensch ernährt sich nicht nur vom Keks allein; so werden im Restaurant des **Sorat Hotel**, Braunsdorfer Str. 19 in der Lutherstadt Wittenberg, regionale wie saisonale Spezialitäten gereicht.

Rund ums Auto

Verkehrsfunk
MDR Live 101,6 MHz

Naturdenkmal Klingespring
Horstwalde
Mückendorf
Radeland
Baruth/Mark
Teurow
Oderin
Kothen
Leibsch
Unterspreewald
Neu Schadow
Neu Lübbenau
Hohenbrück-
Pretschen
Wittmannsdorf
Trebatsch
Sarkow
Sawall
Schöbendorf
Baruth
Lynow
Paplitz
Klein Ziescht
Dornswalde
Glashütte
Freidorf
Briesen
Groß Wasserburg
144
Krausnicker Berge
Staakow
Krausnick
Kuschkow
Gröditsch
Bückchen
Wiese
Schuhlen
Mittweide
Schwielochsee
Zaue
Groß Leuthen
Leibchel
Ressen
Neukrug
Guhlen
Gliertz
Goyatz
Klasdorf
Kemlitz
Merzdorf
Rietzneuendorf-Friedrichshof
Mahlsdorf
Schlepzig
Petkamsberg
Dürrenhofe
Krugau
Dollgen
Groß Leine
Siegadel
Mochow
Groß Ziescht
Prierow
Schönwalde
Waldow
Brand
Freiwalde
Groß-Lubolz
Klein-
Hartmannsdorf
Biebersdorf
Briesensee
Klein Leine
Waldow
Damsdorf
Altgolßen
Golßen
Sellendorf
Gersdorf
Zützen
Reichwalde
Schiebsdorf
Niewitz
Lübben
Kirche
Börnichen
Caminchen
Sacrow
Laasow
Neu Zauche
Butzen
Schenkendorf
Glienig
Falkenhain
Schäcksdorf
Sagritz
Jetsch
Kasel-Golzig
Zauche
Treppendorf
Radensdorf
Biosphären-
reservat
Wußwerk
Straupitz
Schöneiche
Liedekahle
Krossen
Kaden
Neuendorf
Alt Zauche
Gorsdorf
Drahnsdorf
Kümmritz
Rüdingsdorf
Kreblitz
Gebersdorf
Prensdorf
Wildau-Wentdorf
Zieckau
Gießmannsdorf
Düben
Ragow
Oberspreewald
Mühlendorf
Byhleguhre
Schlagsdorf
Rosenthal
Dahme
Pitschen-Pickel
Pelkwitz
Freiimfelde
Terpt
Radden
Lübbenau
Freilichtmuseum
Schmogrow
Paserin
Karche-Zaacko
Wehranlagen
Alteno
Klein-
Hindenberg
Lehde
Leipe
Niendorf
Sieb
Schwebendorf
Falkenberg
Kemlitz
Uckro
Zöllmersdorf
Luckau
Cahnsdorf
Willmersdorf-Stöbritz
Egsdorf
Beuchow
Kittlitz
Groß Klessow
Groß Lübbenau
Boblitz
Spreewald
Raddusch
Naundorf
Burg
Bollensdorf
Langengrassau
Altsorgefeld
Wittmannsdorf
Freesdorf
Görlsdorf
Stradow
Müschen
Kolpien
Schöna-
Wüstermarke
Waltersdorf
Gehren
Goßmar
Riedebeck
Schlabendorf
Presenchen
Zinnitz
Schönfeld
Nord
Bischdorf
Kahnsdorf
Göritz
Suschow
Milkersdorf
Lebusa
Körba
Hutberg
Walddrehna
Bornsdorf
Beesdau
Calau
Bathow
Groß Jehser
Mlode
Dubrau
Vetschau
Kolswig
Lobendorf
Eichow
Freileben
Hohenbucko
Schwarzenburg
Weißack
Bergen
Drehna
Mallenchen
Klein-Mehßow
Buckow
Säritz
Kemmen
Saßleben
Kalkwitz
Reuden
Repten
Krieschow
Krassig
Naundorf
Proßmarke
Wehnsdorf
Kleinkrausnik
Großkrausnik
Gahro
Crinitz
Babbener Berge
152
Groß-Mehßow
Bolschwitz
Plieskendorf
Missen
Briesen
Wiesen-
Wüstenhain
Berga
Wehrhain
Hillmersdorf
Pahlsdorf
Zeckerin
Bahren
Babben
Schrackau
Craupe
Werchow
Cabel
Gahlen
Ogrosen
Brodtkowitz
Schlieben
Frankenhain
Friedersdorf
Brenitz
Sonnewalde
Gollmitz
Settinchen
Buchwäldchen
Ranzow
Laasow
Koschendorf
Stechau
Trebbus
Lichtena
Goßmar
Breitenau
Amandusdorf
Gosda
Muckwar
Luckaitz
Gräbendorf
Casel
Siewisch
Oelsig
Dübrichen
Arenzhain
Schönewalde
Ossak
Frankena
Ponnsdorf
Tanneberg
Rutzkau
Bronkow
Reddern
Göritz
Prießen
Werenzhain
Münchhausen
Gröbitz
Lindthal
Rehain
Schöllnitz
Pritzen
Greifenhain
Radensdorf
Buchhain
Doberlug-
Kirchhain
Hennersdorf
Kirche
Massen
Göllnitz
Saadow
Lipten
Altdöbern
Gattigmühle
Ressen
Neupetershain
Nord
Nexdorf
Drasdo
Naturpark
Klosterkirche
Finsterwalde
Betten
Lieskau
Lug
Lubochow
Schilda
Schönborn
Lugau
Eichholz-
Dröbig
Schacksdorf
Zürchel
Dollenchen
Wormlage
Woschkow
Lichterfeld
Barzig
Leeskow
Lindchen
Tröbitz
Lindena
Fischwasser
Pechhütte
Klingmühl
Saalhausen
Sallgast
Großräschen
Dörrwalde
Allmosen
Bahnsdorf
Domsdorf
Gruhno
Rückersdorf
Sorno
Bergheide
Poley
Drochow
Freienhufen
Beutersitz
Rothstein
Schadewitz
Annahütte
Prestewitz
Winkel
Oppelhain
Theisa
Niederlausitzer
Staupitz
Meuro
SENFTENBERG
Sedlitz
Lieske
Thalberg
Gorden
Klettwitz
Maasdorf
Kostebrau
Speicherbecken
Dobra
Bad Liebenwerda
Kraupa
Grünewalde
Lauchhammer Ost
Schipkau
Hörlitz
Brieske
Kleinkoschen
Geierswalde
Koschen
Zeischa
Haida
Hohenleipisch
Lauchhammer
Schwarzheide
West
Groß-Koschen
Niemtsch
Dreska
Döllingen
Heide
Prieschka
Lauchhammer West
Lauchhammer Süd
Schwarzheide Ost
Tätzschwitz
Neuwiese
Oschätzchen
Saathain
Elsterwerda
Kahla
Plessa
Schwarze Elster
Senftenberger See
Peickwitz
Lauta Dorf
Laubusch
Reichenhain
Kaupen
Bärhaus
Ruhland
Biehlen
Hosena
Lauta
Stolzenhain
Reißdamm
Plessa Süd
Tettau
Schwarzbach
Torno
Schwarzkollm
Prösen
Pulsnitz
Nauwalde
Frauendorf
Arnsdorf
Hohenbocka
HOYERSWERDA
Leippe
Wainsdorf
Schraden
Guteborn
Gröditz
Lindenau
Hermsdorf
Grüneweald
Heide
182
Merzdorf
Groden
Hirschfeld
Kroppen
Jannowitz
Pulsen

110

Saure Gurken und gemütliche Kahnfahrten: Spreewald

Im Spreewald

Die einmalig reizvolle Landschaft des Spreewaldes zieht Heerscharen von Besuchern an. Dies sollte jedoch nicht davor abschrecken, sich die Sehenswürdigkeiten von Lübben, Lübbenau, Burg und Vetschau in aller Gemütlichkeit anzuschauen. Spreewald ohne Kahnfahrt ist undenkbar. Anschließend locken die kulinarischen Genüsse der Region, zu denen zahlreiche Gaststätten einladen.

Attraktionen

Nur etwa eineinhalb Autostunden von Berlin entfernt liegt entlang der A 13 und A 15 das beliebte Ausflugsziel **Spreewald**, ein romantisches Flussverwilderungsgebiet mit malerischen Städten und Dörfern. Für gemütliche **Erkundungen per Boot** bieten sich hier zahlreiche Möglichkeiten. Die meisten Bewohner dieser einmalig schönen Region sind Abkommen der slawischen **Sorben**, deren Sprache und Brauchtum heute wieder gepflegt werden.

Schloss Lübbenau

Nördlich gelegen ist ❶ **Lübben**, dessen Name auf das sorbische »Lubin« zurückgeht. Das **Schloss** der Stadt ist wegen seines schönen **Renaissancegiebels** und des mit einem sächsischen Wappen verzierten **Sandsteinportals** beachtenswert. Die Niederlausitzer Stände tagten früher im **Ständehaus**, einem Barockbau aus dem Jahr 1717. Um 1500 entstand die spätgotische Hallenkirche **Paul-Gerhard-Kirche**.

Am Autobahn-Dreieck Spree-

wald liegt ❷ **Lübbenau** mit schönen **Bürgerhäusern** aus dem 18. und 19. Jh. Im Innern der barocken **Nikolaikirche** (1774) befindet sich ein sehenswerter **Taufengel**. In einem großen englischen Landschaftspark ist das englische **Schloss** aus der Zeit um 1820 gelegen. Von hier aus führt ein **Naturlehrpfad** durch die Botanik des Spreewaldes. Gut vermittelte Information über die politische, kulturelle und wirtschaftliche Entwicklung der Region erhält der Besucher des **Spreewaldmuseums**. Vom Zentrum aus ist mit dem Kahn das **Freilandmuseum** im Stadtteil Lehde erreichbar. Typische **Spreewaldgehöfte** mit alten Hausgeräten sowie eine **Naturkundeabteilung** vermitteln einen Eindruck vom Leben der Gegend. Lübbenau ist der am meisten frequentierte Ausgangspunkt für die beliebten **Bootsfahrten** im Spreewald.

Mitten im Spreewald liegt die Ortschaft ❸ **Burg**. Sehenswert ist hier die **Liebfrauenkirche** (13. Jh.) und die aus Granit errichtete **Nikolaikirche** (12. Jh.). Lohnend ist auch ein Besuch der zum Teil erhaltenen mittelalterlichen **Stadtbefestigung** mit Flämingturm, Freiheitsturm und dem Berliner Torturm.

Alte Entwässerungspumpe

Am Rande des Oberspreewalds liegt ❹ **Vetschau**. Als Symbol des vereinten Zusammenlebens wurden hier die **sorbische Land-** und die **deutsche Stadtkirche**, ausgestattet mit einem gemeinsamen Turm, im Jahr 1694 zusammengefügt.

Freizeit und Kultur

B 96 ❺ **Finsterwalde**: Renaissance-Schloss (16. Jh.), barockes **Rathaus** und **Dreifaltigkeitskirche** sowie **Kurtsburg** (16. Jh.).

Fremdenverkehrsverbände

Tourismusverband Spreewald
03226 Raddusch
Lindenstr. 1
Tel.: 035433/72299

Fremdenverkehrsverband Lübbenau und Umgebung
03222 Lübbenau
Ehm-Welk-Str. 15
Tel.: 03542/3668

Fremdenverkehrsverband Niederlausitz
03130 Spremberg
Schlossbezirk 3
Tel.: 03563/57287

Senftenberg Info
01968 Senftenberg
Markt 19
Tel.: 03573/2170

Spaß für Kinder

Südöstlich von Senftenberg breitet sich auf einem Gebiet von

1300 Hektar der ❻ **Senftenberger See** aus. Wo früher jahrzehntelang Braunkohle abgebaut wurde, bis in den 60er Jahren die Kohlevorräte zur Neige gingen, befindet sich heute ein wahres Freizeitparadies für Schwimmer, Segler, Ruderer, Surfer und Angler. Die ehemaligen Tagebauten wurden mit Wasser aufgefüllt, der herrliche Sandstrand ist elf Kilometer lang und lädt zum Sonnenbaden ein. Nach Senftenberg gelangt man über die A 13, Abfahrt Klettwitz und dann über die Landstraße.

Regionale Küche

Das sich im Bundesland Brandenburg befindliche Gebiet der Niederlausitz ist für das besondere Aroma der auf dem sandigen Boden wachsenden Heidelbeeren bekannt. Daher sollte man auf den Genuss der regionalen Kuchenspezialität, der Joghurt-Schmand-Schnitte mit Heidelbeeren, keinesfalls verzichten. Ein Klassiker ist auch die fein säuerlich gewürzte Lausitzer Hühnersuppe.

Im Restaurant des Hotels **Goldener Hahn**, Bahnhofstr. 3 in Finsterwalde, trifft der Gast auf ein vielseitiges Angebot regionaler Küche.

Rund ums Auto

Verkehrsfunk
ORB 88,6 MHz

111

Trebatsch · Sarkow · Karras · Natur- · Groß Muckrow · Henzendorf · Schwerzko · Wellmitz · Kosarzyn

Niewisch · Sawall · 87 · 22 · Pieskow · Trebitz · park · Klein Muckrow · Reicherskreuz · Schlaubetal · Bahro · Göhlen · Strelchwitz · Breslack · Chlebowo

Mittweide · 168 · Schadow · Ullersdorf · Leeskow · Schieben · Groß · Drewitz · Sembten · Bresinchen · 112 · Zytowań · Budoradz · B · Walowice

Ressen- · Speichrow · Goschen · Mochlitz · Staakow · Pinnow · Krayne · Wilschwitz · GUBEN · Coschen · GUBIN · Dzikowo

-Guhlen · Jessern · Jamlitz · A · 320 · Lübbinchen · 8 · 97 · 274 · Pole

Goyatz- · Doberburg · Benow · 24 · Schenkendöbern · Gubinek · Plesno-Bezki · Żenichow

Siegadel · Lamsfeld- · Lieberose · Blasdorf · Münchhof · Deulowitz · Kaltenborn · Sekowice · Czarnowice · Checiny · E

Mochow · -Groß Liebitz · 320 · Bärenklau · Atterwasch · Schlagsdorf · Koperno · Lazy · Dobre · C

-Waldow · 15 · Klein Liebitz · 97 · Schönhöhe · Kerkwitz · Polanowice · Stargard · Gubiński · Gębice · Starosiedle

Sacrow- · Laasow · 17 · Grabko · 118 · Eichberge · Groß Gastrose · Kozów · Wielotów · Jasienica · Koło · Grodziszcze

Butzen · 168 · 18 · Drewitz · Täubendorf · Brzozów · Strzegów · Wegliny · Kumiałowice · Blecz · Mierków · (Sor

Byhlen · Jauer · Jänschwalde-Ost · Grießen · 32 · 112 · Markosice · Pózna · Mielno · Datyń · Brody

Sträupitz · Drachhausen · Turnow · Preilack · Jänschwalde · Hotno · Strzegów · Naundort · Sacro · Janiszowice · Marianka · Prozów · Nowa Rola

Mühlendorf · Byhleguhre · Drehnow · Peitz · Radewiese · Heinersbrück · Briesnig · Neu Sacrow · Mulknitz · P

Biosphären- · Schmogrow · Fehrow · Ottendorf · Maust · Bärenbrück · Bohrau · Eulo · Zasieki · Brożek · O · Nowa Rola

reservat · Burg · Striesow · Dissen · Döbbrick · Neuendorf · Grötsch · FORST · Klein- · Jamno · Gręzawa · Lazy

Spreewald · Guhrow · Briesen · Willmersdorf · 13 · Lakoma · Klein- · Groß- · 12 · Forst · Domsdorf

Naundorf · Müschen · Werben · Sielow · Saspow · Merzdorf · Dissenchen · Gosda I · 22 · Groß · Bademeusel · Czern

Suschow · Ruben · 18 · Schmellwitz · Stadtbefestigungen · Schlichow · Klinge · Kathlow · 11 · 172 · Bademeusel

Milkersdorf · Papitz · Gulben · Ströbitz · 1 · Schloß · Haasow · Dubrau · Kriescow- · 8 · 9 · Grenzübergang · Tuplice

Eichow · Dahlitz · Kolkwitz · COTTBUS · Madlow · 122 · 9 · Klein Gaglow · E36 · 7 · Bademeusel · Forst · Olszyna · 12 · Jaglowice

Limberg · 20 · Sachsendorf · Cottbus- · Cottbus · Kiekebusch · Kahren · Sergen · Jethe · Gr.-Schacksdorf · Preschen · Bahren · Gosda · Trzebiel · Królów

Briesen- · 115 · Glinzig · West · Süd · 10 · 6 · Roggosen · 15 · E36 · Köbeln · Kamienica · Jasionów

-Wiesendorf · 19 · E36 · Klein Gaglow · Groß · 5 · 4 · Gablenz · Simmersdorf · Raden · Jerischke · Zelz · 19 · Żarki Wielkie

Wüstenhain · Brodtkowitz · Gaglow · Gallinchen · Köppatz · Gahry · Jocksdorf · Klein Kölzig

Läsow · Koschendorf · 169 · Leuthen · Rempusch · Neuhausen · Komptendorf · Trebendorf · Mattendorf · 14 · Groß Kölzig · Niwica

Gräbendorf · Casel · Siewisch · 16 · Schorbus · Groß · Laubsdorf · Drieschnitz · Klein Kölzig · Döbern · Niwica

Reddern · Görtz · Laubst · Klein Döbern · Oßnig · Kahsel · Horno · Böhsdorf · Eichwege · Włostowice

Greifenhain · Auras · Schäfer- · Bagenz · 115 · Groß Kölzig · Döbern · Luk

Ressen · Radens- · Drebkau · berg · 18 · Talsperre · Spremberg · Reuthen · Wolfshain · Tschernitz · Czaple

dorf · Domsdorf · Jehserig · 19 · Bühlow · Groß Luja · Bloisch- · 11 · Friedrichshain · 298 · Karsdorf

Lobochow · 14 · Neupetershain Nord · Rehnsdorf · 97 · Wadelsdorf · dorf · Groß · Jämlitz · Bad Muskau · Przewozniki

Leeskow · Lindchen · Neupetershain · Cantdorf · Weskow · Türkendorf · Graustein · Düben · Klein Düben · 8 · Park · Łęknica · Mlotow

Bahnsdorf · Welzow · SPREMBERG · Lieskau · Schleife · Trebendorf · Gablenz · (Lugknitz) · Jamnica

Allmosen · Kochsdorf · 2 · Slamen · 156 · 8 · Kromlau · Krausch- · Sagar · Skerbersdorf

Lieske · Proschim · 156 · Trattendorf · Rohne · Qualisch · witz · Keula · Jamnica

156 · 20 · Haidemühl · Schwarze · Zerre · Mulkwitz · WEISSWASSER · Weißkeißel · Pechern

Bluno · Pumpe · Sabrodt · Terpe · Spreewitz · Mühlrose · Muskauer · Heide

Geierswalde · Klein Partwitz · Spreetal · Burgneudorf · Neustadt · Nochten · Raben-Berge · 31 · 14

Tätzschwitz · Neuwiese · Bergen · Seidewinkel · 97 · Burghammer · Sprey · 160 · Rietschen

Lauta · 26 · Laubusch · Burg · Spree · Bärwalde · 26 · Wünscha · Viereichen · Werda · Spreea

182 · Narot · HOYERSWERDA · Boxberg · Kringelsdorf · Mocholz · Altliebel · Daubitz

Schwarzkollm · Dörgen- · Zeißig · 24 · Weißkollm · Dreiweibern · Reichwalde · Neuliebel · Prauske · Hähnichen

21 · Neudorf · hausen · 96 · Knappenrode · Lohsa · Lippen · Uhyst · Dürrbach · Kosel · Trebus

Zeißholz · Klösterich · Spohla · Maukendorf · Koblenz · Mortka · Litschen · Zschernske · Quolsdorf

112

Das Stadttheater in Cottbus

An der Grenze zu unseren polnischen Nachbarn

Cottbus und Spremberg sind die Städte, die die Region zwischen Spreewald und Muskauer Heide an der Grenze zu unseren polnischen Nachbarn dominieren. Dabei lohnen nicht nur die vielen Sehenswürdigkeiten und Attraktionen der Städte, sondern auch herrliche Gartenlandschaften. Die Landschaft ist es wert, durch ausgedehnte Spaziergänge erkundet zu werden.

Attraktionen

An der nach Polen führenden A 15 liegt ❶ **Cottbus**, das wirtschaftlich und kulturelle Zentrum der Niederlausitz. Bereits im 12. Jh. entwickelte sich die Stadt zu einem Zentrum der Tuchweberei. Ein bekannter Zungenbrecher ist mit dem Namen der Stadt verbunden: »Der Cottbuser Postkutscher putzt den Cottbuser Postkutschkasten.« Einige sehr schöne Bauten der Stadt sind trotz der Zerstörungen im Zweiten Weltkrieg erhalten geblieben. Sehenswert ist der gotische Backsteinbau **Wendische**

Der grenznahe Park von Bad Muskau

Kirche mit einer wertvollen Innenausstattung: **spätgotischer Taufstein** (um 1500), **Kanzel** (17. Jh.) sowie **hochbarocker Altaraufsatz** aus dem Jahr 1750. Die Oberkirche **St. Nikolai**, ein spätgotischer Backstein-Hallenbau, hat einen beachtenswerten **Renaissancealtar**. An den einstigen Wohlstand der Stadt erinnern barocke **Bürgerhäuser** am unter Denkmalschutz stehenden **Altmarkt**, der im 17. Jh. niederbrannte und im Stil des »sächsischen Barock« neu aufgebaut

In der Muskauer Heide

wurde. An die alte Stadtbefestigung erinnert das Wahrzeichen der Sadt, der **Spremberger Turm**. Auch einige **Wiekhäuser** sind noch zu sehen. Sehenswert ist auch der **Münzturm** von 1603 sowie der **Tuchmacherbrunnen** aus den 30er Jahren unseres Jh. Zu den schönsten Jugendstilbauten Ostdeutschlands zählt das von dem Berliner Architekten Bernhard Sehring errichtete **Stadttheater** am Schillerplatz. Der Schwerpunkt der **Brandenburgischen Kunstsammlungen** liegt auf zeitgenössischer Kunst ab 1970. Zu erholsamen Spaziergängen lädt der von Fürst von Pückler-Muskau geschaffene Landschaftspark **Branitzer Park** ein, der als Meisterwerk deutscher Gartenbaukunst gilt. Hier sind zwei nach ägyptischem Vorbild gestaltete **Erdpyramiden** zu besichtigen, von denen eine das Grab des Fürsten ist. An den Park schließt sich das **Schloss Branitz** an. Der Barockbau aus dem Jahr 1772 wurde um 1850 teilweise von Gottfried Semper umgestaltet. Im Schloss befindet sich das **Fürst-Pückler-Museum / Niederlausitzer Landesmuseum** mit einer **Orientsammlung** des Fürsten sowie **sorbischer Volkskunst**.

Freizeit und Kultur

Von Cottbus aus südlich wird über die B 97 ❷ **Spremberg** erreicht. Über die Geschichte des Gebietes informiert das **Niederlausitzer Heimatmuseum**. Die **Altstadt** Sprembergs liegt malerisch zwischen zwei Spreearmen auf einer Insel, die durch Brücken und Stege mit dem Umland verbunden ist. Vom **Bismarckturm**, dem Wahrzeichen der Stadt, hat der Besucher eine schöne Aussicht auf Spremberg. Sehenswert weiterhin: das **Schloss** und die spätgotische **Kreuzkirche** mit **Renaissance-Hauptaltar** und schönen **Holzfiguren**.

Fremdenverkehrsverbände

Tourismusverband Spreewald
03226 Raddusch
Lindenstr. 1
Tel.: 035433/72299
Spreewald Pavillon im Bahnhof Cottbus
03046 Cottbus
Vetschauer Str. 70
Tel.: 0355/471954
Cottbus-Information
03044 Cottbus
Karl-Marx-Str. 68
Tel.: 0355/24254
Fremdenverkehrsverband Niederlausitz
03130 Spremberg
Schlossbezirk 3
Tel.: 03563/57287

Spaß für Kinder

Am Rande des Pücklerparks liegt der **Tierpark Cottbus**. Vierzig Jahre nach seiner Gründung beherbergt er heute 1000 Tiere aus 170 Arten in einem geräumigen, 25 Hektar großen Gelände. Die Wasseranlagen sind mit der Spree verbunden, weshalb sich der Zoo die Zucht von Wasservögeln als Schwerpunkt gesetzt hat. Von der A 15, Abfahrt Cottbus-Süd, geht es stadteinwärts, die Zufahrt zum Zoo ist ausgeschildert. Kiekebuscher Straße 5, Tel.: 0355/714159.

Regionale Küche

Die Brandenburgische Küche präsentiert sich einfach, herzhaft und schmackhaft. Neben Salzheringen, Fettgrieben und Grützwurst haben es auch Pellkartoffeln mit Quark und Leinöl in dieser Gegend zu großer Berühmtheit gebracht.

Im Restaurant **Stadt Cottbus**, Spremberger Str. 29/30 in Cottbus, stehen regionale Gerichte aus der Lausitz hoch im Kurs. Ebenfalls empfehlenswert ist das reichhaltige Angebot des **Branitz – Fürst Pückler**, Heinrich-Zille-Straße in Cottbus.

Rund ums Auto

Verkehrsfunk
ORB 98,6 MHz

113

Mühlberg • Kröbeln • Nauwalde • Stolzenhain an der Röder • Prösen • Reißdamm • Pulsnitz • Plessa Süd • Tettau • Schwarzbach

Altenau • Borschütz • Nieska • Spansberg • Wainsdorf • Schraden • Linden • Frauendorf • Arnsdorf • Guteborn

Aussig • Fichtenberg • Koselitz • **Gröditz** • Pulsen • Merzdorf • Gröden • Hirschfeld • Frauwalde • Fraundorf • Hermsdorf • Jannowitz • Grünewa

Paußnitz • Lößnig • Jacobsthal • Frauenhain • Gröditz • Großthiemig • Großkmehlen • Ortland • Ortrand • Heinersdorf • Kroppen • Lipsa • Sella • Wiedni

Görzig • Kreinitz • Lichtensee • Wülknitz • Görzig • Raden • Oelsnitz-Niegeröda • Blochwitz • Kraußnitz • Naundorf • Olgahöhe • Ber

Lorenzkirch • Streumen • Naseböhla • Skaup • Skässchen • Weißig • Schönborn • Schönborn • Linz • Böhla • Ponickau • Grüngräbchen • Wal

Strehla • Gohlis • Zeitham • Glaubitz • Colmnitz • Walda-Kleinthiemig • Adelsdorf • Brockwitz • Lampertswalde • Schönfeld • Welxande • Stölpchen • Lüttichau • Schmorkau • Gro

Canitz • Weida • Gröba • Lessa • Roderau • Wildenhain • Weißig • Folbern • Quersa • Thiendorf • Sacka • Lötzschen • Dobra • Glauschnitz • Königsbrück • Weißbach • Neukirch • Lie

Mautitz • Prausitz • Poppitz • Leutewitz • Goltzscha • Weßnitz • **Großenhain** • Kalkreuth • Cunnersdorf • Freitelsdorf • Tausche • Laußnitz • Gräfenhain • Reichenau • Schwosdorf • Lück

RIESA • Oppitzsch • Boritz • Medessen • Zschauitz • Bieberach • Radeburg • Reinersdorf • Großnaundorf • Höckendorf • Reichenbach • 404 Keulenberg • Überlichtenau • Bisc

Seer-hausen • Nickritz • Heyda • Merschwitz • Strießen • Lenz • Nauleis • Ebersbach • 18 • Zschorna • Kleinnaundorf-Wörschnitz • Grünberg • Bi

Plotitz • Kobeln • Seußlitz • Zottewitz • Blatters-leben • Priestewitz • Beiersdorf • Radeburg • Bärwalde • Großdittmannsdorf • Lomnitz • Mittelbach • Pul

Stauchitz • Striegnitz • Niederlommatzsch • Wölkisch • Niescchütz • Naunhof • Großdobritz • Steinbach • Berbisdorf • Schloß Moritzburg • **Ottendorf-Okrilla** • Kleindittmannsdorf • Lichtenberg • Oed

Wuhnitz • Neckanitz • Wachtnitz • Piskowitz • Großkagen • Sieglitz • Gröbern • Niederau • Auer • Moritzburg • Volkersdorf • Marsdorf • Grünberg • Seifersdorf • Wachau • Langebrück • Wallroda • **Radeberg**

Chorgen • Rüssejna • Ketzerbachtal • Miltitz • Taubenheim • **Weinböhla** • Friedewald • Reichenberg • Boxdorf • Klotzsche • Schönborn • Liegau • Augustusbad • Gro

Häßlau • Nossen-Ost • Deutschenbora • **COSWIG** • **RADEBEUL** • Dr.-Flughafen • Hellerau • Dr.-Hellerau • Dresden-Wilder Mann • Radeberg

Gleisberg • Klosterruine • **Nossen** • Tanneberg • Limbach • Wilsdruff • Unkersdorf • Gompitz • **DRESDEN** • Neustadt • Weißer Hirsch • Schenkhübel

Marbach • Siebenlehn • Tiefenbach • Hirschfeld • Neukirchen • Reinsberg • Braunsdorf • Saalhausen • **FREITAL** • Blasewitz • Blaues Wunder • Weißig • Wilschdorf • Dittersba

Berbersdorf • Obergruna • Bieberstein • Oberschaar • Hartha • Pohrsdorf • Tharandt • Oberhaundorf • Rabenau • Rippien • Borthen • **Heidenau** • Birkwitz-Pratzschwitz • Copitz

Gosberg • Großvoigtsberg • Rothenturth • Krummenhennersdorf • Niederschöna • Jagdschloß • Grillenburg • Lübau • Borlas • Oelsa • Possendorf • Gorknitz • Gombsen • Dohna • Barockgarten • **PIRNA** • Köttewitz-Krebs • Dorf

Seilersdorf • Großschirma • Halsbrücke • Conradsdorf • Klingenberg • Dorfhain • Höckendorf • Obercunnersdorf • Seifersdorf • Kreischa • Mügltitz • Maxen • Schloß • Burkhardswalde • Dohma • Cotta

Mobendorf • Langhennersdorf • Naundorf • Niederbobritzsch • Oberbobritzsch • **Dippoldiswalde** • Reinholdshain • Hirschbach • Oberhäßlich • Paulsdorf • Reinhardtsgrimma • Schlottwitz • Friedrichswalde • Bahratal

Bräunsdorf • **FREIBERG** • Hilbersdorf • Obercolmnitz • Sohra • Beerwalde • Niederfrauendorf • Borna • Berggießhübel

Wegefarth • Kleinwaltersdorf • Kleinschirma • Zug • Röthenbach • Friedersdorf • Sadisdorf • Obercarsdorf • Oberfrauendorf • Luchau • Cunnersdorf • Liebstadt • Gersdorf • Zwies

Frankenstein • Oberschöna • Berthelsdorf • Weißenborn • Pretzschendorf • Lichtenberg • Hartmannsdorf • Niederpöbel • Donschten • Glashütte • Neudörfel • Goppersdorf • Hartmannsbach • Bau Gottl

Memmendorf • Kirchbach • **Brand-Erbisdorf** • Weigmannsdorf-Müdisdorf • Burkersdorf • Hennersdorf • Kipsdorf • Falkenhain • Johnsbach • Börnchen • Bornersdorf-Breitenau • Hellendorf

Oederan • Oberreichenbach • Langenau • Gahlenz • Helbigsdorf • Mulda • Frauenstein • Ammelsdorf • Bärenburg • Bärenstein • Liebenau • 38 • Oelsen

Hammer-Leubsdorf • Kleinhartmannsdorf • Zöblitz • Dittersbach • Reichenau • Bärenfels • Hirschsprung • Walterdorf • **Krásný Les**

Ebersbach • Gränitz • Eppendorf • Großhartmannsdorf • Dittersdorf • Schönfeld • Seyde • Schellerhau • Altenberg • Löwenhain • Vĕtvy

Borstendorf • Mittel-saida • Großwaltersdorf • Obersaida • Wolfsgrund • Dorfchemnitz • Rechenberg • Neuhermsdorf • **Naturpark** • Hermsdorf • 905 **Kahleberg-Georgenfeld** • Geising • Fürstenwalde

Wünschendorf • Reitland • Dörnthal • Voigtsdorf • Saydaer Höhe 728 • Clausnitz • Friedebach • Bienenmühle • Holzhau • Zinnwald • Cinovec • Fürstenau • Telnice

Haselbach • Pilsdorf • Sayda • Cämmerswalde • Moldau • Rehefeld-Zaunhaus • Habartice

Barock, Porzellan und Karl May: Dresden, Meißen, Radebeul

Schloss Moritzburg

Dresden ist die Stadt des barocken Überschwangs und Reichtums. Die »Elb-Florenz« genannte Stadt ist unbedingt eine Reise wert. Aber auch Meißen hat viele Attraktionen zu bieten, ein Besuch der Porzellan-Manufaktur darf nicht versäumt werden. In Radebeul lebte Karl May von 1896 bis zu seinem Tod 1912. Die »Villa Shatterhand« informiert über das Leben und Werk des Schriftstellers.

Attraktionen

Über die A 4 oder die A 13 wird ❶ **Dresden** erreicht. Die auch »Elb-Florenz« genannte Stadt bietet eine Fülle von Attraktionen.

Arkaden des Schlosses in Dresden

Wahrzeichen der Stadt ist der zwischen 1711 und 1728 entstandene **Zwinger**, der als Höhepunkt deutscher Barockarchitektur gilt. Zu sehen sind u. a.: Der **Wallpavillon** mit dem die Weltkugel tragenden **Herkules**; der **Französische Pavillon** mit der Brunnenanlage **Nymphenbad**; die Sammlung wissenschaftlich-technischer Geräte im **Mathematisch-Physikalischen Salon**; die das **Kronentor** umfassenden **Langgalerien**; der **Glockenspielpavillon** mit einem **Glockenspiel** aus Meißner Porzellan. In der **Gemäldegalerie Alte Meister** sind Werke von Dürer, Holbein, Cranach d. Ä., Rubens, Rembrandt, Vermeer, Tizian und Raffael zu sehen. Die **Gemäldegalerie Neue Meister** ist im **Albertinum** zu besichtigen. Schwerpunkt der Sammlung ist deutsche Malerei des 19. und 20. Jh. sowie die französischen Impressionisten.

Besonders sehenswert ist hier das **Grüne Gewölbe**, die berühmteste **Preziosensammlung** der Welt. Am Theaterplatz ist die **Sächsische Staatsoper**, besser bekannt als »Semperoper«, zu bewundern. Zu sehen sind hier ebenso die **Altstädter Wache** und das **Reiterdenkmal**. Die beachtenswertesten Gebäude der als Lustgarten angelegten **Brühlschen Terrassen** sind die **Kunsthochschule Dresden** und die Ruine des **Neuen Sächsischen Kunstvereins**. Ebenfalls sehenswert ist hier die Skulpturengruppe **Vier Jahreszeiten**. Die Ruine der **Frauenkirche** ist ein eindrucksvolles Mahnmal gegen den Krieg und die Bombennacht vom 13. auf den 14. Februar 1945. Die Frauenkirche wird heute wieder aufgebaut. Die größte Kirche Sachsens ist die **Katholische Hofkirche** mit einer reichen Innenausstattung: Kanzel, Orgel, Sarkophage und Himmelfahrtsbild des Hochaltars. Weitere Attraktionen der Stadt sind das **Schloss** und das **Japanische Palais**.

Eine Schifffahrt auf der Elbe

Die schönste der fünf Elbbrücken im Stadtzentrum ist die **Augustusbrücke**. Außerhalb des Stadtzentrums bietet sich ein Besuch des **Großen Gartens**

mit dem **Zoo** und dem **Botanischen Garten** an.

Freizeit und Kultur

An der B 6 nordwestlich von Dresden liegt ❷ **Meißen**. Besonders sehenswert ist hier der spätgotische **Dom**, die **Albrechtsburg**, die **Frauenkirche** mit dem ältesten **Porzellanglockenspiel** der Welt, die **Kirche St. Afra**, das **Bennohaus** sowie das östlich außerhalb der Stadt liegende Schloss **Moritzburg**. Nicht versäumt werden sollte ein Besuch der **Staatlichen Porzellan-Manufaktur Meißen**.

Spaß für Kinder

Ein Traum für alle Fans von Winnetou und Old Shatterhand: Das ❸ **Karl-May-Museum** in Radebeul. In der Villa Shatterhand wird das Leben Karl Mays nachgezeichnet, Winnetous Silberbüchse kann bestaunt werden, die Villa Bärenfett informiert über die Geschichte der Indianer Nordamerikas. Geöffnet Dienstag bis Sonntag, Karl-May-Str. 5, Tel.: 0351/8302723. Radebeul liegt an der B 6 zwischen Dresden und Meißen.

Regionale Küche

Kartoffeln, Kaffee und Kuchen geben nachhaltig den Ton der sehr traditionellen sächsischen Küche an. Die Kartoffel bauten die Sachsen als erste in Deutschland an; ihren Kaffee genossen die Sachsen bereits, als dieser in Preußen noch verboten war, und die Konditorkunst steht mit dem Genuss von Kaffee in unmittelbarem Zusammenhang. Ein besonders traditionsreiches Gebäck ist der Dresdner Stollen – auch als Weihnachts- oder Christstollen bekannt.

Zum Genuss dieser sächsischen Spezialitäten empfiehlt sich ein Besuch im **Haus Altmarkt**, Wilsdruffer Str. 19/21 in Dresden, wo neben den pikanten lukullischen Genüssen auch die sächsischen Kuchenspezialitäten gereicht werden.

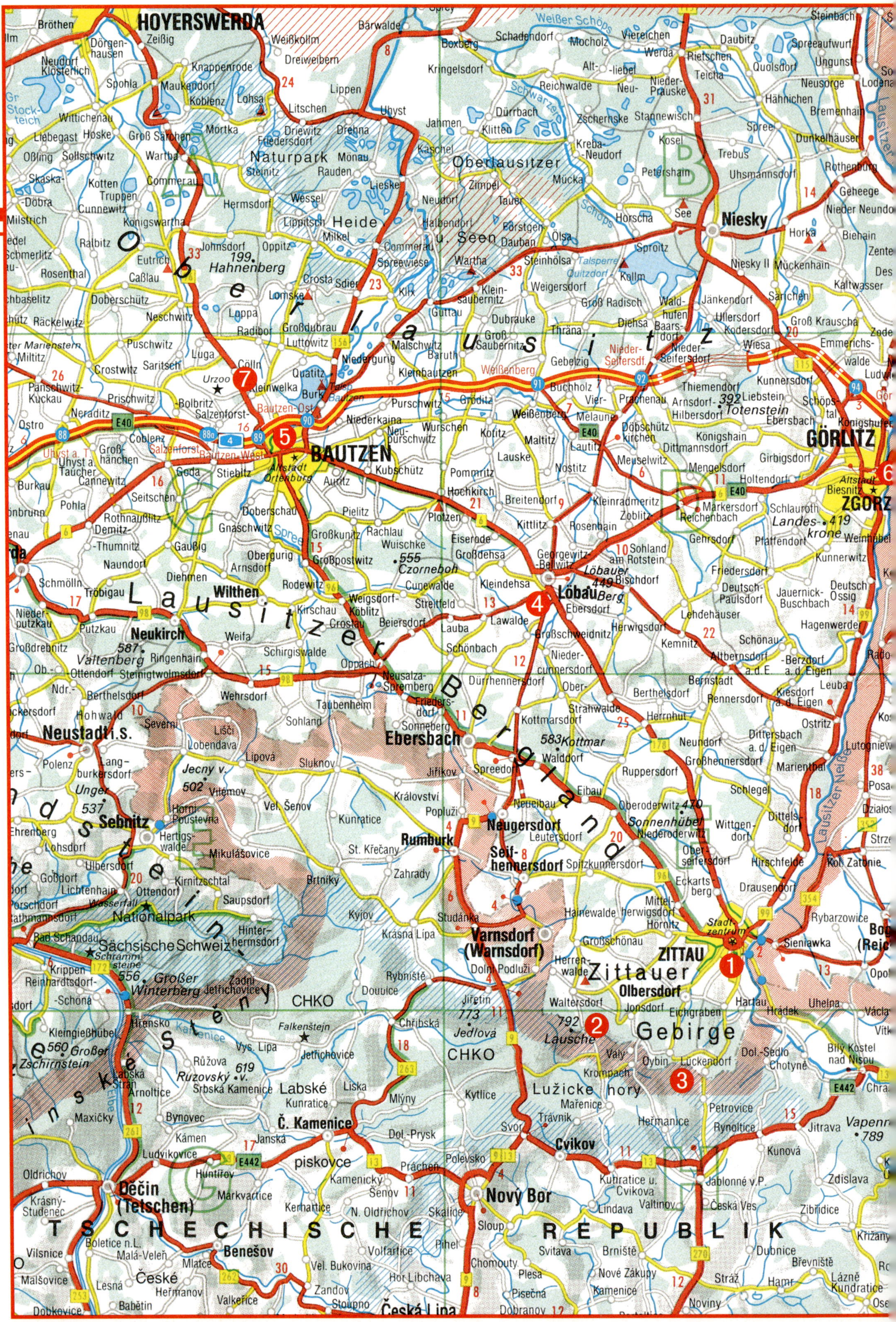

HOYERSWERDA

Oberlausitzer

Naturpark

Niesky

GÖRLITZ

ZGORZ

BAUTZEN

Oberlausitz

Lausitzer

Löbau

Bergland

Neustadt i.S.

Ebersbach

Neugersdorf

Seifhennersdorf

Sebnitz

Rumburk

Varnsdorf
(Warnsdorf)

ZITTAU

Olbersdorf

Zittauer

Gebirge

Sächsische Schweiz
Nationalpark

CHKO

Lausche

Lužické hory

CHKO

Č. Kamenice

Cvikov

Nový Bor

Děčín
(Tetschen)

Benešov

České

TSCHECHISCHE   REPUBLIK

Česká Lípa

Bautzen, Görlitz, Zittau: Das Städtedreieck im Dreiländereck

Von Dresden kommend führt die A 4 nach Bautzen, von wo aus eine gute Anbindung entlang des Lausitzer Berglands zum Zittauer Gebirge führt. Hier ist der Besucher eingeladen, die herrliche Berglandschaft zu Fuß oder mit der Schmalspurbahn zu erkunden. Auch kulturell hat die Region einiges zu bieten, sei es in Zittau, in Bautzen oder direkt an der polnischen Grenze, in Görlitz.

In der Lausitz

Attraktionen

Die B 96, die B 99 und die B 178 führen nach ❶ **Zittau**, welches im Dreiländereck Deutschland-Tschechien-Polen liegt. Das besondere Ambiente der Stadt macht der die Altstadt umgebende **Grüngürtel** aus. Zittau erschließt sich dem Besucher am besten über den **Kulturpfad**. Wer ihm folgt, versäumt keine Sehenswürdigkeit: das **Rathaus** (16. Jh.), den **Markt** mit beachtenswerten **Bürgerhäusern** (das **Noacksche Haus** aus dem Jahr 1689, das **Gebäude der Stadtapotheke**) sowie den **Marsbrunnen** (1585). Die **Johanniskirche** (15. Jh.) ist ebenso sehenswert wie die **Petri-Pauli-Kirche**. Im ehemaligen Franziskanerkloster ist das **Stadtmuseum** beherbergt. Aus dem Jahr 1679 stammt der schmiedeeiserne **Grüne Born**, der vor dem Museum zu besichtigen ist.

Freizeit und Kultur

Von Zittau führt eine gemütliche Schmalspurbahn durch das **Zittauer Gebirge** in die malerischen Orte ❷ **Jonsdorf** und ❸ **Oybin**. Die beiden Kurorte sind einen Ausflug unbedingt wert. Beim Bummel durch die Orte fallen dem Besucher die hier typischen **Umgebindehäuser** auf. Diese Art der Holzbauart ist vor allem in der nordöstlichen Tschechischen Republik sowie in der Lausitz zu finden.

Von Zittau aus führt die B 178 nördlich nach ❹ **Löbau**. Mit kaiserlicher Billigung schlossen sich hier im Jahre 1346 Bautzen, Görlitz, Kamenz, Lauba, Löbau und Zittau zum **Oberlausitzer Städtebund** zusammen, um sich gegen Übergriffe des Landadels zu schützen. Obwohl das historische Stadtbild zerstört ist, sind einige eindrucksvolle **Bürgerhäuser** zu bewundern.

Die B 6 führt weiter nach ❺ **Bautzen**, das heutige kulturelle Zentrum der Sorben. Im Jahr 1790 erschien in Bautzen die erste sorbische Zeitung, die jedoch sofort verboten wurde. Der **Dom St. Peter** ist die älteste Pfarrkirche der Stadt mit einem 85 m hohen **Turm** und einer reichen **Innenausstattung**. Der Dom wird von beiden Konfessionen als Simultankirche genutzt. Die spätgotische **Ortenburg** ist das baugeschichtlich bedeutendste Gebäude der Stadt. Die Wasserversorgung der Stadt leistete die **Alte Wasserkunst**, eine technische Höchstleistung der damaligen Zeit. Sehenswert ist auch das **Rathaus** (1213).

Blick über Bautzen

der Blütezeit der Stadt. Besondere Beachtung sollte der **Dreifaltigkeitskirche**, der spätgotischen **Kirche St. Peter und Paul** und dem **Rathauskomplex** geschenkt werden. Der schönste Platz der Stadt ist der **Untermarkt** mit dem **Neptunbrunnen** (1756).

Fremdenverkehrsverbände

Tourismusverband Oberlausitz/Niederschlesien
02625 Bautzen
Taucherstr. 39
Tel.: 03591/48770
Fremdenverkehrsbüro Görlitz
02826 Görlitz
Obermarkt 29
Tel.: 03581/19433
Fremdenverkehrsgemeinschaft Zittauer Gebirge – Spreequellland
02763 Zittau
Hochwaldstr. 29
Tel.: 03583/722515

Spaß für Kinder

Nördlich von Bautzen liegt an der B 96 in **Kleinwelka** der ❼

Saurierpark: Saurier in Lebensgröße. Ganzjährig geöffnet, Tel.: 035935/3036.

Der **Naturschutz-Tierpark** in **Görlitz** konzentriert sich auf einheimische Tiere, besonders auf selten gewordene Exemplare wie Kraniche oder den Nordluchs. Der Park liegt an der B 99 in Richtung Zittau, Zittauer Str. 43. Täglich geöffnet, Tel: 03581/407400.

Regionale Küche

Die Zittauer Abernsuppe – eine kräftige wie wohlmundende Kartoffelsuppe mit Mohrrüben, Sellerie und Lauch – gehört zu den Spezialitäten der Region. Auch die Konditorkunst ist nicht minder kreativ: So zählt nicht nur der Bienenstich zu den Erfindungen sächsischer Kuchengenusses.

Im **Klosterstübl**, Johannesstr. 4–6 in Zittau wird Stupperche mit Sauerkraut oder Brutabern (Bratkartoffeln) mit Goalerte (Sülze) gereicht, wobei das Eibauer Schwarzbier ebenfalls nicht zu verachten ist. Auf gutbürgerliche Küche und eine behagliche Bierbar trifft man im Hotel-Restaurant **Schwarzer Bär**, Ottokarplatz 12 in Zittau.

117

Rund ums Auto

Verkehrsfunk
MDR Live 91,8 MHz

Sorbische Einflüsse

Von Bautzen aus führt die A 4 nach ❻ **Görlitz**. Zahlreiche Bauwerke aus dem 15. und 16. Jh. zeugen von dem Reichtum und

Die Glienicker Brücke in Potsdam

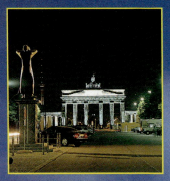

Brandenburger Tor

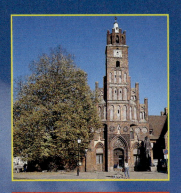

Rathaus von Brandenburg

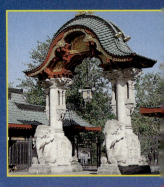

Eingang zum Zoologischen Garten

An der Havelbucht bei Potsdam

Berlin und die
Mark Brandenburg

Berlin, die alte und neue Hauptstadt Deutschlands, kennt keine Sperr-
stunde. Hier wird rund um die Uhr gelebt und das gilt auch für den
Besucher. Cafés und Kneipen an jeder Ecke, der Kurfürstendamm und
die vielen neuen Einkaufszentren laden zum Shopping ein. Aber auch
Kunst und Kultur sind hier zu Hause: Ob Museen, Opern, Theater
oder aber architektonische Meisterwerke. Wer von der Hektik der
Hauptstadt genug hat, fährt nach Potsdam und entspannt sich bei
einem Spaziergang im Park von Schloss Sanssouci.

Am Scharmützelsee

Gorki-Haus in Bad Saarow-Prieskow

Markgrafenstein

Berlin – Stadt der Museen

Stölln Siegrothsbruch Giesenhorst Bartschendorf Klessener Zootzen Flöderhorst Brunne Betzin Historischer Ort Hakenberg Linum Kremmen Germendorf Will

Neuwerder Kleßen Friesack Vietznitz Briesener Zootzen Karwese E26 E55 Dechtow Amalienfelde Staffelde Groß-Ziethen Schwante Bärenklau Leegebruch

Ohnewitz Schonholz Dickte Briesen Warsow Jahnberge Lobeofsund Nordhof Kuhhorst Tietzow 24 Flatow Klein-Ziethen Vehlefanz 25 26 3 Schwante 30 10 AB. Oran

Elslaake Witzke Görne Bradikow Friedenshorst Deutschhof Eberreschenhof Dreibrück Börnicke Grünefeld Krämmen 29 AB. D. Havelland Neu-Vehlefanz Eichstädt 15 Velten

Wassersuppe Hohenauer See Fercheser Landin Wagenitz Paulinenaue Lager Hertefeld Teufelshof Kienberg Paaren Perwenitz Marwitz Bötzow Wansdorf Pausin

Semlin Rhinsmühlen 11 Kriele Senzke Bergerdamm Bienenfarm Am Weinberg 15 HENNIGSDORF

RATHENOW 22 185 Heidkrug Stechow Pessin Selbelang Ribbeck Berge Lietzow Nauen Bredow Glien Alt Brieselang Schönwalde Nieder-Neuendorf 23

Neu Friedrichsdorf Nennhausen Damme Möthlow Schloß 12 Nauen-Neukammer 9 Zeestow 27 Brieselang Waldheim Falkenhain Falkensee

Lindensiedlung Bamme Graningen Buschow Groß-Behnitz Quermathen Schwanebeck Markee Neugarten Niebede Wernitz Wustermark Finkenkrug Spandau

Bammel Buckow 24 Barnewitz Klein-Behnitz Linde Gohlitz Tremmen Hoppenrade 26 Dyrotz Elstal B.-Spandau Rohrbeck Neustaaken

Döberitz Seelensdorf Kieck Riewend Wachow Karpzow Priort Dallgow-Döberitz Seeburg Staaken

Gapel Kutzkow Pritzerbe Marzahne Gortz Bagow Päwesin Knoblauch Falkenrehde Buchow Kartzow Gatow Groß Glienicke Kladow

Bahnitz Hohenferchesar Föhrde Radewege Ketzür Bollmannsruh Lünow Neu-Falkenrehde Paaren E55 Potsdam-Nord 23 Satzkorn Fahrland 18 Neu Fahrland

Möthlitz 102 Brielow Butterlake Grabow Weseram Fuchsbruch Roskow Gutenpaaren Zachow Ketzin Uetz 24 Marquardt Nedlitz Sacrow Wannsee AB-K Zehlendorf

Knoblauch Briest Beetz see Klein Kreutz Saaringen Götzer Berg 108 Deetz Schmergow Paretz 25 213 Göttin Leest Grube Bornim Bornstedt Seelow Klein machnow

BRANDENBURG 13 Domkloster Gollwitz Jeserig Götz Krielow Phöben Kemnitz Töplitz Schloß u. Park Sanssouci Eiche Golm 5

Wollersdorf Katharinen-kirche Eigene Schmerzke Groß Kreutz Derwitz 22 Werder Phöben 23 4 1 Babelsberg E51 Stahl

West Kirchmöser-Ost Scholle Göttin Rietz Schenkenberg Bochow 10 Plessow Geltow POTSDAM 6 Potsdam-Gute Babelsberg

Plauer See Malge Gränert Wilhelmsdorf Trechwitz Damsdorf Göhlsdorf Plötzin 40 Glindow Petzow Templiner See Wilhelmshorst Bergholz-Rehbrücke Schenk

Vusterwitz 2 78 Brandenb. Prutzke Grebs Netzen 79 80 Autobahndreieck Werder Bliesendorf Mittelbusch Schwielow-see Caputh Langerwisch Nudev

Viesen Mahlenzien 13 Recklin Netzen 4 Nahmitz 21 81 Lehnin E30 Kammerode Flottstelle Michendorf Ferch 18 17 Saarmund 28 Fahlhorst

Böcke Wenzlow 77 Wollin Brückermark Grüneiche Pernitz Zisterzienserkloster Lehnin Freilichtbühne Glindow 20 E55 Ferch AB.-Dr. Drewitz 10 14

Grüningen Lienecke E30 Wollin Lucksfließ Golzow Michelsdorf Emstal Glindow Klaistow 19 18 Potsdam Süd Gröben Si

Grebs Oberjünne Rädel Kanin Busendorf Fichtenwalde Autobahndr. 2 Potsdam Neuseddin Wildenbruch Tremsdorf Jütch

Gräben Groß Briesen Klein Briesen Cammer Theerofen Borkwalde 2 Beelitz Heilstätten Seddin Seddiner See Kähnsdorf Fresdorf Stücken Schiaß

Egelinde Dahlen Bullenberg Ragösen Damelang Zauche Borkheide Beelitz Heilstätten Schlunkendorf Blankensee Löwe

Werbig Weitzgrund Dippmannsdorf Freienthal 17 Bruck 18 Beelitz 3 Reesdorf Schäpe Schönfeld Zauchwitz 20 Stangenhagen Schönhai

Görzke Schwanebeck Lütte Friedersdorf 248 Neuendorf Birkhorst 11 Elsholz Rieben Ahrensdorf

Benken Lubnitz Obermühle Trebnitz Stromtal Rottstock Alt Bork Saltbrunn Wittbrietzen Dobbrikow Hennickendorf W

Schmerwitz Hagelberg Belzig Lüsse Neschholz Gömnigk Bruck 4 Deutsch Bork Buchholz Lühsdorf Kemnitz Berkenbrück Rul

Neuhütten Kriegerdenkmal Preußnitz Kohlowitz Locktow Ziezow 9 Linthe Schlalach Niebel Nettgendorf Gottsdorf Zilichendorf

Schlamau Klein Glien Feste Eisenhardt Mörz Jeserig Grabow Brachwitz Niederhorst Frankenfelde Neu Frankenfelt

Neuhäuser Wiesenburg Borne Kranepuhl Dahnsdorf 10 Niederwerbig Nichel 17 Felgentreu Frankenförde

Reetz Reetzerhütten Schloß Bergholz Lühnsdorf 5 Niemegk 58 Haseloff Treuenbrietzen St. Nikolai-Kirche Pechüle

Medewitzer-hütten Jeserig Jeserigerhütten Grubo Buchholz Niemegk Rietz Bardenitz Klausdorf

Medewitz Mützdorf Lehnsdorf Radigke Neuendorf Höhenwerbig Frohnsdorf 12 Grüna Ru

Schwarzer Berg 161 Setzsteig Raben Burg Rabenstein E51 12 Dietersdorf 13

120

Der alte Fritz und die Havelseen: Von Potsdam nach Brandenburg

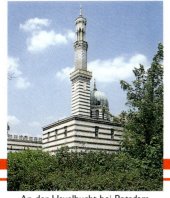
An der Havelbucht bei Potsdam

Es heißt, Berlin sei eine Reise wert. Potsdam ist es allemal. Nur wenige deutsche Städte bieten auf so engem Raum eine solche Vielzahl an Sehenswürdigkeiten und Attraktionen: Von Sanssouci über das Holländische Viertel bis zum Cecilienhof. Die Seen rund um die sehenswerte Stadt Brandenburg laden zu einem gemütlichen Ausflug auf dem Wasser ein.

Attraktionen

Südwestlich von Berlin, umgeben von der A 10 und der A 115 liegt ❶ **Potsdam**, welches der Dichter Jean Paul als »die schönste Vorstadt« Berlins bezeichnete. In Potsdam gibt es etwa **3000 denkmalgeschützte Bauten**, darunter viele repräsentative Bürgerhäuser. Herausragend sind das ehemalige **Rathaus** im Stile des Barock (1753) mit dem vergoldeten, die Weltkugel tragenden **Atlas**; das barocke **Knobelsdorffhaus** (1750), die klassizistische, von Schinkel erbaute **Nikolaikirche** (1831 bis 1837). Vor der Nikolaikirche steht der **Obelisk** aus dem Jahr 1753, auf dem die Bildnisse der vier bedeutenden **Baumeister Potsdams** zu sehen sind: Gontard, Knobelsdorff, Schinkel und Persius. Das **Schloss Sanssouci** mit dem dazugehörenden **Schlosspark** ist allein eine Reise wert. Nicht nur wegen des schönen Blicks von der Schlossterrasse hielt sich Friedrich der Große hier am liebsten auf. Besondere Beachtung verdienen folgende Attraktionen im Schlosspark: die **Neuen Kammern**, die **Bildergalerie**, das **Chinesische Teehaus**, die **Römischen Bäder**, die **Orangerie**. Im westlichen Teil des Schlossparks befindet sich das **Neue Palais** mit dem mit Muscheln, Mineralien und Korallen ausgeschmückten **Grottensaal**. An Stadttoren sind sehenswert: das **Nauener Tor**, das **Brandenburger Tor** und das **Jägertor**. Einen Bummel lohnt das **Holländische Viertel** mit 134 roten Backsteinhäusern.

Ebenso sehenswert sind die 13 im Jahre 1826 entstandenen typisch russischen Blockhäuser in der Kolonie **Alexandrowka**. Im **Schloss Cecilienhof** wurde 1945 das berühmte Potsdamer Abkommen geschlossen.

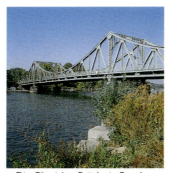
Die Glienicker Brücke in Potsdam

Freizeit und Kultur

Die B 1 führt westlich von Potsdam nach ❷ **Brandenburg**. In der wunderschön an der Havel zwischen Plauer See, Breitlingsee und Beetzsee gelegenen Stadt stehen einige sehenswerte mittelalterliche Bauten. Der romanische **Dom St. Peter und Paul** wurde im Jahr 1165 begonnen und erst im 13. Jh. fertiggestellt. Im Innern sind **Flügelaltäre** (15. und 16. Jh.) sowie zahlreiche mittelalterliche **Grabdenkmäler** zu besichtigen. Im **Domarchiv** sind einige wertvolle Handschriften aufbewahrt. **Kunstwerke** aus dem 15. bis 17. Jh. und ein **Flügelaltar** sind im erhalten gebliebenen **Südturm** der **Katharinenkirche** zu bewundern. Weitere Sehenswürdigkeiten sind: das spätgotische **Rathaus**, die **Tortürme** der ehemaligen Altstadt sowie die spätgotische **Kirche**

St. Gotthardt. Bei einem Besuch Brandenburgs sollte eine **Rundfahrt auf den Havelseen** nicht versäumt werden.

Rathaus von Brandenburg

Fremdenverkehrsverbände

Tourismusverband des Landes Brandenburg
14473 Potsdam
Schlaatzweg 1
Tel.: 0331/2752828
Potsdam Information am Alten Markt
14467 Potsdam
Friedrich-Ebert-Str. 5
Tel.: 0331/275580
Brandenburg Information
14776 Brandenburg
Hauptstr. 51
Tel.: 03381/19433

Spaß für Kinder

Der **Filmerlebnispark Babelsberg** in Potsdam erinnert an die über 80-jährige Filmgeschichte, die hier schon geschrieben wurde, mit Stars wie Greta Garbo, Marlene Dietrich oder Hans Albers. Hier verfolgt der Besucher die Entstehung eines Films vom Drehbuch bis

zum fertigen Streifen hautnah mit und wird von vielen nervenaufreibenden Effekten und Shows in Atem gehalten. Zu erreichen über die A 115 (Zubringer Berliner Ring), Abfahrt Potsdam Babelsberg und Weiterfahrt über die Großbeerenstraße. Geöffnet von Ende März bis Oktober, Tel.: 0331/7212750.

Regionale Küche

Zahlreiche Gewässer prägen das Landschaftsbild und damit auch die Küche Brandenburgs. Zu den beliebtesten Fischen zählen Karpfen und Hecht. Eine regionale Spezialität ist der Hecht auf Potsdamer Art – dessen Filets in feiner Kapernbutter sind ein wahrer Gaumenschmaus. Als Dessert sollte sich der Feinschmecker den Potsdamer Königskuchen zu Gemüte führen.

Im **Voltaire – Hofgarten**, Friedrich-Ebert-Straße 88 in Potsdam, munden besonders die Seeteufelmedaillons auf Zitronengrassauce. Im Schlossrestaurant des **Schloss Cecilienhof**, Neuer Garten, ebenfalls in Potsdam, ist die geschmorte Entenkeule mit Rotkraut und Serviettenknödeln zu empfehlen.

Rund ums Auto

Verkehrsfunk
ORB 106,2 MHz

121

BERLIN

Wandlitz · Wensickendorf · Zühlsdorf · Basdorf · Schmetzdorf · Bernau · Lobetal · Rüdnitz · Schulzenaue · Danewitz · Ladeburg · Albertshof · Beiersdorf · Tempelfelde · Grüntal · Sydow · Gratze · Beerbaum · Brunow · Wollenberg · Wriezen · Biesdorf · Haselberg · Lüdersdorf · Frankenfelde

Summt · Mühlenbeck · Schönwalde · Gorinsee · Schönow · Hobrechtsfelde · Zepernick · Buch · Schönfeld · Werneuchen · Hirschfelde · Sternebeck-Harnekop · Marienberg · Protzel · Reichenow · Prädikow · Ihlow · Grunow

Werder · Bergfelde · Mühlenbeck · Schildow · Schönerlinde · Lindow · Elisenau · Birkholzaue · Löhme · Seefeld · Krummensee · Wegendorf · Wesendahl · Wilkendorf · Klosterdorf · Ernsthof · Bollersdorf · Märkische Schweiz · Müncheberg

Frohnau · Glienicke · Pankow · Weissensee · Schwanebeck · Birkholz · Blumberg · Ahrensfelde · Elche · Mehrow · Seebergsdorf · Bruchmühle · Eggersdorf · Richterswalde · Garzin · Liebenhof · Waldsieversdorf · Schlagenthin · Schweiz

Wedding · Marzahn · Hellersdorf · Bollensdorf · Neuenhagen · Vogelsdorf · Fredersdorf · Petershagen-Eggersdorf · Rehfelde · Strausberg · Hohenstein · Ruhlsdorf · Hasenholz · Buckow

Berlin-Hellersdorf · Dahlwitz-Hoppegarten · Schöneiche · Woltersdorf · Rüdersdorf · Alt Rüdersdorf · Hortwinkel · Möllensee · Lichtenow · Kagel · Liebenberg · Schönfelde · Göls · Beerfelde

Köpenick · Müggelheim · Müggel-Berge · Gosen · Erkner · Neu Zittau · Burig · Fangschleuse · Freienbrink · Mönchwinkel · Hangelsberg · Fürstenwalde West · Spreewerder · Neu Hartmannsdorf · Braunsdorf · Fürstenwalde

Adlershof · Britz · Rudow · Alt-Glienicke · Grünau · Schmöckwitz · Karolinenhof · Wilhelmshagen · Rauhnsdorf · Wernsdorf · Ziegenhals · Hartmannsdorf · Spreeau · Langendamm · Rauen · Rathaus

Teltow · Marienfelde · Lichtenrade · Osdorf · Großziethen · Schönefeld · Diepensee · Berlin-Grünau · Eichwalde · Schulzendorf · Zeuthen · Wildau · Niederlehme · Dannenreich · Friedersdorf · Markgrafpieske · Spreenhagen · Markgrafenstein · Petersdorf

Blankenfelde · Mahlow · Kleinbeeren · Großbeeren · Diedersdorf · Dahlewitz · Brusendorf · Königs Wusterhausen · Kablow · Senzig · Neu-Stahnsdorf · Alt-Wolzig · Lebbin · Rieplos · Kolpin · Neu Golm · Bad Saarow-Pieskow · Bad Saarow Strand

Genshagen · Rangsdorf · Ragow · Zernsdorf · Bindow · Kummersdorf · Philadelphia · Reichenwalde · Storkow · Silberberg · Dahmsdorf · Diensdorf-Radlow · Glienicke

Löwenbruch · Juhnsdorf · Groß-Schulzendorf · Großmachnow · Mittenwalde · Schenkendorf · Zeesen · Gussow · Blossin · Dolgenbrodt · Görsdorf · Klein-Schauen · Groß Schauen · Wochowsee

Wietstock · Werben · Dabendorf · Schöneiche · Gallun · Bestensee · Vorder-Patz · Prieros · Klein Eichholz · Selchow · Schwerin · Bugk · Streganz · Möllendorf

Glienick · Nächst Neuendorf · Zossen · Seebad-Siedlung · Kallinchen · Motzen · Hinter-Siedlung · Hermsdorf · Groß Eichholz · Kehrigk · Limsdorf

Nunsdorf · Horstfelde · Schünow · Töpchin · Klein Köris · Streganzer Berg · Schwerin · Behrensdorf · Schwenow · Görsdorf

Christinendorf · Saalow · Mellensee · Renagen · Wünsdorf · Groß Köris · Löpten · Hammer · Münchehofe · Neuendorf am See · Alt Schadow · Werder

Gadsdorf · Sperenberg · Neuhof · Lindenbrück · Egsdorf · Schwerin · Groß Köris · Birkholz · Neuendorf am See · Plattkow · Kossenblatt

Klausdorf · Fernneuendorf · Teupitz · Teupitzer See · Biosphärenreservat · Leibsch · Neu Schadow · Pretschen · Bückchen

Schöneweide · Kummersdorf · Zesch am See · Neuendorf · Tornow · Halbe · Teurow · Märkisch Buchholz · Groß Wasserburg · Krausnicker Berge · Krausnick · Neu Lübbenau · Wittmansdorf

Gottow · Schönefeld · Schöbendorf · Mückendorf · Radeland · Baruth/Mark · Köthen · Oderin · Neuendorf am See · Hohenbrück · Groß Leuthen

Stülpe · Lynow · Paplitz · Baruth · Klein Ziescht · Dornswalde · Glashütte · Staakow · Briesen · Krausnick · Schlepzig · Dürrenhöfe · Krugau · Leibchel

Spreewald

Ein ganz besondrer Duft: Berlin, Berlin, Berlin

Kaum jemandem ist bekannt, dass Berlin mehr Brücken hat als Venedig. Diese sind oft so niedrig, dass es geraten ist, den Kopf einzuziehen, wenn die Stadt bei einer der zahlreichen Schiffsrundfahrten vom Wasser aus erkundet wird. Einen Überblick über die Stadt bietet auch die Aussicht vom Fernsehturm. Zu Fuß ist der ganz besondere Duft der Hauptstadt jedoch am besten zu erspüren.

Berlin – Stadt der Museen

Attraktionen

Ob mit dem Auto, der Bahn, dem Flugzeug oder auf dem Wasser: Alle Wege führen nach ❶ **Berlin**. Die unzähligen Sehenswürdigkeiten lohnen einen mehrtägigen Aufenthalt: das

Brandenburger Tor

Brandenburger Tor (Mitte), der **Reichstag** (Mitte), die **Siegessäule** (Tiergarten), die **Neue Wache** (Mitte), der **Gendarmenmarkt** mit dem **Schauspielhaus** (Mitte), die **Hackeschen Höfe** (Mitte), das **Rote Rathaus** (Mitte), das **Zeughaus** (Mitte), das städtebauliche Unikum **Hansaviertel** (Tiergarten), die **Philharmonie** (Tiergarten), die **Kongresshalle** (Tiergarten), das **Schloss Bellevue** (Tiergarten), der **Funkturm** (Charlottenburg), das **Schloss Tegel** (Tegel), das **Schloss Charlottenburg** (Charlottenburg), die **Spandauer Zitadelle** (Spandau), das **Schöneberger Rathaus** (Schöneberg). Von den zahlreichen Kirchen Berlins seien hier genannt: **Nikolaikirche**, **Dorfkirche Marienfelde**, **St.-Hedwigs-Kathedrale**, **Marienkirche**, der **Dom**, der **Deutsche Dom**, der

Französische Dom, die **Neue Synagoge** (Berlin Mitte) und natürlich die **Kaiser-Wilhelm-Gedächtnis-Kirche**.

Freizeit und Kultur

In **Berlin** stehen dem Besucher eine Fülle von Museen offen, auf der Museumsinsel z. B. umfasst das **Pergamon-Museum** (Pergamon-Altar) das **Vorderasiatische Museum**, die **Antikensammlung**, das **Islamische Museum**, die **Ostasiatische Sammlung** sowie das **Museum für Volkskunde**. Das **Bode-Museum** beherbergt u. a. das **Ägyptische Museum**. Im **Museumskomplex Dahlem** sind zu finden: die **Skulpturenabteilung**, das **Kupferstichkabinett** und die **Gemäldegalerie**. Kunstwerke aus dem 19. und 20. Jh. sind in der **Neuen Nationalgalerie** und im **Brücke-Museum** zu besichtigen, einen Überblick über Kunstrichtungen vom Ende des 18. Jh. bis heute vermittelt die **Alte Nationalgalerie**.

Eingang zum Zoologischen Garten

Wer frische Luft genießen möchte, dem sei eine **Bootsfahrt** auf Berlins Wasserstraßen, die Besich-

tigung des **Olympiastadions**, ein Spaziergang durch den **Grunewald**, ein Sonnenbad im **Strandbad Wannsee** oder ein Besuch der **Pfaueninsel** empfohlen. Zum Einkaufsbummel laden ein: **Unter den Linden**, **Friedrichstraße**, **Europa-Center** oder **Kurfürstendamm**. Einen grandiosen Blick über die Stadt hat der Besucher vom 365 m hohen **Fernsehturm** am Alexanderplatz.

Der Stadtbezirk ❷ **Köpenick** im Südosten ist mit dem **Müggelsee** und dem **Zeuthener See** der seenreichste der Stadt und lohnt einen Besuch nicht nur wegen des an den »Hauptmann von Köpenick« erinnernden **Rathauses**.

Spaß für Kinder

Das **Berliner Luft- und Badeparadies** sprengt von seiner Größe her die Dimensionen der meisten Freizeitbäder. Täglich geöffnet, Buschkrugallee 64, Tel.: 030/6066060.

Der **Zoologische Garten Berlin**, Hardenbergplatz 8,

Tel.: 030/254010, Deutschlands ältester Zoo, nur wenige Schritte vom Kurfürstendamm entfernt.

Der **Spreepark Berlin**: Riesenrad, Looping-Bahn, Achterbahn, Amphittheater, Zirkus und vieles mehr. Kiehnwerderallee 1–3, Tel: 030/533350.

Regionale Küche

In kulinarischer Hinsicht hielten die Berliner nie viel von Tradition. Vielmehr wurden neue Anregungen und Ideen vorbehaltslos angenommen, wobei die Berliner bis heute ihren einfachen und deftigen Gerichten treu geblieben sind. Kaum einer weiß heute noch, dass die Currywurst eine Berliner Erfindung ist. Ebenso der Hackepeter: Dabei werden mageres wie fettes Schweinefleisch durch den Wolf gedreht, mit Kümmel, Salz, Pfeffer und Zwiebeln gewürzt und sodann mit einer Gurke garniert auf Schwarzbrot gegessen.

Zwei Fliegen mit einer Klappe schlägt man mit einem Besuch der **Alt-Berliner-Weißbierstube** im Berlin-Museum, Lindenstr. 14/15. Hier wird vom Rollmops und Hackepeter bis zum Schusterjungen alles geboten. Empfehlenswert ist auch das **Aschinger**, Kurfürstendamm 26, wo vornehmlich bodenständige Gerichte serviert werden.

123

FRANKFURT (ODER)

KOSTRZYN (KÜSTRIN)

FÜRSTENWALDE

EISENHÜTTENSTADT

Słubice

Mücheberg

Seelow

Wriezen

Beeskow

Cybinka

Naturpark

Märkische Schweiz

Schlaubetal

Naturpark

Neuzelle

Bad Saarow-Pieskow

Scharmützelsee

Schwielochsee

E30

Oder, Oder-Spree-Kanal und Scharmützelsee

Frankfurt an der Oder, die auf der A 12 gut zu erreichende Grenzstadt zu Polen, bietet dem Besucher manche Sehenswürdigkeit. So jung Eisenhüttenstadt ist, so alt ist Fürstenwalde. Keinesfalls sollte der Besucher versäumen, einen Ausflug an den Scharmützelsee einzuplanen. Die idyllische Landschaft lädt zu geruhsamen Spaziergängen ein, für das leibliche Wohl ist gesorgt.

Gorki-Haus in Bad Saarow-Prieskow

Attraktionen

Die A 12 führt direkt nach ❶ **Frankfurt (Oder)**. Einst mittelalterliches Zentrum des Ost-West-Handels ist Frankfurt (Oder), direkt an der polnischen Grenze gelegen, auch heute die wichtigste Grenzstadt im Osten Deutschlands. Beim Wiederaufbau der 1945 fast vollständig zerstörten Stadt wurde besonderer Wert auf die stilgerechte Rekonstruktion der historischen Bauwerke gelegt. An **Heinrich von Kleist**, der hier 1777 geboren wurde, erinnert eine **Gedenkstätte**. Der Sprachwissenschaftler **Wilhelm von Humboldt** studierte an der traditionsreichen Universität der Stadt. Unter den Sehenswürdigkeiten ragen heraus: die Ruine der Backstein-Hallenkirche **St. Marien** im spätgotischen Stil. Beachtenswert sind die beiden **Sandsteinportale** mit **Figurenschmuck**. Das Zentrum der Stadt dominieren die beiden spitzen Türme des gotischen **Schaugiebels**, die das hervorstechendste Merkmal des eindrucksvollen **Rathauses** sind. Der spätgotischen Backsteinbau ist ein eindrucksvolles Beispiel märkischer Giebelarchitektur. 1971 wurde die ehemalige Franziskaner-Klosterkirche (13./14. Jh.) in eine **Konzerthalle** umgestaltet, die den Namen Carl Philipp Emanuel Bachs (1714 bis 1788) trägt, der seinerzeit die Singakademie leitete, in der vor allem Orgelmusik gepflegt wurde. Nahe der Oder steht die gotische **Friedenskirche** (13. bis 15. Jh.) mit einer neugotischen **Zweiturmfront** aus den Jahren 1880 und 1891. Der Weg über die Oderbrücke nach **Slubice** kann problemlos zu Fuß bewältigt werden.

Freizeit und Kultur

Südlich von Frankfurt (Oder) an der B 112 liegt die junge Stadt ❷ **Eisenhüttenstadt**, die erst 1951 gegründet wurde. Die Stadt ist das größte Metallurgiezentrum Ostdeutschlands. Das **Städtische Museum** informiert ausführlich über den hier ansässigen Industriezweig. Eine Besichtigung ist auch das **Feuerwehrmuseum** wert.

Markgrafenstein

Westlich von Frankfurt (Oder) liegt an der A 12 ❸ **Fürstenwalde**, eine der ältesten Städte Brandenburgs. Die waldreiche Umgebung und der durch die Stadt führende Oder-Spree-Kanal machen einen Besuch besonders reizvoll. Sehenswert sind hier: die spätgotische Backsteinkirche **Marienkirche**, das ebenfalls spätgotische **Rathaus** aus der Zeit um 1500 mit beeindruckendem **Renaissancegiebel** und alter **Gerichtslaube**. Aus dem 17. Jh. stammt der **Turm** an der Ostseite. Auch Reste der mittelalterlichen **Stadtmauer** mit dem **Bullenturm** und dem **Niederlagetor** sind noch zu sehen.

Sehr lohnend ist ein Ausflug an den nahe gelegenen ❹ **Scharmützelsee**, der zu entspannenden Spaziergängen und anschließendem Besuch in einem der vielen Gaststätten in **Bad Saarow**, **Dorf Saarow** oder **Bad Saarow-Prieskow** einlädt.

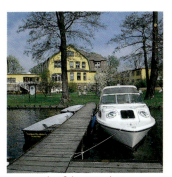
Am Scharmützelsee

Fremdenverkehrsverbände

Fremdenverkehrsverband Ostbrandenburg
15234 Frankfurt/Oder
Herbert-Jensch-Str. 41
Tel.: 0335/6801658
Touristinformation Frankfurt/Oder
15230 Frankfurt/Oder
Karl-Marx-Str. 8a
Tel.: 0335/325216
Fremdenverkehrsbüro Eisenhüttenstadt
15890 Eisenhüttenstadt
Beeskower Str. 114
Tel.: 03364/413690
Fremdenverkehrsverein Fürstenwalde
15517 Fürstenwalde
Am Rathauscenter 4–6
Tel.: 03361/557556

Spaß für Kinder

Im Ortsteil Mittelschleuse von **Eisenhüttenstadt** liegt ein 6 ha großes **Tiergehege**, das hauptsächlich einheimische Wildtiere beherbergt. Täglich außer montags geöffnet, Insel 8, 15890 Eisenhüttenstadt, Tel.: 03364/46600.

Südwestlich von Eisenhüttenstadt liegt der 13,5 km² große ❺ **Schwielochsee**, der für Badefreunde, Surfer und Wanderer ein beliebtes Ausflugsziel ist.

Regionale Küche

Bei brandenburgischen Köchen wie Hausfrauen liegen bei der Zubereitung von Speisen herzhaft kräftige und würzige Geschmacksnuancen hoch im Kurs. Küchenkräuter wie Knoblauch, Bohnenkraut, Thymian, Majoran, Rosmarin etc. sind aus der brandenburgischen Küche nicht wegzudenken. Ein urbrandenburgischer Klassiker ist »Aal grün in Sauerampfersauce«, gewürzt mit Zwiebeln, Dill und Petersilie.

Das Restaurant des Hotels **Fürstenberg**, Gubener Straße 12 in Eisenhüttenstadt, sorgt mit seiner regional-gutbürgerlichen Küche für das leibliche Wohl der Gäste.

Rund ums Auto

Verkehrsfunk
ORB 97,6 MHz

125

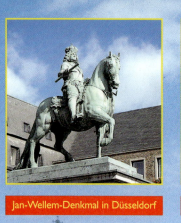
Jan-Wellem-Denkmal in Düsseldorf

Aachen

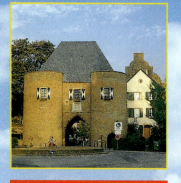
Aachener Tor in Bergheim

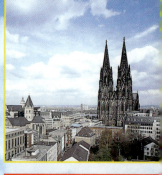
Der alles überragende Kölner Dom

Die Schwebebahn in Wuppertal

Der Niederrhein zwischen Köln und Düsseldorf

Der nördliche Teil des Rheinlands wird dominiert von dem Städtedreieck Köln, Aachen und Düsseldorf. Zu den Füßen des Kölner Doms spaziert man über römisches Pflaster ins Römisch-Germanische Museum mit der benachbarten Sammlung Ludwig. Der Kaiserdom zu Aachen erinnert an Karl den Großen und die Zeit, als diese Stadt der Mittelpunkt Europas war. Weniger historisch, dafür aber umso lebendiger, geht es in Düsseldorf zu. Die Königsallee mit ihren Straßencafés ist wohl die eleganteste Einkaufsmeile in Deutschland, ganz zu schweigen von der »längsten Theke der Welt«.

Im Bergischen Land

St. Vitus in Mönchengladbach

Schloss Burg

Rheinfähre bei Kaiserswerth

KREFELD
Gref-rath
Nettetal
Viersen
Tönisvorst
Willich
Meerbusch
Kaarst
Neuss
Mönchen-Gladb.
Korschen-broich
Brüggen
Schwalm-tal
Niederkrüchten
Roermond
Maas-Schwalm-Nette
Wegberg
Erkelenz
Jüchen
Greven-broich
Wassenbg.
Heinsberg
Hückel-hoven
Waldfeucht
Gangelt
Geilenkchn.
Linnich
Titz
Bedburg
Bergheim
Elsdorf
Jülich
Brunssum
Landgraaf
Übach-Palenberg
Baesweiler
Aldenhoven
Heerlen
Kerk-rade
Alsdorf
Herzogen-rath
Würselen
Niederzier
Kerpen
Inden
Langerwehe
Eschweiler
Düren
Merzenich
Nörvenich
Erftstadt
Vaals
Aachen
Stolberg
Kreuzau
Hürtgenwald
Vettweiß
Nideggen
Zülpich
Kelmis
Eupen
Roetgen
Simmerath
Belgischer Naturpark
Nordeifel

128

Auf den Spuren Karls des Großen: Aachen, das Juwel im Westen

Neuss und Mönchengladbach sind Städte im Westen Deutschlands, die so manche Sehenswürdigkeiten zu bieten haben. Als Juwel muss jedoch Aachen bezeichnet werden. Der Dom ist ein Denkmal internationalen Ranges, der einen Besuch der Stadt unbedingt empfehlenswert macht. Aachen liegt verkehrsgünstig an der A 4. Von hier ist es nur ein Katzensprung nach Holland oder Belgien.

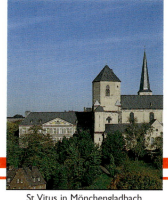
St. Vitus in Mönchengladbach

Attraktionen

Auf der A 4 oder der A 44 wird ❶ **Aachen** erreicht, eine der ältesten Städte in Deutschland. Die bedeutendsten Sehenswürdigkeiten der westlichsten deutschen Großstadt liegen innerhalb des inneren Straßenrings. Herausragend ist der **Dom**: Der älteste Teil ist das überkuppelte **Oktogon** (Achteck), an welches von 1355 bis 1414 die gotische **Chorhalle** gebaut wurde. Wegen ihrer riesigen Fenster wird sie das »Glashaus von Aachen« genannt. Die **Matthias-** und die **Annakapelle** sowie die **Karls-, Hubertus-** und **Nikolauskapelle** stammen aus dem 15. Jh. Erst 1757 wurde die

Aachen

Ungarische Kapelle erbaut. Besonders erwähnenswert bei der **Innenausstattung** sind u. a.: der **Pinienzapfen** (um 400), die **Alabastermadonna** (um 1400), der **Barbarossaleuchter** (12. Jh.), die **Wolfstür** (Hauptportal, um 800), in der Vorhalle die sog. **Wölfin** (keltische Bärengöttin, um 160) sowie das **Gnadenbild** (14. Jh.). Im zweiten Stock befindet sich der **Mar-**

morthron (800) Karls des Großen, in der Chorhalle die **Goldene Kanzel** (um 1010) Heinrich II. sowie der **Goldaltar**. Der Zentralraum des **Rathauses** (14. Jh.) ist der **Krönungssaal**, in dem die deutschen Könige bis 1531 ihr Krönungsmahl hielten. Die **Fassade** des Gebäudes zeigt über dem Haupteingang **Christus mit der Weltkugel**, neben ihm knien Papst Leo III. und Karl der Große, der 1165 heilig gesprochen wurde. Die Fassade ist weiterhin mit 54 **Königsstatuen** und mit **Darstellungen** der **Freien Künste**, der **Zünfte** sowie der **Wappen der Kurfürsten** geschmückt. In Aachen sind weiterhin sehenswert: Der **Friedrich-Wilhelm-Platz** mit dem **Eisenbrunnen**, dem Wahrzeichen der Stadt, und die **Fachhochschule** in avantgardistischer Architektur. Reste der mittelalterlichen Stadtbefestigung sind das **Ponttor** und das **Marientor**. Die **Burg Frankenberg** beherbegt heute ein **Museum** (Geschichte und Kulturgeschichte der Stadt). Weitere Museen, die einen Besuch lohnen: **Internationales Zeitungsmuseum** und **Städtisches Suermondt-Museum**.

Freizeit und Kultur

A 52 und A 61 Abfahrt ❷ **Mönchengladbach**: Münster (11. Jh.) mit Chor aus dem 13. Jh.; **Rathaus** (17. Jh.), welches bis 1802 Benediktinerabtei war; Wasserburg **Schloss Rheydt** (16. Jh., heute Städtisches Museum) sowie ein **Schloss** (18. und 19. Jh.) im Stadtteil **Wickrath**.

Aachener Tor in Bergheim

A 52 und A 57 Abfahrt ❸ **Neuss**: romanisches **Quirinimünster** (13. Jh.); **Obertor** (13. Jh.); **Dreikönigenkirche** mit schönen **Glasmalereien**; **Clemens-Sels-Museum** (mittelalterliche und barocke Kunst).

Spaß für Kinder

Der **Aachener Tierpark** liegt im Landschaftsschutzgebiet Drimborner Wäldchen, beinahe mitten in der Stadt. Er beheimatet über 1500 Tiere, von tropischen Vögeln bis zu einheimischen Wildtieren. Täglich geöffnet, Obere Drimbornstraße 44, Tel.: 0241/59385.

Im Naturpark Maas-Schwalm-Nette liegt der ❹ **Natur- und Tierpark Schwalmtal**. Neben den ca. 500 Tieren gibt es hier auch ein wahres Kinderparadies. Der Naturpark liegt westlich von Mönchengladbach an der B 221.

Regionale Küche

Trotz grundlegender Weltoffenheit der Rheinländer ist deren Küche von fremdländischen Einflüssen weitgehend unbeeindruckt. Beliebt sind rheinische Miesmuscheln oder Sauerbraten mit Rosinen. Eine Aachener Spezialität sind die gleichnamigen Printen, ein stark gewürzter, harter Pfefferkuchen, der besonders gern zur Weihnachtszeit nicht nur in Aachen geschätzt wird.

In der Gaststätte **Spickhofen**, Dahlener Str. 88 in Mönchengladbach, genießt man Miesmuscheln verfeinert mit schwarzem Pfeffer, Zwiebeln und Suppengrün, wozu Schwarzbrot mit Butter gereicht wird. Dazu darf ein für diese Gegend typisches Altbier nicht fehlen.

HAGEN
VELBERT
Sprockhövel
HEILIGENHS.
RATINGEN
GEVELSBERG
ENNEPETAL
SCHWELM
Wülfrath
DÜSSEL-DORF
METTMANN
WUPPERTAL
ERKRATH
Schalksmühle
LÜDENSCHEID
Breckerfeld
HAAN
Radevormwald
Halver
HILDEN
SOLINGEN
REMSCHEID
Hückeswagen
Naturpark
DORMAGEN
LANGENFELD
LEICHLINGEN
WERMELSKCHN.
MONHEIM
Burscheid
Wipperfürth
Marienheide
Odenthal
Kürten
LEVERKUSEN
BERGISCH GLADB.
Lindlar
GUMMERSBACH
Engelskchn.
KÖLN
Overath
Wiehl
Rösrath
Much
HÜRTH
Seelscheid
Nümbrecht
Waldbröl
BRÜHL
WESSELING
TROISDORF
LOHMAR
Neunkirchen-
Ruppichteroth
NIEDERKASSEL
SIEGBURG
Windeck
ST. AUGUSTIN
HENNEF
Eitorf
BORNHEIM
Alfter
BONN
Swisttal
Bad Godesberg
KÖNIGSWINTER
Asbach
Altenkirchen
Naturpark Kottenforst-Ville
Bergisches Land
Siebengebirge

Rheinauf- oder -abwärts: Bonn, Köln und Düsseldorf

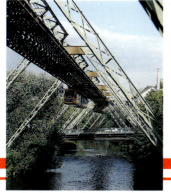
Die Schwebebahn in Wuppertal

Ein gotischer Prachtbau, die »längste Theke der Welt«, hohe Politik. Die am breiten Strom Rhein liegenden Städte Bonn, Düsseldorf und Köln haben darüber hinaus weitere vielfältige Attraktionen zu bieten: wertvolle Kunstsammlungen, herrliche Gartenanlagen, schöne Blicke über den Rhein. Schloss Augustusburg in Brühl beispielsweise sollte sich der Besucher nicht entgehen lassen.

Attraktionen

Ein Netz von A 1, A 3, A 4 und A 555 umgibt ❶ **Köln**. Das weithin sichtbare Wahrzeichen der Stadt ist der **Dom**, der mit einer Länge von 144 m und einer Höhe bis zu 157 m imposante Ausmaße hat. Das Bauwerk mit seiner gen Himmel strebenden Gotik wurde 1248 begonnen und erst im 19. Jh. vollendet. Zu der wertvollen **Innenaustattung** zählen: der **Dreikönigsschrein** (12. und 13. Jh.), der **Dreikönigsaltar** (um 1440), die **Schatzkammer**, das **Chorgestühl** (14. Jh.), die **Chorpfeilerfiguren** (14. Jh.) sowie das **Gerokreuz**.

Der alles überragende Kölner Dom

Neben dem Dom steht das **Wallraf-Richartz-Museum**, in dem sich auch das **Museum Ludwig** befindet. Sowohl wegen seiner bedeutenden Sammlungen als auch wegen seiner Architektur ist das Museum empfehlenswert. Köln bietet dem Besucher weitere sehenswerte Kirchen: **St. Severin**, **St. Pantaleon**, **St. Maria im Kapitol** sowie **St. Gereon**. Lohnend ist auch ein Besuch des **Römisch-Germanischen Museums**.

Freizeit und Kultur

Rechtsrheinisch, umgeben von A 3, A 44, A 46, A 57 und A 59 liegt ❷ **Düsseldorf**. Prachtstraße der Stadt ist die **Königsallee**, **Kö** genannt, die der Länge nach vom Stadtgraben durchzogen ist. Das herzhafte Düsseldorfer Altbier genießt der Besucher am besten in der **Altstadt**, die mit unzähligen Kneipen als »längste Theke der Welt« gilt. Sehenswürdigkeiten der Stadt sind: der **Hofgarten** mit dem **Thyssen-Haus**, dem **Schauspielhaus**, das **Schloss Jägerhof** (Goethemuseum), das **Ratinger Tor** und die **Tonhalle**. Im Norden des Gartens schließt sich der **Museumskomplex am Ehrenhof** mit dem **Kunstmuseum** (Kunst des 15. bis 20. Jh.) an. Im Süden der Stadt liegt das beachtenswerte Rokokoschloss **Schloss Benrath**.

Jan-Wellem-Denkmal in Düsseldorf

A 555 und A 565 ❸ **Bonn**. Bonn wird gemeinhin mit Politik verbunden, hat jedoch so manche Sehenswürdigkeiten zu bieten: Am Münsterplatz steht das **Münster** (11. bis 13. Jh.), in der Bonngasse das **Beethoven-Haus**. Im **Rheinischen Lan-**

desmuseum sind Relikte aus der Römerzeit zu bewundern. Interessant ist ein Gang durch das **Regierungsviertel** (Villa Hammerschmidt, Palais Schaumburg und Bundeshaus). Vom Gästehaus der Bundesregierung auf dem **Petersberg** hat der Besucher einen schönen Blick.

Rund ums Auto

Verkehrsfunk
WDR II 89,1 MHz

Zwischen Köln und Bonn liegt an der A 553 ❹ **Brühl**. Wegen des kurfürstlichen **Schlosses Augustusburg**, einem der bedeutendsten Baudenkmäler des Rheinlandes, lohnt sich ein Abstecher hierher. Besonders sehenswert ist das eindrucksvolle **Treppenhaus**. Der Schlosspark lädt zu einem Spaziergang ein, zu dem **Jagdschloss Falkenlust** führt eine Allee.

Fremdenverkehrsverbände

Verkehrsverband Oberbergischer Kreis
51643 Gummersbach
Moltkestr. 34
Tel.: 02261/886001

Köln Tourismus Office
50667 Köln
Fettenhennen 19
Tel.: 0221/19433

Verkehrsverein der Stadt Düsseldorf
40210 Düsseldorf
Konrad-Adenauer-Platz
Tel.: 0211/172020

Informationszentrum Wuppertal
42103 Wuppertal
Pavillon am Döppersberg
Tel.: 0202/5632270

Spaß für Kinder

Die kühnsten Abenteuerträume werden wahr im **Phantasialand** in Brühl. Neben unzähligen Fahrgeschäften sowie Märchen- und Fantasiewelten sind auch verschiedene Shows zu sehen. Zu erreichen über die A 553, Abfahrt Brühl-Süd und dann weiter über die B 51. Geöffnet von April bis Oktober, Tel.: 02232/360.

Regionale Küche

Die rheinische Küche ist in erster Linie in einfachen Gasthäusern beherbergt. Insbesondere die Brauhäuser Kölns und Düsseldorfs haben sich um die Pflege der traditionellen Koch- und Trinkkunst verdient gemacht. Der rheinische Frohsinn sorgt dafür, dass man selten das bekommt, was auf der Speisekarte steht: Ein »Halver Hahn« ist ein mit Senf bestrichenes Roggenbrötchen mit Gouda oder Edamer, hinter »Himmel un Ähd« (Himmel und Erde) verbirgt sich ein einfacher Kartoffelbrei, versehen mit Äpfeln, Zwiebelringen und angebratenen Blutwurstscheiben.

Rheinländische Mentalität, Küche und obergäriges »Kölsch« findet man im **Päffgen**, Friesenstraße 64 in Köln. Das Pendant in Düsseldorf: **Uerige**, Adersstraße 19.

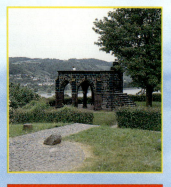
Erzbischöfliches Schloss in Trier

Der Königsstuhl bei Rhens

Saarschleife bei Mettlach

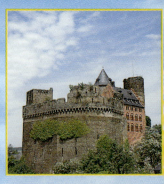
Die Schönburg in Oberwesel

»Römisches Weinschiff«

Saar, Mosel und die Eifel

Wie Perlen an einer Kette aufgereiht liegen im Norden, beginnend beim Drachenfels nahe Königswinter, Burgruinen und stattlich restaurierte Burgen am Rhein. Es gibt kaum etwas schöneres als eine Zugfahrt durch das enge Rheintal von Bonn nach Mainz, vorbei an Loreley, Mäuseturm und Kaiserpfalz. Noch romantischer ist es, einen Teil der Strecke mit einem der Ausflugsboote zurückzulegen. Aber auch die kleinere Mosel hat ihren Reiz: Vom römischen Trier, der ältesten Stadt Deutschlands, geht es von einem bekannten Weinort zum nächsten, bis schließlich Koblenz mit dem Deutschen Eck zu Füßen der Feste Ehrenbreitstein erreicht ist.

Das Rote Haus in Monschau

Der Marktplatz in Oberwesel

Schleiden

Römische Wasserleitung in Vussem

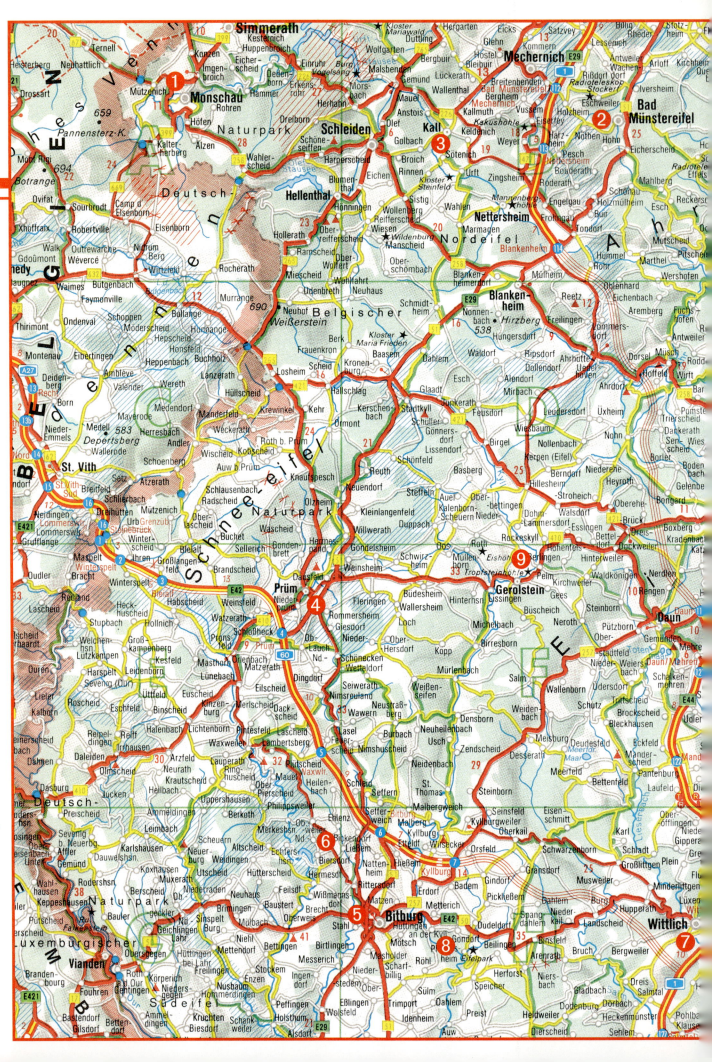

Herber Reiz im deutsch-belgischen Grenzbereich: die Eifel

In der Eifel finden sich nicht nur Städte mit vielfältigen Sehenswürdigkeiten: Monschau, Bad Münstereifel, Prüm, Bitburg, Wittlich; von dem einstigen Einfluss dieser Region auf das Geistesleben zeugen zahlreiche Klöster. Die vielfältigen Attraktionen und Möglichkeiten der Freizeitgestaltung machen die Eifel auch zu einem beliebten Erholungs- und Ferienziel.

Römische Wasserleitung in Vussem

Attraktionen

Umringt von der B 258 und 399 liegt direkt an der Grenze zu Belgien im engen Felsental der Rur ❶ **Monschau**. Die Tuchma-

Das Rote Haus in Monschau

cherstadt gilt städtebaulich als schönster Ort der Eifel, da während der letzten zwei Jh. keine nennenswerten Veränderungen am Stadtkern vorgenommen wurden. Die Stadt wird von einer mächtigen mittelalterlichen **Burg** mit starken **Befestigungsanlagen** überragt. Unter den vielen **Fachwerk- und Patrizierhäusern** ist das **Rote Haus** (1765) besonders beachtenswert. Herausragende Sehenswürdigkeit der **Inneneinrichtung**, die einen Eindruck von der Wohnkultur reicher Bürger der letzten 200 Jahre vermittelt, sind die geschnitzten **Rokoko-Treppen**. Bei einem Bummel durch die engen Gassen sollte sich der Besucher das **Haus Troistorff** (1783) und die alte **Pfarrkirche** (1649) anschauen. Am Marktplatz befindet sich das ehemalige **Minoritenkloster** (1720). Der **Batterieturm** und der sog. **Eselsturm** stehen am Unterberg, am Eingang zur Ober-

burg ist der gewaltige gotische **Torbau** zu bewundern. Empfehlenswert ist auch, die einzige erhaltene **Senfmühle** Deutschlands zu besichtigen.

Freizeit und Kultur

B 51 ❷ **Münstereifel**. In dem Kneipp-Heilbad mit modernen Kureinrichtungen ist sehenswert: die **Burgruine** (13. Jh.), die **Stadtmauer** mit 17 Türmen, das **Windeckhaus** (1644 bis 1664) sowie das gotische **Rathaus**.

Von der B 258 geht ein Abzweig nach ❸ **Kloster Steinfeld**, der größten westdeutschen **Klosteranlage** mit der **Klosterkirche St. Potentinus**.

Schleiden

Zu Füßen der Schnee-Eifel an der A 60 liegt ❹ **Prüm**, ein beliebter Luftkur- und Wintersportort. Sehenswert ist hier die **Benediktinerabtei** (721 gegründet) und **die St.-Salvator-Kirche**.

Südlich an der A 60 Abfahrt ❺ **Bitburg**. Die gut erhaltene **Stadtmauer**, die spätgotische **Liebfrauenkirche** und das **Kreismuseum** sind hier sehens-

wert. Die berühmte **Brauerei** kann nach Voranmeldung besichtigt werden.

Nordwestlich von Bitburg befindet sich bei ❻ **Biersdorf** ein **Stausee**, der zu vielseitigen Freizeitaktivitäten einlädt.

Als »Tor zur Mosel und zur Eifel« gilt das an der A 1 gelegene ❼ **Wittlich** mit schönen **Bürgerhäusern**, dem **Alten Rathaus** sowie der frühbarocken Hallenkirche **St. Markus**. Die Schnauze der **Fratze am Burgtor** diente seinerzeit dem Torwächter als Guckloch.

Fremdenverkehrsverbände

Eifel Touristik NRW
53902 Bad Münstereifel
Marktstr. 15
Tel.: 02253/6075

Vulkaneifel-Touristik und Werbung GmbH
54550 Daun
Mainzer Str. 25a
Tel.: 06592/933–200

Touristik-Service Eifel
54634 Bitburg
Trierer Str. 1
Tel.: 06561/15–403

Verkehrsbüro Bitburger Land
54634 Bitburg
Bedaplatz 11
Tel.: 06561/8934

Spaß für Kinder

Östlich von Bitburg, an der B 50, liegt der ❽ **Eifelpark Gondorf**, eine Kombination aus Wild- und Freizeitpark. Öffnungs-

zeiten telefonisch erfragen, Tel.: 06565/2131.

In die Welt des Mittelalters fühlt sich der Besucher des ❾ **Adler- und Wolfsparks Kasselburg** versetzt. Von den Türmen der Stauferburg überblickt man die zerklüftete Landschaft, in der das größte Wolfsrudel Westeuropas lebt. Eindrucksvoll sind auch die Greifvogelvorführungen. Der Park liegt nördlich von Gerolstein an der B 410. Tel.: 06591/4213.

Regionale Küche

Die waldreiche Eifellandschaft gleicht einem Füllhorn an Wild und die Flüsse und Bäche profitieren von ihrem Fischreichtum, so dass die Vielfalt der Speisekarte in dieser Region von Hirsch- und Wildschweinbraten über Hasenläufe in Rotwein bis hin zu Eifeler Bachforellen reicht. Internationaler Einfluss auf die Küche manifestiert sich im Ardennenschinken, der seinen Namen vom belgischen Teil der Eifel, den Ardennen hat.

In der zünftigen Braustube des Hotels **Zum Simonbräu**, Am Markt 7 in Bitburg, werden entsprechende deftige Gerichte serviert.

Rund ums Auto

Verkehrsfunk
SWF III 104,6 MHz

An Rhein und Mosel: Weinberge und Burgen

Eine Attraktion für sich ist die am Hunsrück sich entlangwindende Mosel mit einer Vielzahl von malerischen Orten und Städten, die allemal einen Besuch wert sind. Die grandiose Weinlandschaft führt den Besucher an den Rhein, wo Koblenz mit dem Deutschen Eck, Lahnstein und die nicht weit entfernt am Fels »klebende« Marksburg auf den Besucher warten.

Die Schönburg in Oberwesel

Attraktionen

Eine Fahrt entlang der **Mosel** ist eine Attraktion, die sich der Besucher der Region rund um den Hunsrück nicht entgehen lassen sollte.

Nahe Koblenz an der B 416 liegt ❶ **Winningen** mit dem größten zusammenhängenden Weinanbaugebiet an der Mosel.

Flussaufwärts folgt ❷ **Kobern-Gondorf** mit einem der ältesten **Fachwerkhäuser** Deutschlands. Die Häuser umringen den **Tatzelwurmbrunnen**. Sehenswert außerdem: die **Burgkapelle St. Matthias** und das **Wasserschloss**.

Bei Moselkern an der B 416 führt der Weg zur ❸ **Burg Eltz**, der berühmtesten Burg an der Mosel mit unzähligen Türmen, Giebeln und Erkern. Das Innere der Burg ist ebenfalls interessant: Waffensammlung, Rüstungen, Gemälde und Mobiliar sind zu sehen.

Der Rhein bei Kaub

An der B 49 flussaufwärts liegt ❹ **Cochem**. Der Ort ist wegen der malerischen **mittelalterli-**

chen **Architektur** das bekannteste Städtchen an der Mosel. Hier legen die Moselschiffe an, eine **Sesselbahn** bringt den Besucher auf den Pinnerkreuz. Empfehlenswert ist auch die imposante **Reichsburg**.

Der Königsstuhl bei Rhens

Einige Kilometer weiter flussaufwärts liegt auf der anderen Seite der Mosel ❺ **Beilstein**, ein Ort, der wegen der bildschönen **Fachwerkhäuser**, der trutzigen **Wehrtürme** und des **Karmeliterklosters** mit der **Schwarzen Madonna** einen Besuch wert ist.

An der B 50 liegt inmitten von Wäldern und Weinbergen ❻ **Bernkastel-Kues**. Ein Bummel durch die engen Gässchen ist unbedingt empfehlenswert. Am Marktplatz lassen sich 400 Jahre alte **Bürgerhäuser**, das **Rathaus** im Stil der Renaissance sowie das kuriose **Spitzhäuschen** bewundern.

Freizeit und Kultur

A 48 oder A 61 ❼ **Koblenz**. Beachtenswert sind hier: das **Deutsche Eck**, die karolingische Kirche (836), die **Florins-**

kirche (erbaut um 1100) mit schönen **Wandmalereien** aus dem 14. und 15. Jh., das **Residenzschloss** und das **Schloss Phillipsburg**. Rechtsrheinisch ist die **Festung Ehrenbreitstein** zu besichtigen, in der das **Landesmuseum** untergebracht ist. Eine **Rheinfahrt** von Koblenz aus nach Bingen (um den **Loreley-Felsen**) sollte man bei einem Besuch der Stadt nicht versäumen.

B 42 ❽ **Lahnstein**. Neben vielen Sehenswürdigkeiten in der Stadt ist vor allem die südlich gelegene, sehr gut erhaltene **Marksburg** mit einer sehr interessanten **Innenausstattung** einen Besuch wert.

Spaß für Kinder

Der ❾ **Märchenwald** in Bad Breisig. Hier erwachen Schnee-

wittchen, Dornröschen, der böse Wolf, Rumpelstilzchen, der Gestiefelte Kater und viele mehr zum Leben, bewegen sich und erzählen ihre Geschichten. Von April bis Oktober täglich, sonst nur an Wochenenden geöffnet. Am Kesselberg 19, Tel.: 02633/8534.

Regionale Küche

Drei Weinbaugebiete berührt unsere Route: das Ahrtal mit seinen hervorragenden Rotweinen, den Mittelrhein und das untere Moseltal mit ihren spritzigen Rieslingweinen. Dort sollte man sich eine Weinprobe nicht entgehen lassen. Doch auch die kulinarischen Genüsse brauchen nicht zu kurz zu kommen. Am Mittelrhein und an der Mosel bereitet man beispielsweise **Döppekooken** zu, das sind besonders große Pfannkuchen aus Kartoffelpufferteig mit Speck.

In der **Hammesmühle** in Mayen, Bürresheimer Straße 1, kann man den aus dem Hunsrück stammenden Spießbraten probieren, der über offenem Feuer gegart wird. Die **Alte Thorschenke**, Brückenstraße 3 in Cochem, bietet in behaglicher Umgebung regionale Spezialitäten.

LUXEMBOURG
Deutsch-Luxemburg. Naturpark
Diekirch
Echternach
Grevenmacher
Remich
Trier
Porta Nigra
Dom
Schweich
Konz
Saarburg
Naturpark
Saar-Hunsrück
Teufelskopf
Weiskirchen
Mettlach
Losheim am See
Merzig
Schmelz
Perl
Sierck-les-Bains
Cattenom
Thionville
Yutz
FRANK-REICH
Beckingen
Rehlingen-Siersburg
Dillingen
Saarwellingen
Saarlouis
Schwalbach
Wallerfangen
Bouzonville
Überherrn
Wadgassen
Völklingen
Lebach
Creutzwald
Forbach
Petite Rosselle
Stiring
Zweibrücken
Blieskastel
Mandelbachtal
Gersheim
Kleinblittersdf.

Erzbischöfliches Schloss in Trier

Wo sich die Römer wohl fühlten: Trier und Ausflüge an der Saar

Die älteste Stadt des deutschen Sprachraums, Trier, ist noch heute geprägt durch die Römerzeit. Die Römer ließen es sich hier gut gehen, wenn sie etwa in den Kaiserthermen Körper und Geist stärkten. Anderes hatte Karl Marx im Sinn, der in Trier geboren wurde. Der Aufenthalt in dieser Region sollte sich jedoch nicht nur auf Trier beschränken, die Saar lockt mit schönen Ausflugszielen.

Attraktionen

A 1/602 Abfahrt ❶ **Trier**. Die Bischofs- und Universitätsstadt an der Mosel ist die älteste Stadt des deutschen Sprachraums. Als Wallfahrtsort, als Tagungs- und Kongressstadt und als Einkaufszentrum des Trierer Landes spielt die Stadt eine bedeutende Rolle. Das Wahrzeichen der Stadt ist die **Porta Nigra**. Das Nordtor der ehemaligen römischen Stadt (2. Jh.) besteht aus ohne Mörtel millimetergenau eingepassten Sandsteinquadern. Das Tor mit einer Breite von 36 m, einer Tiefe von 22 m und einer Höhe von 30 m hat **144 Rundbogenöffnungen**. Unbedingt sehenswert ist in Trier weiterhin der **Dom St. Peter**, die älteste deutsche Bischofskirche. In der **Heiltumskammer** des Doms wird die berühmte Reliquie **Heiliger Rock Christi** aufbewahrt. Zu weiteren Attraktionen der Stadt gehören: die **Aula Palatina** (Römische Palastaula), ein zu Beginn des 4. Jh. unter Kaiser Konstantin als Thronsaal errichteter Hallenbau, der im Innern mit Marmor ausgelegt ist; die Ruine der **Kaiserthermen**, die einst mit Heißbad, Kaltbad, Luftbad, Schwimmbecken und Gymnastikplatz ein Bäderpalast war; bis 25000 Zuschauer fanden im **Amphietheater**, eines der ältesten Relikte aus der Römerzeit (um 100 n.Chr.), Platz; die Kirche **St. Paulin**, einst ein romanischer Bau aus dem 12. Jh., der nach seiner Zerstörung im 17. Jh. als Neubau im Jahr 1757 geweiht wurde; die **Römerbrücke**, die, zur selben Zeit erbaut wie die Porta Nigra, mit

ihren 7 Pfeilern statisch so konstruiert ist, dass sie auch den Verkehr der heutigen Zeit noch verkraftet. An Museen bietet Trier: Das **Landesmuseum** mit Kunst und Kultur aus vorgeschichtlicher Zeit bis in das Mittelalter (**Fußbodenmosaike** mit fast 300 m Länge); das **Städtische Museum**, welches über die Stadt- und Kulturgeschichte informiert sowie Skulpturen aus verschiedenen Epochen zeigt; die **Domschatzkammer**; das **Karl-Marx-Haus**, Geburtshaus des berühmten Wirtschafts- und Gesellschaftstheoretikers sowie das **Spielzeugmuseum Trier**, welches als das größte private seiner Art gilt.

Saarschleife bei Mettlach

Freizeit und Kultur

Südlich von Trier führt die B 51 entlang der Saar nach ❷ **Merzig**. Einige erhaltene Bauten aus früheren Zeiten können hier besichtigt werden: die **Pfarrkirche St. Peter**, die zu den bedeutendsten romanischen Baudenkmälern des Saarlandes gehört; das historische **Rathaus** (1647 bis 1650). Das **Barockhaus** (1740) ist unter den alten Bürgerhäusern der Stadt besonders beachtenswert.

„Römisches Weinschiff"

An A 8 und A 620 liegt ❸ **Saarlouis** mit einer malerischen **Altstadt** mit Bürgerhäusern aus der Festungszeit der Stadt. Sehenswert: die **Wandteppiche** im Rathaus, die Ludwig XIV. der Stadt schenkte.

Fremdenverkehrsverbände

Touristeninformation Trier
54290 Trier
Simeonstr. 60
Tel.: 0651/978080
Tourismuszentrale Saarland
66119 Saarbrücken
Franz-Josef-Röder-Str. 9
Tel.: 0681/927200
Kreisfremdenverkehrsverband Merzig-Wadern
66663 Merzig
Schankstr. 1
Tel.: 06861/73874
Fremdenverkehrsstelle Saarlouis
66740 Saarlouis
Kaiser-Friedrich-Ring 31
Tel.: 06831/444488

Spaß für Kinder

Acht Jahre nach Stilllegung nahm die UNESCO mit der ❹ **Völk-**

linger Hütte zum ersten Mal eine Anlage der Großindustrie in ihre Liste des Weltkulturerbes auf. Sie eignet sich hervorragend zur Besichtigung, da alle Anlagen vollständig erhalten sind. Völklingen liegt an der A 620. Feste Führungen, Zeiten unbedingt telefonisch erfragen. Initiative Völklinger Hütte, Tel.: 06898/295975.

Regionale Küche

Trotz der auch kulinarischen Nähe zu Frankreich wird im Saarland genauso gern die bodenständige Saarländer Bergmannskost genossen: Dibbelabbes, ein deftiger Kartoffelauflauf, und Gefillde, mit Hackfleisch und Leberwurst gefüllte Kartoffelklöße.

An der Mosel dagegen haben viele Spezialitäten ihren Ursprung in der Winzerküche. So kann man hier den Gräwes genießen, einen Eintopf mit Sauerkraut und Schweinefleisch, oder Moselfische in Rieslingsauce. Dazu schmeckt einer der hervorragenden Rieslingweine von der Mosel.

Saarländische Spezialitäten genießt man im Gasthaus **Merll-Rieff** in Merzig, Schankstraße 27, Moselfränkisches im **Ratskeller**, Am Markt 11, in Konz.

Rund ums Auto

Verkehrsfunk
SWF III 97,5 MHz

139

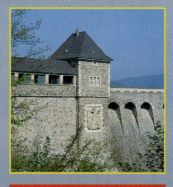
Freudenberg

Die Edersee-Staumauer

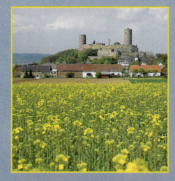
Ruine Münzenburg

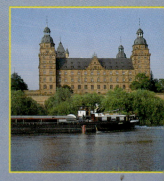
Das Wahrzeichen von Aschaffenburg

Darmstadt – Mathildenhöhe

Vom Rothaargebirge bis zum Odenwald

Welch ein Kontrastprogramm! Altes, weites Bauernland in Nord-hessen, der Wetterau und im Goldenen Grund und dann im Süden das dynamische Industriegebiet, der Rhein-Main-Raum. Im Norden die Heimat der deutschen Märchen – schließlich wohnten in Kassel zu Beginn des 19. Jahrhunderts die Gebrüder Grimm, im Süden die amerikanischste deutsche Stadt, Frankfurt »Mainhattan«, Verkehrs-knotenpunkt nicht nur für den Luftverkehr, voll pulsierenden Lebens und darüber hinaus mit einer der modernsten Museumslandschaften aller deutschen Städte.

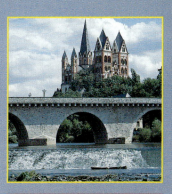

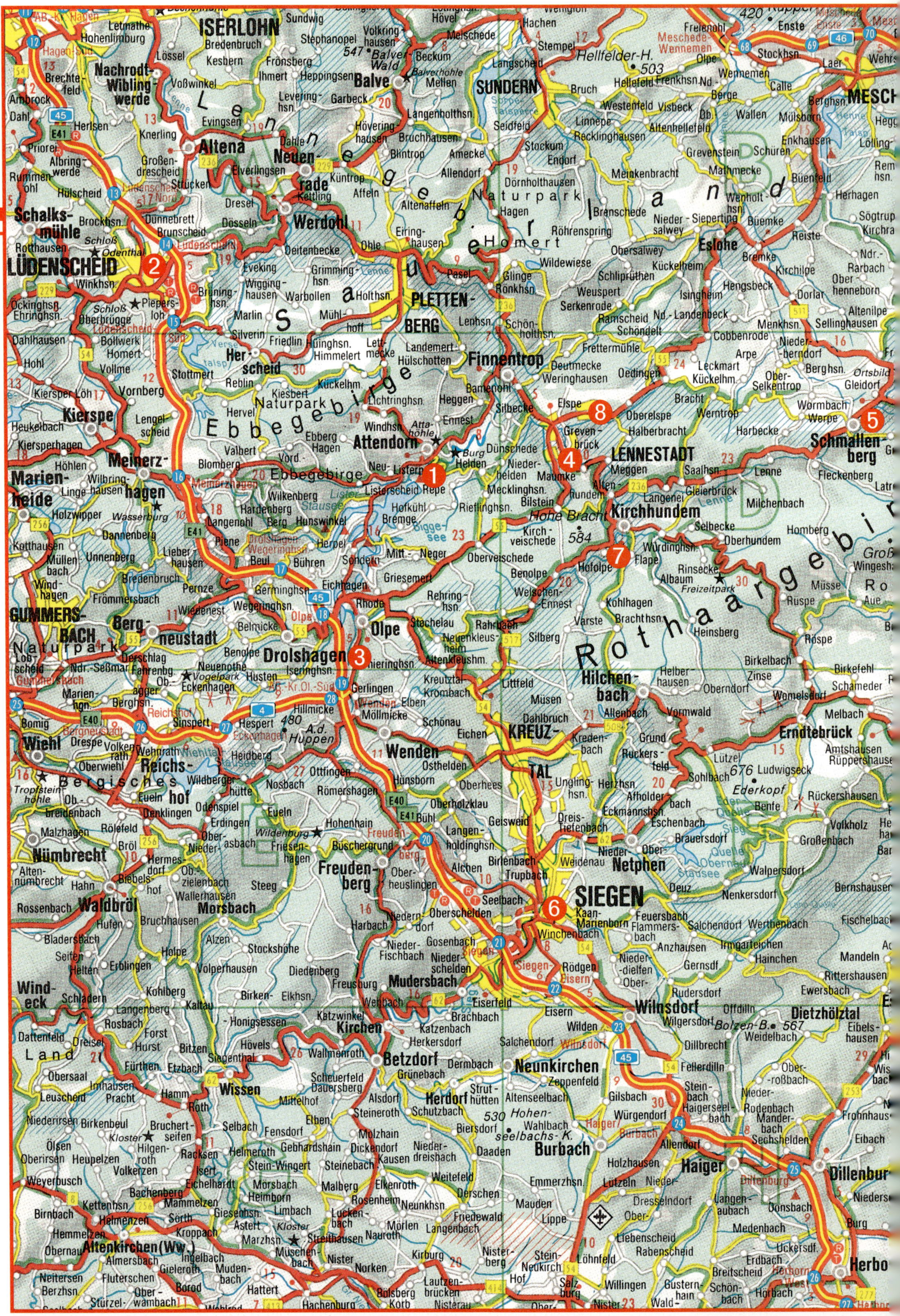

ISERLOHN
BALVE
SUNDERN
MESCH...
LÜDENSCHEID
PLETTENBERG
Finnentrop
Attendorn
LENNESTADT
Schmallenberg
Kierspe
Meinerzhagen
Marienheide
Kirchhundem
Rothaargebi...
GUMMERSBACH
Bergneustadt
Drolshagen
Olpe
Hilchenbach
Erndtebrück
Wiehl
Reichshof
Wenden
KREUZ-TAL
Nümbrecht
Freudenberg
Netphen
Waldbröl
Mudersbach
SIEGEN
Wilnsdorf
Dietzhölztal
Windeck
Kirchen
Betzdorf
Neunkirchen
Wissen
Herdorf
Burbach
Haiger
Altenkirchen (Ww)
Dillenbur...
Herbo...

Naturpark Ebbegebirge
Naturpark Homert
Rothaargebirge
Bergisches Land

Rund um den Biggesee: Lenne-, Ebbe-, und Rothaargebirge

Wer das Sauerland besucht, sollte vor allem Zeit für ausgedehnte Wanderungen an herrlich gesunder Luft rund um den Biggesee und in den umliegenden Gebirgen mitbringen. Aber auch kuriose Attraktionen hat die Region zu bieten: Wie wäre es mit einer Besichtigung der einzigartigen Knopfsammlung oder der Sammlung historischer Feuerlöscher in Lüdenscheid?

Freudenberg

Attraktionen

Mitten im Sauerland ist ❶ **Attendorn** gelegen, ein vielbesuchter Fremdenverkehrsort und beliebtes Ferienziel. Die herausragende Attraktion ist die am östlichen Stadtrand gelegene **Attahöhle**. Fantastische Gebilde aus Kalkstein sind in der 3 km langen und bis zu 15 m hohen Höhle zu bewundern. In Attendorn selbst ist vor allem der »**Sauerländer Dom**« einen Besuch wert. Im Innern sind ein **Hochaltar** sowie die barocke **Kanzel** und **Altäre** zu sehen. Im ehemaligen gotischen **Rathaus** ist das **Kreisheimatmuseum** beherbergt. Die vielbesuchte **Wallfahrtskapelle Waldenburg** findet sich am südlich der Stadt gelegenen **Biggesee**. Der See ist ein Ausflugs- und Ferienziel ersten Ranges mit Campingplätzen, Bootsverkehr und zahlreichen Möglichkeiten, Wassersport zu betreiben.

Freizeit und Kultur

A 45 Abfahrt ❷ **Lüdenscheid**. Die Stadt ist dank ihrer günstigen Lage inmitten von Wald und Wasser idealer Augangspunkt für Wanderungen. Das älteste Bauwerk der Stadt ist der **Turm der Erlöserkirche** (um 1200). Besondere Attraktionen der Stadt sind eine umfangreiche **Knopfsammlung** sowie eine Sammlung **historischer Feuerlöschgeräte**. In **Museen der Stadt** findet man einer Sammlung wertvoller

Kunst (z. B. Barlach und Kolbe). Außerdem sehenswert: das **Deutsche Ordensmuseum**.

A 45 Abfahrt ❸ **Olpe**. Von der ehemals starken Befestigung der Stadt zeugen der **Hexenturm** und der **Südturm**. Reicher figürlicher Schmuck zeichnet das Westportal der neugotischen **St.-Martinuskirche** aus. Von Olpe aus führen **Rundwanderwege** um den **Biggesee**.

Die Adolfsburg bei Oberhundem

Von Olpe aus führt die B 55 nach der seit 1969 bestehenden Stadt Lennestadt, deren Mittelpunkt ❹ **Lennestadt-Altenhundem** ist. Für Wanderungen und Ausflüge in die **Naturparks Ebbe-, Homert- und Rothaargebirge** ist der Ort idealer Ausgangspunkt. Wegen des schönen Blicks von der Plattform des **Aussichtsturms auf der Hohen Bracht** lohnt sich der Ausflug hierher.

Von Lennestadt führt die B 236 nach ❺ **Schmallenberg**. Das Stadtbild prägen die für die Region typischen schiefergedeckten **Fachwerkhäuser**. Besonders sehenswert ist hier die spätromanische **Pfarrkirche**.

A 45 Abfahrt ❻ **Siegen**, eine Stadt mit einer mehr als 2000 Jahre alten Geschichte der Eisen-

gewinnung und -verhüttung. Beachtenswert sind: die **Nikolaikirche** mit dem »**Goldenen Krönchen**« sowie das **Obere** und **Untere Schloss**.

Kirchveischede bei Lennestadt

Spaß für Kinder

Über die A 45, Abfahrt Olpe, weiter über die B 55 bis Bilstein und dann die Landstraße nach Kirch-

hundem gelangt man zum ❼ **Panoramapark Sauerland**. Unzählige Attraktionen machen den Ausflug zu einem aufregenden Erlebnis. Geöffnet von April bis Oktober, Tel.: 02723/774100.

Nördlich davon, an der B 55, liegt **Elspe**, bekannt durch die jährlich stattfindenden ❽ **Karl-May-Festspiele**. Zur Naturbühne 1, Tel.: 02721/94440.

Regionale Küche

Die waldreichen Hänge des Sauer- und des Siegerlandes beherbergen viel Wild, das man auf zahlreichen Speisekarten der Region findet. Doch auch die einfache bäuerliche Küche hat sich erhalten, wie beispielsweise der Pickert, ein Kartoffelkuchen mit Speck, oder dicke Bohnen- und Milchsuppen. Zu diesen deftigen Gerichten passt am besten Bier, das in vielen kleinen Brauereien aus Wasser der Sauerländer Berge gebraut wird. Nach dem Essen empfiehlt sich ein Aufgesetzter: ein aus Korn, Beeren, Kandiszucker und Vanille gebrannter Likör.

Im **Hotel Schwermer** in Kirchhundem-Heimsberg, Schwermer Talstraße 60, kann Landestypisches wie die Sauerländer Bachforelle genossen werden.

MARBURG

Brilon · Olsberg · Willingen · Winterberg · Medebach · Korbach · Bad Arolsen · Wolfhagen · Naumburg · Bad Emstal · Waldeck · Fritzlar · Bad Wildungen · Edertal · Borken · Neuental · Frielendorf · Schwalmstadt · Neustadt · Stadtallendorf · Alsfeld · Homberg · Kirchhain · Marburg · Gladbach · Lohra · Dautphetal · Biedenkopf · Battenberg · Frankenberg · Lichtenfels · Diemelsee

Naturpark · Diemelsee · Upland · Kellerwald · Habichtswald · Naturpark · Burgwald

Altenbüren · Gudenhagen · Petersborn · Elleringhsn. · Bruchhausen · Assinghausen · Wiemeringhausen · Brunskappel · Siedlinghsn. · Niedersfeld · Langen-B. 843 · Stryck · Üttmaringhausen · Hildfeld · Grönebach · Gronebach · Silbach · Küstelberg · Elkeringhausen · Glindfeld · Medelon · Medelon Berge · Züschen · Kranbuche · Neukirchen · Hesborn · Dreislar · Münden · Braunshsn. · Lehmbach · Hallenberg · Liesen · Rengershsn. · Sachsenberg · Dalwigksthal · Somplar · Wangershausen · Rodenbach · Wunderthausen · Bromskirchen · Allendorf · Kellerwald · Rennertehsn. · Haine · Röddenau · Bottendorf · Battenfeld · Birkenbringhsn. · Berghofen · Wiesenfeld · Willersdorf · Roda · Ernsthsn. · Frohnhsn. · Wollmar · Münchhausen · Niederasphe · Oberasphe · Dexbach · Engelbach · Todenhausen · Simtshausen · Mellnau · Bracht · Rosenthal · Hertingshsn. · Eichhof · Merzhausen · Langendorf · Wohra · Wohratal · Gemünden · Schiffelbach · Heimbach · Josbach · Halsdorf · Schwabendorf · Wolferode · Rauschenberg · Ernsthausen · Hatzbach · Emsdorf · Erksdorf · Burgholz · Himmelsberg · Speckswinkel · Momberg · Wiera · Wasenberg · Zella · Rörshain · Treysa · Ziegenhain · Loshausen · Ransbach · Florshain · Mengsberg · Frankenhain · Appenhain · Neuental · Neuenhain · Spieska · Waltersbrück · Zimmersrode · Römersberg · Gilsa · Haddenberg · Oberurff · Schiffelborn · Bad Zwesten · Niederurff · Fischbach · Densberg · Schönstein · Strang · Sebbeterode · Gilserberg · Sachsenhausen · Moischeid · Schönau · Hundshsn. · Elnrode · Dorheim · Jesberg · Dittershsn. · Kleinenglis · Borken · Trockene · Nassenerfurt · Großenenglis · Kerstenhausen · Betzigerode · Wenzigerode · Braunau · Odershausen · Reinhardshsn. · Rothhelmshausen · Bergfreiheit · Armsfeld · Battenhsn. · Hüttenrode · Löhlbach · Huntshsn. · Daintrode · Altenhaina · Hommershausen · Halgehausen · Mohnhsn. · Dodenhausen · Ellnrode · Herbelhsn. · Lehnhsn. · Grüsen · Oberholzhausen · Niederholzhausen · Haubern · Friedrichshausen · Geismar · Ellershausen · Frankenau · Hüddingen · Frankenau · Louisendorf · Frebershausen · Albertshsn. · Gellershsn. · Traddel-Kopf 626 · Emdenau · Kleinern · Altenlotheim · Freiung · Schmittlotheim · Buchenberg · Kirchlotheim · Hartshausen · Ruine Ehrenburg · Hemfurth · Brunghsn. · Affoldern · Bringhausen · Mehlen · Giflitz · Anraff · Wega · Geismar · Ungedanken · Wellen · Wabern · Hessen · Borken · Uttershsn.

Ruine Hessenstein · Stausee · Edersee · Ederbringhsn. · Ob.-Werbe · Nd.-Werbe · Vöhl · Basdorf · Schmittlotheim · Scheid · Buhlen · Königshagen · Kirchberg · Bergheim · Heimarshausen · Züschen · Bad Emstal

Sackpfeife 674 · Eifa · Holzhausen · Laisa · Wollmar · Katzenbach · Kombach · Buchenau · Eckelshausen · Dautphe · Friedensdorf · Kernbach · Elmshsn. · Sterzhausen · Göttingen · Caldern · Damshsn. · Dilschhsn. · Michelbach · Wehrda · Bortshsn. · Wittelsberg · Cölbe · Bürgeln · Ginseldorf · Schönbach · Bauerbach · Großseelheim · Niederwald · Langenstein · Amöneburg · Ortsbild · Rüdigheim · Schweinsberg · Dannenrod · Kirtorf · Ohmes · Ober-Gleen · Angenrod · Leusel · Alsfeld · Zell · Liederbach · Homberg · Maulbach · Büßfeld · Rülfenrod · Ehringshausen · Gemünden · Otterbach · Ober-Breidenbach · Bildstein 398 · Bernsfeld · Rabenau · Staufenberg · Krumbach · Odenhausen · Kirchvers · Erda · Salzböden · Sichertshausen · Allendorf a.d.L. · Londorf · Ruttershausen · Schaden · Bleidenrod · Burg-Gemünden

Gladenbach · Weidenhsn. · Erdhausen · Runzhausen · Mornshsn. · Nanz-Weimar · Weimar · Wenkbach · Niederwalgern · Fronhausen · Lohra · Seelbach · Rollshsn. · Altenvers · Reimershausen · Weipoltshausen · Kehlnbach · Wolfshausen · Hachborn · Ebsdorfergrund · Heskem · Dreihausen · Leidenhofen · Roßberg · Ilschhausen · Winnen · Nordeck · Beltershsn. · Moischt · Schröck · Cappel · Gisselberg · Allna · Hermershsn. · Wehrshausen · Sinkershausen · Frohnhausen · Rüchenbach · Bellnhausen

Treppauf, treppab in Marburg, Fachwerk und gesunde Luft

Marburg hat eine bedeutende, international anerkannte Universität, dennoch bewahrte sich die Stadt bis heute das Ambiente eines romantischen Bergstädtchens. Von hier aus lassen sich schöne Ausflüge gestalten: Nach Biedenkopf, das im Winter zu Skiwanderungen einlädt, nach Frankenberg mit seinem zehntürmigen Rathaus, zum imposanten Eder-Stausee oder nach Alsfeld mit dem Hochzeitshaus.

Attraktionen

Die B 3 führt durch die an der Lahn gelegene Stadt ❶ **Marburg**. Die bereits im Jahr 1527 gegründete **Universität** der Stadt brachte mit Emil von Behring, dem Entdecker des Diphterieserums, einen Nobelpreisträger hervor. Marburg hat sich den Flair eines romantischen Bergstädtchens bewahrt. Eine Sehenswürdigkeit europäischen Ranges ist die **Elisabethkirche**, die in der Zeit von 1235 bis 1283 als eine der ersten Kirchen in rein gotischem Stil gebaut wurde, um die Gebeine der heiligen Elisabeth aufzunehmen. Bemerkenswert sind die farbigen **Glasfenster** des **Chores** sowie der kostbare **Schrein** (um 1250) in der **Sakristei**. 102 m über der Lahn liegt das **Schloss der Landgrafen**. Die **Schlosskapelle** und vor allem der **Fürstensaal**, einer der größten profanen Innenräume deutscher Gotik, sind besonderer Beachtung wert. Ein Bummel durch die **Altstadt** mit vielen **Fachwerk-** und **Steinhäusern** im gotischen Stil lohnt, wenn man die vielen Treppen nicht scheut.

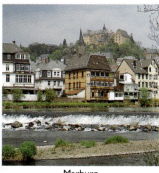

Marburg

Freizeit und Kultur

Nördlich von Marburg führt die B 252 nach ❷ **Frankenberg**. Die Stadt an der Eder bietet neben der sehenswerten **Marienkapelle** in der **Liebfrauenkirche** eine Rarität aus der hochgotischen Zeit: das **zehntürmige Rathaus** aus Fachwerk.

Die Edersee-Staumauer

Weiter nördlich führt die B 252 zur ❸ **Eder-Talsperre**. In den Jahren 1910 bis 1914 entstand die **Sperrmauer** mit einer Länge von 400 m und annähernd 50 m Höhe. Das Staubecken hat ein Fassungsvermögen von 202 Mio. Kubikmetern.

Von Marburg aus führt die B 62 westlich nach ❹ **Biedenkopf**. Das im **landgräflichen Schloss** untergebrachte **Hinterland-Museum** vermittelt einen guten Eindruck von der Kultur und Tradition der Region. Zu sehen sind Trachten und Stickereien, der Besucher wird über Handwerk und Eisengewinnung informiert. In schneereichen Wintern bieten sich von hier aus **Skiwanderungen** in gespurten Loipen an.

Östlich von Marburg liegt an der A 5 ❺ **Alsfeld**. Die Stadt bietet dem Besucher einen der geschlossensten **Marktplätze** Hessens. Zu bewundern sind hier: der Renaissance-Bau **Hochzeitshaus** (1564 bis 1571), das **Rathaus** aus Fachwerk (1512 bis 1516), der **Turm** der **Walpurgiskirche** sowie das **Weinhaus** (1538). In Alsfeld sind weiterhin **Fachwerkhäuser** zu sehen, die zu den ältesten Deutschlands gehören, etwa das **Neurath-Haus** (1688) oder das **Minnigerode-Haus** (1687).

Fremdenverkehrsverbände

Touristikzentrale Sauerland
59929 Brilon
Heinrich-Jansen-Weg 14
Tel.: 02961/943229
Kurverwaltung Winterberg
59995 Winterberg
Hauptstr. 1
Tel.: 02981/92500
Hessen Touristik Service
65189 Wiesbaden
Abraham-Lincoln-Str. 38–42
Tel.: 0611/778800
Fremdenverkehrsverband Marburg-Biedenkopf
35020 Marburg
Postfach 701140
Tel.: 06421/405381

Spaß für Kinder

Eine Tropenlandschaft im Sauerland: Im ❻ Ferienpark **Gran Dorado** in Medebach sorgt das **Badeparadies** für südliches Flair. Medebach liegt zwischen der B 236 und der B 252 auf der Höhe von Winterberg und dem

Eder-Stausee. Täglich geöffnet, Sonnenallee 1, Tel.: 02982/9500.

Nördlich davon, an der B 251 liegt der ❼ **Wild- und Freizeitpark Willingen**. Neben dem Tierpark locken Märchenpark, Gokarts, Autoskooter und Oldtimermuseum. Am Ettelsberg, Tel.: 05632/69198.

Regionale Küche

In Nordhessen hat sich die bäuerliche hessische Küche am besten erhalten. Hier spielen Schlachtplatten und Würste eine wichtige Rolle, beispielsweise die Garwurst, eine grobe Hausmacher Leberwurst, und das Weckewerk, mit Zwiebeln und eingeweichten Brötchen gebratenes Schweinefleisch.

Ein beliebtes Ausflugsziel westlich von Marburg ist die historische **Dammühle** im Örtchen Wehrshausen, Dammühlenstraße 1. Hier sollte man hessische Spezialitäten wie Ebbelwoi-Suppe, Speckpfannkuchen und Schmandhering probieren. Nördlich von Marburg lädt der Hessische Landgasthof **Chaussehaus** an der B 3 in Cölbe zu einer Rast ein.

145

Rund ums Auto

Verkehrsfunk
HR III 87,6 MHz

Naturpark
Diemelsee
Twistetal
Korbach
Bad Arolsen
Arolsen
Wolfhagen
Naturpark Habichtswald
Zierenberg
KASSEL
Ahnatal
Vellmar
Espenau
Fuldatal
Schauenburg
Baunatal
Fuldabrück
Naumburg
Weidels-Berg
Vöhl
Waldeck
Edersee
Lichtenfels
Traddel-Kopf
Bad Wildungen
Edertal
Bad Emstal
Edermünde
Gudensberg
Fritzlar
Felsbg.
Wabern
Frankenberg
Borken
Homberg
Kellerwald
Neuental
Frielendorf
Knüllwald
Knüll
Knüll-Köpfchen
Wohratal
Schwalmstadt
Neukirchen
Gebirge
Neustadt
Stadtallendorf
Kirchhain
MARBURG
Ebsdorfergrund
Homberg
Alsfeld
Rabenau
Rimberg
Eisen-B.

Kunst und Klassizismus in Kassel – der Norden Hessens

Ob Barock im Schlosspark, bedeutende klassizistische Baudenkmäler, gewagte Verbindung von Alt und Neu oder modernste Kunst anlässlich der »documenta«: Kassel ist eine Stadt der Kunst, die eine Reise wert ist. Das typische Bild des hessischen Nordens mit seiner reizvoll rauhen Berglandschaft und den von Fachwerk geprägten Orten findet der Besucher im Umland der Großstadt.

Der Dom in Fritzlar

Attraktionen

A 7 und A 49 Abfahrt ❶ **Kassel**. In einem der bedeutendsten kulturhistorischen Bauten der Stadt, dem klassizistischen **Fridericianum** (zwischen 1769 und 1776 als erster reiner Museumsbau des europäischen Festlands gebaut) findet alle fünf Jahre das international anerkannte Kunstspektakel »**documenta**« statt. Das durch

Kassel – Heimat der documenta

den **Königsplatz**, den **Ständeplatz** sowie die **Treppenstraße** gebildete Dreieck ist Mittelpunkt der Stadt. Hier bietet sich ein Schaufensterbummel an. Eine interessante Kombination von alter und neuer Architektur zeigt die **St.-Martins-Kirche**. Die älteste Kirche Kassels ist die **Brüderkirche**. Die Stadt bietet dem Besucher eine Vielzahl an Museen: das **Naturkundemuseum** (Holzbibliothek sowie Holzsammlung aus dem 18. Jh.) im 1603 bis 1606 errichteten **Ottoneum**; das **Tapetenmuseum** im **Hessischen Landesmuseum**; das **Brüder-Grimm-Museum** im **Schloss Bellevue** sowie die **Neue Galerie** mit Kunst vom Klassizismus bis zur Moderne.

Wahrzeichen der Stadt ist das **Oktogon**, ein achteckiges Schloss, welches nur dekorativen Zwecken dienen sollte. Auf die Spitze wurde eine 8 m hohe Nachbildung des **Herkules** gesetzt. Vor dem Oktogon, von wo aus der Besucher einen herrlichen Blick genießen kann, ließ Landgraf Karl die **Kaskaden** anlegen, eine 250 m lange Wassertreppe, die am **Neptunbassin** endet. Malerisch im Bergpark Wilhelmshöhe liegt das **Schloss Wilhelmshöhe**, ein einzigartiges klassizistisches Gesamtkunstwerk. Den **Park** halten Kenner für einen Höhepunkt der Verbindung von Landschaft und Architektur. Das Bauwerk beherbergt das **Schlossmuseum**, die **Gemäldegalerie alter Meister** und die **Antikensammlung**.

Freizeit und Kultur

Die B 251 führt westlich von Kassel nach ❷ **Korbach**. Auf dem Marktplatz der Stadt sind zahlreiche **Fachwerkhäuser** aus dem 17. und 18. Jh. ebenso zu sehen wie der **Pranger** und die **Schandsteine**. Beachtenswert sind auch die **Pfarrkirchen** der Alt- und Neustadt, das **Rathaus** mit der **Rolandfigur** sowie spätgotische **Speicher-** und **Wohnhäuser** aus Stein. Von der **Stadtbefestigung** sind beträchtliche Reste erhalten.

B 454 ❸ **Schwalmstadt**. Neben vielen **Fachwerkhäusern** prägen die **Totenkirche** und das **Rathaus** den Marktplatz des Ortsteils Treysa. Besonders schöne Fachwerkarchitektur zeigen das **Alte Brauhaus**, das

Haus zum Rosengarten sowie das **Kornhaus**. Die Vielfalt der **Trachten** der Region zeigen 26 Figuren im **Museum der Schwalm**.

Melsungen

Fremdenverkehrsverbände

Fremdenverkehrsverband Marburg-Biedenkopf
35020 Marburg
Postfach 701140
Tel.: 06421/405381

Touristikzentrale Waldeck-Ederbergland
34497 Korbach
Südring 2
Tel.: 05631954361

Fremdenverkehrsverband Kurhessisches Bergland
34576 Homberg
Parkstr. 8
Tel.: 05681/775250

Touristregion Kassel-Land
34369 Hofgeismar
Kasinoweg 22
Tel.: 05671/80012545

Spaß für Kinder

Auf die alten Griechen berufen sich die Betreiber des ❹ **Freizeitbades Heloponte** in

Bad Wildungen: Heloponte bedeutet »Brücke zur Sonne«, und diesem Namen macht das Bad alle Ehre. Montags ab 13 Uhr, sonst ab 8 Uhr geöffnet, Stresemannstr. 2, Tel.: 05621/1600. Bad Wildungen erreicht man über die A 49, Abfahrt Wabern, dann die B 253.

Regionale Küche

Die Einführung des Kartoffelanbaus im 18. Jh. hatte weit reichende Folgen: Mussten damals die Bauern von der Qualität der Ackerknolle überzeugt werden, sind heute besonders die Schwälmer Meister im Zubereiten köstlicher Kartoffelgerichte. Genannt seien nur der Bloatz, ein Blechkuchen mit einem Kartoffel-Schmand-Belag und die Kartoffelklöße mit Specksauce.

Nordwestlich von Kassel bietet das althessische Restaurant **Zum Berggarten**, Zehntgrafenstraße 178 in Kirchditmold, eine deftige Küche mit hausgemachten Sülzen. In Schwalmstadt-Ziegenhain können im Restaurant **Rosengarten**, Muhlystraße 3, original Schwälmer Spezialitäten wie gefülltes Kraut genossen werden. Unbedingt dazu probieren: Eierbier.

147

Rund ums Auto

Verkehrsfunk
HR III 87,6 MHz

WETZLAR
Aßlar
Ehringshausen
Greifenstein
Leun
Braunfels
Solms
Weilburg
Westerburg
Waldbrunn (Westerwald)
Dornburg
Hadamar
Beselich
Runkel
Villmar
LIMBURG
Diez
Montabaur
Wirges
Elz
Brechen
Selters
Hünfelden
Bad Camberg
Weilmünster
Weilrod
Waldsolms
Schmitten
Nassau
Ems
Aarbergen
Hünstetten
Idstein
Waldems
Glashütten
Königstein
Kronberg i.Ts.
OBERURSEL
Hohenstein
Heidenrod
Bad Schwalbach
TAUNUS-STEIN
Niedernhausen
Eppstein
KELKHEIM
Bad Soden
Schwalbach
Sulzbach
Liederbach
HOFHEIM a.Ts.
Kriftel
Hattersheim
WIESBADEN
Schlangenbad
Eltville a.Rh.
Oestrich-Winkel
Geisenheim
Rüdesheim
Bingen a. Rhein
Ingelheim a. Rh.
Gau-Algesheim
Budenheim
MAINZ
Gustavsburg
Ginsheim
Bischofsheim
Flörsheim
Hochheim
Raunheim
RÜSSELSHEIM
MÖRFELDEN
Nauheim
Trebur
Groß-Gerau
Bodenheim
Nieder-Olm
Naturpark Rhein-Taunus
Naturpark Hochtaunus
Naturpark Nassau
Rheingau
Westerwald
Taunus
Lorch
Kalte Herberge
Jäger-H.
Wisper-tal
Kellerskopf

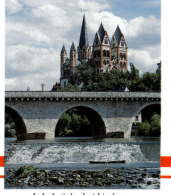
Lahnbrücke bei Limburg

Rheinhessen und Rheingau: Wein auf beiden Seiten des Rheins

»Wo's Sträußchen hängt, wird eingeschenkt« heißt es in dieser Region links und rechts des Rheins. Der am Tor der Gutsausschänken und Straußwirtschaften hängende Strauß signalisiert, dass hier Wein ausgeschenkt wird. Dazu gibt es stets herzhafte kleine Mahlzeiten. Nicht nur kulinarisch, auch kulturell hält die Region eine besondere Vielfalt bereit.

Attraktionen

Zwischen Rhein und Rheingau-Gebirge liegt der **Rheingau**, eine malerische Landschaft, geprägt vor allem durch den Anbau des schmackhaften Rieslings. Nach Wanderungen durch die Weinberge oder am Rhein entlang laden die Straußwirtschaften und die Gutsausschänken zu geselligem Beisammensein ein. In jedem Ort der Region sind sie zu finden: in **Walluf**, in **Eltville**, in **Martinsthal**, in **Erbach**, in **Hattenheim**, in **Oestrich-Winkel**. Besonders erwähnenswert ist ❶ **Kiedrich** nicht nur wegen seines idyllischen Ambientes, sondern auch wegen der imposanten **gotischen Kirche**. Nur wenige Kilometer entfernt liegt eingebettet in die Landschaft das **Kloster Eberbach**. Von Eltville aus können **Schiffsfahrten** auf dem Rhein unternommen werden.

Freizeit und Kultur

Als »Tor zum Rheingau« gilt die an der A 66 gelegene hessische Landeshauptstadt ❷ **Wiesbaden**. Die Kurstadt wartet mit 26 heißen **Kochsalzquellen** auf. Am Kranzplatz sprudelt, geschützt unter einem schmiedeeisernen Tempel, die berühmteste Quelle Wiesbadens, der **Kochbrunnen**. Im Innern des Prunkbaus **Kurhaus** befinden sich reich dekorierte Räume sowie die **Spielbank**. Das direkt am Rhein gelegene **Schloss Biebrich** ist eine der schönsten Lustschlossanlagen

Deutschlands. Den **Neroberg** mit einer **griechischen Kapelle** kann der Besucher mit einer **Zahnstangenbahn** aus dem Jahr 1888 erreichen.

A 60 Abfahrt ❸ **Mainz**, Landeshauptstadt von Rheinland-Pfalz. Der die Stadt beherrschende, im Jahr 975 begonnene Bau ist der **Dom St. Martin**. Zur wertvollen **Innenausstattung** gehören u. a.: **Grabmäler** aus Hoch- und Spätgotik sowie **Statuen** der **Muttergottes** und der beiden **Bischöfe Martin** und **Bonifatius**. Eine besondere Attraktion der Stadt ist das **Gutenberg-Museum**, zu dessen kostbarsten Exponaten zwei **Gutenberg-Bibeln** gehören. Weiterhin sehenswert: das **Kurfürstliche Schloss**, die Kirche **St. Stephan** mit **Chagall-Fenstern**, das Viertel **Kirschgarten** mit kleinen **Fachwerkhäusern**.

Schlossgarten von Weilburg

A 3 Abfahrt ❹ **Limburg**. Berühmt ist die Stadt wegen des siebentürmigen **Doms**, zu dessen **Domschatz** (Diözesanmuseum) die Kostbarkeiten **Staurothek** (zwischen 948 und 976 gefertigtes Kreuzreliquiar), **goldene Hülle des Petrusstabs** (980) und die **Tonplastik Dernbacher Beweinung** (1400) gehören. Die **Altstadt**

Auf der »Riesling-Route« im Rheingau

Limburgs ist wegen der vielen verwinkelten Gassen mit einer Vielzahl von **Fachwerkhäusern** einen ausgedehnten Bummel wert.

Fremdenverkehrsverbände

Freizeitregion Lahn-Dill
35576 Wetzlar
Karl-Kellner-Ring 51
Tel.: 06441/4071900
Fremdenverkehrsverband Westerwald-Lahn-Taunus
65549 Limburg/Lahn
Konrad-Kurzbold-Str.
Tel.: 06431/296221
Rheingau-Taunus Kultur und Tourismus
65375 Oestrich-Winkel
An der Basilika 11a
Tel.: 0180/2251202
Fremdenverkehrsverband Main + Taunus
61348 Bad Homburg
Kisseleffstr. 7
Tel.: 06172/178352

Spaß für Kinder

Im ❺ **Taunus Wunderland** in **Schlangenbad**, westlich von Wiesbaden an der B 260, sind

zahlreiche Figuren aus Comics und Märchen zu Hause. Außerdem: Dinosauriershow, Achterbahn, Geisterhöhle und jede Menge Affen und Papageien. Geöffnet von April bis September, Tel.: 06124/4081.

Die ❻ **Freizeittherme Lagune** in **Aßlar** sorgt für einen lustigen Badetag. Täglich ab 10 Uhr geöffnet, im Ort ausgeschildert, Tel.: 06441/88118. Aßlar liegt in der Nähe der E 40/41, wenige Kilometer nordwestlich von Wetzlar.

Regionale Küche

Ohne Zweifel dominiert in Rheinhessen der »Handkäs mit Musik« die Szene – ein in Müller-Thurgau eingelegter Handkäse, der mit Zwiebelringen und Kümmel kredenzt wird.

In **Stein´s Traube**, Poststr. 4 in Mainz, erwartet den Gast neue und bürgerliche Küche. Wildspezialitäten sind in der **Burg Sonnenberg**, Am Schloßberg 20 in Wiesbaden, vortreffllich zu genießen.

Rund ums Auto

Verkehrsfunk
HR III 89,3 MHz

149

GIESSEN

Wettenberg · Buseck · Mücke · Reiskirchen · Grünberg · Ulrichstein · Vogelsberg · Naturpark

Heuchelheim · Fernwald · Laubach · Schotten · Hoherods-K.

Linden · Pohlheim · Lich · Ruppertsburg · Hohe

Hüttenberg · Langgöns · Holzheim · Hungen · Vogelsberg · Gedern

Butzbach · Wölfersheim · Echzell · Nidda · Birstein

Ober-Mörlen · BAD NAUHEIM · Ortenberg · Bad Soden-Salmünster

Friedberg · Reichelsheim · Büdingen · Wächtersbach · Bad Orb

Rosbach · Florstadt · Altenstadt · Gelnhausen · Biebergemünd

MBURG d.H · Karben · Nidderau · Langenselbold · Gründau

FRANKFURT am Main · BAD VILBEL · Schöneck · Bruchköbel · Hasselroth · Freigericht

OFFENBACH am Main · MAINTAL · HANAU · Erlensee-Rodenbach

Neu-Isenburg · Obertshausen · Mühlhm. a.M. · Linsengericht · Hösbach

DREIECH · Heusenstamm · Hainstadt · Hainburg · Alzenau · Mömbris

LANGEN · DIETZENBACH · Seligenstadt · Karlstein · Goldbach · Bayerisch-

Egelsbach · RODGAU · Rödermark · Mainhausen · Klein-ostheim · ASCHAFFENBURG · Bessenbach

Erzhausen · Babenhausen · Stockstadt · Mainaschaff · Haibach

Münster · Schaafheim · Groß-ostheim

Ruine Münzenburg

Skyline umweht von guter Luft: Mainhattan, Taunus, Wetterau

Der Flughafen Frankfurt a. M. ist Drehscheibe des internationalen Luftverkehrs. Wer den Fuß jedoch nur auf den Boden setzt, um in das nächste Flugzeug zu steigen, verpasst eine Stadt nicht nur mit einmaligen Denkmälern und Attraktionen, sondern auch Museen und Kunstsammlungen von internationalem Rang. Frische Luft kann der Besucher im Taunus oder in der Wetterau genießen.

Attraktionen

❶ **Frankfurt a. M.** lässt sich gleichermaßen gut mit dem Auto, der Bahn und dem Flugzeug erreichen. Die bedeutendsten Sehenswürdigkeiten der Stadt: das **Goethehaus** mit dem **Goethemuseum**; der restaurierte Platz **Römer** mit dem **Rathauskomplex Römer** (im Innern: repräsentativer **Kaisersaal** und **Römerhalle**); der **Dom St. Bartholomäus** mit dem 95 m hohen Westturm, die **Paulskirche**, die von 1848 bis 1849 Stätte der Deutschen Nationalversammlung war; die **Hauptwache**, von der aus die Hauptgeschäftsstraße **Zeil** abgeht; das **Karmeliterkloster**, die **Leonardskirche**, die meisterhaft restaurierte **Alte Oper** sowie das **Steinerne Haus**. Frankfurt hat eine Reihe bedeutender Museen zu bieten: das **Senckenberg-Museum** (beeindruckende Skelett-Montagen von Dinosauriern); das **Deutsche Filmmuseum**; das **Deutsche Postmuseum**, das **Architekturmuseum**, das **Museum für Kunsthandwerk**, das **Jüdische Museum**. Bedeutende Kunst-

Neues Schloss in Gießen

sammlungen und Ausstellungen sind in der **Schirn**, im **Museum für moderne Kunst** und im **Städelschen Kunstinstitut** zu besichtigen. Der **Fernmeldeturm** bietet aus einer Höhe von 331 m einen grandiosen Blick auf die einmalige **Skyline** der Stadt. Beeindruckend ist auch ein Besuch des **Frankfurter Flughafens**.

Freizeit und Kultur

Beliebtes Ausflugsziel von Frankfurt aus ist das Mittelgebirge **Taunus** mit sehenswerten Ortschaften und Städten wie **Idstein**, **Königstein**, **Kronberg**, **Oberursel** und **Bad Homburg**, die zahlreiche Attraktionen bieten.

Östlich von Frankfurt a. M. liegt ❷ **Offenbach**. Sehenswert: das **Deutsche Ledermuseum** und das **Klingspor-Museum**, das Illustrationen und Schriften zeigt.

Ein Ausflug nach dem an der B 457 gelegen ❸ **Büdingen**, dem beschaulichen Mittelpunkt der östlichen Wetterau, lohnt sehr. Empfehlenswert: die **Stadtmauer** mit **Wehrgang** und den Toren **Untertor** und **Mühlentor**, das **Schloss** sowie der **Schlossplatz** mit der **Marienkirche**.

A 66 Abfahrt ❹ **Gelnhausen**, »Barbarossastadt« genannt. Die Ruine der romanischen **Kaiserpfalz** (12. Jh.) ist beeindruckend. Sehr sehenswert ist ebenfalls die **Marienkirche**.

Fremdenverkehrsverbände

Fremdenverkehrsverband Vogelsberg-Wetterau
36341 Lauterbach
Goldhelg 20
Tel.: 06641/977275

Fremdenverkehrsverband Spessart-Kinzigtal-Vogelsberg
63571 Gelnhausen
Barbarossastr. 20
Tel.: 06051/854278

Touristinformation Spessart-Main-Odenwald
63739 Aschaffenburg
Bayernstr. 18
Tel.: 06021/394271

Tourismus & Congress GmbH
60329 Frankfurt a. M.
Kaiserstr. 56
Tel.: 069/21238800

Spaß für Kinder

In Frankfurt lohnt sich unbedingt ein Besuch im **Frankfurter Zoo**. Alfred-Brehm-Platz 16, Tel.: 069/21233735.

Regionale Küche

Die Hessen ziehen deftige Hausmannskost einer feineren Küche vor. Ein traditionell hessischer Beitrag ist die »Grie Soß« (Grüne Soße), welche zu gekochtem Ochsenfleisch, harten Eiern oder Pellkartoffeln gereicht wird und mindestens aus zehn feinen Kräutern besteht. Aus dem Bereich der Getränke ist der Frankfurter »Äppelwoi« nicht mehr wegzudenken, welcher bspw. als »Rauscher« aus einem Steinkrug getrunken wird.

Im **Dippegucker**, Am Hauptbahnhof 4, werden vor allem Gerichte der Frankfurter Kochtradition angeboten. Aber auch im **Wagner**, Schweizer Str. 71, ebenfalls in Frankfurt, kann man hessische Spezialitäten genießen.

151

Rund ums Auto

Verkehrsfunk
HR III 89,3 MHz

Mainpanorama von Frankfurt

Odenwald und Bergstraße: Im Dreieck schöner Städte

Wenn in anderen Regionen noch sehnlichst auf den Frühling gewartet wird, erstrahlt die über die A 5 oder B 3 gut erreichbare Bergstraße bereits in Blütenpracht. Von hier führen schöne Straßen in den romantischen Odenwald mit seinen malerischen Orten. Aschaffenburg, Darmstadt und Heidelberg bieten so viele Attraktionen, dass sich ein längerer Aufenthalt in der Region unbedingt lohnt.

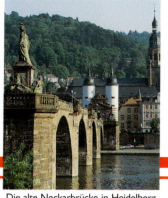
Die alte Neckarbrücke in Heidelberg

Attraktionen

A 5 und B 3 führen von Darmstadt nach Heidelberg entlang der **Bergstraße**, einer Region, die sich eines frühen Frühlingsbeginns erfreut. In den späten März- und den frühen Aprilwochen steht hier alles in farbenfroher Blütenpracht. Weinberge und Obstplantagen prägen die Landschaft. An der B 3 liegen malerische Orte, die zu gemütlichen Spaziergängen oder zu einem Schluck Wein in geselliger Runde einladen:

Das Wahrzeichen von Aschaffenburg

❶ **Zwingenberg**: historische Altstadt, Bergkirche (13. Jh.), Weinlehrpfad. ❷ **Bensheim**: schöne Fachwerkhäuser (Walderdorffer Hof aus dem 15. Jh.), Staatspark Fürstenlager, Auerbacher Schloss. ❸ **Heppenheim**: Marktplatz, Rathaus mit Renaissancehalle.

Wer sich von der lieblichen Bergstraße in den romantischen **Odenwald** mit dem nordöstlich von Bensheim gelegenen **Felsenmeer** (Ansammlung gewaltiger Granitblöcke) begibt, sollte den Besuch folgender Orte nicht versäumen:

B 37 ❹ **Neckarsteinach**: malerische Stadt mit vier Burgen. B 37 ❺ **Hirschhorn**: Burg, schöne Altstadt. B 45 ❻ **Michelstadt**: idyllischer Marktplatz mit weit über die Region hinaus bekanntem Rathaus.

Freizeit und Kultur

A 5 Abfahrt ❼ **Darmstadt**. Mittelpunkt der Stadt ist das **Schloss**. In der Anlage sind zu sehen: das **Herrenhaus**, dem im Jahr 1512 der **Weiße-Saal-Bau** angeschlossen wurde, der **Kirchenbau** und der **Kaisersaalbau**. In dem Turm des **Glockenbaus** ist ein Glockenspiel zu bewundern. Nicht versäumt werden sollte der Besuch der architektonisch wertvollen **Mathildenhöhe**, eine Kolonie von **Bauten im Jugendstil** rund um die **Russische Kapelle**. Hier ließen sich seinerzeit progressive Künstler auf Initiative des Großherzogs Ernst Ludwig nieder.

A 5 Abfahrt ❽ **Heidelberg**. Die Universitätsstadt bietet eine Vielzahl von Sehenswürdigkeiten. Herausragend ist das **Schloss**, welches, hoch am bewaldeten Nordhang des Königsstuhls gelegen, zu Fuß oder mit der Bergbahn erreicht werden kann. Im Fassbau der riesigen **Schlossanlage** liegt das 1751 gebaute, 221726 Liter Wein fassende **Heidelberger Fass**. Ein Besuch des **Kurpfälzischen Museums** lohnt allein wegen des **Zwölfbotenaltars** von Tilman Riemenschneider. Eine Attraktion ist der **Karzer** der **Alten Universität**, in dem unbotmäßige Studenten einsitzen mussten.

Darmstadt – Mathildenhöhe

A 3 Abfahrt ❾ **Aschaffenburg**. Besonders sehenswert: das **Schloss Johannisburg** sowie **Stiftskirche** mit wertvoller **Innenausstattung**.

Spaß für Kinder

Im Darmstädter **Vivarium** sind Reptilien und Fische

aus aller Herren Länder zu Hause. Schnampelweg 4, Tel.: 06151/133391.

Am **Bahnhof Darmstadt-Kranichstein** schlägt das Herz eines jeden Eisenbahnfreunds höher im **Eisenbahnmuseum**. Geöffnet sonntags (im Sommer auch mittwochs) von 10–16 Uhr. Steinstraße, Tel.: 06151/376401.

Regionale Küche

Im Odenwald herrscht zwar ein rustikaler Grundton vor, doch auch feinere Genüsse wie Spargel und Wild erfreuen sich großer Beliebtheit. Typische Gerichte sind die Grünkernsuppe mit Markklößchen und die Semmede: Stampfkartoffeln kombiniert mit Fett, Grieben oder Zwiebeln sowie verschiedenen Gewürzen. Dazu wird Dick- oder Buttermilch getrunken.

Im Hinblick auf Wildgerichte führt der Weg unweigerlich zum **Landhaus Grenzhof**, Grenzhof 9 in Heidelberg. Attraktion des Hotel/Restaurants **Zum Ritter**, Neckarstr. 40 in Neckargemünd, ist das historische Rittermahl im Knappenkeller.

153

Rund ums Auto

Verkehrsfunk
HR III 92,7 MHz

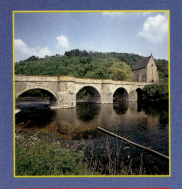
Am Ufer der Werra

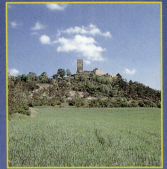
Burg Gleichen bei Gotha

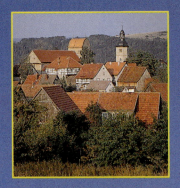
Stadtbild von Rohr

Das Schloss in Fulda

Erdfunkstelle bei Hammelburg

Die Rhön und der Thüringer Wald

Der östliche Teil des Herzens Deutschlands, Thüringen, die Felsen und Hochmoore der Rhön, dieses eigenwillig herben Mittelgebirges, in dem Hessen und das bayerische Franken aneinandergrenzen, bieten vielfältige Möglichkeiten unmittelbarer Begegnung mit ursprünglicher Natur. Hier liegen aber auch zwei der für die Kirchengeschichte in Deutschland bedeutenden Orte. Zum einen der alte Bischofssitz Fulda mit seinem Benediktinerkloster und der Abteikirche, zum zweiten Eisenach und die Wartburg. Hier schuf Martin Luther seine bis heute fortlebende Bibelübersetzung.

Haus zum Sonnenborn in Erfurt

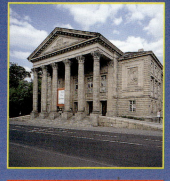

Gutshof in Bauerbach

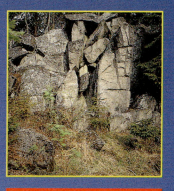

Theater in Meiningen

Die reizvolle Rhön

Thüringer Wald und Eisenach, die Stadt Luthers und Bachs

Das Rathaus zu Eisenach

Gut über die A 4 ist die geschichtsträchtige Stadt Eisenach zu erreichen. Hier wurde Johann Sebastian Bach geboren, Luther übersetzte auf der Wartburg das Neue Testament. Geschichte begleitet den Besucher der Region um den Thüringer Wald auf Schritt und Tritt, so auch in Mühlhausen. Mit angenehmer Kuratmosphäre lockt Bad Liebenstein.

Attraktionen

A 4 Abfahrt ❶ **Eisenach**. Zu Füßen des Thüringer Waldes liegt diese geschichtsträchtige Stadt Ostdeutschlands, in deren Mitte sich das **Schloss**, die **Pfarrkirche** mit **Marktbrunnen** sowie das **Rathaus** befinden. Im Schloss ist das **Thüringer-Museum** mit zahlreichen Gemälden, einer Porzellan- und Glassammlung untergebracht. Eingerahmt von **Fachwerkhäusern** findet der Besucher in nächster Nähe das **Lutherhaus** und das **Bachhaus**.

Herleshausen-Wommen

An das Wirken des großen, 1685 in Eisenach geborenen Komponisten Johann Sebastian Bach erinnert auch ein beachtenswertes **Denkmal**. Das **Lutherdenkmal** der Stadt stammt aus dem Jahr 1895. Vor allem wegen der **Wartburg** ist Eisenach beliebtes Reiseziel. Auf engstem Raum sind in dieser hoch über der Stadt liegenden Burg **verschiedenste Baustile** vereint. Aneinander schmiegen sich **Wehr-**, **Wohn-**, **Wirtschafts-** und **Repräsentationsbauten**. Über die mittelalterliche **Zugbrücke** gelangt der Besucher in den von **Wehrgängen**, **Tor-**

und **Ritterhaus** umbauten ersten **Burghof**. Von hier aus ist auch die **Vogtei** zugänglich. In deren **Lutherstube** übersetzte der Reformator in den Jahren 1521 und 1522 das Neue Testament.

Freizeit und Kultur

Nördlich von Eisenach an der B 249 liegt ❷ **Mühlhausen**. In der Nähe der reizvollen Stadt am Oberlauf der Unstrut wurde im Jahr 1525 der Theologe und Bauernführer Thomas Müntzer enthauptet. Die **Marienkirche**, Predigtkirche Thomas Müntzers, ist die zweitgrößte Thüringens. Johann Sebastian Bach wirkte in der Pfarrkirche **Divi Blasii** (doppeltürmiger gotischer Bau aus dem 13. und 14. Jh.). Eine Gedenkstätte zum Deutschen Bauernkrieg befindet sich in der **Klosterkirche der Franziskaner**. Zahlreiche alte **Bürgerhäuser** schmücken die Stadt.

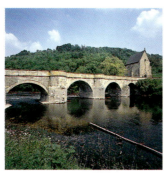
Am Ufer der Werra

Östlich von Bad Salzungen liegt ❸ **Bad Liebenstein**. Die Heilquelle der Stadt, eine kohlensäurehaltige Eisen-Arsen-Quelle, wurde bereits 1519 entdeckt und im 17. Jh. erschlossen. Stattliche **Kurhäuser** schmücken diesen

ersten Badeort Thüringens. Eine gute Sicht bietet die oberhalb des Ortes liegende **Burg Liebenstein** (13. Jh.). Fast 300 m lang und bis zu 12 m hoch ist die nördlich von Bad Liebenstein gelegene **Altensteiner Höhle**.

Südwestlich von Eisenach liegt an der B 84 ❹ **Vacha** mit einer beeindruckenden **Stadtbefestigung** mit Rundtürmen, Teilen der Mauer und der **Burg**.

Weiter südlich an der B 84 liegt ❺ **Rasdorf**. Ein Halt lohnt sich hier wegen der **Stiftskirche** aus dem 13. Jh.

Spaß für Kinder

Im **Eisenacher Automobilbaumuseum** erwartet den Besucher ein Auto, das inzwischen fast schon Kultstatus erreicht hat. Bereits seit 1896 ist Eisenach Automobilstadt, und die Autos wurden nach dem Wahr-

zeichen der Stadt, der Wartburg, benannt. Die Palette der ausgestellten Fahrzeuge reicht vom Modell 1898 über den Dixi U 34 bis hin zum letzten Wartburg von 1991. Rennbahn 6-8, Tel.: 03691/77212.

Außerdem: Die **Schwimmhalle Eisenach**, Katenaue, 99817 Eisenach, täglich geöffnet. Tel.: 03691/672741.

Regionale Küche

Die Region präsentiert sich mit einer unverfälschten, ländlichen Küche, in der vor allem Kartoffeln, Würste und Schlachtplatten im Vordergrund stehen. Neben deftigen Wurstspezialitäten ist der Blechkuchen mit seinem würzigen Belag aus geriebenen Kartoffeln, Öl, Schmand, Eigelb und Kümmel besonders beliebt.

Im Restaurant des Romantik-Hotels **Zum Stern**, Linggplatz 11 in Bad Hersfeld, werden Gäste mit einem saisonabhängigen Hessenmenü verwöhnt. Für den Genuss hessischer Wurstspezialitäten eignet sich der **Schönewolf**, Brückenmüller Str. 5, ebenfalls in Bad Hersfeld.

St. Andreas · Beuren · Beinrode · Hausen · Birkungen · Gerterode · Friedrichsrode · Straußberg · Stockhausen · Jechaburg · Schloß · Zimmer-Berg · höhle · Bendeleben · Ba

Kallmerode · Rüdigers hagen · Nieder-Orschel · Deuna · Vollenborn · Kleinbrembach · Dietenborg · Immenrode · Kirche · Sondershausen · Jecha · Rottleben · Göllingen

Dingelstädt · Silberhausen · Helmsdorf · Hüpstedt · Beberstedt · Zaunröden · Keula · Melisch dündorf · 429 · Groß- brüchter · Toba · Schernberg · Thalebra · Oberspier · Possen · 430 · Berka · Hachelbich · Seega · Ruine · Arensburg · Düppe · Günserode · Oberbösa

Küllstedt · Büttstedt · Zella · Horsmar · Kaisers hagen · Windeberg · Pöthen · Obermehler · Mehrstedt · Rockstedt · Niederspier · Thüringen hausen · Wester engel · Kirch engel · Holzengel · Trebra · Niederbösa · Bilzings leben

Bickenriede · Anrode · Lengefeld · Reiser · Volkenroda · Schlotheim · Allmenhausen · Rockensußra · Wolfsschwenda · Großenehrich · West- greußen · Clingen · Greußen · Nieder- · Riet · Ober- Topfstedt · Frommstedt · 22

Rodeberg · Dorna · Struth · Sambach · Ammern · Grabe · Körner · Hohenbergen · Marolterode · Freienbessingen · Rohnstedt · Ottenhausen · Runneburg · Sch · Weißensee · 176

MÜHLHAUSEN · Altstadt · Popperode · Felchta · Höngeda · Weinbergen · Bollstedt · Issersheilingen · Neunheilingen · Blankenburg · Hornsömmern · Mittelsömmern · Kutzleben · Schilfa · Luthers born · Weißenbu

Naturpark · Eigenrieden · Weidensee · Oberdorla · Niederdorla · Oppershausen · Seebach · Talsp. Seebach · Großen gottern · Groß- welsbach · Klein welsbach · Kirchheilingen · Bruchstedt · Haussömmern · Lützen sömmern · Gangloff- sömmern · Straußfurt · Wunders leben

Diedorf · Schier schwende · Heyerode · Langula · Hallungen · Kammerforst · Heroldishausen · Schönstedt · Merxleben · Nägelstedt · Großvargula · Ballhausen · Schwerstedt · Vehra · Werningshausen · Henschleben · Gebesee · Haßleben · Ringleben · Riethnordhausen · Alperstedt · Schwansee

Nazza · Totenkopf · 444 · Ihlefeld · Weberstedt · Alterstedt · Ufhoven · BAD LANGENSALZA · Altstadt · Illeben · Barockkirche · Gräfentonna · Tohna · Burgtonna · Döllstädt · Dachwig · Talsp. Dachwig · Großfahner · Gierstädt · Elxleben · Kirche · Walschleben · Stötternh

Werratal · Barockkirche · Mihla · Lauterbach · Bischofroda · Alter-Berg · 493 · Reichenbach · Tüngeda · Zimmern · Grumbach · Craula · Henningsleben · Eckartsleben · Aschara · Eschenbergen · Kleinfahner · Witterda · Kühnhausen · Mittelhausen · Kle

Berteroda · Neukirchen · Bolleroda · Behringen · Oesterbehringen · Talsp. Tüngeda · Wangenheim · Ballstädt · Bienstädt · Friedrichsdorf · Tiefthal · Gispersleben · Kersple

EISENACH · Eisenach-West · Stregda · Stockhausen · Großenlupnitz · Haina · Wolfsbehringen · Brüheim · Hochheim · West- hausen · Hausen · Molschleben · Tröchtelborn · Tüttelstädt · Alach · Marbach · Dom · Hist. Stadt · ERFU · Azmann · Windisch holzhause

Eisenach-Ost · Wenigen- lupnitz · Ebenheim · Friedrichswerth · Weingarten · Sonneborn · Goldbach · Remstädt · Warza · Büßleben · Pferdings- leben · Zimmernsupra · Ermstedt · Nottleben · Bindersleben · Gamstädt · Schmira · Rhoda · Egstedt · Walters- leben

Wutha · Farnroda · Kalberfeld · Schönau · Sondra · Ettensh. · Hastrungsfeld · Burla · Neufränken- roda · Aspach · Metebach · Trügleben · Schloß · Friedenstein · GOTHA · Siebleben · Tüttleben · Grabsleben · Friedenstadt · Groß- rettbach · Ingersleben · Stedten · Erfurt-West

Mosbach · Kittelsthal · Wilhelms- thal · Thal · Seebach · Sättelstädt · Mechterstädt · Teutleben · Fröttstädt · Laucha · Hörselgau · Sund- hausen · Uelleben · Töpfleben · Seebergen · Günthersleben · Cobstädt · Wandersleben · Apfelstädt · Neudietendorf · Molsdorf · Arnstadt

Schmerbach · Schwarzhn · Walhwinkel · Langenhain · Leina · Emleben · Gotha · Wechmar · Burg Gleichen · Günthersleben · Mühlberg · Haarhsn · Bittstädt · Altstadt · Arnstadt · Dörnheim

Ruhla · Winterstein · Fischbach · Lustschloß Reinhardsbrunn · WALTERSHAUSEN · Gospiteroda · Wipperoda · Petriroda · Schwabhn · Musketier- Berg · 460 · Wachsenburg · Rehestädt · Rudisleben · Elxleben · Alkersleben · Günsern

Schloß Altenstein · Waldfisch · Gr. Inselsberg · 916 · Naturpark · Kl. Inselsberg · 806 · Engelsbach · Ernstroda · Schönau v.d.W. · Georgenthal · Catterfeld · Nauendorf · Hohenkirchen · Schloß Ehrenstein · Siegelbach · Espenfeld · Gossel · Dosdorf · Branchewinda

Steinbach · Schweina · Bad Liebenstein · Brotterode · Thüringer Wald · Finsterberg · Gräfenhain · Ohrdruf · Wölfis · Plaue · Ruine Ehrenburg · Reinsfeld · Singerber

Trusetaler Wasserfall · Kleinschmalkalden · Hohlebn · Nesselhof · Seligenthal · Tambach- Dietharz · Luisenthal · Schwarzwald · Cräwinkel · Frankenhain · Liebenstein · Rippersroda · Gräfenroda · Wipfratal · Dörnfeld a.d.Ilm

Trusetal · Atzerode · Struth-Helmersdf · Westl. · Talsp. Schmalwasser · H Donnershauck · 893 · Oberschönau · Dörrberg · Angelroda · Neusiß · Heyda · Traßdorf · Dörnfeld a.d.Ilm

Breitungen · Wahles · Heßles · Schloß Wilhelmsburg · Schnellbach · SCHMALKALDEN · Altstadt · Schauberwerk · Asbach · Hohe Warte · Geschwenda · Geraberg · Martinroda · Wolfs-

Wern- hausen · Nieder- schmalkalden · Näherstille · Rotterode · Springstille · Oberhof · Artesberg · Oberpörlitz · Büchelberg · Gräfinau- Angstedt · berg

Zillbach · Schwallungen · Grumbach · Möckers · Altersbach · Mittelstille · Steinbach- Hallenberg · Herges · Schiefergeb. · Schneekopf · 978 · Elgersburg · Manebach · Langewiesen · Dörnf d.a.d.I

Breitenbach · Christes · Viernau · Zella- Mehlis · ILMENAU · Pennewitz · Oberstock

① ERFU · ② ARNSTADT · ③ GOTHA · ④ · ⑤

Arnstadt, Erfurt, Gotha und eine Puppenstadt in Thüringen

Haus zum Sonnenborn in Erfurt

»Mon plaisir« heißt die Puppenstadt mit über 400 Puppen aus dem 18. Jh., die im reizvollen Arnstadt zu sehen ist. So prunkvoll das Schloss Friedenstein in Gotha ist, so erhaben präsentiert sich der Domkomplex in Erfurt. Entlang der A 4 erwartet den Besucher eine Vielzahl von Attraktionen, die einen ausgedehnten Besuch der Region am Fuße des Thüringer Waldes zu einem Erlebnis machen.

Attraktionen

A 4 Abfahrt ❶ **Erfurt**. Wahrzeichen der Stadt ist die prachtvolle Baugruppe von **Dom** und St. Severikirche, die zu den bedeutendsten des Mittelalters auf deutschem Boden gehört. Über 70 Stufen führt die große Freitreppe, die »Graden« vom Domplatz hinauf zum Dom. Das Bauwerk besteht aus einem dreischiffigen spätgotischen Langhaus mit breiten **Seitenschiffen** und

Burg Gleichen bei Gotha

einem **Chor** von 26 m Höhe. Zu der kostbaren **Innenausstattung** gehören: der romanische **Stuckaltaraufsatz** (um 1160), das gotische **Chorgestühl** (um 1350), das **Heilige Grab** in der **Unterkirche** (1420), die **Chorfenster** (1370 bis 1420) mit einer Höhe von 15 m sowie zahlreiche **Grabdenkmäler**. Vom Domkomplex durch die Graden getrennt steht die **St. Severikirche** aus dem 13. Jh. Ein Bummel über den **Fischmarkt** mit schönen **Renaissancehäusern** ist ebenso lohnend wie ein Besuch des **Museums für Thüringer Volkskunde**. Weitere sehenswerte Bauten sind: das neugoti-

sche **Rathaus**, das **Augustinerkloster**, die **Kurmainzische Statthalterei**, in der sich im Jahr 1808 Goethe und Napoleon trafen. Zahlreiche prächtige **Bürgerhäuser** sind in der **Altstadt** zu sehen.

Freizeit und Kultur

Südlich von Erfurt liegt an der B 4 ❷ **Arnstadt**, die älteste urkundlich erwähnte Stadt Thüringens. An Johann Sebastian Bach, der hier seine Laufbahn als Organist begann, erinnert die **Bach-Gedenkstätte**. Wie man zu seinen Zeiten lebte, zeigt eine besondere Attraktion der Stadt: das **Schloss** (Barockbau aus dem 18. Jh.) beherbergt die **Puppenstadt »Mon plaisir«** (18. Jh.) mit über **400 Puppen**, das Lebenswerk der Fürstin Dorothea von Schwarzburg-Arnstadt.

A 4 Abfahrt ❸ **Gotha**. Nach einer Bauzeit von 12 Jahren wurde hier das erste Barockschloss Thüringens fertiggestellt,

Das Lutherhaus in Schmalkalden

das gewaltige **Schloss Friedenstein**. In der Gruft der **Schlosskirche** stehen die **Prunksärge** der Gothaischen Herzöge. Das

Schlosstheater ist heute Teil des **Museums für Regionalgeschichte und Volkskunde** und des **Kartographischen Museums**. Ab 1785 erschienen in Gotha die Karten und Atlanten des Verlegers Justus Perthes, die Weltruhm erlangten.

B 88 ❹ **Friedrichsroda**. In der Stadt liegt das sehenswerte **Lustschloss Reinhardsbrunn**.

Fremdenverkehrsverbände

Thüringer Landesfremdenverkehrsverband
99096 Erfurt
Tschaikowskistr. 11
Tel.: 0361/3735468
Fremdenverkehrsverband Thüringer Wald
98527 Suhl
August-Bebel-Str. 16
Tel.: 03681/722179
Fremdenverkehrsverband Thüringer Wald/ Gothaer Land
99867 Gotha
Margarethenstr. 2–4
Tel.: 03621/363111
Tourismusverband Nordthüringen
99706 Sondershausen
Markt 8
Tel.: 03632/741417

Spaß für Kinder

Im Norden von Schmalkalden, im Ortsteil Weidenbrunn, liegt die ❺ **»Neue Hütte«**, ein technisches Denkmal. Die Hochöfen von 1835 und 1870 sind heute noch erhalten. Im Technischen Museum wird die Geschichte der

Verhüttung anschaulich und gerade für Kinder spannend dargestellt. Von Eisenach gelangt man über die B 19 nach Wernshausen, hier nach Osten abbiegen, und nach 6 Kilometern erreicht man Schmalkalden. Nach Besichtigungszeiten am besten telefonisch erkundigen: Tel.: 03683/403018.

Regionale Küche

Mit Thüringens Küche allgegenwärtig verbunden sind dessen Kartoffelklöße, die aus rohen, geriebenen Kartoffeln bereitet und mit knusprig gerösteten Weißbrotwürfeln gefüllt werden. Dazu genießt man einen Wild-, Geflügel- oder Hammelbraten mit reichlich Sauce, denn der Thüringer liebt es, seine Klöße darin förmlich zu ertränken. Inbegriff Thüringer Wurstmacherkunst ist die Rostbratwurst, die auf keinem Markt oder Fest fehlen darf.

Regionale Küche, die ihresgleichen sucht, findet man im **Thüringer Hof**, Karlsplatz 11 in Eisenach. Rostbratwürste und Thüringer Klöße munden in uriger Atmosphäre im **Gildehaus**, Fischmarkt 13 in Erfurt.

159

Rund ums Auto

Verkehrsfunk
MDR Live 90,2 MHz

Fulda
Petersberg
Künzell
Eichenzell
Neuhof
Flieden
Kalbach
Großenlüder
Schlüchtern
Steinau a. d. Straße
Sinntal
Bad Brückenau
Gersfeld (Rhön)
Ebersburg
Hofbieber
Tann (Rhön)
Wartenberg
Hilders
Bischofsheim a. d. Rhön
Wildflecken
Burkardroth
Münnerstadt
Bad Kissingen
Oerlenbach
Hammelburg
Gemünden
Lohr
Karlstadt
Arnstein
Werneck
Schweinfurt
Niederwerrn
Jossgrund
Kuppige Rhön
Hohe Rhön
Naturpark Hess. Rhön
Naturpark Bayerische Rhön
Naturpark Hess. Spessart
Naturpark Spessart
Biosphärenreservat
Milseburg 835
Wasserkuppe 950
Dammersfeldkuppe 928
Heidelstein 926
Hellberg 502
Schnepfen-K. 490
Dreistelz-B. 660
Bayr. Schanz 567
Hoher Knuck 539
Kreuzberg
Esbach-Höhe 344
Fulda-Nord
Fulda-Süd/Eichenzell
Bad Brückenau/Volkers
Bad Brückenau/Wildflecken
Bad Kissingen/Oberthulba
Hammelburg
Schweinfurt/Niederwerrn
AB-Dr. Schweinfurt/Werneck
Schlüchtern-Nord
Schlüchtern-Süd
E45

160

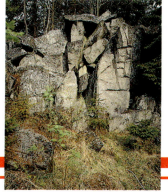
Die reizvolle Rhön

Südlich bayerisch, nördlich hessisch: die Rhön

Mit über 6000 km markierten Wanderwegen ist die gleichermaßen raue wie reizvolle Rhön ein ideales Ausflugs- und Ferienziel, welches über verschiedene Bundesstraßen und die A 7 gut zu erreichen ist. Auf der hessischen Seite präsentiert sich Fulda mit dem barocken Dom, auf der bayerischen Seite Schweinfurt mit einem prachtvollen Rathaus. Dazwischen gibt es viel zu sehen.

Attraktionen

A 7 Abfahrt ❶ **Fulda**. Das bedeutendste Gebäude der alten Bischofsstadt ist der **Dom**, der Anfang des 18. Jh. an der Stelle einer einfachen Klosterkirche erbaut wurde. Im Dom ist das **Grab** des heiligen Friedensmissionars **Bonifatius** zu sehen, der sich seine letzte Ruhestätte in Fulda wünschte. Das **Dommuseum** vermittelt einen Überblick über mehr als 1000 Jahre Geschichte. Eine der ältesten Kirchen Deutschlands ist die **Miachaelskirche** aus der Zeit um 820. Ihre strenge romanische Architektur mit einem spitzen **Rundturm** und einem kantigen **Torturm** bildet einen spannenden Kontrast zum prachtvollen Barock des benachbarten Doms. Sehenswert sind in Fulda weiterhin: der Fachwerkbau **Altes Rathaus**, die erhaltenen Teile der trutzigen **Stadtbefestigung** sowie die historischen Gasthäuser »**Goldener Karpfen**« und »**Kurfürst**«. Der Besuch des wenige Kilometer außerhalb der Stadt liegenden **Schlosses Fasanerie** (um 1750) ist sehr empfehlenswert.

Das Schloss in Fulda

Freizeit und Kultur

In der Hohen Rhön, über die B 279 erreichbar liegt ❷ **Bischofsheim** a. d. Rhön. Der staatlich anerkannte Erholungs- und Wintersportort mit gut erhaltenen **Befestigungsanlagen** wird von Bergen umringt: Kreuzberg (928 m), Arnsberg (843 m), Himmeldunkberg (894 m). Ein malerisches Ensemble mit **Natursteinhäusern** und barockem **Brunnen** bildet der **Marktplatz**. **Kanzel** und **Taufstein** sind wertvolle Renaissancearbeiten, die in der **Stadtpfarrkirche** zu besichtigen sind. Wahrzeichen der Stadt ist der fünfstöckige **Zehntturm** aus dem 13. Jh. Der Ort ist Ausgangspunkt für Wallfahrten zum **Klosterberg Kreuzberg**. Dort erwarten den Besucher die **Steinskulptur des heiligen Kilian**, die **drei Kreuze von Golgatha** und das **Kloster**.

Erdfunkstelle bei Hammelburg

A 66 Abfahrt ❸ **Schlüchtern**. Von dem Luftkurort aus führen schöne **Wanderwege** zur Ruine der Huttenburg, nach Schloss Rumholz oder zu Burg Brandenstein.

Nicht weit entfernt von Schlüchtern liegt ❹ **Steinau a. d. Straße**. Das in seiner ursprünglichen Form erhaltene **Schloss** sowie das **Schlossmuseum** mit einer Sammlung wertvoller Gemälde, flämischer Gobelins und Möbelstücke aus dem 15. bis 19. Jh. lohnen einen Ausflug.

A 7 und A 70 Abfahrt ❺ **Schweinfurt**. Der Name der Stadt stammt von »Furt am Swin (Sumpf)«. Beachtenswert sind hier das **Rathaus** im Renaissancestil aus dem 16. Jh. und die evangelische **Johannespfarrkirche**, die vom frühen Anschluss der Stadt an Luthers Reformation zeugt.

Fremdenverkehrsverbände

Fremdenverkehrsverband Rhön
36037 Fulda
Wörthstr. 15
Tel.: 0661/6006305
Touristinformation Rhön
97616 Bad Neustadt
Spörleinstr. 11
Tel.: 09771/94108
Touristinformation Rhön
97688 Bad Kissingen
Obere Marktstr. 8
Tel.: 0971/801120
Informationszentrale für Touristik Main-Spessart
97753 Karlstadt
Marktplatz 8
Tel.: 09353/793234

Spaß für Kinder

Die **Rhön-Therme** in **Fulda** sorgt für einen ereignisreichen und erholsamen Badetag. Die Therme liegt im östlich gelegenen Vorort Künzell, Herbacher Weg 1, Tel.: 0661/34011, täglich geöffnet.

Der ❻ **Wildpark Klaushof** in **Bad Kissingen** ist ein Freigehege für einheimische Wildtiere, die sich im Streichelzoo streicheln lassen. Bad Kissingen liegt an der B 287, der Park ist im Ort ausgeschildert. Tel.: 0971/65533.

Regionale Küche

Eine in der ganzen Region beliebte Schlachtspezialität ist das Weckewerk. Dafür werden Schweineschwarten und gewürztes Schweinehack mit Zwiebeln und eingeweichtem Brötchen vermengt und knusprig angebraten. Nach solch deftigem Mahl gönnt man sich am besten ein Schnäpschen – die Palette reicht von einem klaren Korn bis hin zu einem »Uffgesetzten« aus Kirschen, Johannis- oder Heidelbeeren.

Weckewerk und derlei werden im Gasthaus **Zum Ritter**, Kanalstr. 18 in Fulda angeboten. Deftige Gerichte wie Schweinshaxe mit Sauerkraut oder Spanferkel sollte man im **Haxen-Bauer**, Hauptbahnhofstr. 9 in Schweinfurt genießen.

161

Rund ums Auto

Verkehrsfunk
BR III 96,3 MHz

Zella-Mehlis · SUHL · Biosphären-reservat · Naturpark · Thüringer Wald · Neuhaus a. R.

Vessertal · Schleusingen · Bleß-Berg 865 · Schiefergebir · Steinach

MEININGEN · Werra

Hildburghausen

Römhild · Rodach · Eisfeld · Neustadt b. Cobg. · Rödental · Schloß Rosenau

Bad Königshofen i. Grabfd. · Bad Colberg-Heldburg · COBURG · Ebersdorf

Haßberge · Hofheim · Michelau · Lichtenfels

Ebern · Staffelstein · Kloster Banz · Ebensfeld · Fränkisch

Haßfurt · Zeil a. M. · Knetzgau · Main · Eltmann · Scheßlitz

Naturpark Haßberge

Stadtbild von Rohr

Zwischen Thüringer Wald und Haßberge: Coburg und Umgebung

Bei guter Sicht genießt der Besucher des Staffelbergs nahe der Stadt Staffelstein einen Blick über die Veste Coburg bis hin zum Thüringer Wald. Die Region wartet auch mit anderen Attraktionen auf: 8.000 ausgestopfte Vögel sind im Coburger Naturkundlichen Museum zu bestaunen, über 70.000 Spielzeuge im Sonneberger Spielzeugmuseum lassen das Herz von Jung und Alt höher schlagen.

Attraktionen

B 4 und B 303 ❶ **Coburg**. Oberhalb der im Itztal gelegenen alten Residenzstadt liegt die **Veste Coburg**, eine der größten deutschen Burganlagen (12. und 13. Jh.). In der Burg befindet sich eine bedeutende **Kunstsammlung** von europäischem Rang. Auch das **Natur-Museum** am Rande des Hofgartens ist sehenswert. 1530, als der Reichstag über ihn zu Gericht saß, schrieb **Martin Luther** auf der sicheren Coburg die berühmte Verteidigung seiner Bibelübersetzung.

Gutshof in Bauerbach

Durch den **Hofgarten** gelangt der Besucher in die Stadt, deren bedeutendste Bauten im 16. und 17. Jh. entstanden: die **Canzley**, das **Zeughaus**, das **Gymnasium Casimirianum**. Wahrzeichen der Stadt ist die **Moritzkirche**. Eine Statue des Namensgebers der Kirche, der **Stadtheilige Mauritius**, ist am Rathausgiebel zu sehen. Weiterhin empfehlenswert: das **Rathaus** (1578 bis 1580), das **Residenzschloss Ehrenburg** (1543) und das **Naturkundliche Museum** mit 8.000 ausgestopften Vögeln.

Freizeit und Kultur

Über die B 4 und die B 289 gelangt der Besucher von Coburg nach ❷ **Lichtenfels**. Tausende von Gläubigen pilgern alljährlich zur hier gelegenen **Wallfahrtskirche Vierzehnheiligen**. Das Innere der Basilika schmückt ein prunkvoller **Altar**, **Deckengemälde** und feine **Stuckaturen** sind zu bewundern. Das Außenbild ist von der hohen **doppeltürmigen Westfassade** aus goldgelbem Sandstein geprägt.

Südlich von Lichtenfels liegt an der B 173 ❸ **Staffelstein**, Geburtstadt des bekannten Mathematikers Adam Ries (1492 bis 1559). Von der Stadt mit einem schönen **Rathaus** geht es hinauf zum 539 m hohen **Staffelberg**. In der Jungsteinzeit lag hier das Zentrum einer Keltensiedlung, heute ist hier die **Adelgundiskapelle** von 1654 zu besichtigen. Bei klarer Sicht führt der Blick von hier über die Veste Coburg hinaus bis in den Thüringer Wald.

Von Coburg führt eine Landstraße über Neustadt bei Coburg nach ❹ **Sonneberg**. Ein Ausflug in die Stadt lohnt sich schon wegen des **Spielzeugmuseums**, in welchem auf mehreren Etagen mehr als 70.000 Spielzeuge zu sehen sind. Unter den wertvollen Stücken befindet sich auch die Schaugruppe »**Thüringer Kirmes**«, die im Jahre 1910 den Grand Prix auf der Brüsseler Weltausstellung gewann.

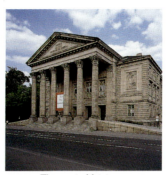
Theater in Meiningen

Fremdenverkehrsverbände

Fremdenverkehrsverband Thüringer Wald
98527 Suhl
August-Bebel-Str. 16
Tel.: 03681/722179

Touristinformation Oberes Maintal – Coburger Land
96215 Lichtenfels
Kronacher Str. 30
Tel.: 09571/18283

Touristinformation Coburg
96450 Coburg
Herrngasse 4
Tel.: 09561/74180

Touristinformation Haßberge
97461 Hofheim
Rathaus/Obere Sennigstr. 4
Tel.: 09523/92290

Spaß für Kinder

In einem Höhlenlabyrinth von insgesamt 60.000 m² Größe liegt die ❺ **Sandstein-Märchenhöhle** von Walldorf. Sie wurde über Jahrhunderte hinweg von Menschenhand ausgegraben und wird von 2.500 Säulen gestützt. Im hinteren Teil der Höhle befindet sich der Märchengarten mit Figuren der Gebrüder Grimm, die – durch die künstliche Beleuchtung verstärkt – eine wahrhaft zauberhafte Stimmung verbreiten. Walldorf liegt wenige Kilometer nördlich von Meiningen. Täglich geöffnet, Tel.: 03693/89910.

Regionale Küche

Erwähnenswert ist, dass man die mit Abstand längsten Bratwürste im Coburgischen findet – der Marschallstab des Coburger Stadtpatrons galt und gilt heute noch als historisches Maß für deren Länge: 31 cm. Die Coburger Rostbratwürste werden auf dem Grillrost gebraten, welcher mit glühenden Tannenzapfen geheizt wird – genau das verleiht den Würsten ihren einzigartigen würzigen Waldgeschmack.

Im Restaurant **Kräutergarten**, Rosenauer Str. 30 in Coburg, erwarten den Gast nebst regionalen Spezialitäten auch internationale und bürgerliche Küche. Im **Schwarzen Adler**, End 13 in Staffelstein-End, werden solche Leckerbissen wie Frankenwein-Rahmsuppe und gefüllte Täubchen serviert; Liebhaber von Obstweinen kommen ebenfalls auf ihre Kosten.

Rund ums Auto

Verkehrsfunk
BR III 99,2 MHz

Weimar

Meißner Porzellan

Versteinerter Wald

Geigenbau-Denkmal in Merkneukirchen

Marktplatz in Scheibenberg

Weimar, Leipzig und das Erzgebirge

Auf den Spuren deutscher Kultur und Geistesgrößen – so könnte man eine Reiseroute durch diese westlichen Regionen Thüringens, den südwestlichen Zipfel Sachsens und den nordöstlichen Teil Frankens mit dem Fichtelgebirge nennen. Der Name Johann Sebastian Bachs ist mit Leipzig ebenso verbunden wie der Goethes und Schillers mit Weimar. In Nauenburg findet man Gemälde von Lukas Cranach d. Ä., dessen letztes Werk in Weimar steht. Das älteste Barock-Theater und das erste Kartographie-Museum befinden sich in Gotha.

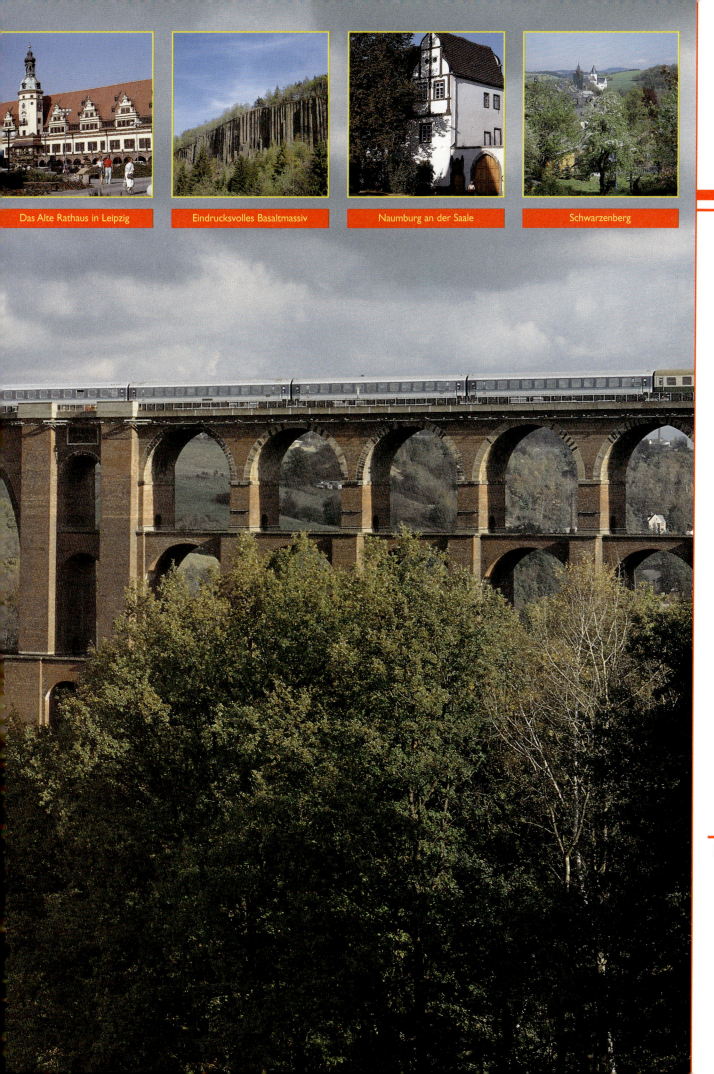

Das Alte Rathaus in Leipzig

Eindrucksvolles Basaltmassiv

Naumburg an der Saale

Schwarzenberg

Deutsche Klassik – auf den Spuren Goethes und Schillers

Keine Stadt ist so eng mit der deutschen Klassik verbunden wie Weimar. Das Wirken nicht nur der großen Dichter Goethe und Schiller wird bei einem Besuch dieser Stadt erlebbar. Auf ihren Spuren befindet sich der Besucher auch bei Ausflügen in die umliegenden Städte und Orte, die eine Vielzahl von Attraktionen zu bieten haben, so etwa das Zeiß-Planetarium in Jena.

Schloss Rabenkäfig bei Merseburg

Attraktionen

A 4 Abfahrt **❶ Weimar**, Zentrum der deutschen Klassik, in der nicht nur Johann Wolfgang von Goethe und Friedrich Schiller wirkten. An die großen deutschen Dichter erinnert das

Weimar

Goethe-Schiller-Denkmal vor dem **Nationaltheater**. Im Originalzustand sind die Zimmer im barocken **Goethehaus** erhalten. Hier lebte und schrieb Goethe. Schillers »Wilhelm Tell« entstand in der Mansarde des **Schillerhauses**, neben dem das **Schiller-Museum** steht. Das **Goethe-und-Schiller-Archiv** ist das älteste Literaturarchiv Deutschlands. Die gesamte **Altstadt** Weimars steht unter Denkmalschutz. Den Mittelpunkt bildet die **Herderkirche**, eine spätgotische Basilika aus dem späten 15. Jh., in der **Herders Sarkophag** steht. Der berühmte **Flügelaltar** von Lucas Cranach d. Ä. und d. J. zeigt die Kreuzigung Christi sowie Luther und Cranach d. Ä. selbst. Ebenfalls sehenswert sind: die **Jakobskirche** (18. Jh.), das **Liszthaus**, das **Nietzschehaus**, der **Historische Friedhof** mit den Gräbern

von Goethe und Schiller in der Familiengruft der Fürsten von Weimar, das **Rote Schloss** sowie das **Grüne Schloss** mit der **Zentralbibliothek der deutschen Klassik**. Herrliche **Parkanlagen** laden zu Spaziergängen bei **Schloss Tiefurt** und dem **Schloss Belvedere** südlich der Stadt ein.

Freizeit und Kultur

A 4 Abfahrt **❷ Jena**. Auch hier wird mit der **Goethe-Gedenkstätte** und der **Schiller-Gedenkstätte** der Dichter gedacht. Sehenswert ist vor allem das eindrucksvolle **Zeiß-Planetarium** und das **Optische Museum** mit einer bedeutenden feinmechanisch-optischen Sammlung.

Spiegelsalon in Bad Lauchstädt

Nördlich von Jena liegt an der B 88 **❸ Dornburg**. Hierher locken **drei Schlösser**, die auf einem Muschelkalkfelsen stehen. Auf eine Burganlage geht das Alte Schloss zurück, das südlich gelegene ist ein Renaissancebau aus dem 16. Jh., das dritte schließlich ein Rokokoschlösschen aus dem 18. Jh.

Südlich von Jena führt die B 88 nach **❹ Kahla**. Östlich der Stadt steht die 400 m ü. d. M. liegende **Leuchtenburg**. Die Geschichte der hier bedeutenden **Porzellanindustrie** wird in einem Fachwerkhaus gezeigt.

Rund ums Auto

Verkehrsfunk
MDR Live 101,9 MHz

Die B 88 führt weiter südlich nach **❺ Rudolstadt**. Als eines der schönsten deutschen Rokoschlösschen gilt das oberhalb der Stadt gelegene **Schloss Heidecksburg**.

Nördlich von Rudolstadt führt ein Abzweig von der B 85 nach **❻ Großkochberg**. Hier ist der Stammsitz der Herren von Kochberg, das **Schloss Kochberg**, zu besichtigen.

Fremdenverkehrsverbände

Verein Städtetourismus in Thüringen
Fremdenverkehrsamt Jena
07743 Jena
Löbderstr. 9
Tel.: 03641/586340
Fremdenverkehrsverein Jena-Saaletal
07743 Jena
Teichgraben 5
Tel.: 03641/590621
Fremdenverkehrsverband Weimarer Land
99510 Apolda
Bahnhofsstr. 28
Tel.: 03644/540676
Touristinformation Weimar
99421 Weimar
Marktstr. 10
Tel.: 03643/24000

Spaß für Kinder

Das **Volkskundemuseum Thüringer Bauernhäuser** in **Rudolstadt** ist ein Freilichtmuseum, in dem Kinder viel über den Lebensalltag zwischen 30-jährigem Krieg und Französischer Revolution erfahren. Rudolstadt liegt an der B 85 südlich von Weimar, das Museum befindet sich im Stadtpark. Von Mittwoch bis Sonntag geöffnet, Tel.: 03672/422465.

Regionale Küche

In Hochburgen des Geistes wie Weimar und Jena wird auch der Gaumen mit deftigen Leckerbissen verwöhnt: Bei einem Besuch des Weimarer Zwiebelmarkts sollte man sich den gleichnamigen Zwiebelkuchen keinesfalls entgehen lassen; als Dessert-Spezialität der Thüringer Küche empfiehlt sich der typische Blechkuchen – ein dünn ausgerollter Hefeteig wird großzügig mit Apfelspalten, Kirschen oder Beerenobst belegt, bevor das Ganze mit einem Guss aus Pudding, Eiern und Sahne bedeckt wird.

Im **Gasthaus zum weißen Schwan**, Frauentorstr. 23 in Weimar (direkt neben dem Goethehaus), lassen sich individuelle Kreationen der regionalen Küche genießen.

167

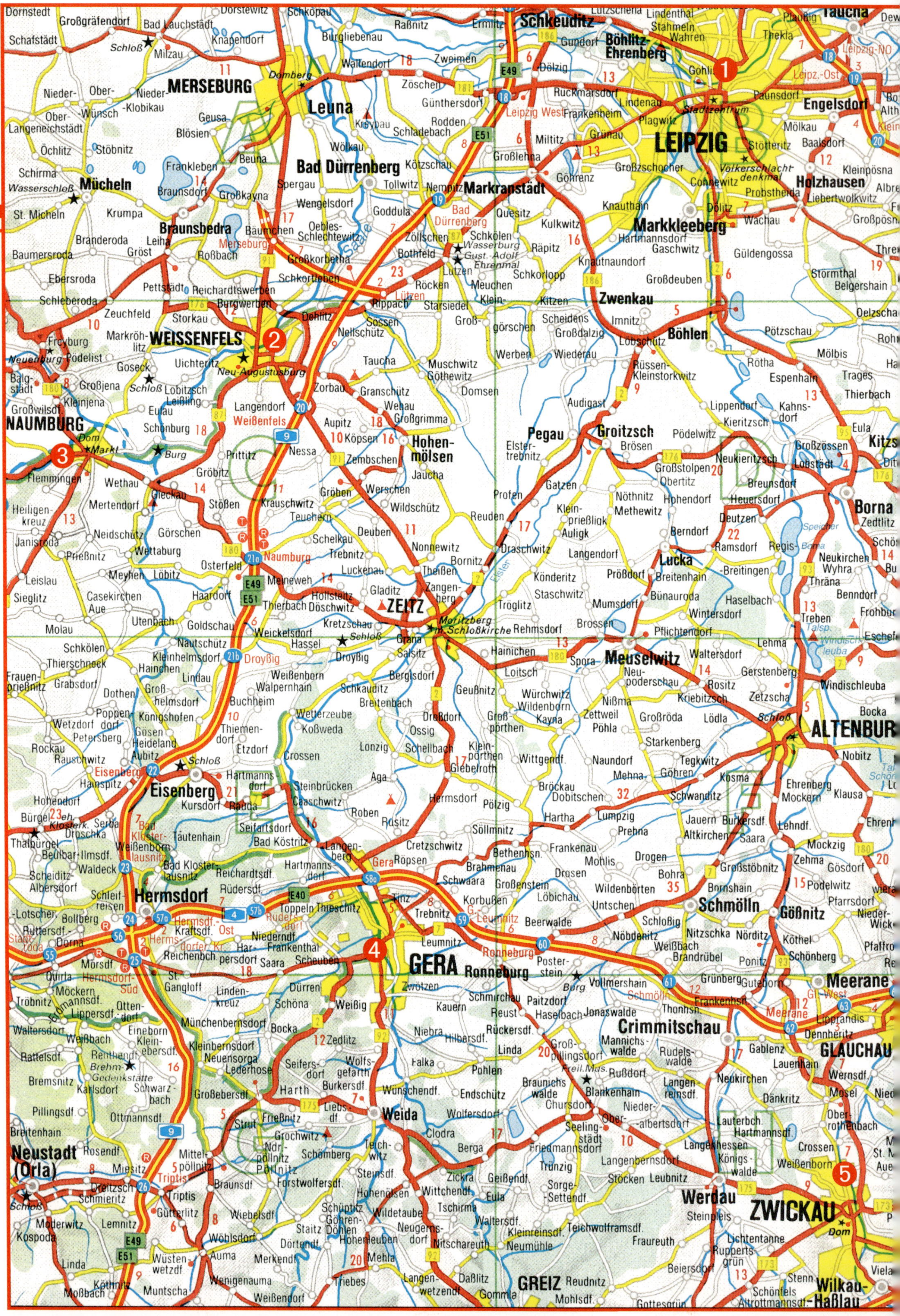

Schkeuditz
Böhlitz-Ehrenberg
Taucha
LEIPZIG
Stadtzentrum
Völkerschlachtdenkmal
Engelsdorf
Holzhausen
Markkleeberg
Markranstädt
MERSEBURG
Leuna
Bad Dürrenberg
Mücheln
Braunsbedra
WEISSENFELS
NAUMBURG
Zwenkau
Böhlen
Pegau
Groitzsch
Hohenmölsen
ZEITZ
Borna
Lucka
Meuselwitz
ALTENBURG
Eisenberg
Hermsdorf
GERA
Ronneburg
Schmölln
Gößnitz
Meerane
Crimmitschau
GLAUCHAU
Werdau
ZWICKAU
Weida
Neustadt (Orla)
Triptis
GREIZ
Wilkau-Haßlau
Bad Köstritz
Frohburg
Kitzscher

Uta und Ekkehard, Völkerschlacht, Auerbachs Keller

»Mein Leipzig lob' ich mir« schrieb Goethe. Der Besucher der geschichtsträchtigen Stadt wird die Begeisterung des Dichters nicht nur dann teilen, wenn er es sich in Auerbachs Keller gut gehen lässt. Über die A 9 wird eine weitere Sehenswürdigkeit von europäischem Rang erreicht: der Dom in der schönen Stadt Naumburg. Aber auch Weißenfels, Gera und Zwickau lohnen einen Ausflug.

Burg Saaleck und Rudelsberg

Attraktionen

A 9 und A 14 Abfahrt ❶ **Leipzig**. Im Südosten der Sadt steht das **Völkerschlachtdenkmal**, welches an die Schlacht von 1813 erinnert. Auch in der jüngsten Geschichte erlangte die Stadt Bedeutung: die 1989 von der **Nikolaikirche** (1165) ausgehenden Montagsdemonstrationen führten zur Abdankung des SED-Regimes. Am Rande der Stadt entstand das neue, architektonisch sehr interessante **Messegelände**. Hauptkirche der Stadt ist die **Thomaskirche**, Heimstatt des berühmten **Thomanerchors**.

Das Alte Rathaus in Leipzig

Der Markt der Stadt wird vom **Alten Rathaus** (1556 bis 1557) dominiert, hinter dem Rathaus liegt der beschauliche **Naschmarkt**. Im Rathaus befindet sich das **Museum für Geschichte der Stadt Leipzig**. Des Weiteren bietet die Stadt an Museen u. a.: das **Kunsthandwerk-Museum**, das **Musikinstrumenten-Museum**, das **Museum der Bildenden Künste**. Der Besucher sollte nicht versäumen, eines der traditionsreichen **Kaffeehäuser** der Stadt zu besuchen, etwa das Kaf-

feebaum. Für Leipzig sind die miteinander verbundenen Passagen charakteristisch. Am bekanntesten ist die **Mädlerpassage**, von der man in **Auerbachs Keller** gelangt, der durch Goethes »Faust« berühmt wurde.

Freizeit und Kultur

A 9 Abfahrt ❷ **Weißenfels**. Die planmäßig angelegte Stadt war von 1656 bis 1746 Residenz der Herzöge von Sachsen-Weißenfels. Sie wird überragt vom **Schloss Neu Augustusburg**. Zu sehen ist auch das **Wohn- und Sterbehaus** des **Dichters Novalis**.

A 9 Abfahrt ❸ **Naumburg**. Von 1028 bis 1564 war die Stadt Bischofssitz. Die Stadt wartet mit einem Bauwerk von europäischem Rang auf, dem romanischen **Dom St. Peter und Paul**. Von einem unbekannten Meister stammen die weltbekannten **Stifterfiguren Uta und Ekkehard**, beachtenswert ist auch das **Figurenfries**. Von Naumburg aus lohnt ein Abstecher zu den an der Saale liegenden **Burgruinen Rudelsberg** und **Saaleck**.

Naumburg an der Saale

A 4 Abfahrt ❹ **Gera**. An Sehenswürdigkeiten bietet diese bereits 995 urkundlich erwähnte Stadt: das **Schreibersche Haus** (1686 bis 1688) mit dem **Naturkundemuseum** und das ehemalige **Zucht- und Waisenhaus** (1724 bis 1739) mit dem **Museum für Geschichte**. Beachtenswert ist auch das **Haus** des 1891 hier geborenen Malers **Otto Dix**.

A 4 Abfahrt ❺ **Zwickau**. Neben dem gotischen **Dom St. Marien** und dem **Barockschloss** (18. Jh.) sind in der Stadt auch mehrere spätgotische Bauten erhalten: die **Katharinenkirche**, das **Rathaus** und das **Gewandhaus**. Sehenswert: Das **Robert-Schumann-Haus**, in dem der Komponist 1810 geboren wurde.

Fremdenverkehrsverbände

Fremdenverkehrsverband Westsachsen
08056 Zwickau
Hauptstr. 6
Tel.: 0375/293712
Fremdenverkehrsverband Ostthüringen
Amt für Presse & Stadtmarketing
07545 Gera
Greizer Str. 39
Tel.: 0365/8310128
Fremdenverkehrsverband Halle – Saale – Unstrut
06217 Merseburg
Dornstr. 10
Tel.: 03461/200947
Leipzig Touristservice
04109 Leipzig
Richard-Wagner-Str. 1
Tel.: 0341/7104260

Spaß für Kinder

In Leipzig empfiehlt sich ein Besuch im **Westsächsischen Schulmuseum**. Hohe Str. 45, Öffnungszeiten telefonisch erfragen, Tel.: 0341/2130568.

Der **Tierpark Gera** ist der größte Waldzoo Ostthüringens mit Rentieren, Elchen, Wisenten, Yaks oder Przewalskipferden. Am Martinsgrund, Tel: 0365/810127.

Regionale Küche

Ihre Vielfältigkeit hat die regionale Küche auch der Tatsache zu verdanken, dass exotische Waren sowie kulinarische Inspirationen Leipzig über den Handelsweg erreichten. Bei den Gemüsegerichten steht das Leipziger Allerlei an erster Stelle: Es wird aus Kohlrabi, jungen Möhren, Bohnen, Blumenkohl, Schoten und Spargel zubereitet und als Gemüsebeilage bspw. zu Kalbs- oder Schweinebraten kredenzt.

In **Apels Garten**, Kolonnadenstr. 2, sind gefüllte Wachteln mit Leipziger Allerlei zu empfehlen. In der **Gosenschenke Ohne Bedenken**, Menckestr. 5, beide in Leipzig, wird die Gose, ein in Leipzig gebrautes obergäriges Bier ausgeschenkt.

169

Rund ums Auto

Verkehrsfunk
MDR Live 90,4 MHz

WURZEN
Dahlen
OSCHATZ
RIESA
NÜNCHRITZ
Strehla
MEISSEN
Grimma
Nerchau
Mügeln
DÖBELN
Colditz
Leisnig
Hartha
Waldheim
Roßwein
Nossen
Geringswalde
Rochlitz
Geithain
Hainichen
FREIBERG
Mittweida
Penig
Burgstädt
Frankenberg
Flöha
Oederan
Brand-Erbisdorf
Limbach-Oberfrohna
Wittgensdorf
CHEMNITZ
Augustusburg
Oberlungwitz
Neukirchen
Zschopau
Lugau
Stollberg
Thalheim
Gelenau
Oelsnitz

Von Freiberg Richtung Norden: Silberschätze und Obstplantagen

In Freiberg lösten im Mittelalter Funde des edlen Metalls einen wahren Silberrausch aus. Noch heute ist die sehenswerte Stadt vom Bergbau geprägt. Anders in Leisnig: Zur Blütezeit erwartet den Besucher hier ein Meer blühender Obstbäume, die zum Verweilen einladen. Nicht nur aus diesen Gründen ist die Region mit den Flüssen Mulde, Chemnitz, Zschopau eine Reise wert.

Versteinerter Wald

Attraktionen

Von der A 4 führt die B 101 nach ❶ **Freiberg**, eine Stadt, die im Mittelalter wegen des Silbervorkommens zu Reichtum gelangte.

Meißner Porzellan

Nach einem verheerenden Brand im Jahr 1484 wurde die Stadt im 16. und 17. Jh. wieder aufgebaut, so dass sie sich heute in einem **einheitlichen architektonischen Bild** präsentiert. So schlicht die Außenfassade des **Doms Unserer Lieben Frauen** ist, so prachtvoll ist sein Inneres: Der Kanzelbau **Tulpenkanzel** (1508 bis 1510) des Bildhauers Hans Witten vereint originell Motive des Bergbaus, Mariensymbole und andere allegorische Elemente; als ältestes Figurenportal Deutschlands gilt die **Goldene Pforte** (um 1230); der Orgelbauer Silbermann baute das imposante **Instrument** (1711 bis 1714); die Kurfürsten von Sachsen wurden ab dem 16. Jh. in der **Begräbniskapelle** beigesetzt. Sehr sehenswert ist das **Stadt- und Bergbaumuseum** (Geschichte und Kultur des Bergbaus, sakrale Holzplastiken) im **Domherrenstift** (1484). Zu den ältesten

Hochschulen der Welt zählt die **Bergakademie**, die 1765 gegründet wurde. Als Lehrschachtanlage wird heute die 1913 stillgelegte **Schachtanlage Alte Elisabeth** genutzt. Von hier aus kann der Besucher in den **Schacht Reiche Zeche** einfahren.

Freizeit und Kultur

A 4, nordwestlich der Abfahrt Hainichen, liegt an der Kriebstein-Talsperre die ❷ **Burg Kriebstein**, eine der schönsten Burgen Sachsens. Besonders beachtenswert sind der massive gotische **Wohnturm**, die romanische **Kapelle** sowie außergewöhnliche **Wand- und Deckenmalereien** aus dem 15. Jh. Die Geschichte der Burg und des ländlichen Feudaladels vermittelt das im Wohnturm untergebrachte **Museum**.

Stadtpanorama von Augustusburg

An der B 107, nahe der A 14 liegt ❸ **Colditz**. In der kurzen Zeit, in der die Stadt Residenzstadt war, erlebte sie eine Blüte. Aus dieser Ära stammt das sehr schöne **Renaissanceschloss** (1578 bis 1591). Die freistehenden Schlosstrakte können besichtigt werden.

Nordöstlich von Colditz liegt ❹ **Leisnig**. Besonders zur Blütezeit lohnt ein Ausflug in die beschauliche Stadt. Tausende von Obstbäumen auf dem **Kirschberg** bieten einen bezaubernden Anblick. Sehenswert sind hier: die **Burg** (Schloss Mildenstein), die spätgotische **St.-Matthäus-Stadtkirche** mit einem bemerkenswerten **Altar** (1663 bis 1664) sowie der etwas außerhalb liegende, in den Jahren 1867 bis 1868 angelegte romantische **Mirus-Park**.

Nördöstlich der A 14, Abfahrt Mutzschen, liegt ❺ **Wermsdorf**. In der Nähe des Ortes erwartet den Besucher **Schloss Hubertusburg**. Seine wechselvolle Geschicht kann im Museum nachvollzogen werden. Sehr sehenswert: das **Deckengemälde** in der **Schlosskapelle** (Hubertuslegende).

Fremdenverkehrsverbände

Fremdenverkehrsverband Mittelsachsen
04736 Waldheim
Niedermarkt 1
Tel.: 034327/3031
Fremdenverkehrsverband Sächsisches Elbland
01662 Meißen
Niederauer Str. 28
Tel.: 03521/76350

Spaß für Kinder

Freiberg als Sachsens älteste und bedeutendste Bergbaustadt lädt seine Besucher ein, einen Tag als Bergbauarbeiter zu verbringen.

Dazu fährt man in das **Lehr- und Besucherbergwerk Himmelfahrt-Fundgrube** ein. Nach dem Umkleiden geht es mit dem Förderkorb den Schacht 150 m tief hinunter. So kann die Geschichte des Bergbaus vom 14. Jh. bis heute verfolgt werden. Ein Stück kann auch mit der Grubenbahn gefahren werden. Fuchsmühlenweg 9, Öffnungszeiten bitte telefonisch erfragen, Tel.: 03731/394571.

Regionale Küche

Bei den Sachsen sehr beliebt sind herzhafte Suppen, die als Vor- oder Hauptspeise gereicht werden. Aber auch auf Gemüseeintöpfe mit Rind-, Geflügel- oder Hammelbrühe trifft man allerorts.

Eine regionale Spezialität wie Heidelbeergetzen – ein Pfannengericht aus Kartoffel-, Eierkuchen- oder Semmelteig versehen mit Heidelbeeren – bietet die **Erzgebirgstube im Hotel Chemnitzer Hof**, Theaterplatz 4 in Chemnitz. Begehrte Meißner sowie hauseigene Weine kann man hervorragend bei **Vincenz Richter**, An der Frauenkirche 12 in Meißen, bei einem Stück Zwiebelkuchen genießen.

Rund ums Auto

Verkehrsfunk
MDR Live 97,0 MHz

Leisnig
Colditz
Rochlitz
Geringswalde
Hartha
Waldheim
DÖBELN
Roßwein
Nossen
Mittweida
Hainichen
FREIBERG
Penig
Burgstädt
Frankenberg
Limbach-Oberfrohna
Wittgensdorf
Flöha
Oederan
Brand-Erbisdorf
CHEMNITZ
Oberlungwitz
Neukirchen
Zschopau
Lugau
Stollberg
Thalheim
Gelenau
Olbernhau
Marienberg
Ehrenfriedersdorf
Zwönitz
AUE
Lauter
ANNABERG-BUCHHOLZ
Raschau
Schwarzenberg
Naturpark
Erzgebirge
Vogtland
Erzgebirge
CHOMUTOV (KOMOTAU)
Jirkov
TSCHECHISCHE REPUBLI
Jelení hora
994
Taufichtig
996
Raben-Berg
913
Oberwiesenthal
Ahornberg
823
Saydaer Höhe
729
Menhartický vrch
848
E40
Chemnitz-Ost
Chemnitz-Nord
Chemnitz-Süd
AB-Dr. Chemnitz
Döbeln-Ost
Nossen-Nord
AB-Dr. Nossen
1
2
3
4

Marktplatz in Scheibenberg

Die kleinste Burg Deutschlands in der drittgrößten Stadt Sachsens

Burg Rabenstein heißt die kleinste Burg Deutschlands, die westlich von Chemnitz, der drittgrößten Stadt Sachsens, in reizvoller Landschaft liegt. Die Region südlich der A 4 ist noch heute von der lang zurückliegenden Zeit geprägt, als große Silberfunde Reichtum und Wohlstand brachten. Die Stadt Annaberg-Buchholz im Erzgebirge ist dafür ein beredtes Beispiel.

Attraktionen

Die B 95 und B 101 treffen sich in ❶ **Annaberg-Buchholz**. Obwohl der Zeitraum, in dem in dieser Stadt Silber abgebaut wurde, nur 53 Jahre umfasste (1496 bis 1545), ist die Stadt noch heute von der Zeit des Bergbaus geprägt. So verschmilzt im Innern der beachtenswerten, nach der Schutzpatronin der Bergleute benannte **St. Annenkirche** religiöses Ritual und Bergbaualltag. Ein anschauliches Beispiel dafür ist der **Bergaltar**. Die 100 steinernen **Reliefs der Emporenbrüstung**, die das Neue Testament anschaulich illustrieren, sind ein Meisterwerk. Zudem wartet die Kirche mit prächtigen **Decken- und Wandmalereien** auf. In der Stadt gibt es schöne **Bürgerhäuser** zu sehen, das **Erzgebirgsmuseum** informiert anschaulich über den Bergbau. Das **Adam-Ries-Museum** erinnert an den großen Rechenmeister, der von 1523 bis zu seinem Tod 1559 hier lebte.

Schwarzenberg

Direkt westlich bei Annaberg-Buchholz liegt ❷ **Frohnau**. Hier kann der Besucher den

Frohnauer Hammer besichtigen. Mit diesem Hammerwerk wurde glühendes Roheisen bis 1904 für das Schmieden mit der Hand vorbereitet.

Eindrucksvolles Basaltmassiv

Nordwestlich von Annaberg-Buchholz ragen bei ❸ **Ehrenfriedersdorf** sieben Felsen aus Granit aus der Waldlandschaft. Diese **»Greifensteine«** genannte Felsformation bietet dem Besucher ein eindrucksvolles Beispiel natürlicher Architektur. Eine **Aussichtsplattform** gewährt einen schönen Blick.

Freizeit und Kultur

A 4 Abfahrt ❹ **Chemnitz**. Die drittgrößte Stadt Sachsens wurde im Zweiten Weltkrieg zu großen Teilen zerstört. Dennoch bietet Chemnitz eine Reihe von Sehenswürdigkeiten. Das **Alte Rathaus** mit einem schönen Renaissanceportal, das **Neue Rathaus** mit Jugendstilelementen an der Fassade. Am Markt ist das barocke **Siegertsche Haus** (1737 bis 1741) sowie das **Agricola-Haus** zu bewundern. Einziges Andenken an die frühere Stadtbefestigung ist der **Rote Turm**, der in den 50er Jahren

wieder aufgebaut wurde. Ein schönes Sternengewölbe ziert die Decke der **Schlosskirche**, deren in das Innere verlegte **Hauptportal** beachtenswert ist. An die Zeit, zu der Chemnitz Karl-Marx-Stadt hieß, erinnert das **Karl-Marx-Monument**. Zu den Museen der Stadt zählen: **Graphikkabinett, Textil- und Kunstgewerbesammlung, Museum für Naturkunde** sowie die **Kunstsammlung** (Schwerpunkt: deutsche Malerei des 18. und 19. Jh.). Im Westen der Stadt erwartet, in reizvoller Landschaft gelegen, die kleinste Burg Deutschlands den Besucher: **Burg Rabenstein**.

Fremdenverkehrsverbände

Fremdenverkehrsverband Mittelsachsen
04736 Waldheim
Niedermarkt 1
Tel.: 034327/3031
Touristinformation Chemnitz
09111 Chemnitz
Rathausstr. 1
Tel.: 0371/4508750–52
Fremdenverkehrsverband Erzgebirge
09456 Annaberg
Adam-Ries-Haus,
Johannisgasse 23
Tel.: 03733/23553

Spaß für Kinder

Das **Naherholungsgebiet Oberrabenstein** im Westen von Chemnitz macht seinem Namen als »grüne Oase« alle Ehre. Neben dem Stausee mit

Strand, Liegewiese und Bootsverleih wartet die Burg Rabenstein mit dem Burgmuseum auf große und kleine Gäste.

Der **Chemnitzer Tierpark** hat sich auf Tiere aus der ehemaligen Sowjetunion spezialisiert, wie zum Beispiel Sibirische Tiger, Trampeltiere, Yaks, westkaukasische Steinböcke, turmenische Uhus, Steppenadler, Singschwäne oder Altaimarale. Täglich geöffnet, Nevoigtstraße 14 a, Tel.: 0371/850028.

Regionale Küche

Fast einen größeren Stellenwert als die Hauptmahlzeiten nehmen bei den Sachsen Kaffee und Kuchen ein, was bereits der Spitzname »Kaffeesachse« zum Ausdruck bringt. Ein besonderes Faible haben die Sachsen für ihren Blechkuchen, der reichlich mit Kirschen, Äpfeln, Heidelbeeren oder Pflaumen belegt und schließlich mit Butter- oder Zuckerstreusel gekrönt wird.

Im Bistro-Café des Hotels **Kronprinz**, Bahnhofstr. 19 in Freiberg, kann man Kaffeespezialitäten und Gerichte regionaler Küche probieren. Der Liebhaber von Wildgerichten tafelt am besten in der **Schlossgaststätte**, Schloss Augustusburg in Augustusburg.

Rund ums Auto

Verkehrsfunk
MDR Live 97,0 MHz

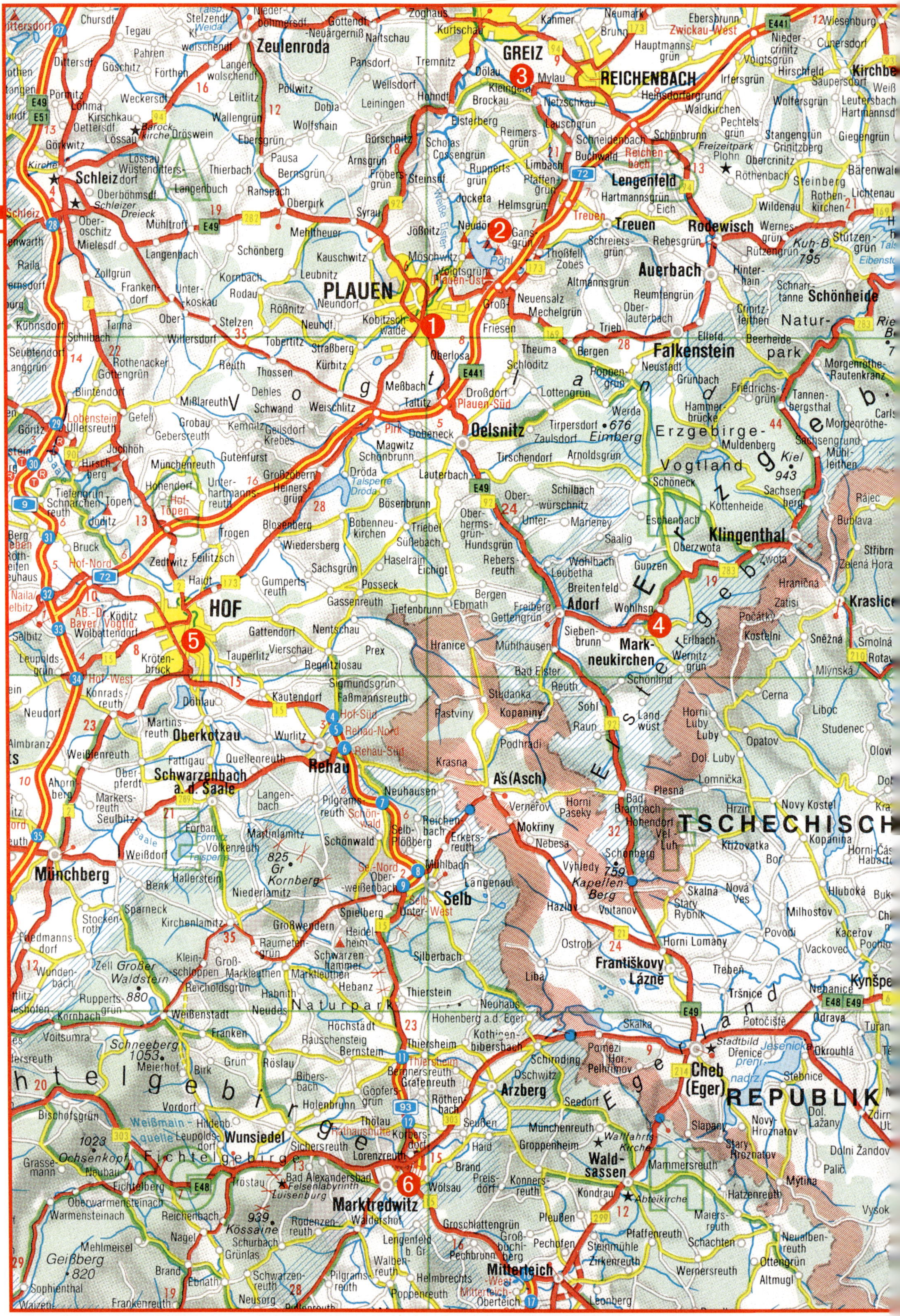

PLAUEN

GREIZ

REICHENBACH

HOF

Oelsnitz

Falkenstein

Auerbach

Rodewisch

Treuen

Lengenfeld

Klingenthal

Marktneukirchen

Adorf

Schönheide

Zeulenroda

Schleiz

Münchberg

Rehau

Selb

Aš (Asch)

Františkovy Lázně

Cheb (Eger)

TSCHECHISCH... REPUBLIK

Kraslice

Wunsiedel

Marktredwitz

Arzberg

Waldsassen

Mitterteich

Fichtelgebirge

Naturpark

Erzgebirge

Vogtland

Egerland

E49 E441 E51

Natur und Kultur: Vogtland, Elstergebirge und Fichtelgebirge

Eine gigantische Brücke aus roten Ziegeln, filigrane Stickerei aus industrieller Produktion, weltweit geschätzter Geigenbau im »Musikwinkel«: Dies sind einige der Attraktionen, die die Region um Vogtland, Elstergebirge und Fichtelgebirge dem Besucher zu bieten hat. Auch wer Erholung an gesunder Luft, romantische Täler oder schöne Seen sucht, ist hier bestens aufgehoben.

Geigenbau-Denkmal in Markneukirchen

Attraktionen

A 72 Abfahrt ❶ **Plauen**. Im Zentrum der Stadt fällt der **Nonnenturm** auf, der an die alte Stadtbefestigung erinnert. Herausragende Sehenswürdigkeit der Stadt ist das **Alte Rathaus**. Die **Rahmenfiguren** der **Kunstuhr** im **Renaissancegiebel** (1548) des Hauses sind beweglich. Im ersten Geschoss ist in architektonisch wertvollen Räumen das **Museum Plauener Spitzen** untergebracht. Neben kostbaren Spitzenstücken ist hier die Geschichte der industriellen Fertigung der Spitzen dargestellt. Die älteste Kirche Plauens ist die Stadtkirche **St. Johannis**, die an ihren Doppeltürmen leicht zu erkennen ist. Weiterhin interessant in Plauen: das barocke **Malzhaus** (1727 bis 1730) sowie der **Rote Turm**. Das **Vogtlandmuseum** gibt anschaulich Einblick in die Kultur und Geschichte des Vogtlands.

Der einzige Topas-Felsen Europas

Wenige Kilometer östlich von Plauen lädt die Tropfsteinhöhle **Drachenhöhle Syrau** zu einem außergewöhnlichen Rundweg ein.

Von Interesse ist auch die **Talsperre Pöhl** mit einer 50 m hohen und 312 m langen Staumauer. Der Stausee lädt zum Baden, Segeln und Surfen ein. Auch Dampferfahrten sind möglich.

Im Vogtland

Das als Ausflugsziel wegen seiner sauberen Gewässer, seiner imposanten Felsen und seiner Flora und Fauna beliebte **Triebtal** wird bei ❷ **Jocketa** von der **Elstertalbrücke** überspannt.

Freizeit und Kultur

Nordöstlich von Plauen liegen an der B 173 ❸ **Mylau** und **Netzschkau**, kurz vor der Stadt Reichenbach. Mit einer Länge von 574 m und einer Höhe von 78 m ist die **Göltzschtalbrücke** ein gigantisches Bauwerk, welches ausschließlich aus roten Ziegeln erbaut wurde.

Südöstlich von Plauen führt die B 92 nach ❹ **Markneukirchen**. Der Ort gilt als Zentrum des deutschen Orchesterinstrumentenbaus im Vogtland, weswegen die Gegend auch »Musikwinkel« genannt wird. In dem spätbarocken **Paulus-Schloss** (1784) ist das hochinteressante

Musikinstrumenten-Museum untergebracht.

A 9 und A 72 Abfahrt ❺ **Hof**. In der Stadt im bayerischen Vogtland sind vor allem die Kirchen **St. Michael** (schöne Deckenmalerei) und **St. Lorenz** (spätgotischer Flügelaltar) empfehlenswert.

B 15 und B 303 ❻ **Marktredwitz**. In der im einstigen Königreich Böhmen liegenden Stadt lohnen die Besichtigung der spätbarocken **Theresienkirche**, die **Deckenmalereien** in der gotischen Pfarrkirche **St. Bartholomäus** sowie das **historische Rathaus** aus dem Jahr 1384.

Fremdenverkehrsverbände

Fremdenverkehrsverband Vogtland
08523 Plauen
Engelstr. 18
Tel.: 03741/225166

Touristinformation Fichtelgebirge
95686 Fichtelberg
Bayreuther Str. 4
Tel.: 09272/6255

Touristinformation Hof
95028 Hof
Karolinenstr. 40
Tel.: 09281/815499

Spaß für Kinder

Das **Hallenbad Hof** hat zwar keinen exotischen Namen, bietet aber alles, was ein modernes Erlebnisbad ausmacht. Wasserrutsche und Wildwasserkanal erlauben Kindern und Erwachsenen schwungvolles Austoben, in dem 36 °C warmen Whirlpool lautet die Devise Ausspannen. Zum Schwimmen steht ein beheiztes Außenbecken zur Verfügung. Spritzdüsen und Hüpfsteine halten die Kleinsten im Planschbecken auf Trab. Und wer richtig schwitzen will, dem stehen Sauna und Dampfbad offen. In Hof ausgeschildert, täglich geöffnet, Tel.: 09281/812440.

Regionale Küche

Ein weiterer Beweis für das Süße im Sachsen ist seine Vorliebe für süße Suppen. Typisches Beispiel für die Gegend um Plauen ist die Fliederbeerensuppe mit »Plauener Spitzen«, eine Holunderbeersuppe mit Eischneehäubchen.

Internationale wie regionale Küche bietet die **Hammerklause**, Nobelstr. 18 in Plauen. Hausmachersülze oder Fleisch- und Ringelbratwurst erwarten den Gast im **Berggasthof Heiterer Blick**, Oberer Berg 54 in Markneukirchen. Nach solch deftigem Mahl gönnt man sich am besten einen Verdauungsspaziergang nach Bad Elster.

Rund ums Auto

Verkehrsfunk
BR III 100,3 MHz

175

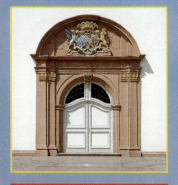
Portal von St. Engelbert in St. Ingbert

Drachenfels bei Busenberg

Im Nahetal

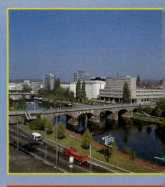
Panorama von Saarbrücken

Traubenernte in der Rheinpfalz

Die Pfalz und der Pfälzer Wald

Südlich von Rheinhessen beginnt Deutschlands zweitgrößtes Weinanbaugebiet, die Pfalz. Eine Traube steht auch als stilisiertes Zeichen für die »Deutsche Weinstraße«, die sich zwischen Schweigen, an der Grenze zum Elsaß im Süden, über 80 km lang bis Bockenheim im Norden erstreckt. Sie verläuft östlich zu Füßen des Pfälzer Walds, dem größten zusammenhängenden Waldgebiet Deutschlands. »Woi« und »Worscht« sind die kulinarischen Ausrufezeichen, die von der bodenständigen Bevölkerung gesetzt wurden, und nirgendwo sonst gibt es so viele Volks- und Kirchweihfeste wie hier – vom Dürkheimer Wurstmarkt bis zum Wonnegauer Winzerfest.

Das Hagen-Denkmal in Worms

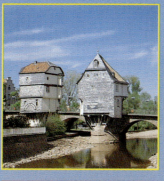

Brückenhäuser in Bad Kreuznach

Straußenwirtschaft in Bad Dürkheim

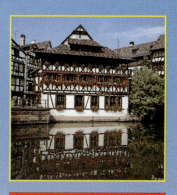

Abstecher nach Straßburg

Wintrich
Veldenz
Monzelfeld
Longkamp
Kleinich
Hunsrück
Gösenroth
Linden-schied
Münchwald
Sparbrücken
Burgen
Kommen
Wederath
Horbruch
Krummenau
Oberkirn
Rohrbach
Gemünden
Gehlweiler
Alteburg 624
Schwarzerden
Winterbach
Spall
Dalberg
Kasholz
Gornhausen
Gonzerath
Hochscheid
Weitersbach
Hausen
Woppenroth
Schlierschied
Henau
Gebroth
Argenschwang
Braunweiler
Hinzerath
Stipshausen
Rhaunen
Bollenbach
Ruine Altburg
Schwarzerden
Ippenschied
Allenfeld
Weitersborn
Heinzerath
Hundheim
Sulzbach
Bundenbach
Schneppenbach
Kellenbach
Bruschied
Seesbach
Daubach
Bockenau
Merscheid
Horath
Rapperath
Weiperath
Hellertshausen
Hottenbach
Oberhosenbach
Wickenrodt
Hahnenbach
Hennweiler
Schloß Dhaun
Langenthal
Burgsponheim
Haag
Papiermühle
Merschbach
Bischofsdhron
Morbach
Schauren
Weiden
Breitenthal
Oberhausen
Simmertal
Weiler
Auen
Monzingen
Waldböckelheim
Berglicht
Gräfendhron
Gutenthal
Bruchweiler
Griebelschied
Hochstetten-Dhaun
Martinstein
Nußbaum
Dörrnbach
Etgert
Höxel
Langweiler
Kempfeld
Niederhosenbach
Kirn
Oberstreit
Gielert
Rorodt
Riedenburg
Wirschweiler
Sensweiler
Oberwörrenbach
Mörschied
Herrstein
Bergen
Merxheim
Meckenbach
Meddersheim
Bad Sobernheim
Duchroth
Talling
Immert
Thalfang
Deuselbach
Katzenloch
Herborn
Niederwörresbach
Berschweiler b.Kirn
Odernheim
Lückenburg
Hilscheid
Kirschweiler
Allenbach
Hettenrodt
Tiefenstein
Gerach
Vollmersbach
Schaubergwerk Fischbach
Heimweiler
Heimberg
Becherbach b.Kirn
Kirschroth
Bärenbach
Erbeskopf 816
Dhronecken
Malborn
Thranenweiler
Ringelkopf 712
Siesbach
Leisel
Mackenrodt
Hintertiefenbach
Weierbach
Mittelreidenbach
Schmidthachenbach
Limbach
Abtweiler
Lauschied
Raumbach
Lettweiler
Schwollen
Wilzenberg
Hattgenstein
Rötsweiler
Nockenthal
IDAR-OBERSTEIN
Felsenkirche
Edelsteinmine
Nahbollenbach
Dickesbach
Oberreidenbach
Hundsbach
Desloch
Rehborn
Unkenbach
Callbach
Thiergarten
Börfink
Hußweiler
Hambach
Brombach
Hammerstein
Kirchenbollenbach
Kefersheim
Otzweiler
Sienerhöfe
Schweinschied
Jeckenbach
Meisenheim
Hermeskeil
Damflos
Muhl
Rinzenberg
Hambach
Nd. Brombach
Winnenberg
Sonnenberg
Frauenberg
Sien
Hoppstädten
Löllbach
Schmittweiler
Züsch
Abentheuer
Buhlenberg
Gollenberg
Elchweiler
Rimsberg
R. Frauenburg
Wieselbach
Unterjeckenbach
Langweiler
Kappeln
Medard
Odenbach
Adenbach
Gangloff
Waldgrehweiler
Neuhütten
Brücken
Birkenfeld
Dienstweiler
Nahe
Kronweiler
Frohnhausen
Grumbach
Homberg
Lauterecken
Ginsweiler
Becherbach
Reipoltskirchen
Nonnweiler
Achtelsbach
Meckenbach
Dambach
Nohen
Reichenbach
Mambächel
Baumholder
Buborn
Wiesweiler
Heinzenhausen
Otzenhausen
Eisen
Hoppstädten
Ruschberg
Grünbach
Kirrweiler
Offenbach
Nußbach
Dörrmoschel
Ellweiler
Birkenfeld
Heimbach
Ronneberg
Erzweiler
St. Julian
Hundheim
Glanbrücken
Einöllen
Hefersweiler
Rathskirchen
Schwarzenbach
Sötern
Nohfelden
Weiersbach
Berglangenbach
Niederalben
Horschbach
Oberweiler-Tiefenbach
Braunshausen
Türkismühle
Nohfelden
Stausee
Gimbweiler
Rohrbach
Fohren-Linden
Mettweiler
Dennweiler-Frohnbach
Erdesbach
Ulmet
Welchweiler
Elzweiler
Aschbach
Hinzweiler
Oberweiler im Tal
Wolfstein
Morbach
Relsberg
Reichsthal
Niederkirchen
Bosen
Eiweiler
Gonnesweiler
Wolfersweiler
Berschweiler b. Baumholder
Körborn
Bedesbach
Rutsweiler a.d.L.
Walhausen
Neunkirchen
Mosberg-Richweiler
Eitzweiler
Freisen
Eckersweiler
Thallichtenberg
Altenglan
Mühlbach a.Glan
Friedel-Bosenbach
Eßweiler
Kreimbach-Kaulbach
Wörsbach
Heiligenmoschel
Selbach
Steinberg-Deckenpfronn
Asweiler
Reichweiler
Kusel
Rammelsbach
Föckelberg
Rothselberg
Jettenbach
Olsbrücken
Schallodenbach
Gudesweiler
Namborn
Hirstein
Reitscheid
Mithrastempel
Pfeffelbach
Haschbach
Neunkirchen a.Potzberg
Niederstaufenbach
Oberstaufenbach
Frankelbach
Untersulzbach
Hirschhorn
Eulenbis
Mehlbach
Nonnweiler-Primstal
Hofeld-Mauschbach
Grügelborn
Oberkirchen
Bledesbach
Schellweiler
Theley
Oberthal
Furschweiler
Baltersweiler
Haupersweiler
Herchweiler
Konken
Gimsbach
Reichenbach-Steegen
Kollweiler
Erzenhsn.
Katzweiler
Tholey-Hasborn
Tholey
Bliesen
Osterbrücken
Wahnwegen
Höffler
Kottweiler-Schwanden
Schwedelbach
Weilerbach
Stockborn
Otterbach
Schaumberg
Winterbach
Urweiler
Wendelsdom
ST. WENDEL
Leitersweiler
Hoof
Langenbach
Herschweiler-Pettersheim
Liebsthal
Henschtal
Rehweiler
Glan-Münchweiler
Reuschbach
Mackenbach
Erfenbach
Rodenbach
Sotzweiler
Alsweiler
Marpingen
Saal
Bubach
Krottelbach
Ohmbach
Haschbach
Steinbach a.Glan
Börsborn
Obermohr
Miesenbach
Siegelbach
Theley
Bersch-weiler
Remmesweiler
Oberlinxweiler
Werschweiler
Frohnhofen
Altenkirchen
Nanzdietschweiler
Steinwenden
Ramstein
Einsiedlerhof
Kl.-West
Eppelborn
Niederlinxweiler
Dörrenbach
Breitenbach
Brücken (Pfalz)
Hütschenhausen
Spesbach
Landstuhl
Vogelweh
Dirmingen
Urexweiler
Mainzweiler
Fürth
Lautenbach
Dittweiler
Gries
Bischbach
Ruine Nanstein
Lichtenbruch
Hohenecken
Wustweiler
Welschbach
Steinbach
Dunzweiler
Miesau
Kindsbach
Dansenberg
Eppelborn
Uchtelfangen
Hütting
Stennweiler
Ottweiler
Schmittweiler
Schönenberg-Kübelberg
Bruchmühlbach
Hauptstuhl
Bann
Illingen
Wemmetswlr.
Hangard
Münchwies
Höchen
Bruchmühlbach-Miesau
Bruchmühlbach
Oberarnbach
Stelzenberg
Merchwlr.
Schiffwlr.
Wiebelskirchen
Frankenholz
Waldmohr
Jägersburg
Vogelbach
Martinshöhe
Langwieden
Mittelbrunn
Queidersbach
Heiligenwald
Landswlr.-Reden
NEUNKIRCHEN
Oberbexbach
Kleinottweiler
Waldmohr
Lambsborn
Gerhardsbrunn
Obernheim-Kirchenarnbach
Krickenbach
Langensohl
Ruine Wilenstein
Gottelborn
Quierschied
Friedrichsthal
Bexbach
Erbach
Bruchhof
Bechhofen
Rosenkopf
Wiesbach
Biedershausen
Knopp-Labach
Hettenhausen
Linden
Schopp
Weselberg
Horbach
Geiselberg
Schmalenberg
Naturpark
Fischbach
Elversberg
Sulzbach
Spiesen
Haus Furpach
Altstadt
Kirrberg
Homburg (Saar)
HOMBURG
Käshofen
Kleinbundenbach
Wallhalben
Saalstadt
Meisersp.
Dudweiler
ST. INGBERT
Kirkel
Burgruine
Limbach
Beeden
Mörsbach
Groß-Bundenbach
Winterbach
Schmitshausen
Reifenberg
Herschberg
Hermersberg
Steinalben
Heltersberg
Neuweiler
Rohrbach
Neuhäusel
Schwarzenacker
Einöd
Oberauerbach
Höheinöd
Waldfischbach-Burgalben
Scheidt
Hassel
Oberwürzbach
Niederwürzbach
Bierbach
Wörschweiler
Niederauerbach
Battweiler
Maßweiler
Thaleischweiler-Fröschen
Donsieders
Clausen
SAARBRÜCKEN
Heckendalheim
Lautzkirchen
Webenheim
Wattweiler
ZWEIBRÜCKEN
Contwig
Stambach
Rieschweiler-Mühlbach
Petersberg
Rodalben
Schafbrücke
Bischmisheim
Ommersheim
Seelbach
Biesingen
Blieskastel
Mittelbach
Rimschweiler
Kirschbacherhof
Dellfeld
Nünschweiler
Höheischweiler
Fehrbach
PIRMASENS
Merzalben
Ruine Gräfenstein
Münchweiler
Rodalben
Brebach
Fechingen
Ensheim
Ormesheim
Asweiler
Erfweiler
Hengstbach
Zweibrücken-Ixheim
Althornbach
Walshausen
Großsteinhausen
Gersbach
Windsberg
Güdingen
Alsting
Hesslingen
Bübingen
Eschringen
Mandelbachtal
Wittersheim
Wolfersheim
Breitfurt
Böckweiler
Bliesdalheim
Walsheim
Wahlerhof
Hornbach
Dietrichingen
Mauschbach
Kröppen
Riedelberg
Bottenbach
Schuhmuseum
Winzeln
Ruppertsweiler
Kleinblittersdorf
Bliesransbach
Pfälzer Bergland
Pfälzerwald

Portal von St. Engelbert in St. Ingbert

Am Rande des Pfälzer Berglands: Edle Steine, saarländisches Flair

Für den an Edelsteinen interessierten Reisenden ist ein Besuch Idar-Obersteins Pflicht. Hier erfährt man nicht nur alles Wissenswerte über die edlen Steine, sondern kann auch selbst Hand anlegen. An der Saar umweht den Besucher nicht nur wegen des nahen Frankreichs ein besonderes Ambiente, Kaiserslautern an der A 6 wartet mit vielfältigen Sehenswürdigkieten auf.

Attraktionen

B 41 und B 422 treffen in ❶ **Idar-Oberstein** zusammen. Die im Nahetal gelegene Stadt ist wegen der **Edelsteinindustrie** beliebtes Reiseziel. Wer sich über einen interessanten Besuch des **Deutschen Edelsteinmuseums** in der **Diamant- und Edelsteinbörse** hinaus informieren möchte, dem sei ein Besuch in der zur Besichtigung freigegebenen **Edelsteinmine** empfohlen. Viele **Schleifereien** laden zu einem Besuch ein, in handwerklichen Verarbeitungsbetrieben kann man sich selbst unter fachkundiger Anleitung am Schleifen von Steinen versuchen. Einen Spaziergang wert ist die in etwa 50 m Höhe in eine Felswand gebaute **Felsenkirche**. In der Kirche ist ein **Flügelaltar** aus dem 15. Jh. zu besichtigen.

Freizeit und Kultur

Südlich der A 62 liegt an der B 41 ❷ **St. Wendel**. Als die schönste saarländische Hallenkirche im gotischen Stil gilt die Pfarrkirche **St. Wendalinus** (14. und 15. Jh.). Besondere Sehenswürdigkeiten in der Kirche sind der **Steinsarkophag** (um 1360), in dem die Reliquien des hl. Wendel aufbewahrt sind, die **Schnitzfiguren** aus dem 18. Jh. und die aus dem Jahre 1462 stammende **Kanzel**. 14 Skulpturen von internationalen Künstlern erwarten den Besucher auf dem **Skulpturenfeld** außerhalb der Stadt. Der

Besuch des Heimatmuseums im **Alten Rathaus** (1803) ist empfehlenswert.

A 6, A 32 und A 623 Abfahrt ❸ **Saarbrücken**. Als eine der schönsten Barockkirchen der Region gilt die **Ludwigskirche** (1761 bis 1775) am Ludwigsplatz, an dem schöne Barockhäuser zu sehen sind. Auch der Besuch der im Stadtteil St. Arnual gelegenen gotischen Stiftskirche **St. Arnual** ist empfehlenswert. Interessant ist das **Landesmuseum für Vor- und Frühgeschichte** (Rheinheimer Goldschmuck) sowie die **Moderne Galerie**. Das besondere Ambiente der Stadt rührt von der unmittelbaren Nachbarschaft zu Frankreich.

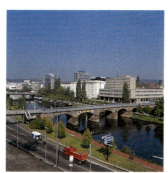
Panorama von Saarbrücken

Nicht weit von Saarbrücken entfernt liegt an der A 6 ❹ **St. Ingbert**. Die Stadt lockt vor allem mit dem schönen Wandergebiet des **Großen Stiefels**, in dem der Besucher den **Menhir Spellenstein** erreicht. Beim Bummel durch die nette Stadt lohnt ein Blick in die Barockkirche **St. Engelbert**. Das **Museum St. Ingbert** zeigt Werke des Frühexpressionisten Albert Weisgeber.

A 6 Abfahrt ❺ **Kaiserslautern**. Im 12. Jh. ließ Kaiser Barbarossa den Ort zur Kaiserpfalz

ausbauen. Sehenswert: frühgotische **Stiftskirche** (13. Jh.), **Fruchthalle** (19. Jh.), **Pfarrkirche St. Martin** (14. Jh.), die

Im Nahetal

Ruine Beilstein östlich der Stadt sowie die **Burg Hoheneck** im Westen.

Fremdenverkehrsverbände

Fremdenverkehrsstelle St. Wendeler Land
66625 Nohfelden-Bosen
Am Seehafen
Tel.: 06852/90110
Stadtverband Saarbrücken
66030 Saarbrücken
Postfach 103055
Tel.: 0681/5060
Naheland Touristik
55606 Kirn
Bahnhofstr. 31
Tel.: 06752/2055
Pfalz-Touristik
67434 Neustadt/Weinstraße
Landauer Str. 66
Tel.: 06321/3916–0

Spaß für Kinder

Nicht nur für kleine und große Eisenbahnfans interessant ist das ❻

Dampflokmuseum in Hermeskeil. Über 50 Dampfloks können hier bestaunt werden. Geöffnet an Wochenenden und Feiertagen von Ende März bis November, Lokschuppen am Bahnhof, Tel.: 06503/1204. Hermeskeil ist zu erreichen über die A 1 oder die Hunsrückhöhenstraße (B 327) und liegt westlich von Idar-Oberstein.

Der **Zoologische Garten Saarbrücken**, Graf-Stauffenberg-Str. Tel.: 0681/980440: Attraktionen des Tierparks sind das Madagaskar-Haus und die Australien-Zone.

Regionale Küche

Die saarländische Grenzlandküche ist eine kulinarische Symbiose aus deftiger Küche und französischem Charme. Regionale Spezialitäten wie Saarbrücker Speckkuchen und Löwenzahnsalat lassen auf gallischen Ursprung schließen; aber auch die »Lyoner« – eine mit Safran gefärbte Kalbfleischwurst – darf auf keinen Fall fehlen.

Im **Gemmel**, Kappenstr. 2 in Saarbrücken, trifft der Feinschmecker auf saarländische Spezialitäten; französischer Einfluss manifestiert sich durch fangfrischen Fisch und erlesene Weine auf der Speisekarte.

179

Rund ums Auto

Verkehrsfunk
SWF III 101,1 MHz

Gau-Algesheim
Gustavsbg.
Bingen
Nauheim
Trebur
Groß-Gerau
Bodenheim
Nieder-Olm
Büttelborn
Griesheim
Nierstein
Oppenheim
Wörrstadt
Bad Kreuznach
Riedstadt
Goddelau
Stockstadt a.Rh.
Biebesheim
Gernsheim
Alzey
Osthofen
Worms
Biblis
Einhausen
Bürstadt
Kirchheimbolanden
Rockenhausen
Lampertheim
Grünstadt
Eisenberg
Bobenheim-Roxheim
Frankenthal
Mannheim
Alsenborn
Enkenbach
Bad Dürkheim
Ludwigshafen
Kaiserslautern
Schifferstadt
Mutterstadt
Limburgerhof
Neuhofen
Brühl
Ketsch
Lambrecht
Neustadt a. d. Weinstraße
Haßloch
Iggelheim
Speyer
Dudenhofen
Hockenheim
Edenkoben
Römerberg
Rheinhausen
Oberhausen
Waghäusel
Philippsburg
Pfälzer Wald
Naturpark
Haardt

Das Hagen-Denkmal in Worms

Zwei romanische Dome zwischen Rhein und Wein

Die Dome zu Worms und Speyer sind Meisterwerke romanischer Architektur, die die Städte zu einem beliebten Reiseziel machen. Von hier aus lässt sich auf kurzem Wege in die reizvolle Weinlandschaft des Pfälzer Waldes eintauchen, deren Mittelpunkt Neustadt a. d. Weinstraße ist. Auch Bad Kreuznach im Norden und Mannheim im Osten jenseits des Rheins lohnen einen Stopp.

Attraktionen

A 61 Abfahrt ❶ **Worms**. Die Attraktion ist der **Dom zu Worms**, ein architektonisches Meisterwerk im romanischen Stil, zu dem Ende des 13. Jh. gotische **Kapellenbauten** hinzukamen. Der Besucher betritt den Bau über das reich verzierte gotische **Südportal**, neben dem die **Nikolauskapelle** angebaut ist. Das **Hauptportal** ist mit dem **Kaiserrelief** geschmückt. Die Außenseite des Ostchors gilt als beispielhaft für **romanische Bauplastik**. Weiterhin sehenswert in der Stadt ist das **Kunsthaus Heylshof** mit einem Schlossgarten. Das Haus beherbergt eine wertvolle **Kunstsammlung**.

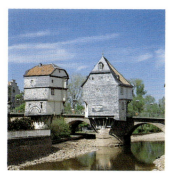
Brückenhäuser in Bad Kreuznach

A 61 Abfahrt ❷ **Speyer**. Der mehrfach durch Brände zerstörte, im 19. Jh. jedoch wieder aufgebaute **Dom zu Speyer** ist das größte romanische Bauwerk auf deutschem Boden. In der zur Domanlage gehörenden **Krypta** liegen die **Gräber von acht deutschen Kaisern und Königen**. Das Sandsteinbecken **Domnapf** vor der Westfront des

Doms kennzeichnete die Grenze zwischen dem Hoheitsgebiet des Bischofs und der Stadt. Sehr sehenswert in der Stadt ist auch die **evangelische Dreifaltigkeitskirche** (1701 bis 1717) sowie das barocke **Rathaus** (1712 bis 1726).

Freizeit und Kultur

A 65 Abfahrt ❸ **Neustadt a. d. Weinstraße**. Die Stadt mit einem sehenswerten restaurierten **Stadtkern** liegt im größten Weinanbaugelände Deutschlands und ist der Mittelpunkt der **deutschen Weinstraße**. Von hier lassen sind schöne Ausflüge in die umliegenden, in reizvoller Landschaft gelegenen **malerischen Weinorte** mit ihren typischen Wirtschaften unternehmen.

Straußenwirtschaft in Bad Dürkheim

In unmittelbarer Nähe liegt südlich von Neustadt a. d. Weinstraße ❹ **Hambach** mit dem **Hambacher Schloss**. Am 27. Mai 1832 versammelten sich hier Patrioten zum sogenannten **Hambacher Fest**, um für ein geeintes Deutschland und Europa zu demonstrieren.

Rechtsrheinisch an der A 6 liegt ❺ **Mannheim** mit einem riesigen Binnenhafen. Herausragende Sehenswürdigkeit ist hier das **Kurfürstliche Schloss**, eine der größten barocken Schlossanlagen Europas. Eine schöne Aussicht auf die Stadt hat der Besucher vom 205 m hohen **Fernmeldeturm** mit **Aussichtskanzel**.

A 61 Abfahrt ❻ **Bad Kreuznach**. Das Wahrzeichen der am Rande des Pfälzer Waldes gelegenen Stadt ist die **Brücke** über die Nahe. Wegen der **Brückenhäuser** gehört sie zu den bekanntesten Deutschlands.

Fremdenverkehrsverbände

Fremdenverkehrsverband Rheinland-Pfalz
56068 Koblenz
Löhrstr. 103–105
Tel.: 0261/91520–0
Rheinhessen-Information
55218 Ingelheim
Wilhelm-von-Erlanger-Str. 100
Tel.: 06132/787565
Pfalz-Touristik
67434 Neustadt/Weinstraße
Landauer Str. 66
Tel.: 06321/3916–0

Spaß für Kinder

Überall in der Pfalz machen Hinweisschilder auf den ❼ **Holiday-Park Haßloch** aufmerksam. Zahlreiche Action-Darbietungen und Shows sorgen für Unterhaltung, Ruhe findet man in der schönen Parkanlage. Eine Wasserfahrt mit den Teufelsfässern, ein paar Loopings im Super-

wirbel oder ein Flug im Bounty Tower bieten sich den wagemutigen Besuchern an. A 65, Abfahrt Haßloch, dann den Hinweisschildern folgen. Geöffnet von April bis Oktober, Tel.: 06324/59930.

Im gleichen Ort: Der **Badepark Haßloch**, ein Erlebnisbad mit vielen Extras. Lachener Weg 175, Tel.: 06324/599476.

Regionale Küche

Herzhaft ist das passendste Attribut für die opulente Pfälzer Küche, steht beim waschechten Pfälzer doch nichts so hoch im Kurs wie die »Worscht« (Wurst) und sein Saumagen. Unmittelbar nach der Weinlese bestimmen Federweißer – ein noch trüber, nicht ganz durchgegorener Wein der letzten Ernte – und Zwiebelkuchen das Bild.

In der **Domhof-Hausbrauerei**, Große Himmelsgasse 6 in Speyer, genießt man zum Saumagen am besten eines der hausgebrauten Biere.

Rund ums Auto

Verkehrsfunk
SWF III 93,7 MHz

181

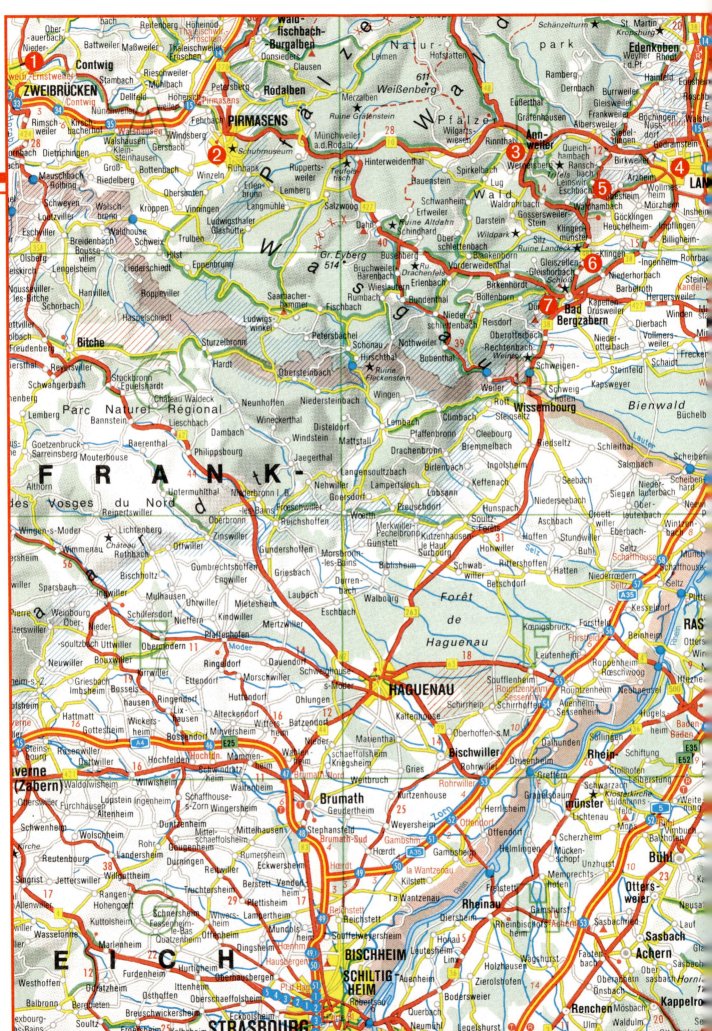

Pfälzer Wald und Wasgau: Schuhe, Rosen und Wein

Traubenernte in der Rheinpfalz

Nicht weit entfernt von der deutsch-französischen Grenze liegen auf einer Höhe die Rosenstadt Zweibrücken, die Schuhstadt Pirmasens, die Burgenstadt Annweiler und die ehemalige Reichsstadt Landau. Südlich von dieser Linie warten das reizende Weindorf Leinsweiler, Klingenmünster mit der Burgruine Landeck und die attraktive Kurstadt Bad Bergzabern auf den Besucher.

Attraktionen

A 8 Abfahrt ❶ **Zweibrücken**. Ein 5 ha großer **Rosengarten** mit 2000 Sorten Rosen machte Zweibrücken zur Stadt der Rosen. Aber auch Pferde spielen in der Stadt eine wichtige Rolle: Hier werden seit 1755 die **Zweibrücker Warmblüter** gezüchtet. Napoleons Schimmelhengst in der Schlacht bei Austerlitz war ein »Zweibrücker«. Zu empfehlen ist in der Stadt das **Schloss**, die wieder hergestellten Teile der **Herzogsvorstadt** und die **Karlskirche**. Zu der interessanten Innenausstattung der **Alexanderkirche** gehören **Glasmalereien** und restaurierte **Grabdenkmäler**.

Freizeit und Kultur

B 270 ❷ **Pirmasens**. Im Zentrum der deutschen Schuhindustrie lohnt ein Besuch des **Schuhmuseums**.

B 10 ❸ **Annweiler am Trifels**. Die aus den Ruinen der Burgen **Trifels**, **Anebos** und **Scharfenberg** bestehende sogenannte **Burgdreifaltigkeit** liegt in der Nähe des Ortes. Die im Laufe des 20. Jh. restaurierte Burg Trifels beherbergt **Nachbildungen der Reichskleinodien**.

A 35 Abfahrt ❹ **Landau**. Aus dem frühen 14. Jh. stammt die ehemalige Augustinerkirche, heute **Pfarrkirche Heilig-Kreuz**. Im Innern sind sehens-

wert: der spätgotische Taufstein (1506) und eine hölzerne Muttergottesfigur (Landauer Madonna aus dem 17. Jh.). Von den Festungsanlagen sind das **Deutsche** und das **Französische Tor** im barocken Baustil (1668 bis 1691) erhalten. Wegen des schönen Reliefs am Hauptportal lohnt sich die Besichtigung der ehemaligen **Augustiner-Chorherrenstiftskirche** (heute Pfarrkirche).

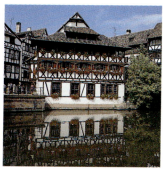
Abstecher nach Straßburg

Westlich von Landau liegt das Winzerdorf ❺ **Leinsweiler**. Das malerische Dorf mit einem schönen **Fachwerk-Rathaus** (1619), dem **Dorfbrunnen** sowie der historischen **Martinskirche** lockt auch mit dem **Slevogthof**. Hier starb im Jahr 1932 der Maler Max Slevogt, der das Musikzimmer und die Bibliothek des Hauses mit **Wand- und Deckenfresken** ausstattete.

Wenige Kilometer westlich des an der B 48 gelegenen ❻ **Klingenmünster** befindet sich die **Burgruine Landeck**. Gut erhalten ist der 23 m hohe quadratische **Turm**.

B 427 ❼ **Bad Bergzabern**. Im 16. Jh. wurde die mittelalterliche Burg des Kneippheilbades zu einem **Schloss** umgebaut. Beachtenswert ist das **Portal** des

Westflügels sowie der **Treppenturm** an der Hofseite. Als schönstes Renaissancehaus der Pfalz gilt das **Gasthaus Zum Engel** (1579). Ein Spaziergang durch den hübschen **Kurpark** der Stadt ist sehr zu empfehlen.

Drachenfels bei Busenberg

Fremdenverkehrsverbände

Fremdenverkehrsamt Zweibrücken
Tel.: 06332/871123
Fremdenverkehrsamt Pirmasens
Tel.: 06331/842355
Fremdenverkehrsamt Landau
Tel.: 06341/13181
Touristik Nördlicher Schwarzwald
75106 Pforzheim
Postfach 100666
Tel.: 07231/17929

Spaß für Kinder

Ein Besuch im **Pirmasenser Luft- und Badepark**, kurz Plub genannt, lohnt sich sicherlich für die ganze Familie. Kinder können sich im Kinderbereich vergnügen, die lange Tunnelrutsche,

Wasserkanone und Bodensprudler sorgen für viel Spaß, für etwas ältere Kinder gibt es einen Disco-Bereich. Im Sommer lassen sich im Außenbereich, der mitten in einer reizvollen Parklandschaft liegt, schöne Ferientage mit Sonnenbad und Picknick verbringen. Pirmasens erreicht man über die A 6, Abfahrt Kaiserslautern-West und Weiterfahrt auf der B 270. Lemberger Str. 41, Tel.: 06331/876380.

Regionale Küche

Eine Pfälzer Spezialität ganz besonderer Art ist die »Grumbeersupp« (Kartoffelsuppe) mit »Quetschekuche« (Zwetschgenkuchen), wobei Suppe und Kuchen nicht etwa nacheinander, sondern gleichzeitig verzehrt werden.

Wem das zu eigenwillig ist, kann im **Küferstubb**, Weed-Borngasse 6 in Dörrenbach bei Bad Bergzabern, auf eine deftige Küferplatte mit Hausmacherwurst, Schinken, Käse und Obstler ausweichen.

Für einen Abstecher nach Straßburg empfehlen sich die Brasserien **L'Alsace a table**, 8 Rue Franc-Bourgeois und **L'Ancienne Douanne**, 6 Rue Douanne.

Rund ums Auto

Verkehrsfunk
SWF III 106,3 MHz

Die Klosterkirche in Bad Herrenalb

Das Rastatter Schloss

Ditzingen vor den Toren Stuttgarts

Martinskirche in Ettlingen

Das Stadttor von Bietigheim

Hohenlohe
und das Neckargebiet

Mit Stuttgart als Mittelpunkt liegt in dieser Region die Heimat der fleißigen und sparsamen Schwaben, die nicht nur als Philosophen, sondern auch als Tüftler über ihre Landesgrenzen hinaus bekannt wurden. Nicht umsonst sind hier Weltfirmen wie Bosch, Daimler-Benz und Porsche zuhause. Nirgendwo sonst in Deutschland aber ist die Stadt- und Industrielandschaft so reich durchsetzt und aufgelockert von Wäldern, Obst- und Weingärten, die sich in der Metropole Baden-Württembergs bis an die dicht besiedelten Hänge der im Tal gelegenen Stadt erstrecken.

Deutschlands höchste Brücke (A 6)

Impressionen aus Dinkelsbühl

Schloss mit Blick auf Stuttgart

Historischer Marktplatz in Aalen

185

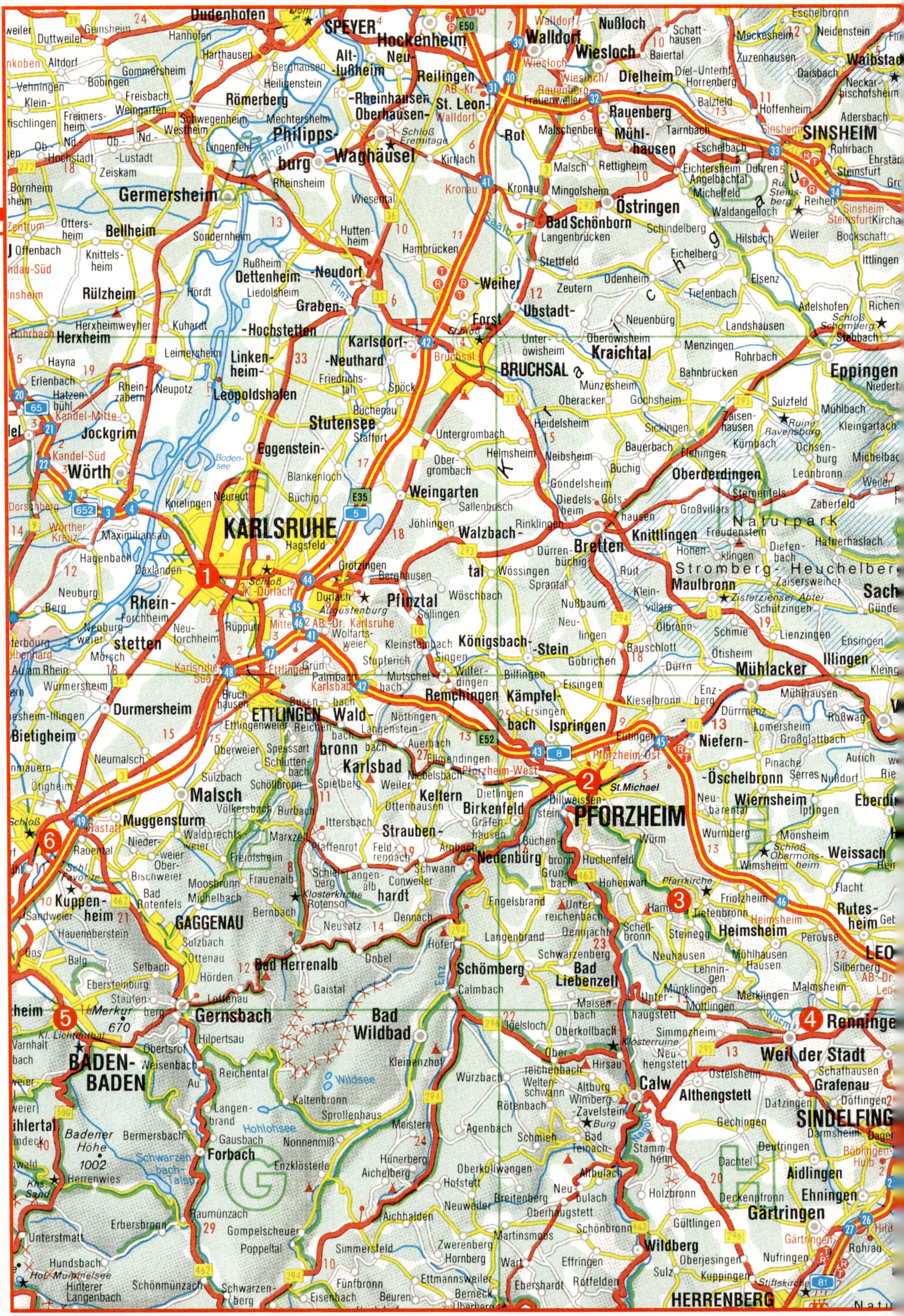
Dudenhofen
SPEYER
Hockenheim
Walldorf
Nußloch
Wiesloch
Dielheim
Sinsheim
Waibstadt
Römerberg
Philippsburg
Waghäusel
Reilingen
St. Leon-Rot
Rauenberg
Mühlhausen
Germersheim
Bellheim
Östringen
Bad Schönborn
Rülzheim
Dettenheim
Graben-Neudorf
Weiher
Ubstadt-Forst
Herxheim
Linkenheim-Hochstetten
Karlsdorf-Neuthard
BRUCHSAL
Kraichtal
Eppingen
Leopoldshafen
Stutensee
Eggenstein-Leopoldshafen
Jockgrim
Wörth
Oberderdingen
Weingarten
Walzbachtal
KARLSRUHE
Bretten
Knittlingen
Rheinstetten
Pfinztal
Maulbronn
Königsbach-Stein
Mühlacker
Illingen
Durmersheim
ETTLINGEN
Waldbronn
Remchingen
Kämpfelbach
Ispringen
Niefern-Öschelbronn
Bietigheim
Malsch
Karlsbad
Keltern
Birkenfeld
PFORZHEIM
Wiernsheim
Muggensturm
Straubenhardt
Neuenbürg
Weissach
Kuppenheim
GAGGENAU
Heimsheim
Rutesheim
Bad Herrenalb
Schömberg
Bad Liebenzell
Renningen
Gernsbach
Bad Wildbad
Weil der Stadt
BADEN-BADEN
Calw
Althengstett
SINDELFINGEN
Forbach
Aidlingen
Gärtringen
Wildberg
HERRENBERG
Badener Höhe 1002
Merkur 670
Naturpark Stromberg-Heuchelberg
Kraichgau

Am Fuße des Schwarzwalds: Barocke Pracht und nobles Kuren

Bereits die Römer genossen die heißen Quellen im heutigen Baden-Baden. Auch die anderen am Fuße des nördlichen Schwarzwaldes gelegenen Städte und Orte zeigen, dass man in dieser Region zu leben weiß: Schlösser in Karlsruhe und Rastatt, Schmuck und Edelsteine in Pforzheim, wertvolle Kunstschätze in Tiefenbronn, ein seit Jahrhunderten erhaltenes Stadtbild in Weil der Stadt.

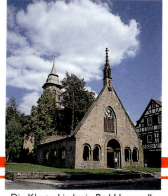

Die Klosterkirche in Bad Herrenalb

Attraktionen

A 5 Abfahrt ❶ **Karlsruhe**, Sitz von Bundesverfassungsgericht und Bundesgerichtshof. Die ehemalige großherzoglich-badische Residenz bietet eine Fülle von Sehenswürdigkeiten: Das nach Plänen von Balthasar Neumann gebaute **Schloss** beherbergt das **Badische Landesmuseum** (Kunstsammlungen, Kunstgewerbe, Münzkabinett sowie die »Türkenbeute« des Markgrafen Ludwig Wilhelm I.). In der **Staatlichen Kunsthalle** ist Malerei deutscher, niederländischer und französischer Meister zu bewundern. Das **Verkehrsmuseum** wartet mit dem **Laufrad von Drais** und **Benz-Motorwagen** von 1886 auf. Im Zentrum der **Altstadt**, von der die Hauptstraßen strahlenförmig abgehen, liegt der Marktplatz mit der **Pyramide**, die über der **Gruft des Stadtgründers** Markgraf Karl Wilhelm steht.

Freizeit und Kultur

A 8 Abfahrt ❷ **Pforzheim**. Wer in der Gold-, Uhren- und Schmuckstadt Station macht, sollte nicht versäumen, das **Schmuckmuseum** sowie die **Edelsteinausstellung Schütt** zu besuchen.

Von Pforzheim führt eine wunderschöne Straße nach ❸ **Tiefenbronn**, wo in der **Pfarrkirche Maria Magdalena** wertvolle Kunstschätze zu besichtigen

sind: **Glasmalereien** (um 1390), **Sakramentshäuschen** und **Chorgestühl** (um 1500), **Magdalenenaltar** (1431) sowie **Turmmonstranz** (1512).

B 295 ❹ **Weil der Stadt**. Schmuckstücke des **Marktplatzes** der historischen Stadt sind zwei **Brunnen** und das **Kepler-Denkmal**, welches ebenso wie das **Geburtshaus** an den hier geborenen **Astronomen Johannes Kepler** erinnert. Das **Rathaus** (16. bis 18. Jh.) wird von dem imposanten Turm der **Pfarrkirche St. Peter und Paul** (15. und 16. Jh.) überragt. Im Innern sind das **Sakramentshaus** (1611), die **Kanzel** (1742) und der barocke **Hochaltar** (1680) zu bewundern.

B 500 ❺ **Baden-Baden**. Das heilende Thermalwasser, das hier

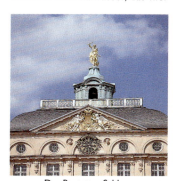

Das Rastatter Schloss

68 Grad warm aus der Erde strömt, liebten schon die Römer. **Spielkasino, Pferderennbahn**, luxuriöse **Thermen**, die Kurpromenade **Lichtentaler Allee** und ruhige **Villenviertel** sind die Hauptattraktionen der Stadt.

A 5 Abfahrt ❻ **Rastatt**. Die Stadt bietet dem Besucher das einzige gut erhaltene **Barockschloss** am Oberrhein. Vorbild

beim Bau der Anlage mit hufeisenförmigem Grundriss und herrlicher **Parkanlage** war Versailles.

Martinskirche in Ettlingen

Der **Nordschwarzwald** lädt zu schönen Spazierfahrten und erholsamen Wanderungen ein.

Fremdenverkehrsverbände

Touristik-Gemeinschaft Baden-Elsaß-Pfalz
76137 Karlsruhe
Baumeisterstr. 2
Tel.: 0721/355020
Touristik Nördlicher Schwarzwald
75106 Pforzheim
Postfach 100666
Tel.: 07231/17929
Baden-Baden Marketing
76530 Baden-Baden
Solmsstr. 1
Tel.: 07221/275202
Touristikgemeinschaft Region Stuttgart
70173 Stuttgart
Lautenschlagerstr. 3
Tel.: 0711/2228252

Spaß für Kinder

Dort, wo die Römer badeten, wo der russische Schriftsteller Dostojewski im Spielkasino weilte, wo sich die Größen aus der High Society und Wirtschaft beim Pferderennen ein Stelldichein geben, da findet sich auch für Familien ein exklusives Vergnügen: Ein Badetag in der **Caracalla-Therme** in **Baden-Baden**. Die Therme befindet sich im Kurzentrum in der Stadtmitte, Römerplatz, Tel.: 07221/275940.

Regionale Küche

Der markante Einfluss der Pfälzer Küche in dieser Region ist ohne Zweifel spürbar. So finden sich neben Spätzle und Maultaschen Gerichte wie Leberknöpfle mit Specksalat und Saumagen. Aber auch frische Fische aus dem Rheinarm sowie Wild aus den nahen Wäldern gehören zu den Gerichten feinerer regionaler Küche.

Wild und Fisch aus der Umgebung munden vortrefflich im **Nagel's Kranz**, Hauptstr. 210. Lukullische Genüsse werden ebenfalls in den **Schloßbergstuben**, Vorbergstr. 9, beide in Karlsruhe, durch Spitzenweine der heimischen Produktion abgerundet.

187

Rund ums Auto

Verkehrsfunk
SWF III 98,4 MHz

Baudenkmäler und Kraftfahrzeuge: Stuttgart und Umgebung

Mit dem ICE, dem Flugzeug oder über das gut ausgebaute Straßennetz ist Stuttgart zu erreichen. Dass das Reisen nicht immer so komfortabel war, zeigen anschaulich das Daimler-Benz-Museum in Untertürkheim und das Deutsche Zweirad- und NSU-Museum in Neckarsulm. Dies sind nicht die einzigen Attraktionen, die rund um die Stadt an der Schwäbischen Alb zu sehen sind.

Das Stadttor von Bietigheim

Attraktionen

A 8, A 58 und A 81 umkreisen ❶ **Stuttgart**. Wegen seines Ursprungs in einem engen Talkessel, von wo aus sich die Stadt auf die umliegenden Hänge ausgebreitet hat, ist die Landeshaupt-

Ditzingen vor den Toren Stuttgarts

stadt Baden-Württembergs landschaftlich reizvoll gelegen. Die Sehenswürdigkeiten und Attraktionen der Stadt sind zahlreich und vielfältig: Mittelpunkt der Stadt ist der **Schlossplatz** mit der 30 m hohen **Jubiläumssäule**, die zum Regierungsjubiläum König Wilhelm I. 1841 errichtet wurde. Hier sind weiterhin zu sehen: der **Königsbau** (1856 bis 1860) sowie das **Neue Schloss**. Der mit dem **Schillerdenkmal** geschmückte **Schillerplatz** ist vom **Alten Schloss** (16. Jh., **Württembergisches Landesmuseum**), dem ehemaligen Getreidespeicher **Fruchtkasten** (1596), dem **Prinzenbau** (1605 bis 1715), der **Alten Kanzlei** (1543 bis 1566) sowie der **Stiftskirche** umgeben. Im Innern der Kirche sind elf **Standbilder** im Renaissancestil von württembergischen Grafen zu sehen. Einen

Besuch des Schlosses **Solitude** im Westen der Stadt sollte man nicht versäumen. Einzigartig ist der zoologisch-botanische Garten **Wilhelmina**. Der **Höhenpark Killesberg** ist einerseits Kongress- und Messezentrum, andererseits ein Erholungsgebiet mit Panorama- und Sesselbahn, Kleinbahn und Freibad. Im interessanten **Daimler-Benz-Museum** in Untertürkheim erwarten den Besucher Oldtimer und Rennwagen sowie Schiffs- und Flugmotoren.

Freizeit und Kultur

B 10 östlich von Stuttgart ❷ **Esslingen**. Herausragend ist in dieser Stadt am Neckar mit der im 13. Jh. enstandenen **Pliensaubrücke** vor allem das **Alte Rathaus** (um 1430), dessen Bürgersaal **Schnitzereien** schmücken, sowie die Stadtkirche **St. Diony-**

Schloss mit Blick auf Stuttgart

sius, in deren Innern vor allem die gotischen **Glasfenster** bemerkenswert sind.

A 81 Abfahrt ❸ **Ludwigsburg**, eine vom Barock geprägte Stadt. Sehenswert sind hier: **Schloss Ludwigsburg** mit

schöner Gartenanlage, das **Lustschlösschen Favorite** (1715 bis 1723) sowie das **Seeschloss Monrepos** (1760 bis 1766).

A 6 und A 81 Abfahrt ❹ **Heilbronn**. Die nördlich von Stuttgart gelegene Stadt empfiehlt sich für einen Halt vor allem wegen des gotischen, später im Renaissancestil restaurierten **Rathauses** sowie der **Kilianskirche**, in deren Innern ein schöner **Hochaltar** zu besichtigen ist.

A 6 Abfahrt ❺ **Neckarsulm**. Eine einzigartige Sammlung vom ersten Fahrrad bis zum hochmodernen Zweirad lockt den Besucher in das **Deutsche Zweirad- und NSU-Museum**.

Spaß für Kinder

Der Park des Schlosses **Ludwigsburg** lädt zu einem Besuch im **Märchenpark Blühendes Barock** ein. Eine wahrhaft märchenhafte Welt tut sich hier auf. Das tapfere Schneiderlein, Frau Holle, Schneewittchen und

all die anderen Figuren verzaubern die kleinen Besucher. Wunderschön ist der blühende Barockgarten vor allem im Sommer. Tel.: 07141/924241.

In **Filderstadt**, Ortsteil Bonlanden, südlich von Stuttgart über die B 27 zu erreichen, lädt das ❻ **Fildorado Freizeitbad** zu einem ausgelassenen Badetag ein. Mahlestr. 50, Tel.: 0711/772066.

Regionale Küche

Aus der schwäbischen Küche nicht wegzudenken sind die Spätzle, die als Beilage zu fast allen schwäbischen Spezialitäten unentbehrlich sind. Ähnlich beliebt sind die Flädle: Hauchdünne Eierpfannkuchen werden in schmale Streifen geschnitten und etwa zu Spargel gegessen.

Die Weinstube **Zur Kiste**, Kanalstr. 2 in Stuttgart, weiß mit deftigen schwäbischen Spezialitäten zu überzeugen, als Dessert sollte man sich die mit Preiselbeeren gefüllten Flädle nicht entgehen lassen. Im urigen Gewölbekeller des **Mönchsberg Weinkeller**, Augsburger Str. 451, ebenfalls in Stuttgart, kann man neben diversen Maultaschenvariationen Württemberger Weine genießen.

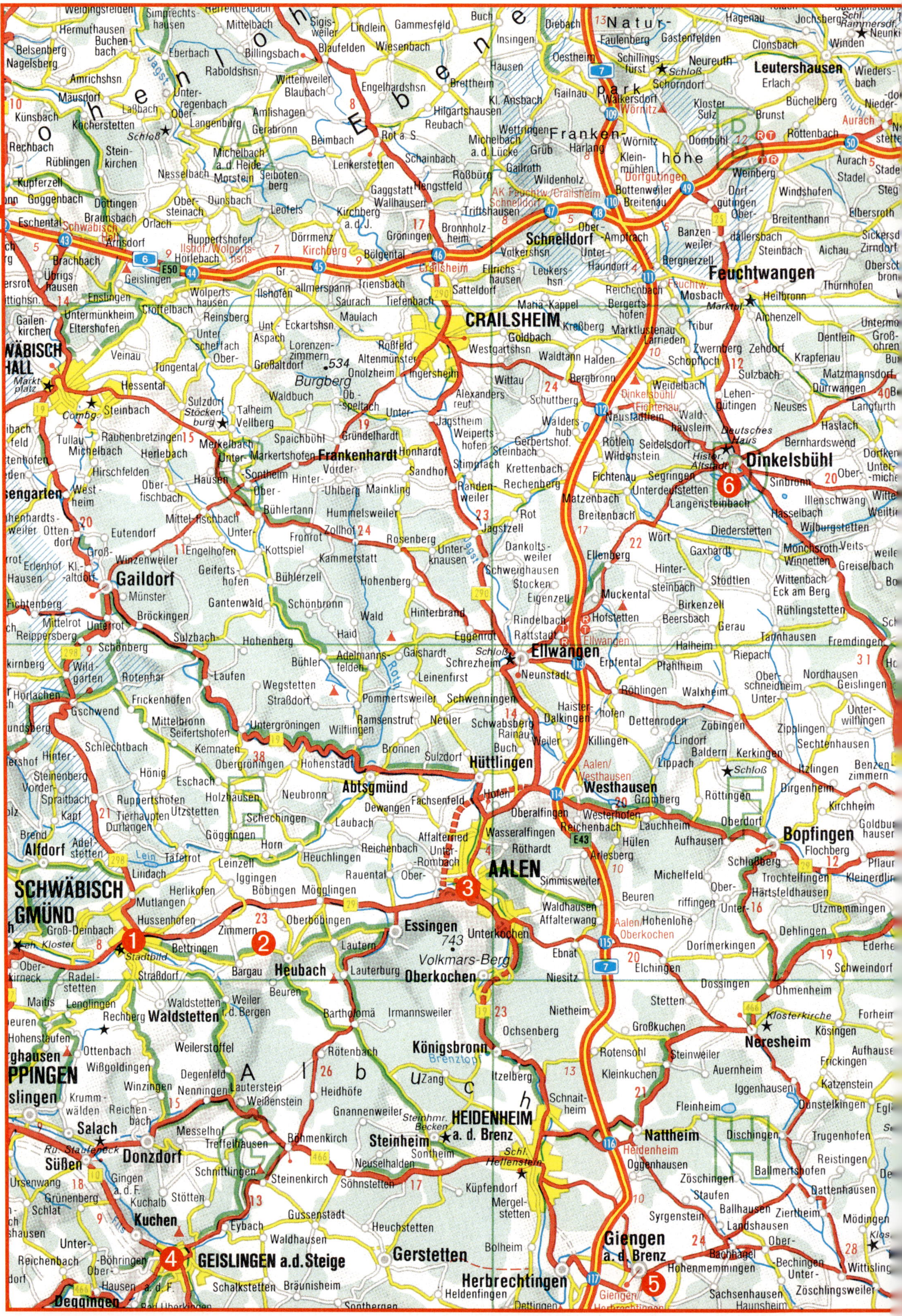

Hohenlohe Ebene

Natur- Park

Franken- höhe

Leutershausen

Feuchtwangen

Schnelldorf

CRAILSHEIM

Dinkelsbühl

SCHWÄBISCH HALL

Gaildorf

Frankenhardt

Ellwangen

Hüttlingen

Abtsgmünd

Westhausen

Bopfingen

SCHWÄBISCH GMÜND

AALEN

Essingen

Heubach

Oberkochen

Königsbronn

Neresheim

Waldstetten

Schwäbische Alb

GÖPPINGEN

HEIDENHEIM a. d. Brenz

Steinheim

Nattheim

Süßen

Donzdorf

Kuchen

GEISLINGEN a.d. Steige

Gerstetten

Herbrechtingen

Giengen a. d. Brenz

Impressionen aus Dinkelsbühl

Zwischen Schwäbischer Alb und Hohenloher Ebene

In der Gold- und Silberstadt Schwäbisch-Gmünd lohnt ein Besuch des Heilig-Kreuz-Münsters – ein gotisches Meisterwerk. Das Heimat- und Miedermuseum am Rosenstein lädt zu einer Stippvisite nach Heubach ein. Wer auf den Spuren der alten Römer wandeln möchte, sollte das Limesmuseum in Aalen sowie ein Bad in der Limestherme nicht versäumen.

Attraktionen

B 29 ❶ **Schwäbisch Gmünd**. Die älteste Stauferstadt Schwabens wurde um die Mitte des 12. Jh. gegründet. Schon seit früher Neuzeit steht die Stadt im Ruf einer Gold- und Silberstadt. Im Silberwaren- und Bijouteriemuseum **Ott-Pausersche Fabrik** erfährt man mehr über dieses Handwerk. In der **Augustinerkirche** kann man die großartigen Deckenfresken von Johann Anwander bewundern. Ein Meisterwerk der schwäbischen Gotik ist das **Heilig-Kreuz-Münster**, das Vorbild für alle späteren Hallenkirchen dieser Region wurde. Neben dem Chorgestühl (1550) und der barocken Orgelempore (1688) ist auch der vermutlich aus der Werkstatt Dürers stammende **Sebaldsaltar** (1508) zu sehen. Der Marktplatz mit seinen schönen **Barockhäusern** und dem **Marienbrunnen** (1686) bietet sich für einen Bummel an.

Historischer Marktplatz in Aalen

Auf der B 29 nach Aalen lohnt eine Stippvisite in ❷ **Heubach**. In dem kleinen Städtchen mit bedeutender Miederindustrie kann man das kleine **Heimat- und Miedermuseum** besuchen.

❸ **Aalen** (A 7 Abfahrt Aalen) hat neben dem historischen Marktplatz mit seinen beschaulichen **Fachwerkhäusern** das **Limesmuseum** zu bieten, das über das Alltagsleben der Römer in der Aalener Umgebung informiert. Wie einst die alten Römer kann man in der **Limestherme** ein 34 Grad warmes Bad nehmen. Im **Alten Rathaus** (14. Jh.) der Stadt findet der interessierte Besucher das **Urweltmuseum für Geologie und Paläontologie**, das die Erd- und Landschaftsgeschichte der Schwäbischen Alb dokumentiert.

Deutschlands höchste Brücke (A 6)

Freizeit und Kultur

Über die B 466 gut zu erreichen ist ❹ **Geislingen an der Steige**. Sehenswert ist hier der **Alte Zoll** (1495), ein vierstöckiges Fachwerkhaus mit einem Kranhäuschen. Der **Bauhof** (1445) beherbergt heute das **Heimatmuseum** der Stadt. Einige wertvolle Ausstattungsstücke kann man in der spätgotischen **Stadtpfarrkirche** (1424 bis 1428) besichtigen: ein Schnitz-

altar von 1520, ein von Jörg Syrlin dem Jüngeren gefertigtes Chorgestühl (1512) sowie eine Holzkanzel von Daniel Henneberger (1621).

Rund ums Auto

Verkehrsfunk
SDR 1 94,7 MHz

Für Ausflüge in die nähere Umgebung eignet sich das an der A 7 gelegene ❺ **Gingen an der Brenz**: Die **Charlottenhöhle** ist die längste Tropfstein-Schauhöhle der Ostalb (523 m) mit imposanten Stalagmiten und Stalaktiten. Einen Besuch wert ist auch die **Vogelherdhöhle**, in der in der Altsteinzeit Jäger Rast machten. Nur etwa 2 km entfernt liegt der **Stadel am Hohlenstein**, wo 1939 eine 30.000 Jahre alte Statuette (der »Stadel-Adam«) gefunden wurde.

Fremdenverkehrsverbände

Touristikgemeinschaft Neckar- Hohenlohe – Schwäbischer Wald
74523 Schwäbisch Hall
Am Markt 9
Tel.: 0791/751385
Fremdenverkehrsgemeinschaft Stauferland
73525 Schwäbisch Gmünd
Im Kornhaus
Tel.: 07171/603455
Fremdenverkehrsamt Aalen
73430 Aalen
Marktplatz 2
Tel.: 07361/522358
Touristik Verband Ries
86720 Nördlingen
Marktplatz 2
Tel.: 09081/84116

Spaß für Kinder

Eine **Nostalgiefahrt** mit der Bayerischen Museumsbahn von **Nördlingen** über **Dinkelsbühl** weiter nach **Feuchtwangen** oder von **Nördlingen** nach **Ansbach** erfreut bestimmt jeden Eisenbahnfreund. Informationen über Tel.: 09081/9808. A 7, Abfahrt Aalen/Westhausen, Weiterfahrt über die B 29.

In **Dinkelsbühl** steht das ❻ **Museum der Dritten Dimension**: Hier kann man seinen Augen nicht trauen – alles ist optische Täuschung! Nördlinger Tor, Tel.: 09851/6336. Dinkelsbühl liegt an der B 25, oder A 7, Abfahrt Dinkelsbühl/Fichtenau, dann Weiterfahrt über Landstraße.

Regionale Küche

Auch wenn Fleisch in der schwäbischen Küche keine übergeordnete Rolle spielt, darf der allseits beliebte Zwiebelrostbraten auf keiner Speisekarte fehlen.

Im **Landgasthof** Adler, Ellwanger Str. 15 in Rosenberg, erwartet den Gast eine interessante Kombination schwäbischer Kochkunst mit internationalen Elementen. Im Brauereigasthof **Roter Ochse**, Schmiedstr. 16 in Ellwangen, wird der Genuss regionaler Spezialitäten mit einem Bier aus der familieneigenen Brauerei gekrönt.

191

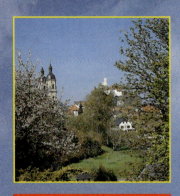
In der Fränkischen Schweiz

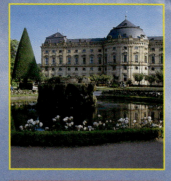
Hofgarten mit Residenz in Würzburg

Rothenfels am Main

Wirsberg bei Kulmbach

Lauscha – Zentrum der Glasbläserei

Das Frankenland

»Ich will zur schönen Sommerzeit ins Land der Franken fahren«, lautet eine Zeile in einem der bekanntesten deutschen Volkslieder, und in der Tat führt uns die Reise hier in eine der schönsten und geschichtsträchtigsten Regionen unserer Heimat. In Würzburg mit seinem barocken Stadtbild ist der aus fränkischen Bocksbeuteln ausgeschenkte Wein zu Hause, im mittelalterlich geprägten Nürnberg das berühmte Bier. Beide Städte sind voller Kunst und kostbarer Architektur. Aber auch die kleineren Städte, ob Nördlingen am Ries oder Rothenburg ob der Tauber, das Altmühltal, Fichtelgebirge und der Steigerwald sind beliebte Ziele für den Natur- und Kulturfreund gleichermaßen.

Stadtpanorama von Nördlingen

Das Wahrzeichen Nürnbergs

Neumarkt in der Oberpfalz

Naturpark Fränkisches Jura

SAALFELD
Oehrenstock
Königsee
Pennewitz
Allendf.
Oberschobling
Dittersdorf
Unterwirbach
Selsla
Ranis
Bahren
Schmorda
Moxa
Stützerbach
Herschdf.
Dröbischau
Sitzendorf
Burkersdorf
Wittmannsgereuth
Gorndorf
Kamsdorf
Könitz
Bucha
Möhrenbach
Gehren
Oberhain
Dittrichshütte
Döschnitz
Feengrotten
Reschwitz
Goßwitz
Wilhelmsdorf
Paska
Gössitz
Naturpark
Gillersdf.
Wildenspring
Untweißbach
Arnsgereuth
Eyba
Kaulsdf.
Hohenwarte
Neustadt a. R.
Böhlen
Mellenbach-Glasbach
Wittgendorf
Rohrbach
Bernsdf.
Kleingeschwenda
Lositz
Jehmichen
Breternitz
Knobelsdorf
Fischersdf.
Hockeroda
Neidenberga
Drognitz
Altenbeuthen
Talsperre Schönbrunn
Gr.-Breitenbach
Cursdorf
Oberweißbach
Meura
Wickersdorf
Hoheneiche
Unterloquitz
Munschwitz
Steindorf
Schloß Friedensburg
Leutenberg
Reitzengeschwenda
Neuenbeuthen
Lothra
Lichtenau
Lobschütz
Welsbach
Altenfeld
Meuselbach-Schwarzmühle
Koppe 789
Deesbach
Talsperre Deesbach
Königsthal
Marktgölitz
Oberloquitz
Hirzbach
Schweinbach
Landsendorf
Dorfilm
Altengesees
Naturpark
Lückenmühle
Gießübel
Oelze
Katzhütte
Geiersthal
Reichmannsdorf
Großgeschwenda
Schleusegrund
Schönbrunn
Masserberg
Masserhammer
Thüringer Wald
Schmiedefeld
Gebersdorf
Probstzella
Burglemnitz
Thimmendorf
Gleima
Remptendorf
Schönau
Goldisthal
Neuhaus a. R.
Wallendorf
Lippelsdorf
Gräfenthal
Zopten
Lichtentanne
Gahma
Ruppersdorf
Immers-B. 780
Heubach
Lichte
Piesau
Buchbach
Lichtenhain
Lauenstein
Weitisberga
Östliches
Thierbach
Friesau
Schnett
Fehrenberg
Pumpspeicher Goldisthal
Scheibe-Alsbach
Igelshieb
Spechtsbrunn
Ebersdorf
Steinbach a.d.H.
Ludwigsstadt
Schmiedebach
Eliasbrunn
Ober-Unt.-lemnitz
Schloßpark
Oberwind
Friedrichshöhe
Westl.
Limbach
Lauscha
Ernstthal
Tettau
Kleintettau
Lehesten
Heberndorf
Röttersdorf
Heinersdorf
Waffenrod
Hirschendorf
Schirnrod
Saargrund
Steinheid
Hasenthal
Engnitzthal
Friedrichsthal
Lauenhain
Oßla
Helmsgrün
Moorbad Lobenstein
Wurzbach
Neundorf
Crock
Bleß-Berg 865
Siegmundsburg
Haselbach
Langenau
Kehlbach
Brennersgrün
Sachsenbrunn
Mausendorf
Schiefergebirge
Steinach
Eschenthal
Neuenbau
Steinbach a. Wald
Haßlach
Schiefergebirge
Lichtenbrunn
Eisfeld
Truckenthal
Theuern
Rauenstein
Windheim
Grumbach
Bockstadt
Bachfeld
Mengersgereuth-Hämmern
Schauberg
Buchbach
Hirschfeld
Reichenbach
Rodacherbrunn
Schlegel
Heid
Rabenäußig
Grümpen
Blechhammer
Rappoltengrün
Titschendorf
Partswind
Katzberg
Schalkau
Effelder
SONNEBERG
Judenbach
Förtschendorf
Teuschnitz
Wickendorf
Tschirn
Heinersberg
Carlsgrün
Lichtenberg
Rottenbach
Truckendorf
Köppelsdorf
Heinersdorf
Rothenkirchen
Frankenwald
Nordhalben
Langenbach
Bad Steben
Tremersdorf
Almerswind
Marienroth
Steinbach
Meilschnitz
Hönbach
Steinbach
Welitsch
Effelter
Dürrenwald
Mirsdorf
Neukirchen
Weißenbrunn
Wildenheid
Pressig
Naturpark
Birnbaum
Talsperre Mauthaus
Geroldsgrün
Fischbach
Neustadt b. Cobg.
Oberlind
Unter-Gefell
Föritz
Lahm
Posseck
Klein-Meeder
Lautertal
Oberwohlsbach
Haarbrücken
Neukenroth
Stockheim
Hesselbach
Neufang
Nurn
Wolfersgrün
Neida
Oberlauter
Schloß Rosenau
Rödental
Heubisch
Neuhaus-Schierschnitz
Wilhelmsthal
Steinwiesen
Nedengrün
Lippertsgrün
Straßdorf
Wiesenfeld
Unterlauter
Oeslau
Mönchröden
Horb
Mupperg
Sichelreuth
Burggrub
Haßlach
Steinberg
Raumlas
Beiersdorf
Neuses
Einberg
Kipfendorf
Fechheim
Liebau
Rotheul
Glosberg
Bernstein
Schwarzenbach a. Wald
Dörfles-Esbach
Spittelstein
Fürth a. Bg.
Schwärzdorf
Haig
Friesen
Zeyern
Wallenfels
Löhmar
Schwarzenstein
Weidach
COBURG
Veste
Oberwasungen
Wörlsdorf
Veste Rosenberg
Marktrodach
Ober-
Geuser
Elbersreuth
Heinersreuth
Weitramsdorf
Klein-
Lützelbuch
Bieberbach
Zedersdf.
Kaltenbrunn
Burgstall
Enchenreuth
Altenhof
Ahorn
Creidlitz
Grub
Groß-
Kl.-garnstadt
Mitwitz
Gehülz
Kronach
Rad Spitze 679
Reichenbach
Eicha
Gestungshausen
Hofles
Fischbach
Seibelsdorf
Wartenfels
Presseck
Wildpark
Witzmannsbg.
Nieder Füllbach
Ebersdorf
Fröhnlach
Sonnefeld
Mödlitz
Schmölz
Neuses
Hummendorf
Schwand
Grafengehaig
Scherneck
Untersiemau
Weidhausen
Trübenbach
Beikheim
Johannisthal
Oberlangenstadt
Weißenbrunn
Wötzelsdorf
Rugendorf
Zettlitz
Frankenwald
Wildenreuth
Neuses a. d. Eichen
Großheirath
Buch a. Forst
Neuensee
Marktgraitz
Küps
Gössersdorf
Weidmes
Triebenreuth
Tannenwirtshaus
Schottenstein
Rossach
Tiefenroth
Schney
Michelau
Schwürbitz
Redwitz
Burkersdorf
Hain
Kirchleus
Lösau
Grafendobrach
Stadtsteinach
Guttenberg
Altenbanz
Kösten
Zettlitz
Ebneth
Kirchlein
Schimmendorf
Lehenthal
Baumgarten
Trieb
Burgkunstadt
Danndorf
Untersteinach
Kupferberg
Gleußen
Kloster Banz
Lichtenfels
Hochstadt
Strössendorf
Gärtenroth
Höferänger
Ziegelhütten
Ludwigschorgast
Kalten brunn
Herreth
Unnersdorf
Wallf. K. Vierzehnheiligen
Mistelfeld
Mainroth
Schwarzach
Burghaig
Kauerndorf
Wirsberg
Itzgrund
Draisdorf
Grundfeld
Klosterlangheim
Altenkunstadt
Maineck
Main
Folschnitz
Plassenburg
KULMBACH
Neuenmarkt
Lahm
Wiesen
Staffelstein
Oberlangheim
Roth
Isling
Burkheim
Prügel
Mainleus
Willmersreuth
Melkendorf
Forstlahm
Ködnitz
Hegnabrunn
Marktschorgast
Döringstadt
Unterzettlitz
Horsdorf
Uetzing
Kaspauer
Geutenreuth
Katschenreuth
Leuchau
Himmelkron
Mürsbach
Birkach
Ober-
Stublang
Lahm
Köttel
Welsmain
Buchau
Görau
Peesten
Trebgast
Bad Berneck i. F.
Lanzendorf
Ebensfeld
Unter-brunn
Schwabthal
Naturpark
Schammendorf
Rothmannsthal
Neudorf
Wunkendorf
Zultenberg
Lanzenreuth
Döllnitz
Lindau
Kulmbach/Neudrossenfeld
Medlitz
Kutzenberg
Kümmersreuth
Fränkische
Schweiz
Kasendorf
Heubsch
Thurnau
Langenstadt
Bad Berneck AB.-Dr.
Kleukheim
Unt.-Leiterbach
Ober-Küps
Wattendorf
Arnstein
Modschiedel
Thurnau West
Bruck
Harsdorf
Pechgraben
Benk
Zapfendorf
Dörrnwasserlos
Stübig
Schneeberg
Wölkendorf
Kleinziegenfeld
Azendorf
Fesselsdorf
Menchau
Neuenreuth
Limmersdorf
Neudrossenfd.
Rattelsdorf
Windischletten
Grätenhäusling
Stadelhofen
Schirradorf
Burg Zwernitz
Leesau
Muckenreuth
Ramsenthal
Ebing
Laut
Ehrl
Roßdorf
Stadelhofen
Hoher Turm 543
Eubenberg
Bindlach
Sassendorf
Scheßlitz
Wotzendorf
Veldensteiner
Sanspareil
Tannfeld
Altenplos
Hohengußbach
Steinfeld
Eichenhüll
Wonsees
Gelbsreuth
Neustädtlein a. Forst
Heinersreuth
Cottenbach
Laineck
Breitengüßbach
Scheßlitz
Würgau
Hohenhäusling
Treunitz
Freienfels
Kainach
Alladorf
Lochau
Oberpreuschwitz
Bayreuth Nord
Gundelsheim
Straßgiech
Kübelstein
Wiesentfels
Weiher
Busbach
Oberwaiz
Donndorf
Drosendorf
Ludwag
Königsfeld
Forst
R. Heidenstein
Schönfeld
Neudorf
Poxdorf
Hunnendorf
Siegesturm
Weichendorf
AB.-Kr.
E48

194

Lauscha – Zentrum der Glasbläserei

Bäche, Flüsse, Stauseen und das Fest der Opernfreunde

Zu Wanderungen an gesunder Luft laden die unzähligen Flüsse, Bäche und Seen im Thüringer Wald, im Frankenwald und im Schiefergebirge ein. Das Flair der Welt der großen Wagner-Opern spürt der Besucher von Bayreuth. Von hier aus lassen sich Ausflüge nach Kulmbach und Kronach gestalten, die nicht nur mit dem Zinnfigurenmuseum und der Fränkischen Galerie aufwarten.

Attraktionen

Wie Adern ziehen sich zahlreiche Flüsse und Bäche durch den Thüringer Wald, den Frankenwald und das Schiefergebirge. Dieser Wasserreichtum der Mittelgebirge wurde genutzt, um zahlreiche Talsperren zu errichten, in deren Umgebung sich ausgedehnte Spaziergänge und Wanderungen unternehmen lassen: **Talsperre Schönbrunn, Pumpenspeicher Goldisthal, Talsperre Deesbach, Hohenwarte Talsperre, Talsperre Mauthaus**.

Mit einem Aufenthalt im an der B 281 gelegenen ❶ **Saalfeld** lässt sich die Besichtigung des **Schlosses** und der in der Nähe liegenden **Feengrotte** verbinden.

In dem an der B 90 gelegenen ❷ **Leutenberg** bietet sich der Besuch des **Schlosses Friedensburg** an.

Freizeit und Kultur

Die an der A 9 gelegene Stadt Bayreuth ist idealer Ausgangspunkt für Ausflüge in die nähere Umgebung.

B 85 und B 289 ❸ **Kulmbach**. Die Stadt wartet mit einer der berühmtesten Festungsanlagen im Renaissancestil auf, der **Plassenburg**. Im Innern lockt vor allem das **Deutsche Zinnfigurenmuseum**, das Äußere beeindruckt mit dem **Kasernenhof** (Hohe Bastei und Prunkportal)

sowie dem **Hochschloss**. Sehr schön anzusehen ist auch die Rokokofassade des **Rathauses** in der wegen ihres herzhaften Bieres bekannten Stadt.

B 85 und B 173 ❹ **Kronach**. Hier wurde **Lukas Cranach** geboren, an den das **Geburtshaus** sowie Originale in der **Fränkischen Galerie** des Bayerischen Nationalmuseums erinnern. Mit dem **Frankenwaldmuseum** ist es in der **Festung Rosenberg** (1128) zu finden. Ebenfalls empfehlenswert für eine Besichtigung ist die gotische **Pfarrkirche** sowie die **mittelalterliche Stadt**, die auf dem Bergvorsprung gelegen ist.

Wirsberg bei Kulmbach

A 9 Abfahrt ❺ **Bayreuth**. Vor allem wegen der **Richard-Wagner-Festspiele** ist die Stadt bekannt. Neben dieser Attraktion hat Bayreuth eine Vielzahl von Sehenswürdigkeiten zu bieten: das **Alte Schloss** mit einem eindrucksvollen **Achteckturm** (1566); das barocke **Markgräfische Opernhaus** mit einer prunkvollen **Innenausstattung**; das **Neue Schloss** mit reizvollen **Rokokoräumen**. Das Haus Richard Wagners, **Haus Wahnfried**, ist heute Museum, in dessen Nähe die **Grabstätte Richard und Cosima Wagners**,

das **Jean-Paul-Museum** sowie das **Deutsche Freimaurermuseum** zu finden sind. Die Wagner-Festspiele finden im 1876 eröffneten **Festspielhaus** auf dem Grünen Hügel statt.

Festspielhaus Bayreuth

Spaß für Kinder

Als die letzten Dampfloks ausrangiert und durch E- und Dieselloks ersetzt wurden, entgingen einige der Verschrottung und stehen

heute im ❻ **Deutschen Dampflokomotivmuseum** in **Neuenmarkt**. An Wochenenden wird den Oldtimern auf der Schmalspurstrecke wieder eingeheizt, im Sommer fahren Sonderzüge mit Dampfloks. Kinder dürfen dann auch auf dem Fahrerstand mitfahren. Nach Neuenmarkt gelangt man über die A 9, Abfahrt Bad Berneck, und weiter über die B 303. Birkenstr. 5, Öffnungszeiten telefonisch erfragen, Tel.: 09227/5700.

Regionale Küche

Spargel, eine Unzahl von Karpfenteichen und der edle Frankenwein sorgen für eine beispiellose kulinarische Vielfalt. Die Bierhochburg Kulmbach ist berühmt für ihren tiefdunklen »Eisbock« – dieses besonders würzige Starkbier wird nicht ohne Grund nur kurz vor Aschermittwoch ausgeschenkt.

Die exzellente Küche im **Herrmann's Posthotel**, Marktplatz 11 in Wirsberg, verwöhnt den Gaumen mit Jungrehkeule in Frankenrotweinsauce oder Karpfen im Gemüsesud. Auch die Fichtelgebirgsforelle in **Hübner's Marktplatzstüberl**, Marktplatz 34 in Bad Berneck, lässt nichts zu wünschen übrig.

195

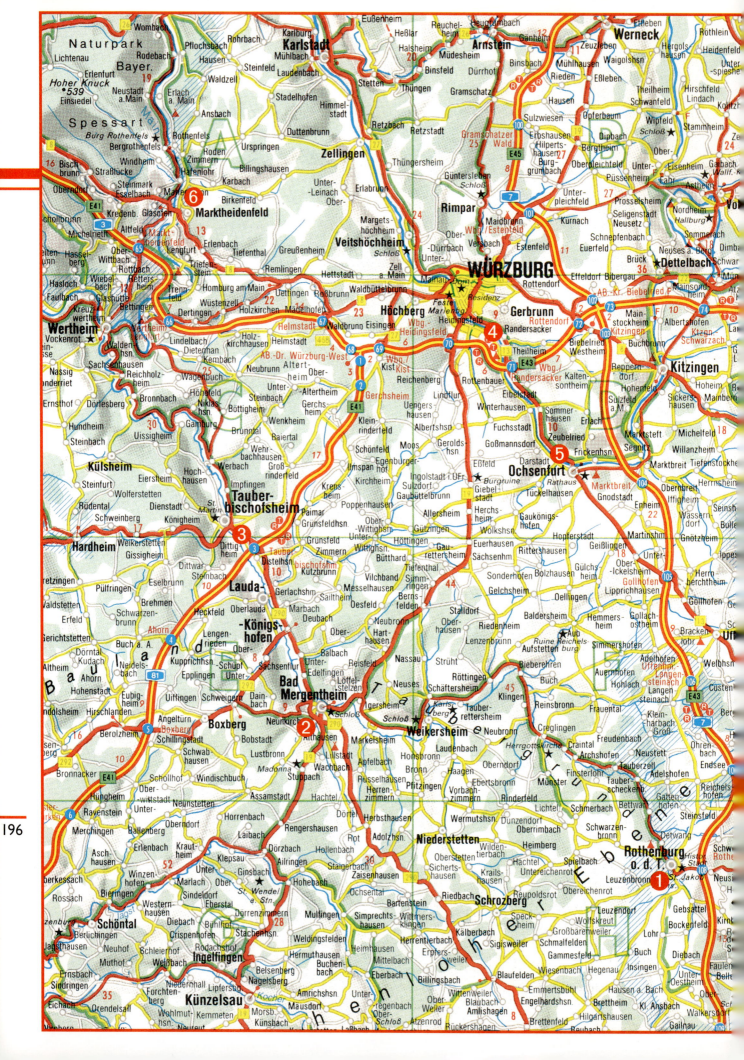

Riemenschneider, Bocksbeutel und erlebbares Mittelalter

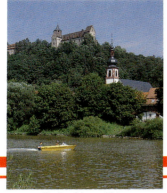

Rothenfels am Main

Um Jahrhunderte zurückversetzt fühlt man sich beim Besuch von Rothenburg o. d. Tauber. Der Taubergrund lädt zu Spazierfahrten durch bezaubernde Landschaft nach Bad Mergentheim ein. Ein Halt in Tauberbischofsheim oder Ochsenfurt auf der Fahrt nach Würzburg lohnt allemal. In der Bischofsstadt warten nicht nur beeindruckende Baudenkmäler, sondern auch ein kühler Bocksbeutel.

Attraktionen

A 7 Abfahrt ❶ **Rothenburg o. d. Tauber**. Wegen ihres einzigartigen **mittelalterlichen Stadtbildes** ist die Stadt unbedingt einen Besuch wert. Etliche Tore wie das **Spitaltor**, das **Rödertor**, das **Würzburger Tor** und das **Klingentor** gewähren Einlass durch die vollständig erhaltene **Stadtbefestigung**. Die **Stadtmauer** mit Wehrgängen, Türmen und Toren lädt zu einem etwa 3 km langen Spaziergang ein. Herausragend ist die **Kirche St. Jakob** mit einem gotischen **Sakramentshaus**, dem **Hochaltar**, vor allem aber dem berühmten **Heilig-Blut-Altar** von **Tilman Riemenschneider**. Das **Rathaus** mit einem 60 m hohen **Turm** und **Historiengewölbe** gehört zu den bedeutendsten Renaissancebauten Deutschlands. Sehr zu empfehlen ist der Besuch des **Kriminalmuseums** sowie des **Reichsstadtmuseums**.

Freizeit und Kultur

Von Rothenburg o. d. Tauber führt die Straße westlich durch den reizvollen Taubergrund nach ❷ **Bad Mergentheim**. Das die Stadt beherrschende Bauwerk ist das **Deutschordensschloss**, welches in seiner heutigen Gestalt aus dem 16. Jh. stammt. Beachtenswert ist auch die **Schlosskirche** sowie das von stattlichen **Bürgerhäusern** umgebene **Rathaus** (1564).

Rothenburg ob der Tauber

A 81 Abfahrt ❸ **Tauberbischofsheim**. Ein Halt lohnt hier wegen der **Stadtpfarrkirche**, des **Schlosses** sowie des spätgotischen **Rathauses** am schönen **Marktplatz**.

A 3 Abfahrt ❹ **Würzburg**. 1719 bis 1744 wurde die **Residenz** erbaut, die als der schönste Schlossbau des Barock gilt. Besondere Beachtung sollte dem **Treppenhaus** und dem **Kaisersaal** zukommen. Überragt wird die Stadt von der von der A 3 aus gut zu sehenden **Festung Marienberg**. Der **Fürstengarten** der Anlage bietet einen wunderbaren Blick über die Stadt und das von Weinbergen beherrschte Umland. Über den Main führt die **Alte Mainbrücke**, die heute Kopien von 12 **Heiligenfiguren** zieren. Der **Dom** der Stadt gehört zu den größten romanischen Kirchen

Hofgarten mit Residenz in Würzburg

Deutschlands. Die Altstadt Würzburgs ist von repräsentativen **Bürgerhäusern** geprägt, unter denen das **Haus zum Falken** (Rokokofassade), der **Hof zum Stachel** sowie der **Hof zum Rebstock** hervorzuheben sind. Einen **Bocksbeutel** mit herrlichem Frankenwein sollte der Besucher der Stadt nicht versäumen.

B 13 ❺ **Ochsenfurt**. Ein Abstecher in diese schön am Main gelegene Stadt lohnt wegen der **Pfarrkirche**, die für den Besucher Schätze wie den **hl. Nikolaus** von **Riemenschneider** bereit hält.

Spaß für Kinder

Am schönsten ist es im ❻ **Maradies Erlebnisbad** in **Marktheidenfeld** im Sommer, wenn Frei- und Hallenbad gleichermaßen genutzt werden können. Auf den Terrassen am Hang kann man sich zwischen Zierpflanzen und Blumen auf den Liegestühlen ausruhen und sonnenbaden. Für Kinder gibt es ein »Gaudibecken«. Mit Wildwasserkanal, Fontänen und Saunabereich. A 3, Abfahrt Marktheidenfeld; Am Maradies, Tel.: 09391/4131.

Regionale Küche

In Würzburg sollte man sich die »Meefischli« keinesfalls entgehen lassen: Diese kleinen knusprig gebratenen Weißfische werden mit Kopf und Gräten verspeist.

Im **Haus des Frankenweines**, Kranenkai 1 in Würzburg, bietet die Speisekarte regionale Leckerbissen wie Mainaal in Kräutersauce, dazu wählt man einen guten Tropfen aus den fränkischen Weinlagen. Auf eine absolute Seltenheit trifft man im **Maulaffenbäck**, Maulhardgasse 9, ebenfalls in Würzburg: Dort darf man zu den ausgeschenkten Weinen seine eigene Vesper mitbringen.

An Steigerwald und Frankenhöhe: von Bamberg nach Ansbach

Die A 70, A 3 und A 6 durchziehen diese Region und ermöglichen eine gute Anbindung an Bamberg mit seinem schönen Stadtbild, an die Kunstschätze im Kloster Ebrach, an das Schloss Weißenstein bei Pommersfelden, an den modernen Kurort Bad Windsheim und an Ansbach, die Stadt des fränkischen Rokoko, wo das Leben des Kaspar Hauser ein tragisches Ende fand.

Rathaus von Schwabach

Attraktionen

A 3, A 6, A 73 Abfahrt ❶ **Nürnberg** (ausführliche Informationen siehe Seite 201).

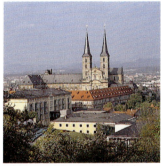

Blick vom Jakobsberg auf Bamberg

A 70, A 73 Abfahrt ❷ **Bamberg**. Die Stadt an der Regnitz bietet als Höhepunkt des deutschen Städtebaus ein unvergleichliches **Stadtbild**, welches sie zu einem unbedingt lohnenden Reiseziel macht. Unter den vielen Sehenswürdigkeiten ist der viertürmige **Dom** hervorzuheben, dessen Bau 1237 vollendet wurde. Im romanischen Innern des Bauwerks sind zu sehen: das von Tilman Riemenschneider im 16. Jh. geschaffene **Hochgrab Kaiser Heinrich II.** und seiner Gattin Kunigunde; die berühmten **Plastiken** aus dem 13. Jh., darunter der »**Bamberger Reiter**«; der **Marienaltar** von Veit Stoß (1523). Hervorzuheben ist weiterhin das **Benediktiner-Kloster St. Michael**, in dessen Innern die **Deckenmalerei**, die **Kanzel** im Stil des Rokoko, das **Grab des hl. Bischofs Otto** sowie die **Freitreppe**, der **Hochchor**, die **Sakristei** und die **Marienkapelle** zu beachten

sind. Der **Domschatz** ist im **Diözesan-Museum** untergebracht, welches sich im angebauten **Kapitelhaus** befindet. Am **Domplatz** ist ein Ensemble von Gebäuden aus verschiedenen deutschen Baustilen zu sehen. Unter den Kirchen Bambergs ist weiterhin die **Obere Pfarrkirche** besonders beachtenswert. Den Fluss Regnitz abwärts findet der Besucher eine Zeile malerischer **alter Fischerhäuser**: Bambergs »**Klein-Venedig**«.

Freizeit und Kultur

Westlich von Bamberg liegt an der B 22 das ❸ **Kloster Ebrach**. An Kunstschätzen sind hier zu sehen: der **Bernardus-Altar** (1626), **Stuck-Darstellungen des Pfingstwunders** (1696) und **Grabplatten der Königin Gertrud** (1146).

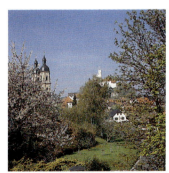

In der Fränkischen Schweiz

A 3 Abfahrt ❹ **Pommersfelden**. Ein Aufenthalt lohnt sich hier wegen des **Schlosses Weißenstein**, welches zu den prachtvollsten Barockbauten Frankens gehört.

B 470 ❺ **Bad Windsheim**. Die sich heute als moderner Kurort

präsentierende Stadt erfreut den Besucher mit zahlreichen schönen **Barockbauten** und **Fachwerkhäusern**. Beachtenswert sind das **Rathaus**, die **Kilianskirche** sowie das **Stadtschreiberhaus**. Am Südrand der Stadt lädt das **Fränkische Freilandmuseum** zu einem Besuch ein.

A 6 Abfahrt ❻ **Ansbach**, Stadt des fränkischen Rokoko. Ein Besuch des **Schlosses** mit reich ausgestatteten Räumen ist zu empfehlen. Außerdem sehenswert: die **Stiftskirche St. Gumbertus** und das **Stadthaus**. An den hier ermordeten **Kaspar Hauser** erinnert eine Sammlung im **Markgrafenmuseum**.

Fremdenverkehrsverbände

Tourismusinformation Steigerwald
91443 Scheinfeld
Hauptstr. 3
Tel.: 09162/12424

Tourismus & Kongress Service
96047 Bamberg
Geyerswörthstr. 3
Tel.: 0951/871161

Tourismus-Zentrale Fränkische Schweiz
91320 Ebermannstadt
Oberes Tor 1
Tel.: 09194/797779

Spaß für Kinder

Das ❼ **Freizeitland Geiselwind** hat eine eigene Abfahrt von der A 3 und ist Bayerns größter Freizeitpark. Geöffnet von April bis Oktober, Tel.: 09556/224.

Der ❽ **Erlebnispark Schloss Thurn** bei Heroldsbach kann sich sehen lassen: Im barocken Schloss finden Shows statt, draußen gibt es eine Westernstadt, Ritterturniere und einen Mitmachzirkus. A 73, Abfahrt Forchheim-Süd, dann weiter über die Landstraße in westlicher Richtung. Tel.: 09190/92980.

Regionale Küche

Neben ausgezeichneten Weinen weiß Franken auch mit Bierspezialitäten aufzuwarten. Bestes Beispiel ist Bamberg, das mit seinem berühmten Rauchbier lockt: Seinen würzigen rauchigen Geschmack erhält dieses Bier dadurch, dass die Gerste über offenem Feuer zu Malz geröstet wird.

Im Brauereiausschank des **Schlenkerla**, Dominikaner Str. 6 in Bamberg, genießt man zu den deftigen regionalen Gerichten »a echts Schlenkerla Rauchbier«. Im **Weinhaus Messerschmitt**, Lange Straße 41, ebenfalls in Bamberg, wird eine vorzügliche fränkische Küche gepflegt.

Rund ums Auto

Verkehrsfunk
BR III 99,8 MHz

199

BAYREUTH
NÜRNBERG
NEUMARKT i.d.Opf.
Sulzbach-Rosenberg
Pegnitz
Grafenwöhr
Vilseck
Auerbach
Hollfeld
Ebermannstadt
Pottenstein
Hersbruck
Lauf
Schnaittach
Eckental
Heroldsberg
Feucht
Altdorf b.Nbg.
Burgthann
Röthenbach
Schwaig b.Nürnberg
Leinburg
Neunkirchen a. Brand
Wendelstein
Schwarzenbruck
Schwanstetten
Postbauer-Heng
Birgland
Berg
Weidenberg

Fränkische Schweiz
Fränkische Hochstahl
Fränkische Alb
Fränkischer Forst

Roter Main Quelle
Teufelshöhle
Maximiliansgrotte
Sophienhöhle

Rauher Kulm 682
Geißberg 820

Bratwurst, Burg und Brunnen: Nürnberg und die Oberpfalz

Bevor sich der Besucher auf einen Rundgang im geschichts-trächtigen Nürnberg begibt, bietet es sich an, den schönen Blick von der erhabenen Burg zu genießen. In der Stadt warten nicht nur die berühmten Bratwürste oder Lebkuchen, sondern eine Fülle von Attraktionen. Auch die Oberpfalz mit den Städten Neumarkt i. d. Opf., Amberg und Sulzbach-Rosenberg sind einen Besuch wert.

Hase vor dem Dürer-Haus in Nürnberg

Attraktionen

A 3, A 6, A 9 Abfahrt ➊ **Nürnberg**. Wahrzeichen der größten Stadt Frankens ist die hoch über der Stadt liegende **Burg**, von der man einen wunderschönen Blick auf die Stadt hat. Nürnberg wartet

Das Wahrzeichen Nürnbergs

mit einer Reihe besonders beacht-licher Kirchen auf: in der spätro-manischen Basilika **St. Sebaldus** ist das berühmte **Sebaldusgrab** zu sehen; unter den vielen Kunst-schätzen der Kirche **St. Lorenz** sind der **Englische Gruß** von Veit Stoß und das **Sakraments-haus** hervorzuheben; in der **Frauenkirche** ist vor allem der **Tucher-Altar** (1440), im Giebel das **Uhrwerk des »Männlein-laufens«** zu bewundern. Gegen-über der Kirche steht der seinem Namen Ehre machende **Schöne Brunnen**. Die erhabene **Altstadt** lädt zu einem Bummel ein. Beach-tenswert dabei sind das **Alb-recht-Dürer-Haus**, das **Nasser-haus** sowie das **Fembo-Haus**. Alte Handwerkergassen mit Kunst- und Goldschmieden, Zinn-gießerei, Lebküchnerei und Münz-presse locken im **Handwerker-hof »Nürnberg«**. Unbedingt

lohnend ist ein Besuch des **Germanischen Nationalmu-seums**, sehr zu empfehlen auch das **Spielzeugmuseum** und das **Verkehrsmuseum**.

Freizeit und Kultur

A 3 Abfahrt ➋ **Neumarkt i. d. Opf.** Ein Halt in dieser im Jahre 1160 erstmals genannten Stadt lohnt wegen zwei bemer-kenswerter Kirchen: **Pfarrkir-che St. Johannes** (15. Jh.) mit **Skulpturenschmuck** am **Welt-gerichtsportal** und **Hofkirche Mariä Himmelfahrt** mit einer **Tumba** in rotem Marmor, einer **spätgotischen Abtei** und schö-nen **Standbildern**.

Neumarkt in der Oberpfalz

A 3 Abfahrt ➌ **Amberg**. Die Stadt hat sich ihr beeindrucken-des **mittelalterliches Stadt-bild** bewahrt. Bei einem Rund-gang entlang der **Stadtmauer** mit Abstechern in die engen Gas-sen lässt sich das Flair der Stadt am besten genießen. Den Markt-platz schmückt eines der schöns-ten **Rathäuser** Deutschlands. Einen Blick in die gotische **Pfarr-kirche St. Martin**, eine der größten Kirchen der Oberpfalz, und die **Wallfahrtskirche**

Maria Hilf sollte man nicht ver-säumen. Eines der eindrucksvolls-ten Stadttore ist das **Nabburger Tor**.

B 14 ➍ **Sulzbach-Rosen-berg**. In der alten Erzbergbau-stadt wurden bereits 1864 die ersten Koksöfen angeblasen. Den schönen **Marktplatz** beherrscht das mit einer prächtigen **Giebel-front** geschmückte gotische **Rathaus**. Einen sehenswerten **Taufstein** aus dem 15. Jh., spät-gotische **Schnitzfiguren** sowie ein bemerkenswertes **Hoch-altarbild** sind in der **Kirche St. Mariae Himmelfahrt** zu sehen.

Fremdenverkehrs-verbände

Tourismus-Zentrale Fränkische Schweiz
91320 Ebermannstadt
Oberes Tor 1
Tel.: 09194/797779
Touristinformation Städteregion Nürnberg
c/o Verkehrsverein Erlangen
91052 Erlangen
Rathausplatz 1
Tel.: 09131/89510
Touristinformation Frankenalb
91207 Lauf
Waldluststr. 1
Tel.: 09123/950254

Spaß für Kinder

Das ➎ **Fränkische Wun-derland** in **Plech** bietet ein Märchenland, eine Western- und eine Geisterstadt. Plech ist über die A 9 zu erreichen, im Ort ist

der Park ausgeschildert. Von April bis Oktober geöffnet, Tel.: 09244/9890.

Der **Nürnberger Tiergar-ten** ist einer der größten und schönsten Zoos. A 3, Abfahrt Mögeldorf, Am Tiergarten 30, Tel.: 0911/54546.

Regionale Küche

Bereits vor dem 15. Jh. war Nürn-berg als bedeutendster Um-schlagplatz für die begehrten Gewürze aus dem Orient eta-bliert. So verwundert es nicht, dass die gewürzduftenden Nürn-berger Lebkuchen zu großer Beliebtheit avancierten. Typisch für Nürnberg sind auch die gleichnamigen Rostbratwürste – von diesen nur kleinfingerdicken majorangewürzten Schweinswürst-chen sollte man sich mindestens drei Stück bestellen.

Nürnberger Rostbratwürste und weitere kleine fränkische Gerich-te munden vortrefflich im **Brat-wursthäusle bei St. Sebald**, Rathausplatz 1. Ein wahres Klein-od ist der »Feierabendgarten« im **Rottner Großreuth**, Winter Str. 15, beide in Nürnberg: Dort kann man bei einer fränkischen Brotzeit den Feierabend wunder-bar ausklingen lassen.

201

Rund ums Auto

Verkehrsfunk
BR III 99,4 MHz

SCHWABACH
Wendelstein
Schwanstetten
Rednitzhembach
ANSBACH
Neuendettelsau
Heilsbronn
Herrieden
Windsbach
Abenberg
ROTH
Hilpoltstein
Georgensgmünd
Spalt
Bechhofen
Gunzenhausen
Pleinfeld
Großer Brombachsee
Altmühlsee
Wassertrüdingen
Weißenburg i.B.
Oettingen i. Bayern
Treuchtlingen
Pappenheim
Naturpark Altmühltal
Hohlbügel 586
Nördlingen
Wemding
Monheim
Eichstätt
Harburg
Donauwörth
Neuburg a.d. Donau
Rain

Naturpark Fränkischer Jura

Ein Meteorit, ein schönes Tal, ein Urvogel im Fränkischen Jura

Ein Meteorit schuf die Senke, in der Nördlingen liegt. Die zentnerschwere Glocke Pummerin ist in Donauwörth zu sehen. Der Urvogel Archaeopteryx kann im Juramuseum in Eichstätt bewundert werden. Neben zahlreichen Baudenkmälern in schönen Orten lockt die Region am Fränkischen Jura auch mit einem der schönsten Täler Deutschlands: dem Altmühltal.

Attraktionen

B 25 und B 466 ➊ **Nördlingen**. Zwischen Schwäbischer Alb und Fränkischer Alb liegt die Stadt in der Senke des fruchtbaren **Nördlinger Ries'**. Die Senke entstand vor etwa 15 Mio. Jahren, als hier ein riesiger Meteor mit einer Geschwindigkeit von 30 km pro Sekunde einschlug. Den besten Eindruck von der **mittelalterlichen Stadt** erhält der Besucher bei einem Rundgang auf dem gut erhaltenen **Wehrgang** mit 11 Türmen und 5 Toren. Einen schönen Überblick hat man vom 90 m hohen **Turm** der Kirche **St. Georg**. Diese spätgotische Hallenkirche (1427 bis 1505) ist wegen der hohen **Rundpfeiler**, des **Netzgewölbes** sowie der **Maßwerkfenster** beachtenswert.

In der näheren Umgebung von Nördlingen lohnt ein Besuch der nahe ➋ **Wemding** gelegenen barocken **Wallfahrtskirche** ebenso wie ein Ausflug in das hübsche, für die Region typische Örtchen ➌ **Wallerstein** mit dem **Neuen Schloss**.

Freizeit und Kultur

Donau und Wörnitz fließen bei ➍ **Donauwörth** zusammen. Attraktionen der Stadt sind nicht nur die außergewöhnlich schöne spätbarocke Klosteranlage der **Klosterkirche Heilig Kreuz** mit bemerkenswertem **Hochaltar** und prachtvollen **Seitenal-**

Auf der Fränkischen Alb

tären. Am Rathaus der Stadt erklingt das **Donauwörther Glockenspiel**. Im Festsaal des **Deutschordenshauses** ist das **Deckenfresko »Göttermahl«** von Johann Baptist Enderles zu bewundern. Die schwerste Glocke Schwabens, die **Pummerin**, ist in der Turmstube des **Münsters Unserer Lieben Frau** zu sehen.

Stadtpanorama von Nördlingen

B 16 ➎ **Neuburg a. d. Donau**. Ein Ausflug hierher bietet sich wegen des **Schlosses** und der mit prächtigen **Fresken** verzierten **Schlosskirche** an.

An der B 2 ist ➏ **Treuchtlingen** gelegen. Von hier aus windet sich eine wunderschöne Straße durch das **Altmühltal** nach ➐ **Eichstätt**. Unter den vielen Sehenswürdigkeiten der Stadt sind herausragend: der **Dom**, die **Residenz** und der **Residenzplatz**,

die **bischöfliche Sommerresidenz** sowie das **Figurenfeld Eichstätt** mit 78 überlebensgroßen Figuren. Ein Besuch des **Juramuseums** mit dem Skelett des **Urvogels Archaeopteryx** ist sehr zu empfehlen.

Nördlich an der B 2 ➑ **Roth**. Hauptsehenswürdigkeit ist hier das **Schloss Ratibor** (Renaissancestil) mit einem **Glockenspiel** im Straßenturm sowie **Gemälden** aus der griechischen Sagenwelt im **Prunksaal**.

Fremdenverkehrsverbände

Touristinformation Das Neue Fränkische Seenland
91710 Gunzenhausen
Hafnermarkt 13
Tel.: 09831/4191
Touristinformation Naturpark Altmühltal
85072 Eichstätt
Notre Dame 1
Tel.: 08421/9876–0
Landratsamt Donau-Ries
86607 Donauwörth
Pflegstr. 2
Tel.: 0906/740
Touristik Verband Ries
86720 Nördlingen
Marktplatz 2
Tel.: 09081/84116

Spaß für Kinder

Heilwasser aus 600 m Tiefe speist die Becken der **Altmühltherme** in **Treuchtlingen**. Eine Wellenmaschine sorgt für Bewegung, die finnische Sauna und das Dampfbad für Erholung. Zu erreichen ist Treuchtlingen über die B 2. Täglich geöffnet, Promenade 12, Tel.: 09142/96020.

Regionale Küche

Ein beispielloser Facettenreichtum zeichnet die fränkischen Wurstkreationen aus. Deren Vielfältigkeit erstreckt sich über dünne, dicke, kurze, lange bis hin zu gebratenen und geräucherten Wurstspezialitäten. Die Blauen Zipfel – Bratwürste, die ihren blauen Schimmer in einem leicht gesäuerten Zwiebelsud erhalten – sind in ganz Franken zu haben.

Sehr beliebt in Franken ist auch der gebackene Karpfen, serviert mit einem feucht-öligen Kartoffelsalat.

Das **Bratwurststüble** des Hotels Bürger-Palais, Neustadt 48 in Ansbach, serviert fränkische und internationale Spezialitäten.

Rund ums Auto

Verkehrsfunk
BR III 97,6 MHz

203

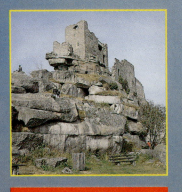
Flossenbürg

An der Donau

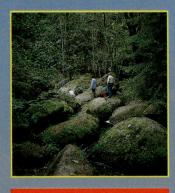
Im Naturpark Oberpfälzer Wald

Die Steinerne Brücke in Regensburg

Wisent im Naturpark Bayerischer Wald

Bayerischer Wald und die Oberpfalz

Der Oberpfälzer Wald und der im Süden angrenzende Bayerische Wald bilden die Grenzregion zur Tschechischen Republik. Seit dem Mittelalter ist die Oberpfalz eine Brücke zum Osten. Die Donau, Europas zweitlängster Strom, erreicht in Regensburg ihren nördlichsten Punkt. Ihr Durchbruch zwischen Weltenburg und Kelheim zählt zu den schönsten Flusslandschaften Europas. Die Oberpfalz ist ein Land der Burgen. Eine Burg, genauer gesagt ein römisches Castell an dem Flüsschen Regen, gab auch der alten Domstadt Regensburg ihren Namen.

Der »Pfahl« bei Viechtach

Im Bayerischen Wald bei Lam

Schloss Rosenburg im Altmühltal

Am Großen Arbersee

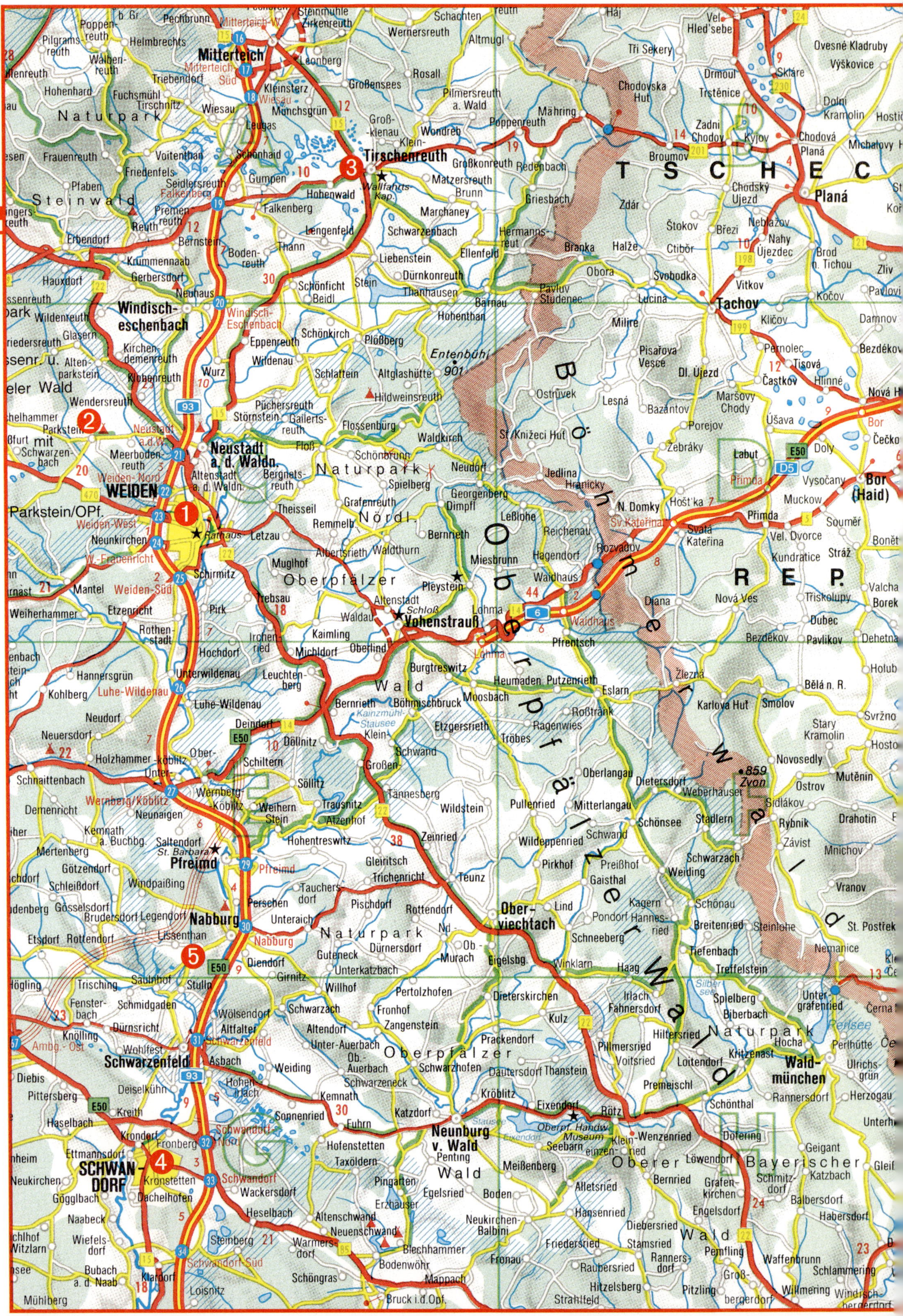

Entlang der Grenze zur Tschechischen Republik: Oberpfälzer Wald

Sollte dem Wanderer im Oberpfälzer Wald an frischeren Tagen nach etwas innerer Wärme sein, empfiehlt sich ein Gläschen vom Böhmischen. An heißen Tagen löscht ein leichtes Weißbier den Durst. Einen klaren Kopf sollte sich der Besucher für die Besichtigung von Weiden, Tirschenreuth und Schwandorf bewahren. Parkstein lockt mit einer geologischen Attraktion der besonderen Art.

Flossenbürg

Attraktionen

A 93 Abfahrt ❶ **Weiden**. In der in einer weiten Ausbuchtung des Naabtals gelegenen Stadt hatte der Komponist Max Reger seine erste bedeutende Schaffensperiode. An ihn erinnert das **Max-Reger-Haus**. Die Stadt ist Mittelpunkt der Oberpfalz und wurde im Jahr 1241 erstmals urkundlich erwähnt. In den **Unteren** und den **Oberen Markt** wird der **Marktplatz** durch das in der Zeit von 1539 bis 1545 errichtete **Alte Rathaus** geteilt. Im Giebelvorbau des Renaissancegebäudes sind die **Wappen der 7 Regierungsbezirke Bayerns** zu sehen. Ein achteckiger **Turm** mit einem für die Renaissance typischen **Kuppeldach** überragt den Westgiebel des Baus. Geschmückte **Giebelfassaden** präsentieren auch die stolzen **Bürgerhäuser** (16. bis 18. Jh.) am Markt. Eines der bedeutendsten Gebäude der Stadt aus der Barockzeit ist der **Waldsassener Kasten**, wo einst die landwirtschaftlichen Abgaben an das Kloster Waldsassen gesammelt und gespeichert wurden. Historisch besonders wertvoll ist das **Alte Schulhaus**. Acht selbständige Reihenhäuser sind hier unter dem Dachstuhl des mächtigen, siebengeschossigen Baus untergebracht. Bemerkenswert ist auch die **St. Michaelskirche**, an deren Orgel Max Reger musizierte, sowie die neuromanische **Josefskirche** mit einer seltenen, im **Jugendstil** gehaltenen **Innenausstattung**.

Freizeit und Kultur

Mit dem **Basaltkegel Parkstein** (fünfeckige Steinsäulen an der südöstlichen Flanke) erwartet den Besucher eine geologische Attraktion im nordwestlich von Weiden gelegenen ❷ **Parkstein**.

Im Naturpark Oberpfälzer Wald

Nördlich von Weiden führt die B 15 nach ❸ **Tirschenreuth**. Wahrzeichen der Stadt ist der **Klettnersturm**, ein Wehrturm der ehemaligen Stadtbefestigung. Aus dem 12. Jh. stammt der ehemalige Zehnthof des Klosters Waldsassen, **Fischhof** genannt. Vorbild für die dorthin führende, in den Jahren 1748 bis 1750 errichtete **Steinbrücke** war die Steinerne Brücke in Regensburg. Sehenswert ist der geschnitzte **Flügelaltar** aus dem Jahr 1510 in der **Stadtpfarrkirche Mariae Himmelfahrt**. Beachtenswert weiterhin: der wappengeschmückte **Erker des Rathauses**.

Südlich von Weiden führt die A 93 nach ❹ **Schwandorf**, welches im Jahr 1299 Stadtprivilegien erhielt. An die ehemalige Stadtbefestigung erinnert der aus dem 15. Jh. stammende **Blasturm**. Einen Eindruck von dem ursprünglichen Stadtbild erhält der Besucher am **Marktplatz**, an dem Häuser mit geschwungenen **Giebelaufsätzen** und **Treppengiebel** zu bewundern sind. Den sechsgeschossigen **Turm** der **Pfarrkirche St. Jakob** schmückt eine **Laternenkuppel**. Im Norden der Stadt lockt das **Schloss Fronberg** (1587 bis 1638).

Rosenquarzfelsen bei Pleystein

Fremdenverkehrsverbände

Landratsamt Tischenreuth
95643 Tischenreuth
Mähringer Str. 7
Tel.: 09631/88223
Landratsamt Neustadt a. d. Waldnaab
92660 Neustadt a.d. Waldnaab
Stadtplatz 38
Tel.: 09602/79105
Landratsamt Schwandorf
92421 Schwandorf
Wackersdorfer Str. 80
Tel.: 09431/471351

Spaß für Kinder

Mehrere Dorfgruppen mit umliegenden Ländereien bilden das ❺

Freilandmuseum Neusath-Perschen. Die Gebäude stammen aus allen Teilen der Region und wurden originalgetreu wieder aufgebaut. Das älteste Gehöft ist die 1605 erbaute Pfarrhofanlage. Das Museum liegt in **Nabburg** an der A 93 zwischen Weiden und Schwandorf. Oberviechtacher Str. 20, Tel.: 09433/24420.

Regionale Küche

Aufgrund der kargen Landschaft der Oberpfalz standen Kartoffelgerichte jahrhundertelang ganz oben auf der Speisekarte. Inzwischen bieten die bodenständigen Gasthöfe auch raffiniertere Gerichte ohne regionale Spezialitäten zu vernachlässigen. Das Hauptgericht ist jedoch immer noch der Schweinsbraten mit Reiberknödl aus geriebenen rohen Kartoffeln. Nach einem solch deftigen Mahl darf ein »Böhmischer« oder »Bärwurz« – ein Klarer, der aus seltenen Wurzeln gebrannt wird – natürlich nicht fehlen.

Im gepflegten Restaurant **L'escargot** des Hotels Europa, Frauenrichter Str. 173 in Weiden, wird der Besucher zweifelsohne kulinarisch verwöhnt.

NEUMARKT
i. d. Opf.
Postbauer-
-Heng
Berg
Pilsach
Hausheim
Pfeffertshofen
Engelsberg
Rensbach
Utzenhofen
Malsbach
Wollenzhofen
Ensdorf
Mendorferbuch
Thanheim
SCHWAN-
DORF
Rieden
Neukirchen
Siegenhofen
Dachelhofen
Naabeck
Gögglbach
Eichlhof
Vilshofen
Voggenhof
Winbuch
Berghsn
Hohenburg
Allersburg
Albertshofen
Prönsdorf
Dietkirchen
Laaber
Labersricht
Loderbach
Pelchenhofen
Voggenthal
Lähr
Oberbuchfeld
Berngau
Stauf
Oberwiesenacker
Kirchenwinn
Reichertswinn
Adertshausen
Raversdorf
Schmidmühlen
Höchensee
Witzlarn
Wiefelsdorf
Bubach a. d. Naab
Klardorf
Deusmauer
Velburg
St. Wolfgang
Lengenfeld
Röckersbühl
Reichertshofen
Sengenthal
Unterbuchfeld
E56
Hörmannsdorf
Großbissendorf
Emhof
Eglsee
Mühlberg
Pottenstetten
Premberg
Saltendorf
Teublitz
Lanzenried
Burglengenfeld
Maxhütte-
-Haidhof
Mossendf.
See
Dietldorf
Hohenfels
Rohrbach
Markstetten
Raitenbuch
Rackendorf
Rudenshofen
Ronsolden
Oberweiling
Deining
Mittersthal
Großalfalterbach
Greißelbach
Forst
Rocksdorf
Döllwang
Thannhausen
Sulzbürg
Wappersdorf
Waltersberg
Batzhausen
Eichenhofen
Darshofen
Parsberg
Degerndorf
Traidendorf
Dinau
Beratzhausen
Kallmünz
Schirndorf
Fischbach
Pirkensee
Leonberg
Ponholz
Mühlhausen
Eismannsberg
Seubersdorf
Daßwang
Lupburg
Hardt
Ob.-Pfraundorf
Hochdorf
Holzheim a. Forst
Bubach a. Forst
Buchenlohe
Regenstauf
Weidenwang
Erasbach
Freihausen
Schnufenhofen
See
Mannsdorf
Willenhofen
Schwarzenthonhsn
Wischenhofen
Hetzenhofen
Steinsberg
Eitlbrunn
Berching
Pollanten
Ernersdorf
Hermannsberg
Staufersbuch
Wissing
Rasch
Winn
Hamberg
Mausheim
Buxlohe
Duggendorf
Wolfsegg
Schwaighausen
Kelt. Schanze
Oening
Gimpertshausen
Kemnathen
Herrnried
Beratzhausen
Brunn
Laaber
Wall
Wirbertshofen
Fribertshofen
Wallnsdorf
Dürn
Langenthonhausen
Neukirchen
Ried
Bergstetten
Hainsacker
Lorenzen
Zeitlarn
Regendorf
Litterzhofen
Plankstetten
Raitenbuch
Unterburg
Breitenbrunn
Premerzhofen
Kollersried
Frauenberg
Pielenhofen
Lappersdorf
REGENSBURG
Greding
Biberbach
Hirschberg
Kevenhüll
Hainsberg
Erggertshofen
Pellndorf
Langenkreith
Hemau
Haag
Laaber
Schneckenhof
Pettendorf
Regensburg-Nord
Rgb.-Pfaffenstein
Steinweg
Beilngries
Dietfurt
Wiesenhofen
Mettendorf
Haunstetten
Schl. Hirschberg
Badenhausen
Töging
Eutenhofen
Wildenstein
Thonlohe
Klingen
Hohenschambach
Deuerling
Polzhausen
Nittendorf
Etterzhausen
Nittendorf
Undorf
Eichhofen
Netzstall
Mühlbach
Altenlohe
Griesstetten
Kottingwörth
Paulushofen
Perletzhofen
Otterzhofen
Haugenried
Kneiting
Prüfening
Sinzing
Rgb.-Königswiesen
Dom
Kinding
Pfraundorf
Amtmannsdorf
Arnsdorf
Aichkirchen
Painten
Thumhausen
Schönhofen
Ziegetsdorf
Irfersdorf
Eglofsdorf
Vogelthal
Meihern
Jachenhausen
Rothenbügl
Sinzing
Enkering
Zell
Gundlfing
Maierhofen
Viehhausen
Alling
Pentling
Großberg
Graßlfing
Oberndorf
Aschbuch
Wolfsbuch
Eggersberg
Riedenburg
Baiersdorf
Dekanhäusl
Bergmatting
Irlahüll
Altmühltal
Grösdorf
Kipfenberg
Bitz
Dörndorf
Pondorf
Thann
Schl. Rosenburg
Prunn
Buch
Rappelshofen
Essing
Ihrlerstein
Lohstadt
Poikam
Bad Abbach
Kapfelberg
Lindach
Winden
Thannhausen
Hattenhausen
Klausenhöhle
Kelheim
Kelheimwinzer
Gelbelsee
Denkendorf
Breitenhill
Schafshill
Hexenagger
Schwaben
Befreiungshalle
Zandt
Schamhaupten
Neuenhinzenhsn
Tettenwang
Donaudurchbruch
Kloster Weltenburg
Hohenpfahl
Herrnsaal
Teugn
Lengfeld
Peising
Poign
Thalmassing
Attenzell
Schönbrunn
Sandersdorf
Stausacker
Saal
Saalhaupt
Dünzling
Schambach
Schelldorf
E45
Steinsdorf
Altmannstein
Laimerstadt
Staubing
Thaldorf
Köschinger Waldhaus
Mendorf
Hagenhill
Mitterfecking
Appertshofen
Bettbrunn
Schwabstetten
Hienheim
Reißing
Hausen
Moosholzen
Schneidhart
Paring
Böhmfeld
Lobsing
Holzharlanden
Einmuß
Herrnwahlthann
Hellring
Stammham
Hüttenhausen
Mindelstetten
Eining
Sandharlanden
Pullach
Oberschambach
Echenzell
Wettstetten
Hepberg
Kasing
Hiendorf
Forchheim
Irnsing
Sittling
Arnhofen
Großmuß
Grub
Langquaid
Leierndorf
Lenting
Kösching
Oberdolling
Ettling
Marching
Gögging
Abensberg
Bachl
Neustadt a.d. Donau
Allersdorf
Theißing
Oberhartheim
Pförring
Mauern
Oberulrain
Offenstetten
Leitenhausen
Sandsbach
Herrngiersdorf
Demling
Menning
Gaden
b. Pförring
Wackerstein
Altdürnbuch
Biburg
Sallingberg
Adlhausen
Semerskirchen
Ingolstadt-Nord
Großmehring
Dünzing
Mitterwöhr
Schwaig
Mühlhausen
Abteikirche
Rohr
Alzhausen
Laaberberg
Sittelsdorf
Münster
Mailing
Armeemuseum
Vohburg
Münchsmünster
Geibenstetten
Kirchdorf
Siegenburg
Ingolstadt-Süd
Irsching
Ober
INGOLSTADT
Hundszell
Rockolding
Oberfeulenbach
Gressau
Niederleierndorf
Högldorf
Haunwöhr
Ernsgaden
St. Johann
Train
Münster
Niederstimm
Lindach
Ilmendorf
Elsendorf
Niederumelsdorf
Wildenberg
Wolferthau
Pattendorf
Pfeffenhausen
Zuchering
Manching
Schillwitzried
Moosham
Appersdorf
Schweinbach
Oberlauterbach
Unterlauterbach
Gisseltshausen
Rottenburg a.d.Laaber
Lichtenau
Pichl
Nötting
Berghausen
Aiglsbach
Ratzenhofen
Mitterstetten
Weikersdorf
Oberhatzkofen
Andermannsdorf
Brautlach
Ebenhausen
Forstwiesen
Geisenfeld
Engelbrechtsmünster
Aiglsbach
Meilenhofen
Walkertshofen
Türkenfeld
Karlskron
Adelshausen
Aschelsried
Geisenfeldwinden
Unterpindhart
Oberpindhart
Lindkirchen
Ebrantshausen
Thonhausen
Niederhornbach
Schmatzhausen
Baar
Zell
Obermettenbach
Pötzmes
Attenhofen
Pfaffendorf
Pfeffenhausen
Hohenthann
Kaltenherberg
Reichertshofen
Winden
Parleiten
Hög
Langenbruck
Rottenegg
Mainburg
Heising
Egg
Hohenried
Freinhausen
a. Aign
Langenbruck
Königsfeld
Niederlauterbach
Seeb
Wieden
Holzhausen
Oberneuhausen
Stollnried
Puch
Fahlenbach
Starzhausen
Unterempfenbach
Sandelzhausen
Leibersdorf
Rainertshausen
Grafenhaun
Gambach
Pornbach
Rohrbach
Kleingundertshsn.
Großgundertshsn.
Obersußbach
Niederhausen
Oberglaim
Demhausen
Steinbach

Die Steinerne Brücke in Regensburg

Am Wasser gebaut: Altmühl, Donau und Main-Donau-Kanal

Gleich mit drei Flüssen wartet das herrliche Regensburg auf: Hier fließen Naab und Regen in die Donau. Bis zu 100 m hoch sind die Felsen links und rechts des Stroms beim Donaudurchbruch in der Nähe von Kelheim. An der Altmühl liegt Riedenburg, bei Beilngries werden der Main-Donau-Kanal und Altmühl zusammengeführt. Durch Ingolstadt zieht wiederum die Donau. Am Wasser gebaut!

Attraktionen

A 3 und A 93 Abfahrt ❶ **Regensburg**. Die Stadt an den Mündungen von Naab und Regen in die Donau besticht mit einer Fülle von Sehenswürdigkeiten: Hauptwerk der Gotik in Bayern ist der **Dom St. Peter**; mit einer Gesamtlänge von 310 m und 16 Bögen überspannt die **Steinerne Brücke** die Donau; der »Immerwährende Reichstag« tagte von 1663 bis 1806 im reichgeschmückten **Reichssaal** des **Rathauses**; der einzige erhaltene Hochbau aus der Römerzeit in Bayern ist die **Porta Praetoria**. Zahlreiche **Bürger-** und **Patrizierhäuser** laden zu einem Bummel ein. Neben dem Dom sind unter den vielen Kirchen der Stadt besonders hervorzuheben: das **Niedermünster** mit bedeutenden **Plastiken**; die **Schottenkirche St. Jakob** mit dem einzigartigen dreiteiligen **Nordportal**; der frühgotische Bau **Dominikanerkirche**; die **Alte Kapelle**, eines der ältesten bayerischen Gotteshäuser. Zeit sollte man sich für einen Rundgang durch das ehemalige **Benediktinerkloster St. Emmeran** nehmen, welches eine reiche Vielfalt an Schätzen beherbergt. Auch die Museen der Stadt laden zum Verweilen ein: das **Städtische Museum** mit Sammlungen zur Geschichte der Stadt und Region, Kultur und Kunst, das auf einem alten Raddampfer untergebrachte **Schifffahrtsmuseum** sowie die **Ostdeutsche Galerie**. Im Sommer kann man täglich Schiffsausflüge auf der Donau unternehmen.

Teil der Festung Reduit Tilly

Freizeit und Kultur

Südwestlich von Regensburg liegt an der Donau ❷ **Kelheim**. Das Wahrzeichen der Stadt ist der Prunkbau **Befreiungshalle**, die an die Befreiungskriege gegen Napoleon erinnert.

Der **Donaudurchbruch** lässt sich bei ❸ **Weltenburg** bestaunen.

Westlich von Kelheim liegt ❹ **Riedenburg**. Die größte **Bergkristallgruppe** der Welt kann hier im **Kristallmuseum** besichtigt werden. Das **Burg-** und **Falknereimuseum**, untergebracht im **Schloss Rosenburg**, ist empfehlenswert.

Schloss Rosenburg im Altmühltal

B 299 ❺ **Beilngries**. Neben der schönen **Altstadt** mit **Giebelhäusern**, einem mehr als 500 Jahre alten **Rathaus** und den farbenfrohen **Kirchtürmen** von **St. Wallburga** lockt die Stadt mit dem **Schloss Hirschberg**.

A 9 Abfahrt ❻ **Ingolstadt**. Unter den vor allem in der Altstadt gelegenen Sehenswürdigkeiten sind herausragend: die **Maria-de-Victoria-Kirche** mit einem beeindruckenden **Deckenfresko** sowie das **Liebfrauenmünster**. Eine einzigartige Sammlung zeigt das **Deutsche medizinhistorische Museum** in der **Alten Anatomie**.

Fremdenverkehrsverbände

Urlaubsland Oberpfälzer Jura
Landratsamt Neumarkt
92318 Neumarkt i. d. Opf.
Nürnberger Str. 1
Tel.: 09181/470313
Ferienland rund um Regensburg
Landratsamt Regensburg
93059 Regensburg
Altmühlstr. 3
Tel.: 0941/4009292
Touristinformation Regensburg
93047 Regensburg
Rathausplatz 3
Tel.: 0941/5074410
Urlaubsland Unteres Altmühltal
Landratsamt Kelheim
93309 Kelheim
Schlossweg 3
Tel.: 09441/207308

Spaß für Kinder

Das **Westbad** in **Regensburg** liegt direkt am Donauufer. Täglich geöffnet, Messerschmittstr. 4, Tel.: 0941/6012944.

Südwestlich von Regensburg, wenige Kilometer westlich von Kelheim, geht es zur ❼ **Tropfsteinhöhle Schulerloch** in **Essing**. Neben den außergewöhnlichen Tropfsteinbildungen sind auch Werkzeuge der Neandertaler zu sehen. Tel.: 09441/31277.

Regionale Küche

Die Küche der Oberpfalz ist eine Bauernküche geblieben. Deftige Fleischgerichte wie Kalbshaxe, Spanferkel oder Kalbsbrust, welche mit einer Mischung aus Eiern, Kräutern und eingeweichten Semmeln gefüllt wird, prägen die Speisekarte.

Das rustikal eingerichtete Restaurant des Hotels **Pius-Hof**, Gundekarstr. 4 in Ingolstadt, bietet beste regionale Küche.

Rund ums Auto

Verkehrsfunk
BR III 97,6 MHz

209

Pingarten, Egelsried, Aletsried, Bernried, Grafenkirchen, Katzbach, Gleißenberg, Naturpark, Furth i. W., Eschlkam, Warzen

Altenschwand, Neuenschwand, Neukirchen-Balbini, Boden, Hansenried, Diebersried, Engelsdorf, Balb, Haberdorf, Ränkam, Dalking, Sengenbühl, Oberrappeendorf, Hinter-, Schwarzenberg, Unter-, buchberg, Stachesried

Bodenwöhr, Blechhammer, Fronau, Friedersried, Stamsried, Rannersdorf, Pemfling, Waffenbrunn, Schlammering, Willmering, Windischbergerdorf, Walting, Neukirchen b.Hl.Blut, Atzls, Schwarzriegel, Lichteneck, 1079 Höllhöhe, Rimbach, Ansdorf, Haibühl, Kolms

Schöngras, Mappach, Bruck i.d.Opf, Vorderturm, Neubäu, Strahlfeld, Langwald, Hitzelsberg, Pitzling, Groß-bergerdorf, Katzberg, Cham, Oberer, Chammünster, Perwolfing, Niederrunding, Thenried, Runding, Oberer, Grafenwiesen, Hohenwarth, 1034 Mittagstein, Arrach

Kaspeltshub, Sollbach, Oberkreith, Unter-traubenbach, Nanzing, Janahof, Altenmarkt, Lamberg, Tasching, Vilzing, Ober-Staning, Chamerau, Lederdorn, Haus, 24, Beckendorf, Arndorf, Wölkersdorf, Traidersdorf, Niederndorf

Bleich, Bergham, Muckenb., Thann, Haus, Dieberg, Walderbach, Kirchenrohrbach, Roding, Wiesing, Unt-Lintach, Untertrübenbach, Schorndorf, Schachendorf, Zandt, Miltach, Blaibach, Kötzting, Weißenregen, Wettzell

Bodenstein, Reichenbach, Katzenrohrbach, Beucherling, Bayerischer, Obertrübenbach, Wilting, Harrling, Oberndorf, Ried, Bühling, Bayerische, Wiesing

Grafenwinn, Asang, Unterzell, Trasching, Dörfling, Ponholz, Neuhaus, Sattelpeilnstein, Altrandsberg, Wald, Runtenstein, Eismannsberg, Stausee, Ruhmannsdorf, Pirka, Neunburg

Wulkersdorf, Wolfersdorf, Hackenberg, Roßbach, Martins-neukirchen, Au, Michels-neukirchen, Unt.Goßzell, Sattelbogen, Kasparzell, Moosbach, Hagengrub, Rattenberg, Siegersdorf, Blossersberg, Viechtach, Schönau

Hauzendorf, Pettenreuth, Sulzbach, Süßenbach, Frankenberg, Ruderszell, Falkenstein, Momansfelden, Rißmannsdorf, Loitzendf., Gossersdorf, Konzell, Denkzell, Rechertsried, Gneißen, Schlatzendorf

Bernhardswald, Adlmannstein, 42, Altenthann, Bruckbach, Rettenbach, Arrach, Haunsbach, Wetzelsberg, Landorf, Stallwang, Hitzenberg, Grün, Sankt Englmar, Allersdorf, Naturpark, Ruhmannsfelden, Achslach, E53

Wenzenbach, Heuweg, Lichtenwald, Frauenzell, Brennberg, Ebersroith, Engelbarzell, Schönstein, Gerasdorf, 43, Irschenbach, Rattiszell, Landasberg, Pürgl, Hungerszell, Ober-Mühlbach, Rettenbach, Lindenau, Bergem

Walhalla, Sulzbach, Bach, 27, Kruckenberg, Dietersweg, Kloster, Haag, Aumbach, Höhenberg, Heilbrunn, Wiesenfelden, Hötzelsdorf, Haunkenzell, Elisabethszell, Klinglbach, Winklern, Frankenried, Patersdorf

Sarching, Domling, Frieseim, Neu-Rosenhof, Wörth a.d.D., Illkofen, Wiesent, Wörth a.d.Donau, Wörth a.d.D.-Ost, Holdorf, Weihern, Schiederhof, Frath, Falkenfels, Haselbach, Perasdorf, Rauher Kulm, 1050 Kalteck, Gotteszell

Rosenhof, Eltheim, Kiefenholz, Oberachdorf, Nieder-achdorf, Pillnach, Ob.-Miltach, Gschwendt, Ascha, Mitterfels, Riglberg, Kostenz, Hirschberg

Traublin, Allkofen, Geisling, Pfatter, Gmünd, E56, Pondorf, Kirchroth, Münster, Agendorf, Steinach, Buchbog, Steinburg, Medendorf, Bayerischer, Leithen

Mintraching, St. Gilla, Griesau, Aholfing, Kirchroth, Parkstetten, Oberalteich, Windberg, Walters-dorf, Hunderdorf, Absetz, Bernried, Hirschgraben

Mangolding, Moosham, Sengkofen, Ober-Motzing, Nieder-Motzing, Kößnacht, Straubing, Oberalteich, Bogen, Degernbach, Schwarzach, Albertsried, Edenstetten, Egg

Taimering, Riekofen, Schönach, Rain, Überau, Reibersdorf, Bogenberg, Bogen, Schwarzach, Nd., 108, Winkling, Welchenberg, Buchberg, Berg, Albe

Langen-erling, Dengling, Haimbuch, Dürnhart, Atting, Hornstorf, Obling, Ittling, Wachtlau, Pfelling, 38, Breitenrain, Offenberg, Neuhausen, Kloster Metten, 4

Triftling, Hellkofen, Mötzing, Radldorf, Kay, STRAUBING, Amselfing, Entau, Waltendorf, Klein-schwarzach, Metten, Steinkirchen, Helfkam

Aufhausen, Sünching, Schloß, Pilling, Perkam, Alburg, Aiterhofen, Schambach, Irlbach, Loham, Maria posching, Natternberg, Fisch, D

Pfakofen, Haidenkofen, Hirschling, Oberharthausen, Feldkirchen, Ehethal, Geltolfing, Niederast, 23, Straßkirchen, Loh, Stephans-posching, Michaelsbuch, Mainkofen, B-Kr, Deggendorf, Pankofen

Wallkofen, Inkofen, Malchesing, Greißing, Mitterhart-hausen, Salching, Wolferkofen, Nieder-schneiding, Grafling, Sautorn, Altenbuch, 10, Plattling West, Plattling, St. Jakob, 23, Plattling-Nord

Upkofen, Eitting, Hainsbach, Eschlbach, Ober-schneiding, Maierhof, Büchling, Arndorf, E53, 92, Pretweichs, Otzing, Lailling, Neuhofenweg, Ahoming, Isar

Pinkofen, Grafentraubach, Laberweinting, Hadersbach, Hirschkofen, Leiblfing, Ober-sunzing, Münchshöfen, Großenpinning, Haidenkofen, Haunersdorf, Wallersdorf-Nord, Wisselsdorf, Hart-kirchen, Winklarn, Reichstorf

Mallersdorf-Pfaffenberg, Weichs, Hofkirchen, Franken, Schwimmbach, Hankofen, Reißing, 21, Wallersdorf, Wallersdorf West, Tabertshausen, Ottmaring, 33

Nieder-Lindhart, Ober-Lindhart, Haimelkofen, Neuhofen, Martinsbuch, Hüttenkofen, Hailing, Triechting, Parnkofen, Gosseling, Ober-Pöring, Nieder-Pöring, Penzling, Neusling

Neufahrn i. NB., Ober-ellenbach, Greilsberg, Gerabach, Asbach, Dengkofen, Tunzenberg, Holzbuch, Sondargai, Ganacker, Kleegarten, Buchhofen, Wallerfing

Langenhettenbach, Prinkofen, Süßkofen, Hofdorf, Tunding, Ottering, Waibling, Großköllnbach, Pilsting, Pilsting, Frammeringer Moos, Zeholting, Haid, Kirchdorf, Schmie

Bayerbach, Mühlhausen, Thürnthenning, Großköllnbach, Landau a.d.I., 5, Framering, Kammern, Lappersdorf

Ergoldsbach, Veitsbuch, Dreifaltigkeits-keitsberg, Lengthal, Dingol-fing, Dornwang, Moosthenning, Mamminger-schwaigen, Mamming, Niederhöcking, Wolfsdorf, Eichendorf, Reichstorf

Martinshaun, Paindlkofen, Oberköllnbach, Rimbach, Weng, Moos, Geratskirchen, Harburg, Landau a.d. Isar, Pitzling, Hart-kirchen

Röhrbach, Unholzing, Mettenbach, Postau, Grießenbach, Lichtensee, Teisbach, Hackerskofen, Bubach, Thanhöcking, Mettenhausen, Adldorf, Dornach, 39, Kröhstorf, Schmiedorf

Ober-Wattenbach, Unter-Wattenbach, Wörth a.d.I., Nieder-aichbacherau a.d.Isar, Wörth a.d.Isar, Löiching, Niederviehbach, Dittenkofen, Ruhsam, Altersdorf, Exing, Frauenbiburg, Inderstorf, Reichstorf

esenbach, Unter-aichbacherau a.d.Isar, Unter-abrain, Weigelsdorf, Frauenbiburg, Unter-Günzkofen, Oberhausen, Eck, Haunersdorf, St. Antoni, St. Antonius, Niederdorfstetten, Münchsdorf

Bayerischer Wald

Römerschatz in Straubing, ein gefährlicher Knödel in Deggendorf

Erst im Jahr 1950 wurde der aus dem 3. Jh. stammende Römerschatz gefunden, der in Straubing bewundert werden kann. Etwa 1000 Jahre später soll die beherzte Bürgermeisterfrau die böhmischen Belagerer Deggendorfs durch einen Knödel vertrieben haben. Der Besuch der Region südlich und nördlich der Donau ist nicht nur wegen der vielfältigen Sehenswürdigkeiten in jedem Fall ein Genuss.

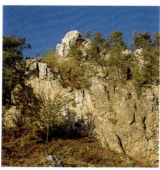
Mitten im Bayerischen Wald

Attraktionen

A 3 Abfahrt ❶ **Straubing**. Der Lößboden um Straubing, Gäuboden genannt, hat das Umland zu einem der fruchtbarsten Weizen- und Zuckerrübenanbaugebiete Deutschlands gemacht. Alljährlich im August findet hier das **Gäubodenvolksfest** statt, welches sich mit dem Münchner Oktoberfest messen kann. Das **Gäubodenmuseum** wartet mit einer besonderen Attraktion auf, dem **Straubinger Römerschatz** aus dem 3. Jh., der 1950 geborgen wurde. Zu ihm gehören **Waffen**, **Bronzestatuetten**, **Werkzeuge** und **Paraderüstungen**. Wahrzeichen der Stadt mit einer schönen **historischen Innenstadt** ist der 68 m hohe **Stadtturm**, den fünf **Spitztürme** zieren. Der Stadtplatz ist geprägt von repräsentativen **Bürgerhäusern**, häufig geschmückt mit spätgotischen **Treppengiebeln** und verspielten **Barockfassaden**. Mit Marmor und Gold prunkt die **Dreifaltigkeitssäule** auf dem **Theresienplatz**. Äußerlich im spätgotischen Stil gehalten, präsentiert sich die **Basilika St. Jakob** im Innern überwiegend im barocken Stil. Etwas außerhalb der Stadt findet der Besucher die befestigte **Friedhofsanlage St. Peter**. Bemerkenswert sind hier die romanische **Basilika** und drei gotische **Kapellen**. Bei einem Spaziergang über die Anlage lassen sich zahlreiche **Grabplatten** und schmiedeeiserne **Grabkreuze** aus sechs Jhn. entdecken.

Freizeit und Kultur

A 3 Abfahrt Bogen, ❷ **Bogenberg**. Hier ist die älteste bayerische **Wallfahrtskirche** zu besichtigen: **Unserer Lieben Frau vom Bogenberg**.

Nördlich von Straubing führt die B 20 nach ❸ **Cham**. Die von dem Fluss Regen umgebene Stadt wird überragt von der **St. Jakobskirche**. Im Innern der Kirche wird der Besucher von einer festlichen **barocken Ausstattung**, von feinem **Rokokostuck** und zwei bemerkenswerten **Deckengemälden** überrascht. Das **Rathaus** der Stadt mit einem schönen **Treppengiebel** und **Erker** stammt in seiner ursprünglichen Form aus dem 15. Jh. Von der alten Stadtbe-

Der »Pfahl« bei Viechtach

festigung sind noch der **Straubinger Turm** und das von **Rundtürmen** flankierte **Burgtor** erhalten.

A 3 Abfahrt ❹ **Deggendorf**. Das Maskottchen der an der Mündung der Isar in die Donau gelegenen Stadt ist der »**Deggendorfer Knödel**«: Der Sage nach benutzte die Frau des Bürgermeisters einen Knödel als

Wurfgeschoss gegen den die Stadt belagernden böhmischen Feind. Dieser ergriff daraufhin kampflos die Flucht. Der **Obere Stadtplatz** mit dem **Alten Rathaus** ist das Herzstück der **Altstadt**. Als Sühnekirche für das Judenpogrom von 1337 wurde die **Heilig Grabkirche** erbaut (14. Jh.).

An der Donau

Fremdenverkehrsverbände

Tourismusverband Ostbayern
93047 Regensburg
Landshuter Str. 13
Tel.: 0941/585390
Landratsamt Cham
93413 Cham
Rachelstr. 6
Tel.: 09971/78322
Landratsamt Straubing-Bogen
94315 Straubing
Leutnerstr. 15
Tel.: 0991/3100339
Landratsamt Deggendorf
94469 Deggendorf
Herrenstr. 18
Tel.: 0991/3100339

Rund ums Auto

Verkehrsfunk
BR III 99,6 MHz

Spaß für Kinder

In **Deggendorf** ist auch für Kinder das **Handwerksmuseum** sehenswert. Es verfolgt sehr anschaulich die Entwicklung des Handwerks im Bayerischen Wald vom Mittelalter bis heute. Maria-Ward-Platz 1, Tel.: 0991/4084.

Das Besondere im **Tiergarten Straubing** ist das »Danubium«: In sieben Großbecken sind alle Fische zu sehen, die in der Donau und ihren Nebenflüssen leben. Für Kinder gibt es auch einen Streichelzoo. Lerchenhaid 3, Tel.: 09421/21277.

Regionale Küche

Neben zahlreichen Kartoffelgerichten prägen besonders die roggenen Nudeln – kleinfingerdicke Nudeln aus Roggenmehlteig – das Bild der regionalen Küche. Eine noch größere Bedeutung wird freilich dem Bier beigemessen, denn für die Niederbayern ist es nicht nur ein Getränk, sondern unersetzbares Lebensmittel.

Der **Seethaler**, Theresienplatz 25 in Straubing, pflegt eine ausgezeichnete regionale Küche, aber auch die Getränkekarte signalisiert Begeisterung für altehrwürdiges Brauchtum. In **Kleinberger's Restaurant**, Schlesische Str. 131, ebenfalls in Straubing, trifft der Gast auf eine rustikale Bierstube mit bayerischen Spezialitäten.

TSCHECHISCH... REPUBLI...

Böhmerwald

National-park (Naturpk.)

Národní park (Naturpk.)

Šumava

B a y e r. W a l d

National-park

Lišči — Chudenin — Nýrsko — Viten — Nemilkov — Kolinec — Rábi — Katov
Fleky — Uhlíště — Sv. Kateřina Hut — Dešenice — Depoltice — Čachrov — Jeseni — Hory-Matky Boží — Hradek — Žichovice — Volenice
Sv. Kateřina Hut — Milence — Březi — Hlavňovice — Sušice (Schuttenhofen) — Mala-Chmelná — Želenov — Tažovice
Zelená Lhota — Hamry — Javorna — Zámyšl — Petrovice — Mochov — Nové Městečko — Dražovice — Albrechtice — Žihobce — Soběšice — Němčic
Gr. Osser 1293 — Lambach — Hojsova Stráž — Můstek 1235 — Keply — Hartmanice — Dlouhá Ves — Šimanov Nezdice — Strašín — Maleč
Lam — Lohberg — Pancíř 1213 — Tuškov — Ostružno — Kašperské Hory — Nicov — Zdikovec — Přečin
Jezerní hora 1343 — Špičák — Dobrá Voda — Rejštejn — Svojše — Michalov — Řihov — Zdikov — Javornik — Vacov
Schwarzeck 1238 — Brennes — Železná Ruda — Hurka n.S. — Prášily — Velký Bor — Nová Studnice — Zhuři — Kůsov — Úbislav — Nespice
Scharében — Bayer-Eisenstein — Zwieslerwaldhs. — Gr. Falkenstein 1312 — Srni — Horská Kvilda — Nové Hutě — Paseka — Lipka — Solná — Vimp...
Gr. Arber 1456 — Arbersee — Zdánidla — Modrava — Kvilda — N. Svět — Borová Lada — Kubov
Bodenmais — Regenhütte — Spiegelhütte — Buchenau — Šumava — Černá hora 1314 — Bučina — Hor. Vlt.
Böbrach — Silberbergwerk — Ludwigsthal — Lindberg — Oberfrauenau — Gr. Rachel 1453 — Knížecí Pláně — Slatina — Polka
Zwiesel — Frauenau — Glasmuseum — Lusen 1370 — Finsterau — Freilandmuseum — Strážný — Samoty — Himlště
Regen — Rinchnach — Kasberg — Klingenbrunn — Spiegelau — Waldhäuser — Hohenröhren — Silnice — Philippsreut — Č.
Bischofsmais — Schlag — Kirchdorf — Palmberg — St. Oswald — Mauth — Annathal — Vorder- — Bischofsreut
Grafenau — Neuschönau — Schönbrunn — Neuhütte — Leopoldsreut — Herzogsreut
Freyung — Waldkirchen — Hutthurm — Hauzenberg — Untergriesbach — Wegsch...
Hengersberg — Osterhofen — Vilshofen — Tiefenbach — Salzweg — PASSAU — Donau

Gute Luft und Glasbläserkunst im Bayerischen Wald

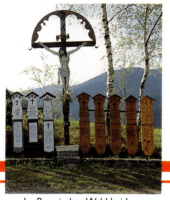

Im Bayerischen Wald bei Lam

Bodenmais, Zwiesel und Frauenau locken nicht nur mit gesunder Luft, Erholung und Freuden des Wintersports, sondern mit der hohen Kunst der Glasherstellung und -veredelung. Auch museale Attraktionen bietet die Region: ein Schnupftabakmuseum, ein Jagd- und Fischereimuseum und das Museumsdorf Bayerischer Wald. Auf und ab führen schöne Straßen von einem Ort in den nächsten.

Attraktionen

Westlich der B 11 ❶ **Bodenmais**. Dieser zu den meistbesuchten **Fremdenverkehrs- und Luftkurorten** Bayerns zählende Ort liegt malerisch in einem Talkessel. Auf Schritt und Tritt begegnet der Besucher hier Geschäften mit Glaswaren, denn Bodenmais ist auch wegen seiner zahlreichen **Glaserzeugungs- und Glasveredelungsbetriebe** bekannt. Preiswert lassen sich die Erzeugnisse direkt bei den Herstellern erwerben. Das Gleiche gilt für die aus den **Bildhauerwerkstätten** des Ortes stammenden künstlerischen Arbeiten.

Wisent im Naturpark Bayerischer Wald

Die Straße zum 1456 m hohen **Großen Arber** führt unmittelbar am **Silberberg** vorbei. Nahe der Bergstation des **Sessellifts**, der den Besucher in die Höhe bringt, befindet sich der Eingang zum **Barbarastollen**, der als ein Beispiel für die Tradition des Silber-, Erz- und Schwefelbergbaus der Region besichtigt werden kann.

An der B 11 gelegen ist ❷ **Zwiesel**. Hier kann man sich im **Theresienthaler Glasmuse-**

um über die Kunst der Glaserzeugung informieren. Die **Bergkirche**, die **Pfarrkirche St. Nikolaus** sowie die **Nepomukkirche Rabenstein** lohnen einen Rundgang.

Am Großen Arbersee

Südöstlich von Zwiesel liegt der Erholungs- und Wintersportort ❸ **Frauenau**. Neben drei bedeutenden **Glashütten** beherbergt der Ort das **Frauenauer Glasmuseum**, wo die Kunst des Glasherstellens in der angeschlossenen **Glasbläserei** bestaunt werden kann.

Ein Ausflug nach dem an der B 85 gelegenen ❹ **Regen** lohnt sich wegen des reizvollen **Stadtplatzes** mit seinen alten **Bürgerhäusern**. In dem Erholungs- und Wintersportort sind die **Pfarrkirche St. Michael**, die **Johanniskirche**, die **Burgruine Weißenstein** sowie das **Museum »Fressendes Haus«** sehenswert.

Freizeit und Kultur

Das an der B 533 gelegene ❺ **Grafenau** gilt als Haupteingangstor zum Nationalpark Bayerischer Wald. Neben der

Pfarrkirche Mariä Himmelfahrt und der **Spitalkirche** ist hier vor allem das **Schnupftabakmuseum** empfehlenswert.

B 12 ❻ **Freyung**. Ein Besuch der höchstgelegenen Stadt des Bayerischen Waldes empfiehlt sich nicht nur wegen des **Schlosses Wolfstein**, sondern auch wegen des **Heimatmuseums** sowie des **Jagd- und Fischereimuseums**.

Eine kurze Strecke nordwestlich von ❼ **Tittling** an der B 85 liegt das **Museumsdorf Bayerischer Wald** mit Wassermühlen, Bauernhäusern, Hammerschmiede und Forsthaus.

Fremdenverkehrsverbände

Tourismusverband Ostbayern
93047 Regensburg
Landshuter Str. 13
Tel.: 0941/585390

Landratsamt Regen
94209 Regen
Poschetsriederstr. 16
Tel.: 09921/601332

Landratsamt Freyung-Grafenau
94078 Freyung
Wolfkerstr. 3
Tel.: 08551/57122

Tourist-Info Passauer Land
94034 Passau
Kirchensteig 2
Tel.: 0851/9496016

Spaß für Kinder

Am Rande des Nationalparks Bayerischer Wald liegt in 1.000 m

Höhe das ❽ **Freilandmuseum Finsterau**. Aus der gesamten Umgebung wurden Gebäude hierhin verlegt, und so ist mit Bauernhäusern, Dorfschmiede und Wirtschaft ein richtiges Dorf entstanden. Schmuckstück ist der Petzihof, ein Bauernhof mit Wohnspeicherhaus und Stallungen. In der Dorfschmiede werden Hufeisen geschlagen, es wird gedrechselt und Brot gebacken. Von Freyung an der B 12 erreicht man Finsterau über die Landstraße. Öffnungszeiten telefonisch erfragen, Tel.: 08557/96060.

Regionale Küche

Bei einem Ausflug in den benachbarten Böhmerwald trifft man auf die regionalen Spezialitäten unserer tschechischen Nachbarn: Spezialität der böhmischen Küche sind die Knödel, die vor allem zu Schweinebraten meist mit Sauerkraut genossen werden. Bei den Suppen ist die böhmische Kartoffelsuppe, die weitestgehend aus Kartoffeln und Pilzen besteht, über die Grenzen hinaus bekannt geworden. Der Karpfen wird als beliebtester Fisch zur Weihnachtszeit fast in jedem Haus gegessen. Auch in der Dessert-Küche sind Knödel, welche mit Kirschen, Pflaumen oder Aprikosen gefüllt werden, anzutreffen.

Rund ums Auto

Verkehrsfunk
BR III 94,4 MHz

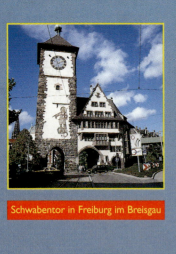
Schwabentor in Freiburg im Breisgau

Der Schwarzwald bei Titisee

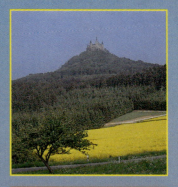
Burg Hohenzollern bei Hechingen

Der Hebelpark im Zentum von Lörrach

Die Benediktinerabtei St. Blasien

Der Schwarzwald

An sonnigen Tagen hat man von den Höhen des Schwarzwaldes eine fantastische Fernsicht auf Vogesen, Schweizer Jura und Alpen. Diese Region am Oberrhein ist international und sie hat mit ihren Nachbarn in Frankreich und der Schweiz vieles gemeinsam. Die Staatsgrenzen spielten hier, von einigen unglückseligen Epochen von kurzer Dauer abgesehen, nie eine Rolle. Die Geschichte dieser Sonnenregion im Rheintal ist alt. Von römischer Vergangenheit zeugen die Thermalbäder in Badenweiler und Baden-Baden. Aus Frankreich hielt hier die Gotik ihren Einzug mit dem schönsten Dom der Christenheit, wie Jakob Burckhardt ihn beschreibt: dem filigranen Freiburger Münster.

Weinberg in der Ortenau

Benediktinerkloster Beuron

Marktbrunnen in Rottweil

Holzverarbeitung im Schwarzwald

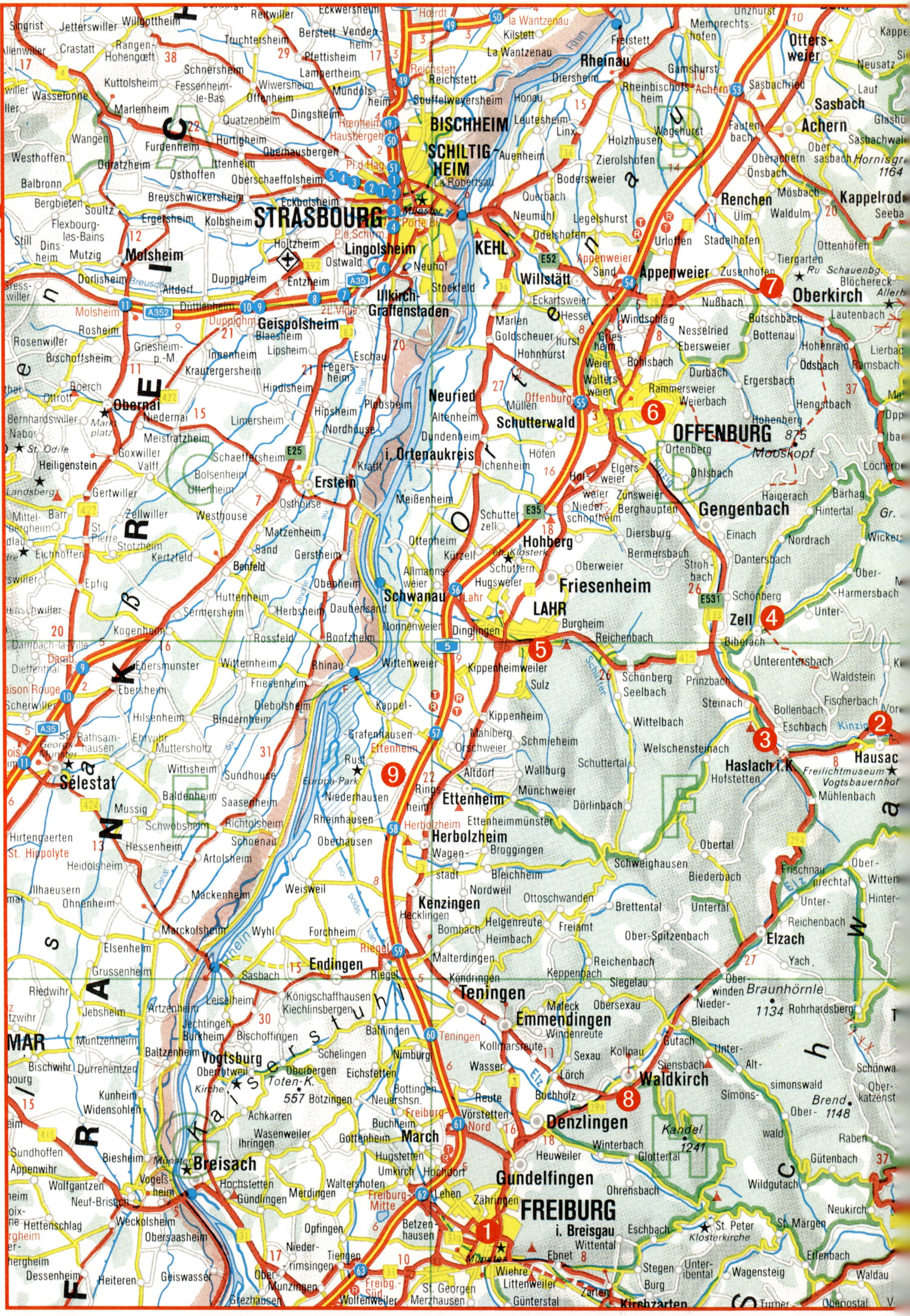

STRASBOURG

BISCHHEIM
SCHILTIGHEIM
KEHL

OFFENBURG

LAHR

FREIBURG i. Breisgau

Sélestat

Obernai

Molsheim

Breisach

Ottersweier
Sasbach
Achern
Kappelrodeck
Renchen
Oberkirch
Appenweier
Willstätt
Gengenbach
Zell
Haslach i. K.
Hausach
Friesenheim
Herbolzheim
Kenzingen
Endingen
Teningen
Emmendingen
Waldkirch
Denzlingen
Gundelfingen
Elzach

Rheinau
Schutterwald
Neuried
Erstein
Schwanau
Ettenheim
Vogtsburg
March

Kandel 1241
Mooskopf 875
Braunhörnle 1134
Brend 1148

A35 A352 E52 E25 E35

F R A N K R E I C H

An der Grenze zu Frankreich, am Rhein und im Schwarzwald

Zwischen Vogesen und Schwarzwald strömt der Rhein entlang der Ortenau. Attraktionen bietet nicht nur die französische Seite des Flusses, auch Lahr, Offenburg und Oberkirch, gut erreichbar von der A 5, lohnen einen Besuch. Hinein in den wunderschönen Schwarzwald geht es auf reizvollen Straßen, um die malerischen Orte Hausach, Haslach und Zell am Harmersbach zu besuchen.

Hauptstraße in Offenburg

Attraktionen

Eine besondere landschaftliche Attraktion ist der **Schwarzwald**, an dessen Fuß ❶ **Freiburg** im Breisgau liegt (ausführliche Informationen s. Seite 221).

Schwabentor in Freiburg im Breisgau

B 33 ❷ **Hausach**. Der Erholungsort birgt an Sehenswürdigkeiten: die **Burgruine Husen**; die **Fresken** in der **Klosterkirche St. Sixtus** (13. Jh.); den Fachwerkbau **Rathaus** (1825); die **Dorfkirche** mit **Fresken** und spätgotischem **Chor** (1514).

In der Nähe von Hausach liegt das **Freilichtmuseum Vogtsbauernhof**. Um den strohgedeckten Vogtsbauernhof, einem der ältesten Schwarzwaldhöfe, sind hier weitere **Höfe**, **Kapellen**, ein »**Brennhäusle**« und eine **Gerstenstampfe** gruppiert. Bemerkenswert ist der **Hippenseppenhof** aus dem Jahr 1599.

B 294 und B 33 ❸ **Haslach**. Die gesamte, vor allem von Fachwerkhäusern geprägte **Altstadt** steht unter Denkmalschutz. Hervorzuheben ist das **Rathaus** (1733), die **Stadtkirche** (1780) sowie der

Sebastiansbrunnen (1780). Im ehemaligen **Kapuzinerkloster** ist das **Schwarzwälder Trachtenmuseum** untergebracht.

Östlich der B 33 ❹ **Zell** am Harmersbach. Auch die **Altstadt** dieses Erholungsortes steht unter Denkmalschutz. Im **Storchenturm** ist das **Heimatmuseum** untergebracht. Zu empfehlen ist eine Wanderung auf dem **Naturlehrpfad** oder dem **Waldlehrpfad**. An die Geschichte der Bauernrepublik erinnern Tafeln am **Reichstalpfad**.

Freizeit und Kultur

A 5 Abfahrt ❺ **Lahr**. Besondere Sehenswürdigkeiten der Stadt sind: der **Storchenturm** (13. Jh.), in dem das **Geroldsecker Museum** untergebracht ist; das **Alte Rathaus** (1608), in dem das **Feuerwehrmuseum** beherbergt ist; die **Stiftskirche** (13. Jh.) sowie die **Burgheimer Kirche** mit **Wandmalereien** (15. Jh.). Über den **Lahrer Weinpfad** gelangt der Besucher auf den 297 m hohen **Schutterlindenberg**, von wo sich ein schöner Blick über die Stadt und ihre Umgebung auftut.

Weinberg in der Ortenau

A 5 Abfahrt ❻ **Offenburg**. Unter den Sehenswürdigkeiten sind hervorzuheben: das **Rathaus** und der alte **Marktplatz** mit der **St.-Ursula-Säule**. Außerdem beachtenswert: **Klosteranlagen** der Franziskaner und Kapuziner, **Zwingerpark** an der alten Stadtmauer sowie die **Pfarrkirche Hl. Kreuz**.

B 28 ❼ **Oberkirch**. Die hübsche Weinstadt mit schönen **Fachwerkbauten** und dem größten **Erdbeermarkt** Deutschlands lockt zur **Fastnachtszeit** mit **originellen Bräuchen**.

Fremdenverkehrsverbände

Tourismusverband Schwarzwald
79098 Freiburg i. Br.
Bertoldstr. 45
Tel.: 0761/31317/18
Tourist-Info Mittlerer Schwarzwald/Ortenau
77652 Offenburg
Badstr. 20
Tel.: 0781/805439
Stadtinformation Offenburg
77652 Offenburg
Gärtnerstr. 6
Tel.: 0781/82253
Verkehrsgemeinschaft Kaiserstuhl-Tuniberg
79206 Breisach
Werd 9
Tel.: 07667/83227

Spaß für Kinder

Um die Tierwelt des Schwarzwalds kennen zu lernen, lohnt ein Besuch im ❽ **Schwarzwald-Zoo** in **Waldkirch**. Waldkirch

liegt an der B 294 nördlich von Freiburg. Am Buchenbühl, Tel.: 07681/8961.

A 5, Abfahrt Ettenheim, Weiterfahrt über Kappel und von dort südlich nach **Rust**: Im ❾ **Europapark** wird ganz Europa zu einem großen Vergnügungspark. Ab April bis Oktober geöffnet, Tel.: 07822/770.

Regionale Küche

Zu Recht gilt der westliche Teil Badens als Schlemmerparadies, denn die regionale Küche lässt selbst bei Gourmets nichts zu wünschen übrig. Insbesondere der Rehrücken Baden-Baden lässt das Herz eines jeden Feinschmeckers höher schlagen: Der rosa gebratene Rehrücken wird mit Pfifferlingen und mit Preiselbeerkonfitüre gefüllten Birnen umlegt.

Die **Alte Bauernschänke**, Kirchgasse 8 in Steinach, serviert Wildgerichte aus eigener Jagd; dazu empfiehlt sich ein Spätburgunder oder Durbacher Riesling.

Rund ums Auto

Verkehrsfunk
SWF III 105,1 MHz

217

Calw
SINDELFINGEN
Forbach
Badener Höhe 1002
Herrenwies
Bermersbach
Gausbach
Langenbrand
Sprollenhaus
Nonnenmiß
Enzklösterle
Meistern
Hünerberg
Aichelberg
Agenbach
Rötenbach
Zavelstein
Burg
Bad Teinach-
Schmieh
Stammheim
Gechingen
Dätzingen
Darmsheim
Deufringen
Dachtel
Aidlingen
Böblingen-Hulb
Raumünzach
Gompelscheuer
Poppeltal
Oberkollwangen
Hofstett
Neuweiler
Breitenberg
Altbulach
Neubulach
Oberhaugstett
Holzbronn
Deckenpfronn
Ehningen
Gärtringen
Erbersbronn
Unterstmatt
Hundsbach
Hot. Mummelsee
Hinterer Langenbach
Schönmünzach
Schwarzenberg
Simmersfeld
Aichhalden
Zwerenberg
Hornberg
Martinsmoos
Schönbronn
Wildberg
Gültlingen
Effringen
Wart
Sulz
Oberjesingen
Nufringen
Rohrau
Kuppingen
Stiftskirche
HERRENBERG
Herrenberg
Mönchberg
Kayh
Fünfbronn
Eisenbach
Beuren
Hochdorf
Ettmannsweiler
Berneck
Ebershardt
Rotfelden
Überberg
Garweiler
Ebhausen
Emmingen
Zwickgabel
Huzenbach
Besenfeld
Göttelfingen
Altensteig
Schönegründ
Seewald
Grömbach
Egenhausen
Walddorf
Mindersbach
Jettingen
Haslach
Nebringen
Gültstein
Schönmünz
Röt
Schernbach
Wörnersberg
Rohrdorf
Oberschwandorf
Nagold
Unter-
Gäu-
Öschelbronn
felden
Tailfingen
Altingen
Reusten
Ammerbuch
Ruhestein
Kohlwald
Heselbach
Erzgrube
Edelweiler
Obertal
Tonbach
Mitteltal
Klosterkirche
Igelsberg
Klosterreichenbach
Kälberbronn
Bösingen
Haiterbach
Iselshausen
Unterbeihingen
Mötzingen
Hailfingen
Buhlbach
Buhlbachsee
Pfalzgrafenweiler
Gündringen
Schietingen
Vollmaringen
Bondorf
Oberndorf
Pfäffingen
Wendelsheim
Baiersbronn
Untermusbach
Herzogsweiler
Altnuifra
Waldachtal
Baisingen
Rottenburg
Seebronn
Hot. Zuflucht
Bad Antogast
Friedrichstal
Kniebis
Hallwangen
Frutenhof
Wittlensweiler
Heiligenbronn
Salzstetten
Tumlingen
Oberthalheim
Untertalheim
Hochdorf
Ergenzingen
Wolfenhausen
Remmingsheim
Neustetten
Nellingsheim
Dom
Griesbach
Freudenstadt
Aach
Dornstetten
Grünmettstetten
Schopfloch
Altheim
Bildechingen
Eutingen
Rohrdorf
Eckenweiler
Mühlen
Weitingen
Bieringen
Bad Niedernau
Holzwald
Bad Rippoldsau
Zwieselberg
Lauterbad
Dietersweiler
Glatten
Dettlingen
Rexingen
Horb
Ahldorf
Börstingen
Bierlingen
Schwalldorf
Dettingen
Bad Peterstal-
Klösterle
Vorderer Steinwald
Sulzbach
Lombach
Unteriflingen
Oberiflingen
Dießen
Isenburg
Nordstetten
Horb a.N.
Felldorf
Starzach
Frommenhausen
Dettensee
Betra
Mühringen
Wachendorf
Hemmendorf
Ödskopf 950
Dollenbach
Stausee Kl.Kinzig
Schömberg
Loßburg
Wittendorf
Leinstetten
Dettingen
Empfingen
Bad Imnau
Höfendorf
Hirrlingen
Bad Sebastiansweiler
Bodelshausen
Hirschbach
Rankach
Schapbach
Oberes Dörfle
Oberbrändi
Wälde
Fürnsal
Dürrenmettstetten
Bettenhsn.
Glatt
Fischingen
Empfingen
Wiesenstetten
Trillfingen
Hart
Rangendingen
Schwarzenbruch
Reinerzau
Baierhof
Betzweiler
Gundelshsn.
Hopfau
Sulz
Mühlheim
Renfrizhausen
Bittelbronn
Weildorf
Schloß
Haigerloch
Stetten
Hechingen
Stein
Klosterkirche
Alpirsbach
Dornhan
röm. Kastell
Sulz a.N.
Bergfelden
Gruol
Owingen
Grosselfingen
Weilheim
Walke
St. Roman
Vortal
Rötenbach
Marschalkenzimmern
Peterzell
Siegmarswangen
Vöhringen
Heiligenzimmern
Oberwolfach
Wolfach
Schenkenzell
Schenkenburg
Schmelze
Hönweiler
Hochmössingen
Weiden
Aistaig
Witters-hausen
Binsdorf
Erlaheim
Ostdorf
Zimmern
Bisingen
Rötenberg
Kienen
Fluorn
Lindenhof
Bochingen
Oberndorf a.N.
Bickelsberg
Engstlatt
Kirnbach
Schiltach
Winzeln
Obern-dorf
Beffendorf
Altoberndorf
Brittheim
Rosenfeld
Isingen
Geislingen
BALINGEN
Ramsbach
Gutach
Lehengericht
Aichhalden
Heiligenbronn
Waldmössingen
Trichtingen
Leidringen
Streichen
Heselwangen
Frommern
Rotwasser
Oberreute
Seedorf
Epfendorf
Harthausen
Böhringen
Täbingen
Endingen
Erzingen
Dautmergen
Zillhausen
Pfeffingen
Hohweg
Lauterbach
Bösingen
Herrenzimmern
Irslingen
Dormettingen
Roßwangen
Weilstetten
Margrethausen
Laufen
Lautlingen
Unter-
Schramberg
Sulgen
Hinter-Sulgen
Dunningen
Schönbronn
Talhausen
Gößlingen
Zimmern
Dotternhausen
Hornberg
Unterreichenbach
Obernwasser
Niederwasser
Tennenbronn
Villingendorf
Dietingen
Neukirch
Schömberg
Ratshausen
Hausen am Tann
Tieringen
Hossingen
Eschbronn
Locherhof
Hardt
Mariazell
Rottweil
Zepfenhan
Weilen unter den Rinnen
Deilingen
Obernheim
Digisheim
Langenschiltach
Buchenberg
Weiler
Flözlingen
Rottweil
Schörzingen
Delkhofen
Gremmelsbach
Burgberg
Fischbach
Zimmern ob Rottweil
Göllsdorf
Rottenmünster
Feckenhausen
Wilflingen
Wehingen
Hartheim
Martinsweiler
Erdmannsweiler
Horgen
Hausen
Bühlingen
Wellendingen
St. Georgen
Peterzell
Königsfeld
Neuhausen
Niedereschach
Laufen ob Rottweil
Neufra
Frittlingen
Gosheim
Reichenbach
am Heuberg
Nusplingen
Heinstetten
Nußbach
Triberg. Wasserfall
Hirzwald
Brigach
Schoren
Stockburg
Oberkirnach
Unterkirnach
Kappel
Weilersbach
Deißlingen
Aixheim
Denkingen
Bubsheim
Egesheim
Königsheim
Schönfeld
Obertal
Mönchweiler
Haslach
Dauchingen
Villingen-Schwenningen
Böttingen
Rohrbach
SCHWENNINGEN
Aldingen
Trossingen
Spaichingen
Naturpark
Renquishausen
Bärenthal
Kloster Maria-Tann
Uhrenmuseum
Weigheim
Balgheim
Mahlstetten
Schönenbach
Vöhrenbach
VILLINGEN-
Neckarquelle
Hausen ob. Verena
Dürbheim
Kolbingen
Furtwangen
Pfaffenweiler
Mühlhausen
Schura
Gunningen
912
Hohenkarpfen
Rietheim-Weilheim
Obere Donau
Linach
Herzogenweiler
Riedheim
Marbach
Hochemmingen
Tuningen
Durchhausen
Lupfen 977
Seitingen-Oberflacht
Rußberg
Mühlheim a.d.D.
Fridingen a.d.D.
Beuron
Bened. Kloster
Urach
Überauchen
Kirchdorf
Klengen
Bad Dürrheim
Talheim
Wurmlingen
Stetten
Ludwigstal
Hammereisenbach-
Bregenbach
Mittel-
Tannheim
Sunthsn.
Donaueschingen
Brigach-
Grüningen
Öfingen
Nendingen
TUTTLINGEN
Donau

218

Wasserfälle im Schwarzwald und ein Berg, von einer Burg gekrönt

Der Schwarzwald ist ideal, um schöne Wanderungen zu unternehmen. Die Region bietet jedoch auch vielfältige Attraktionen: Bierseminare, ein Apotheken-Museum, eine Sammlung von Phonogeräten. Villingen-Schwenningen, gelegen zwischen Schwarzwald und Schwäbischer Alb, ist reich an Sehenswürdigkeiten. Keinesfalls versäumt werden sollte Burg Hohenzollern auf der Schwäbischen Alb.

Burg Hohenzollern bei Hechingen

Attraktionen

Der **Schwarzwald** lädt zu Spazierfahrten über hübsche Landstraßen, zu Wanderungen durch die herrliche Tal- und Berglandschaft oder einfach nur zur Entspannung ein.

B 294 **❶ Wolfach**. Ein von hier ausgehender **Naturlehrpfad** macht mit den heimischen Baumarten bekannt. Das alte **Schloss** mit **Schlosskapelle** und **Heimatmuseum** lädt zum Besuch ein.

B 294/462 **❷ Alpirsbach**. Der Ort mit einer romanischen **Klosterkirche** (gotischer Kreuzgang) ist Sitz einer traditionsreichen Brauerei, in der **Bierseminare** stattfinden.

B 462 **❸ Schiltach**. Das altertümliche Städtchen war einst Sitz der **Kinzigflößerei**. Sehenswert ist der Besuch des **Flößermuseums**. Auch das **Gerben** von Fellen ist hier Tradition.

Benediktinerkloster Beuron

B 33 **❹ St. Georgen**. Besondere Attraktion der Stadt ist die im **Heimatmuseum** beher-

bergte größte deutsche **Sammlung von Phonogeräten**.

B 500 **❺ Triberg**. Die alte Stadt bietet gleich zwei Attraktionen, die beliebtes Ausflugsziel sind: Südlich der Stadt sind die höchsten **Wasserfälle** Deutschlands zu sehen. Das **Triberger Schwarzwaldmuseum** zeigt höchst lebendig die Kultur und das Wirtschaftsleben der Region.

Freizeit und Kultur

A 81 **❻ Villingen-Schwenningen**. Die herausragenden Sehenswürdigkeiten des zwi-

In Schwenningen

schen Schwarzwald und Schwäbischer Alb liegenden **Kneippkurortes** sind: das **Alte Rathaus**, dessen **Saalkirche** zu einem 850 Personen fassenden Konzertraum umgebaut wurde; das **Münster Unserer Lieben Frau** aus dem 13. Jh. sowie das prächtige Fachwerkhaus **Altes Pfarrhaus**. An Museen bietet die Stadt: das **Franziskaner-Museum**; das **Städtische Heimatmuseum**, in dem auch das sehenswerte **Uhrenmuseum** beherbergt ist; das im Vorort Mühlhausen zu findende **Frei-**

licht-Bauernmuseum sowie das **Internationale Luftfahrtmuseum** am Flugplatz Schwenningen.

B 27 **❼ Hechingen**. Wie eine Krone liegt in der Nähe **Burg Hohenzollern** auf dem 855 m hohen Berg Hohenzollern. Die Stammburg des ehemaligen deutschen Kaiserhauses ist eine einzigartige Attraktion und unbedingt einen Besuch wert.

Nordöstlich von Tuttlingen liegt der Wallfahrts- und Erholungsort **❽ Beuron**. Sehr sehenswert ist hier das **Benediktiner-Kloster**, welches im 11. Jh. als Augustiner-Chorherrenstift gegründet wurde.

Fremdenverkehrsverbände

Verkehrsamt Sindelfingen
Tel.: 07031/94325
Fremdenverkehrsamt Tübingen
72072 Tübingen
An der Neckarbrücke
Tel.: 07071/91360
Tourist-Info Mittlerer Schwarzwald
78048 Villingen-Schwenningen
Schwenninger Str. 3
Tel.: 07721/913490

Spaß für Kinder

Im **Apothekenmuseum** von **Schiltach** kann man eine alte Apotheke unter die Lupe nehmen. In der ehemaligen Ratsapotheke am Marktplatz wird gezeigt, welche Mittel Apotheker in den letzten zwei Jahrhunder-

ten gegen verschiedene Leiden verabreichten. So zum Beispiel Tabak gegen Gicht und Verstopfung, Wunderpflaster gegen Zahnweh oder Rheuma. Das Mittel »Sauwohl« machte auch kranke Schweine wieder fit. Schiltach liegt an der B 294/462. Ab April von Dienstag bis Sonntag von 10.30–12.30 Uhr und von 14.30–16.30 Uhr geöffnet. Marktplatz 5, Tel.: 07836/360.

Regionale Küche

Zwar kam Fleisch früher nur an Sonn- und Festtagen auf den Tisch, doch zu Innereien hatte der Schwabe schon immer ein »inniges« Verhältnis, da man besonders in dieser Gegend ungern etwas verderben ließ. Eine Spezialität ist das Briesle (Kalbsbries) – in der schwäbischen Küche besonders paniert und in Butter gebraten ein Genuss!

Im Gasthof **Zum Hirsch**, Ziegelstr. 32 in Sindelfingen, trifft man auf eine gepflegte schwäbische Küche. Die **Uhlandstube** im Hotel Krone, Uhlandstr. 1 in Tübingen, ist für ihre schwäbischen und internationalen Spezialitäten bekannt.

Rund ums Auto

Verkehrsfunk
SWF III 105,1 MHz

Selestat
Baldenheim Saasenheim
Mussig Schwobsheim Schoenau
Hirtengaerten Hessenheim Richtolsheim Rheinhausen Niederhausen Ringsheim Ettenheimmünster Dörlinbach Mühlenbach
St. Hippolyte Heidolsheim Artolsheim Oberhausen Herbolzheim Wagen- Broggingen Schweighausen Biederbach Frischnau Ober- prechtal Wittent-
Illhaeusern Ohnenheim Mackenheim Weisweil Forchheim stadt Nordweil Bleichheim Hinter- prechta
Elsenheim Wyhl Heck- Bombach Helgenreute Freiamt Ober-Spitzenbach Reichenbach Unter- Elzach 27 Yach
Grussenheim Kenzingen Bombach Heimbach Keppenbach Siegelau Ober- 1134 Rohrhardsberg Braunhörnle
Riedwihr Sasbach 15 Endingen Riegel Malterdingen Köndringen Oberwinden Nieder- Bleibach
Jebsheim Königschaff- Kiechlins- Bahlingen 59 Teningen 60 Teningen Emmendingen Sexau Kollnau Unter- Alt- Schönwa
MAR Baltzenheim Vogtsburg hausen bergen Nimburg Emmendingen 11 Kollnau bach Siens- simonswald Ober- katzenwald
Bischwihr Durrenentzen Oberrotweil Oberbergen Eichstetten Kollmarsreute Wasser Windenreute bach Brend Ober- 1148
bourg Kunheim Kirche Toten-K. Schelingen Reute Lörch Waldkirch Simons- Raben
15 Widensohlen 557 Bötzingen Neuershausen Vörstetten Buchholz wald Gütenbach 37
Sundhofen Achkarren Bottingen Freiburg Nord Denzlingen Winterbach Kandel Wildgutach Neukirch Mäde
Appenwihr Ihringen Wasenweiler Buchheim March Hochdorf Gundelfingen Glottertal 1241 wald
Biesheim Münster Göttingen Umkirch Freiburg Mitte Zähringen FREIBURG Klosterkirche Eschbach St. Peter St. Märgen
Wolfganzen Breisach Hochstetten Waltershofen Lehen i. Breisgau Wittental Stegen Unter- Erlenbach
Neuf-Brisach Vogel 5 Gündlingen Merdingen 62 Münster Ebnet ibental Wagensteig Waldau
Hettenschlag heim Opfingen Betzen- Wiehre Littenweiler Burg Oberjostal
Dessenheim Obersaasheim Nieder- hausen St. Georg Günterstal Zarten Oberried Falkensteig Siedelbach Josta
Heiteren Grezhausen trimsingen Ober- Merzhausen Au Kirchzarten Buchenbach Breitnau Schottenhof
Rustenhart Bad Krozingen Munzingen Wolfenweiler Mengen Wittnau Schallstadt Horben Bollschweil St. Ulrich Schauinsland 1284 Hofsgrund Alpersbach Hinterzarten Oberzarten Titise
Roggenhouse Balgau Hartheim Schlat Pfaffen- weiler Sölden Kirche Toter Mann 1321 St. Wilhelm Bruderhalde Falkau
Hirtzfelden Fessenheim Bremgarten Kirchhofen Ehrenstetten Staufen i. Br. Ober- Notschrei Feldberg 1493 Feldberg Altglashütten Ober-
Munchhouse Eschbach Schmidhofen Ehrenkirchen St. Trudpert Münstertal Schwarzw. Muggenbrunn Todtnauberg fischbach Schwen
Rumersheim-le-Haut Grißheim Wettelbrunn Stadtbild Ballrechten Unter- Sulzburg Rotenbuck 1415 Herzogenhorn Oberlehen
Zienken Seefelden Heitersheim Dottingen Hof Bad Sulzburg Wieden Scharberg Todtnau Bernau Vorderdorf
Müllheim Buggingen Zunzingen Britzingen Belchen 1414 werk Geschwend Dorf Menzenschwand 25
Chalampe Hügelheim Neuenburg Schweighof Böllen Aitern Utzenfeld Präg Oberlehen Unterlehen Benad.- St. Blasien
Bantzheim Neuenburg Müllheim Badenweiler 1224 Neuenweg Schönenberg Tunau Abtei 26
Ottmarsheim Steinen- stadt Lipburg Feldberg Blauen Köhlgarten Schönau Herrenschwand Ibach Häuser
Rixheim Hombourg Schliengen Ober- eggenen 1165 Marzell Wembach Fröhnd Todtmoos Lehen St. Blasien Höche
Petit Landau Bad Bellingen Ndr.- Feuerbach Schl. Bürgeln Wies Raich Elbenschwand Ehrsberg 23 Mambach Schwarzenbach Wittenschwand Schläge Amrigs
Niffer Hertingen Sitzenkirch Malsburg Pfaffenberg Häg Todtmoos Schlägten Tiefenhäu
Bamlach Riedlingen Sallneck Kirchhausen Tegernau Adels- berg Hasel Atzenbach Riedichen Gersbach Dachsberg Wolpadingen Nöggens
Blansingen Gupf Welmlingen Holzen Kandern Endenburg Gresgen Wieslet Raitbach Glashütten Großherrischwand Engelschwand Remetschwi Bannholz
Efringen- Kirchen Mappach Hammerstein Schlächten- haus Zell i.W. Hausen i.W. Kürnberg Hornberg Rütte Strittmatt Wilfingen Bierbronn
Istein Egringen Rümmingen Hagen Maulburg Eichen Wiechs Hasel Hogschür Gersbach Gaiss
Rötteln Steinen Schopfheim 535 Wehr Rüßwihl Ober- Alpfen Eschbach Wa
Rosenau Haltingen Bromback Lörrach/ Höllstein Dossenbach Segeten Herrischried Görwihl Mandach
Blotzheim Village-Neuf Binzen Inzlingen Hohe Flum Adelhausen Schwörstadt Atdorf Niedergebisbach Birndorf
St. Louis WEIL a. Rh. LÖRRACH Hochsal Minseln Bergalingen Rickenbach Ober- wihl Nieder Etzwihl Schachen Dogern
Hüningue Riehen Grenzach- Inzlingen Kaisten Egg Ober- hof Albert Willaringen Hänner Rotzel Albbruck
Allschwil Birs- felden Herten Degerfelden Riedmatt Rippolsheim Harpolen Laufenburg Mettau Wil Böt
Binningen BASEL Münster Wyhlen Rheinfelden Möhlin Rheinfelden Bad Säckingen Murg Laufenburg Oberhofen Sulz Gansingen
Hagenthal-le-Bas St. Jakob Liestal Zeiningen N3 Stein Eiken Kaisten

Der Schwarzwald bei Titisee

Kaiserstuhl, südlicher Schwarzwald und Oberrhein

Bei guter Sicht bietet sich dem Besucher des Schauinsland-Gipfels in der Nähe Freiburgs im Breisgau ein grandioser Blick auf die Region: Im Westen sind der Kaiserstuhl, die Rheinebene, Freiburg und die Vogesen zu sehen, im Osten das Massiv des Feldbergs, im Süden die Alpen und im Norden der 1241 m hohe Kandel. Da bekommt man Lust, sich die Region genauer anzuschauen.

Attraktionen

A 5 Abfahrt ❶ **Freiburg im Breisgau**. Die im Jahr 1120 gegründete Universitätsstadt wartet mit einer Fülle von Sehenswürdigkeiten auf, die bei einem Bummel durch die **Altstadt** gut zu erreichen sind. Herausragend ist das **Münster Unserer Lieben Frau**, an dem mehr als drei Jh. gebaut wurde. Beachtenswert: der 116 m hohe gotische **Hauptturm**, von dem man einen schönen Ausblick hat; das romanische **Querschiff**; die **Hahnentürme** (13. Jh.); das gotische **Langhaus** (um 1320) sowie die **Glocke »Hosanna«** (1258) im Glockenturm. Im Innern sind zu bewundern: bedeutende **Skulpturen** in der **Vorhalle**; Glasfenster; die Kanzel (1561), der spätgotische **Chor** sowie der **Hochaltar** (1512 bis 1516). Weitere Baudenkmäler der Stadt säumen den **Münsterplatz**: Kaufhaus (1530), **Haus zum Ritter** (1756), das **Haus zum schönen Eck** (18. Jh.). Eine wertvolle Sammlung oberrheinischer Kunst ist in den Kloster- und Kirchenräumen des **Augustinermuseums** ausgestellt.

Freizeit und Kultur

Südlich von Freiburg liegt **Günterstal**, wo eine **Seilbahn** den Besucher zu dem in 1284 m Höhe gelegenen ❷ **Schauinsland-Gipfel** bringt. Vom **Aussichtsturm** hat man einen grandiosen Rundblick.

B 31, B 317 ❸ **Titisee**. Der heilklimatische **Kurort** gehört zu den meistbesuchten Touristenzentren der Region. Wassersportmöglichkeiten bietet der gleichnamige **See**.

Südlich von Titisee erwartet den Besucher mit ❹ **St. Blasien** ein weiterer heilklimatischer Kurort. Wahrzeichen der Stadt ist die ehemalige **Benediktinerabtei** mit einer **Kuppelkirche**, deren **Kuppelrotunde** 72 m hoch ist und einen Durchmesser von über 33 m hat.

Westlich von Freiburg am Rhein und der B 31 ist ❺ **Breisach** gelegen. Im Innern des Wahrzeichens der Stadt, dem **St.-Stephans-Münster** (12. bis 15. Jh.), ist eine Fülle von **Kunstschätzen** zu bewundern, u. a. der **Hochaltar**, ein Hauptwerk deutscher Schnitzkunst und das **Monumentalgemälde** von Martin Schongauer.

Der Hebelpark im Zentrum von Lörrach

A 98 Abfahrt ❻ **Lörrach**. In der im Dreiländereck Deutschland, Frankreich und Schweiz gelegenen Stadt erinnert das **Hebel-Denkmal** an den alemannischen Dichter. Die Stilrichtungen der **Burgruine Rötteln** im Stadtteil Haagen reichen von Romanik bis Gotik.

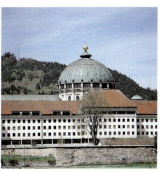
Die Benediktinerabtei St. Blasien

B 34 ❼ **Bad Säckingen**. Ein Besuch des wegen seiner warmen Quellen beliebten Badeortes lohnt schon wegen der über den Rhein führenden gedeckten **Holzbrücke** sowie des **St.-Fridolin-Münsters**.

Spaß für Kinder

Das **Freiburger Tiergehege** hat sich auf vom Aussterben

bedrohte Haus- und Nutztierrassen spezialisiert. Für Kinder gibt es einen Kinderbauernhof. A 5, Abfahrt Freiburg-Mitte, Stadtgut Mundenhof, Tel.: 0761/2016580.

Über die Abfahrt Freiburg-Süd, dann weiter über die B 31 erreicht man das **Mineral-Thermalbad**, An den Heilquellen 4, Tel.: 0761/490590.

Regionale Küche

Der Schwarzwald profitiert von seinem Reichtum an Naturprodukten. Wild, Fisch und Obst beflügelten die Schwarzwälder Köche zu exzellenten kulinarischen Kreationen: Vor allem Schwarzwaldforellen, ob geräuchert, blau oder nach Müllerinnenart, sowie die Schwarzwälder Kirschtorte sind über die Landesgrenzen hinaus zu Berühmtheit gekommen; aber auch die Schwarzwälder Obstwässerle sind nicht zu verachten.

In der **Alten Weinstube zur Traube**, Schusterstr. 17, mundet Rehrücken oder Rebhuhn auf Sauerkraut. Im Gasthof **Zum Roten Bären**, Oberlinden 12, beide in Freiburg, gefällt der Kaiserstühler Stangenspargel und in den Kellergewölben schlummern erlesene Weine.

Rund ums Auto

Verkehrsfunk
SWF III 93,8 MHz

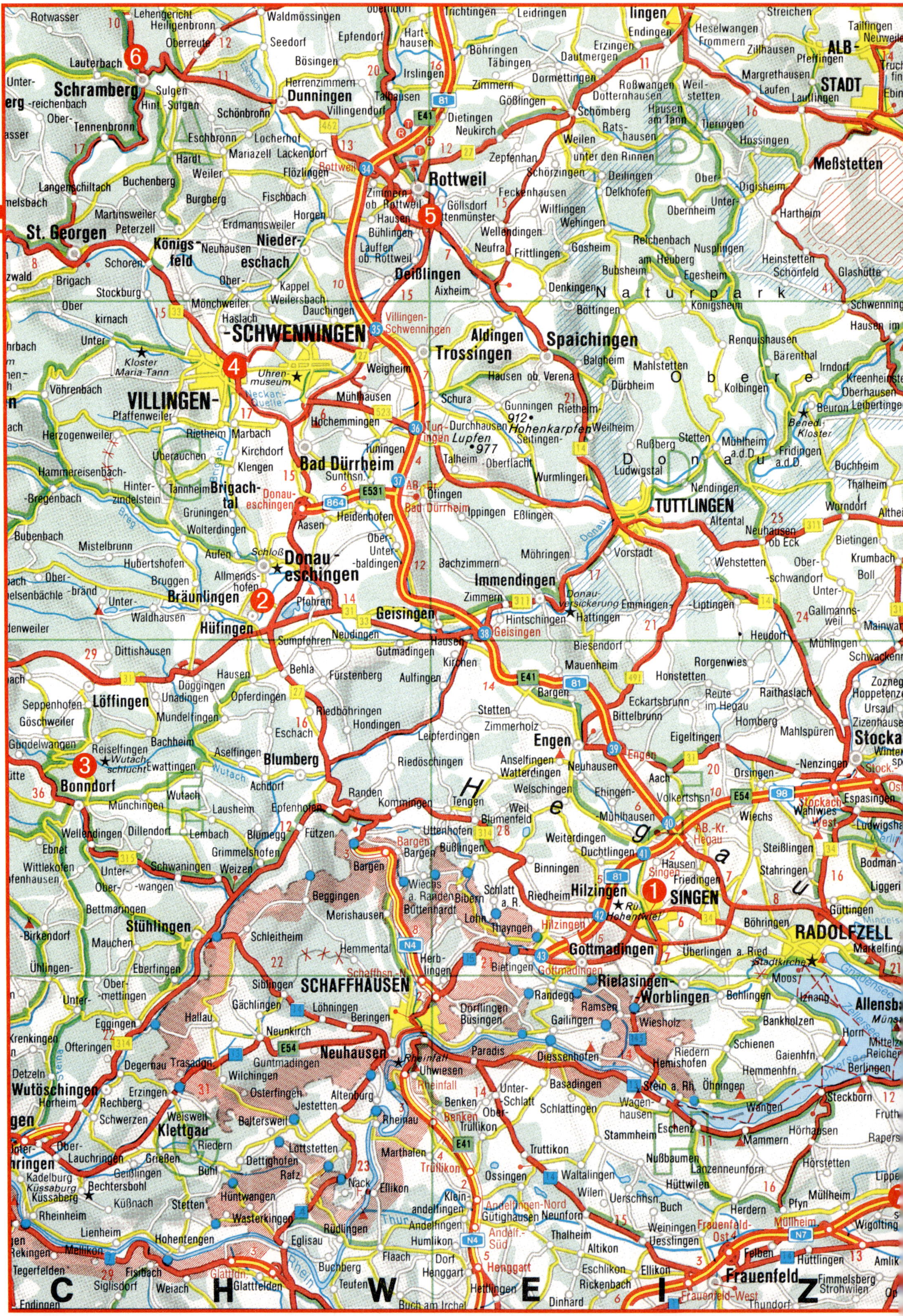

ALB-STADT

Schramberg
Dunningen
Rottweil
St. Georgen
Königsfeld
Niedereschach
Deißlingen
Meßstetten
SCHWENNINGEN
VILLINGEN-
Trossingen
Aldingen
Spaichingen
Naturpark
Bad Dürrheim
Hohenkarpfen
TUTTLINGEN
Donaueschingen
Bräunlingen
Hüfingen
Geisingen
Immendingen
Löffingen
Blumberg
Bonndorf
Engen
Stühlingen
STOCKACH
Hilzingen
SINGEN
RADOLFZELL
Gottmadingen
Rielasingen-Worblingen
SCHAFFHAUSEN
Neuhausen
Rheinfall
Klettgau
Wutöschingen
Allensbach
Frauenfeld

① ② ③ ④ ⑤ ⑥

SCHWEIZ

Stein- und Bronzezeit, Nibelungenlied und Wutachtalbahn

Wie während der Stein- und Bronzezeit im Hegau gelebt wurde, kann der Besucher des Hegau-Museums nachvollziehen. Sagenumwoben ist das Nibelungenlied, dessen Handschrift in der Hofbibliothek von Donaueschingen aufbewahrt wird. Eine besondere Attraktion ist eine Fahrt mit der Wutachtalbahn, die sich über Viadukte hinweg durch atemberaubende Landschaft windet.

Marktbrunnen in Rottweil

Attraktionen

A 81 Abfahrt ❶ **Singen**, das Wirtschaftszentrum des Hegaus. Wichtige **Funde aus der Stein- und Bronzezeit** wurden hier gemacht. Über sie und das Leben der frühesten Bewohner des Hegaus informiert auf lebendige Weise das **Hegau-Museum**. Das im **Schloss** beherbergte Museum zeigt auch eine **Mineraliensammlung** und eine **Schmetterlingssammlung**. Der 668 m hohe **Hohentwiel** ist der bekannteste Berg des Hegaus, auf dem eine **Burgruine** aus dem 10. Jh. zu besichtigen ist.

Holzverarbeitung im Schwarzwald

Von hier aus lohnt sich ein Abstecher nach dem in der Schweiz gelegenen **Schaffhausen** mit dem beeindruckenden **Rheinfall**.

Freizeit und Kultur

B 27 ❷ **Donaueschingen**. Der vielbesuchte Ferienort liegt am Zusammenfluss von Brigach und Breg. Bestimmend für das Stadtbild ist das 1772 gegründete und im 19. Jh. umgebaute **Schloss**. Eine bedeutende **Gemäldegalerie** mit Werken der schwäbischen und fränkischen Schule des 15. und 16. Jh. ist im **Karlsbau** zu besichtigen. Unter den zahlreichen Handschriften in der barocken **Hofbibliothek** wird auch die Handschrift C des **Nibelungenliedes** aufbewahrt. Einen anmutig gegliederten Barockbau stellt die **Pfarrkirche St. Johann** dar, in der eine geschnitzte **Madonnenfigur** zu besichtigen ist.

Südwestlich von Donaueschingen ist die ❸ **Wutachschlucht** zu finden. Nicht nur die eindrucksvolle **Schlucht** ist einen Ausflug hierher wert, sondern auch die Museumsbahn **Wutachtalbahn**, die durch die atemberaubende Landschaft schnauft.

A 81 Abfahrt ❹ **Villingen-Schwennigen** (ausführliche Informationen s. Seite 219).

Donaueschingen

A 81 Abfahrt ❺ **Rottweil**. Zu den beachtenswerten Kirchenbauten der Stadt zählen: der **Kapellenturm** mit der angebauten **Kapellenkirche**, das **Heiligkreuzmünster** (14. und 15. Jh.), die **Predigerkirche** (13. Jh., im 18. Jh. umgebaut) sowie die **Lorenzkapelle** (um 1580). Sehenswert ist der viergeschossige **Marktbrunnen** mit 16 **allegorischen Figuren**. Über den Stadtgraben hinweg führt die **Hochbrücke** mit der **Nepomukstatue**. An Museen sind einen Besuch wert: das **Dominikanermuseum**, das **Stadtmuseum** und das **Salinenmuseum**.

B 462 ❻ **Schramberg**. Die Stadt wird von den drei Burgruinen **Falkenstein** (1030), **Schiltek** (um 1200) und **Hohenschramberg** (1457) überragt. Die **Falkensteiner Kapelle** ist der Begräbnisort der Grafen von Bissingen. Im Innern ist eine bedeutende holzgeschnitzte **Beweinungsgruppe** (15. Jh.) zu sehen.

Spaß für Kinder

Ein kleiner Abstecher in die Schweiz führt ins ❼ **Conny-Land** in Lipperswil. Nur wenige Kilometer südlich vom Bodenseeufer entfaltet sich hier ein Freizeitpark, der Kindern viel Spaß machen wird. Mit Delfinarium, Papageien-Zirkus, Ponyreiten, Schwebe-, Luftseil- und Wildwasserbahn. Ab Mitte März bis Oktober täglich geöffnet, im Ort ausgeschildert, Tel.: 0041/52/7627271.

Regionale Küche

Die Nähe Frankreichs ist ein weiterer Grund für den kulinarischen Facettenreichtum dieser Gegend. Viele badische Gerichte sind von französischer Raffinesse angehaucht, teilweise sogar aus dem Elsaß importiert. Ein Beispiel dafür ist der »Bäckeoffe«, ein würziger Eintopf, bei dem mehrere in Wein marinierte Fleischsorten, Zwiebeln, Kartoffeln und Gewürze im Backofen gegart werden.

Der **Engel**, Schützenstr. 2 in Vöhrenbach, bietet solche Kostproben der badischen Küche wie Sauerampferauflauf mit dem berühmten Schwarzwälder Schinken. Im Hotelrestaurant **Ochsenstube**, Bürkstr. 59 in Villingen-Schwenningen, kann sich der Gourmet zarten Rehrücken mit Steinpilzen auf Madeirasauce auf der Zunge zergehen lassen.

223

Geislingen an der Steige

Marienkirche in Reutlingen

Das Schloss in Bad Urach

Wasserburg am Bodensee

Der Neckar bei Tübingen

Die Schwäbische Alb bis zum Bodensee

Natur und Kultur sind in diesem Landstrich mit seinem heiteren südlichen Charakter gleichermaßen zu Hause. Die Natur entfaltet sich in ihrer schönsten, üppigen, blühenden Pracht auf der idyllischen Insel Mainau und schuf auf diese Weise eine Renaissance des Paradieses. Für die Kultur stehen zuerst die Klöster St. Gallen, Reichenau und Hirsau, die richtungsweisend für den abendländischen Kirchenbau waren. Von ihnen, aber auch von den Fürstenhöfen und Städten, gingen die Impulse aus, die hier ein Himmelreich des schwäbischen Barocks und des Rokokos schufen.

Heidenheim an der Brenz

Insel Mainau

Das Donauufer in Ulm

Malerisches Schloss Kirchberg

225

Gechingen Darmsheim Dagersheim **LEINFELDEN-** Denkendorf Hochdorf Albers- **Uhingen**
Deutingen Böblingen **ECHTERDINGEN** Kloster hausen
Dachtel Aidlingen Hub Ehningen **FILDER-** Esslingen **Köngen** **WERNAU** Roßwälden Sparwiesen
Deckenpfronn Ehningen **BÖBLINGEN** Steinen- **STADT** Bern- **Wendlingen** Notzingen Bez
Gärtringen Schönaich brunn Stetten hausen **Neuhausen** Unter- **KIRCHHEIM** Hattenhofen
Gärtringen Holzgerlingen Waldenbuch Bonlanden Wolf- ensingen **unter Teck** Ohmden Zell
Nufringen Rohrau Altdorf Breitenstein Harthausen schlugen Kirchheim Jesingen Holzmaden Bad
Oberjesingen Kuppingen **Weil im Schönbuch** Aich Zizishausen West Reudern Aichelberg
HERRENBERG Schaichhof Neuen- tal Grötzingen (Teck)-Ost Nabern
Stiftskirche **Naturpark** haus Neckarhausen Dettingen Weilheim
Gäu- Herrenberg Mönchberg Aich Neckartailfingen u. Teck **a.d. Teck**
Nebringen Gültstein Kayh **Schönbuch** Schlaitdorf Altdorf Bissingen Hepsisau Neidlingen
felden Altingen Breitenholz Dettenhausen **Neckar-** Altenriet a.d. Teck
Oschelbronn Reusten Bebenhausen Haslach tenzlingen Großbettlingen Tischardt Linsenhofen
AMMERBUCH Eh. Kloster Bempflingen Grafenberg **Lenningen** Ruine Reußenstein
Hailfingen Poltringen Hagelloch Pfrondorf Walddorf Riederich Kohlberg Beuren Guten- Schopfloch
Bondorf Oberndorf Unterjesingen Rübgarten Mittel- Erkenbrechts- berg
Wendelsheim Kapelle Kirchentellinsfurt Sicken- stadt weiler Schlatt-
TÜBINGEN **Kusterdingen** hausen **Neuffen** Grabenstetten stall
Wurmlingen Hirschau Wannweil- Degerschlacht **Dettingen** Hülben Strohweiler Donnstetten
ROTTENBURG Weilheim Jettenburg Neuhausen **Bad** Böhringen
Dom Bühl Mähringen Rommelsbach a.d. Erms **Urach** Römerstein
Bad Niedernau Kiebingen Stockach Ohmen- **REUTLINGEN** Glems Sirchingen Wittlingen
Bieringen Dußlingen hausen St. Johann Uracher Seeburg Trailfingen
Neustetten Schwalldorf Bronnweiler Eningen Wasserfall Upfingen Hengen Zainingen
Wolfenhausen Dettingen **Gomaringen** Hinterweiler **unter Achalm** Bleichstetten Losingen Rietheim
Remmings- Nehren **Pfullingen** Würtingen Buchhalde Münsingen
Eckenweiler heim Nellingsheim Frommenhausen Hemmendorf Gönningen Unterhausen Ohnastetten Holzelfingen Gächingen 866 Dottingen Auingen Böttingen
Wachendorf Hirrlingen Bad Nebelhöhle Honau **Lichtenstein** Steingebronn
Höfendorf Sebastianswlr. Öschingen Genkingen Traifelberg Kohlstetten Gomadingen
Hart Bodelshausen **Mössingen** Schl. **Engstingen** Marbach Apfelstetten Oberheutal
Rangendingen Talheim Willmandingen Lichtenstein Groß- Mehrstetten
Hechingen Stetten Salmendingen Melchingen **Sonnenbühl** Bären- Engstingen Dapfen Unterheutal Sonder-
Weilheim Schlatt Kapelle **Erpfingen** höhle Haid- Klein- Bernloch Ödenwaldstetten Wasser- Tiefenhül
Grosselfingen Beuren kapelle Haid stetten Suttenhausen
Öwingen Boll Jungingen Ringingen Hohenstein Eglingen Bremelau
Burg Hörschwag Meidelstetten Hundersingen
Bisingen Hohenzollern Killer Hausen Oberstetten Ehestetten Gundelfingen Dürrenstetten
Ostdorf Zimmern 911 Starzeln **Trochtel-** Maßhalderbuch Munzdorf Granhe
Engstlatt Reich- Berg **fingen** Steinhilben Indelhausen
BALINGEN Onstmettingen **Burladingen** Hausen 849 Aichelau Anhausen
Heselwangen Streichen Augsberg Pfron- Hayingen Erbstetten
Frommern **ALB-** Mägerkingen stetten Wimsener Ober- Unter-
Zillhausen Tailfingen Neuweiler Gauselfingen Höhle Wilzingen Lau
Margrethausen Pfeffingen Hermannsdorf Wilsingen Tigerfeld Gauingen Sonderbuch Rechtenstein
STADT Truchtelfingen Bitz Bronnen Huldstetten Geisingen Münster Zwiefalten Ober-
Laufen Lautlingen Freudenweiler Feldhausen Kettenacker Hochberg Kloster-
Weilstetten Ebingen Neufra **Gammertingen** Dürrenwald- Mörsingen Zwiefaltendorf kirche
Tieringen Harthausen stetten Reutlingendo
Hossingen a.d. Scher Hettingen Upflamör Daugen Diete
Ober- Meßstetten Straßberg **Winterlingen** Veringenstadt Inneringen Uttenhausen Zell Bechingen Unlingen Göffingen Offingen
Oberhausen Hartheim Benzingen Veringendorf Friedingen Mörsingen **Riedlingen**
Reichenbach Kaiseringen Emerfeld Pflummern Grüningen Neufra Hailtingen
am Heuberg Stetten Frohnstetten Blätt- Billafingen Andelfingen Heudorf Betzenweiler
Nüsplingen Heinstetten **am kalten Markt** ringen Hornstein Langenenslingen a. Bussen Dürmentingen Allesh
Egesheim Schönfeld Ober- Bingen Heiligkreuztal Waldhausen Erisdorf
Mahlstetten Renquishausen Hausen im Tal schmeien Hitzkofen Binzwangen Moosburg
Königsheim Bärenthal Irndorf Thiergarten Unter- **Sigmaringen** Heudorf Beuren Ertingen Kanzach
Kolbingen Obere Inzigkofen Beuren Herbertingen Marbach Tissen
Gutenstein Vilsingen Laiz Schloß **Donau** Scheer Blochingen Moosheim Federse
Mühlheim Beuron Leibertingen Langenhart Sigmaringendorf Braunenweiler dursau Ka
a.d.D Bened.- Kreenheinstetten Ennetach Mietingen
Kloster Friedingen Oberhausen Engelswies Beizkofen **Mengen** Hohentengen Eichen Fulgenstadt Bondorf
Stetten a.d. Donau Buchheim Rohrdorf Wildpark Krauchenwies Rulfingen Ölkofen 7 **SAULGAU** Bierster
Nendingen Thalheim Menningen Göggingen Rosna Friedberg Lamperts- Renhards
Altental Heudorf Ringgenbach Ettisweiler Levers- Völlkofen Wolfartsweiler weiler Boos Hochberg
Neuhausen **Meßkirch** Hausen weiler Bolstern
Bietingen Andelsbach Zell Einhart Wilflersweiler

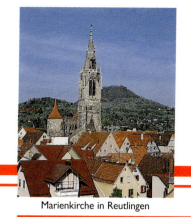
Marienkirche in Reutlingen

Hohe Kunst des Denkens, tiefer Fall des Wassers

Bereits seit 1477 ist Tübingen Universitätsstadt und hat als solche zahlreiche wichtige Denker und Dichter hervorgebracht. Ein beliebtes Ausflugsziel sind die Wasserfälle nahe Bad Urach. Hier laden Bäder und Saunen zu einem erholsamen Nachmittag ein. Rottenburg und Reutlingen warten mit schönen Bauwerken auf. Einen spannenden Ausflug verspricht die Nebelhöhle bei Lichtenstein.

Attraktionen

B 27, B 28 und B 297 ❶ **Tübingen**. Mit der Gründung der **Universität** im Jahr 1477 entwickelte sich die Stadt zu einem geistigen Zentrum Deutschlands. Melanchton lehrte hier, berühmte Köpfe wie Hauff, Hegel, Kepler, Kerner, Mörike, Schelling, Uhland und Wieland studierten hier. 36 Jahre lang lebte der geisteskranke Hölderlin im sog. **Hölderlinturm**, wo eine ständige Ausstellung an den Dichter erinnert. Ein typisches Bild der Stadt sind die **Stocherkähne**, mit denen Studenten und Touristen auf dem Neckar auf und ab fahren. Vom über der **Altstadt** gelegenen **Schloss Hohentübingen** (16. Jh.) mit einem beachtenswerten **Renaissanceportal** im Stil eines römischen Triumphbogens hat der Besucher einen schönen Blick. Weiterhin sehenswert: **Stiftskirche St. Georg** mit geschnitzten **Holzbänken**, einem reich verzierten **Chorgestühl** und einem wertvollen **Altar**; **Rathaus** am – von Fachwerkhäusern umsäumten – **Marktplatz** mit **Gerechtigkeitsbildern** des Malers Jakob Züberlin im **Empfangssaal**; das **Evangelische Stift**, ursprünglich ein Augustinerkloster.

Freizeit und Kultur

Südwestlich von Tübingen erreicht man ❷ **Rottenburg**. Die wichtigsten Sehenswürdigkeiten der Stadt sind die **Stifts-** kirche **St. Moritz** und der **Dom St. Martin**.

B 28 und B 312 ❸ **Reutlingen**. Herausragendes Bauwerk der Stadt ist die **Marienkirche** mit einem 73 m hohen **Turm**, die im spätromanischen Stil begonnen und im gotischen vollendet wurde. Beachtenswert im Innenraum sind der **Taufstein** sowie das **Heilige Grab** (schwäbische Bildhauerarbeiten). Das **Standbild Kaiser Maximilians II.** ziert den **Marktbrunnen** (1570). Von der mittelalterlichen Stadtbefestigung ist noch das **Tübinger Tor** erhalten. Der **Gerber- und Färberbrunnen** erinnert an die wichtigsten Zünfte der Stadt. Wegen der guten Aussicht ist ein Ausflug zur 707 m hohen **Achalm** empfehlenswert.

Das Schloss in Bad Urach

B 28 ❹ **Bad Urach**. Ein beliebtes Ziel für Wanderungen sind die nahe der Stadt gelegenen **Wasserfälle**. Beachtenswert ist in der Stadt das **Renaissanceschloss** (15. Jh.), in dem das **Historische Museum** und das **Württembergische Landesmuseum Stuttgart** untergebracht sind. Die **malerische Stadt** mit ihren modernen **Kuranlagen** lädt zu einem gemütlichen Bummel ein.

In der Nähe von ❺ **Lichtenstein** (B 312) lohnen das **Schloss** (1840 bis 1841) und die von hier zu Fuß erreichbare **Nebelhöhle**, die schönste Schauhöhle der Alb.

Der Neckar bei Tübingen

Fremdenverkehrsverbände

Touristikgemeinschaft Schäbische Alb
72574 Bad Urach
Marktplatz 1
Tel.: 07125/948106
Fremdenverkehrsamt Tübingen
72072 Tübingen
An der Neckarbrücke
Tel.: 07071/91360
Fremdenverkehrsamt Reutlingen
72764 Reutlingen
Listplatz 1
Tel.: 07121/3032622
Landratsamt Sigmaringen
72488 Sigmaringen
Leopoldstr. 4
Tel.: 07571/102415

Spaß für Kinder

Zwischen Reutlingen und Sigmaringen nahe der B 313 liegt die Ortschaft **Sonnenbühl**. Hier liegt das ❻ **Traumland auf der Bärenhöhle**: eine wunderschöne Tropfsteinhöhle mit traumhaften Gebilden und einem angeschlossenen Märchenpark. Ab April täglich geöffnet, Tel.: 07128/2158.

Regionale Küche

Die Laugenbrezel ist zwar inzwischen in ganz Deutschland verbreitet, am besten schmeckt sie aber immer noch in ihrem Stammland, wo man sie gern mit Butter bestrichen genießt. Die schwäbischen Maultaschen werden oft zu abenteuerlichen Rezepturen verarbeitet, wobei die einfachen Zubereitungsformen die besten sind: »In der Brüh«, in einer kräftigen Fleischbrühe serviert, »geschmälzt«, in Butter mit Zwiebeln gebräunt, oder »geröstet«, in Streifen geschnitten und mit Ei angebraten.

In der gemütlichen Kachelofenstube im **Mayerhöfle**, Haaggasse 8 in Tübingen, kehren Studenten, Professoren und Einheimische gern zu einem Viertele Wein und Zwiebelkuchen ein. In Zwiefalten auf der Alb bietet der Gasthof **Post**, Hauptstraße 44, fangfrische Forellen und das dortige Klosterbräu.

227

Rund ums Auto

Verkehrsfunk
SWF III 94,3 MHz

Eislingen · Salach · Süßen · Donzdorf · Messelhof · Treffelhausen · Schnittlingen · Böhmenkirch · Steinenkirch · Steinheim · Gnannenweiler · Schnaitheim · Fleinheim · Dischingen · Trugenhofen · Nattheim · Heidenheim a. d. Brenz · Oggenhausen · Zöschingen · Staufen · Ballmertshofen · Dattenhausen · Mödingen

Geislingen a. d. Steige · Kuchen · Gussenstadt · Eybach · Waldhausen · Heuchstetten · Küpfendorf · Mergelstetten · Syrgenstein · Ballhausen · Zwiertheim · Giengen a. d. Br. · Burgberg · Hohenmemmingen · Hürben · Charlottenhöhle · Bergenweiler · Lauingen · Gundelfingen

Deggingen · Überkingen · Türkheim · Amstetten · Urspring · Oppingen · Neuhaus · Stubersheim · Hofstett-Emerbuch · Altheim · Mehrstetten · Hausen ob Lontal · Stetten ob Lontal · Sontheim · Brenz · Medlingen · Bächingen

Merklingen · Machtolsheim · Treffensbuch · Berghülen · Bühlenhausen · Suppingen · Wennenden · Scharenstetten · Temmenhausen · Tomerdingen · Vorder-Denkental · Hörvelsingen · Bernstadt · Beimerstetten · Albeck · Langenau · Göttingen · Ober-Elchingen · Unter-Elchingen · Riedheim · Günzburg · Leipheim · Bubesheim · Burgau

Blaubeuren · Seißen · Weiler · Sonderbuch · Blaustein · Arnegg · Herrlingen · Klingenstein · Ehrenstein · Dornstadt · Bollingen · Asch · Mähringen · Jungingen · Lehr · Ulm · Pfuhl · Neu-Ulm · Nersingen · Steinheim · Bühl · Günzburg · Limbach · Burgau

Erbach · Donaustetten · Unterweiler · Ermingen · Eggingen · Söflingen · Grimmelfingen · Gögglingen · Wiblingen · Reutti · Ludwigsfeld · Pfaffenhofen a. d. R. · Holzschwang · Biberberg · Waldstetten · Ichenhausen

Öpfingen · Ringingen · Einsingen · Bach · Oberdischingen · Dellmensingen · Humlangen · Staig · Weinstetten · Steinberg · Illerberg · Vöhringen · Senden · Weißenhorn · Grafertshofen · Schießen · Biberach · Roggenburg · Bleichen

Laupheim · Baustetten · Orsenhausen · Sießen i. Wald · Illertissen · Betlins · Au · Tiefenbach · Obenhausen · Nordholz · Breitenthal · Krumbach

Schemmer · Ingerkingen · Schemmerberg · Mietingen · Baltringen · Schwendi · Dietenheim · Unter-Balzheim · Ober-Balzheim · Dattenhausen · Bebenhausen · Haupeltshofen

Biberach a. d. Riß · Mittelbiberach · Ringschnait · Ochsenhausen · Laubach · Bechtenrot · Kirchdorf · Bonlanden · Fellheim · Boos · Niederrieden · Erkheim

Rindenmoos · Fischbach · Mittelbuch · Eichbühl · Eichenberg · Oberstetten · Berkheim · Heimertingen · Schlegelsberg · Stetten

Memmingen · Memmingerberg · Buxheim · Ungerhausen · Sontheim · Attenhausen · Mussenhausen

Blautopf, Flugversuch und Ausgrabungen: in und um Ulm herum

Geislingen an der Steige

Kreisrund ist der Blautopf, der bei Blaubeuren sekündlich Unmengen von Wasser ausschüttet. Vergeblich war der Versuch in Ulm, die Donau im Flug zu überqueren. Mehrere tausend Jahre alt sind die Geräte, die bei Heidenheim gefunden wurden. Prachtvoll präsentieren sich die Giebelhäuser, die den Marktplatz von Biberach a. d. Riß säumen. Die Region um Ulm hält viele Attraktionen bereit.

Attraktionen

B 28 und B 492 ❶ **Blaubeuren**. Mit zwei Attraktionen wartet diese hübsche Stadt auf: Die **Kirche** des im Jahr 1085 gegründeten ehemaligen Benediktinerklosters beherbergt einen spätgotischen **Hochaltar** und als weitere Kostbarkeit ein prachtvolles **Chorgestühl**. Die Klosteranlage liegt direkt am sagenumwobenen **Blautopf**. Der wegen seines oft unwirklich blau scheinenden Wassers so benannte **Quellsee** schüttet über 2000 Liter Wasser pro Sekunde aus. Im Jahr 1985 entdeckte ein Forscher eine riesige **Tropfsteinhöhle**, die teils über, teils unter dem Wasser liegt. Im **Blautopf-Haus** kann sich der Besucher einen **Film** zu dem spannenden Tauchgang anschauen. Die gut erhaltene **Altstadt** Blaubeurens schmücken alte Bürgerhäuser, Handwerkerstätten und schöne Fachwerkhäuser.

Freizeit und Kultur

A 7, A 8 Abfahrt ❷ **Ulm**. Als Ausgangspunkt für die beliebten Erholungsgebiete Oberschwaben, Allgäu und Schwäbische Alb spielt die Stadt für den Tourismus eine wichtige Rolle. Mit dem höchsten **Kirchturm** der Welt (161 m) präsentiert sich das **Ulmer Münster**. Zu der prachtvollen **Innenausstattung** gehören: **Glasmalereien** im **Chor**, **Bessererkapelle**, **Sakramentshaus**, **Chorge-**

stühl sowie die **Kanzel**. Im Innern des beachtenswerten **Rathauses** sind **Wandmalereien** (1540), **Wappen der Ulmer Handelspartner** sowie die **astronomische Uhr** aus dem Jahr 1520 zu bewundern. Am Donauufer trifft der Besucher auf die **Adlerbastei**, Ausgangspunkt für den Versuch von Albrecht Ludwig Berblinger, dem **»Schneider von Ulm«**, über den Fluss zu fliegen.

B 10 ❸ **Geislingen a. d. Steige** (Informationen s. Seite 191).

Heidenheim an der Brenz

A 7 Abfahrt ❹ **Heidenheim**. Bei Grabungen am Schlossberg wurden tausende von Geräten aus der Würmeiszeit gefunden, Zeugnisse früher menschlicher Tätigkeit und Besiedlung. Das **Museum Schloss Hellenstein** zeigt **Sammlungen zur Vor- und Frühgeschichte**, **Sakralkunst** und **Volkskunde**. Das **Landesmuseum für Kutschen, Chaisen und Karren** im ehemaligen **Fruchtkasten** des **Schlosses** ist ebenso empfehlenswert wie die einmal jährlich gezeigte größte **Picasso-Plakatsammlung** im **Kunstmuseum - Galerie der Stadt**.

B 312, B 465 ❺ **Biberach a. d. Riß**. An die Zeit, zu der die

Das Donauufer in Ulm

Stadt Freie Reichsstadt war, erinnert der **Marktplatz** mit prachtvollen **Giebelhäusern**.

B 312 ❻ **Ochsenhausen**. Ein Ausflug hierher lohnt wegen des 1100 gegründeten **Benediktinerklosters**.

Fremdenverkehrsverbände

Touristikgemeinschaft Schwäbische Alb
72574 Bad Urach
Marktplatz 1
Tel.: 07125/948106
Verkehrsamt Ulm
Tel.: 0731/1612830
Verkehrsverein für den Landkreis Günzburg
89312 Günzburg
An der Kapuzinermauer 1
Tel.: 08221/95235
Landratsamt Unterallgäu
87713 Mindelheim
Postfach 1362
Tel.: 08261/9950

Spaß für Kinder

Von ❼ **Amstetten** aus, zu erreichen über die B 10 nördlich von Ulm, fährt eine **Schmalspur-**

eisenbahn durch die Schwäbische Alb. Die nostalgische Fahrt mit der historischen Dampflokomotive lässt das Herz aller Eisenbahnfreunde höher schlagen. Termine telefonisch erfragen unter Tel.: 07302/6306. Saison ab April.

In **Ulm** lohnt ein Besuch im **Aquarium**, Wielandstr. 80. Ab April Di–So, 10–17 Uhr. Die übrigen Öffnungszeiten telefonisch erfragen, Tel.: 0731/1616742.

Regionale Küche

Im Stauferland und auf der rauen Alb zwischen Blaubeuren und Heidenheim zieht es die Menschen am Sonntag zu einer zünftigen Wanderung ins Freie. Anschließend wird in einer der zahlreichen »Vesperwirtschaften« eingekehrt, wo einfache und gute Spezialitäten wie Hausmacher Grieben- und Schinkenwurst, Tellersülze mit Kesselfleisch und Bauernbrot sowie Schwäbischer Wurstsalat, pikant mit reichlich Zwiebeln und Essig angemacht, auf der Speisekarte stehen. Dazu trinkt man gern ein »Viertele« Trollinger oder einen Apfel- oder Birnenmost (»Moschd«).

Das Gasthaus **Lamm** in Schlat, Eschenbacher Str. 1, bietet solide schwäbische Küche mit Wild aus eigener Jagd. Außerdem empfehlenswert: Der **Ochse** in Blaubeuren, Marktstr. 4.

229

Rund ums Auto

Verkehrsfunk
BR III 99,5 MHz

Thalheim Altheim Meßkirch Göggingen Rosna Vollkofen Friedberg Wollarts-weiler Reitnards-weiler Bau Schussen
Worndorf Heudorf Ringgenbach Bittelschieß Ettisweiler Hausen a. Andelsbach Einhart Wangen Bolstern Wilferts-weiler Lampertswlr. Hochberg Hopferbach Watt

Neuhausen ob Eck Bietingen Schnerkingen Glashütte Zell a. Andelsbach Levertswlr. Magenbuch Jettkofen Taferts weiler Heratskirch Hüttenreute Boms Otterswang Oberweiler Laimbach Haslach

Ober-schwandorf Unter- Krumbach Boll Reute Walberts weiler Sauldorf Otterswang Wald Spöck Laubhach Königseggwald Kreenried Blönried Zollenreute Rügetswlr. Münchenreute Bad

Mainwangen Rast Rothenlachen Gaisweiler Kalkreute Ostrach Hoßkirch Eichstegen Steinen-bach Altshausen Mendel-beuren Stuben Reut

Ochsen-beuren Wald- beuren Judentenberg Unterwaldhsn. Guggenhausen Riedhausen Ebersbach Oberweiler Aulendorf

Pfullendorf Aftholderberg Denkingen Neubronn Ruschweiler Fleischwangen Schreckensee Vorsee Wolpertswende Mochenwange

Mühlspüren **Stockach** Mahlspüren i. T. Herdwangen-Schönach Großschönach Rickertsreute Illmensee Wilhelmsdorf Esenhausen Fronhofen Baienbach Blitzenreute Sulpach

Oberndorf Schwende Hattenweiler Wintersulgen Illwangen Zußdorf Dankertsweiler Fronreute Weiler Staig

Winterspüren Espasingen Bonndorf Owingen Frickingen Heiligenberg Homberg Ringgenweiler Ettishofen Sonntagen Schmalegg Baient

Wahlwies West Ludwigshafen Nesselwangen Sipplingen Lippertsreute Beuren Deggenhausen Horgenzell Gossetsweiler Hübscher **Weingarten** Berg Baienf

Steißlingen Stahringen Bodman Hödingen Bambergen Rickenbach **Salem** Altenbeuren Wittenhofen Kappel Wolketsweiler Oberweiler Oberzell **RAVENSBU**

Güttingen Langenrain Münster Überlinger Nußdorf Deisendorf Untersiggingen Roggenbeuren Urnau Fuchstobel Bavendorf Weißenau Hinzistobel Schlier

Radolfzell Markelfingen Kaltbrunn Wallhausen Mimmenhausen Neufrach Harresweiler Eggartskirch Oberweiler Oberhofen Eschach Grünkra Wal

Moos Iznang Dettingen Dingelsdorf Pfahlbauten Unter **Uhldingen** Daisendorf Ahausen **Markdorf** Hepbach Ober-teuringen Appenweiler Fildennos Kamr Rosenhar

Allensbach Hegne Litzelstetten Insel Mainau Altes u. Neues Schloß Baitenhausen Riedheim Leimbach Ettenkirch Liebenau

Bankholzen Münster Mittelzell Woll-matingen Altes u. Neues Schloß Ittendorf Klufterm Raderach Ailingen Bröchenzell **Meckenbeuren** Reute

Gaienhofen Berlingen Wollmatingen **Meersburg** Stetten Kippen-bach Schnetzenhausen Berg Gerbertshs. Kehlen Siggenweiler Obereisenb Tettnang

Steckborn Ermatingen Münster Petershausen Hagnau Fischbach Manzell **FRIEDRICHSHAFEN** Pfingstweid Wolfzennen Tannau

Mammern Hörhausen Fruthwilen Tägerwilen **KONSTANZ** Immenstaad Zeppelinmuseum Eriskirch Oberdorf Mariabrunn Laimnau Ne

Raperswilen **Kreuzlingen** Scherzingen Langenargen Turna Bernrie

Lipperswil Engwilen Neuwilen Oberhofen Altnau Güttingen Schl. Montfort Nonnenhorn Wasserburg Schachen **Lindau**

Müllheim Alterswilen Zuben Langrickenbach Kesswil Uttwil Hoyren

Wigoltingen Märstetten Hugelshofen Birwinken Sommeri Dozwil **Romanshorn**

Weinfelden Berg Egnach **Bodensee** Rohrspit **Lindau**

Hüttlingen Amlikon Bürglen Erlen **Amriswil** Frasnacht **Arbon** Steinach Horn Rheinspitz BR

Fimmelsberg Strohwilen Bussnang Sulgen Zihlschlacht Muolen Neukirch Stachen Steinach **Rorschach** Rheineck Rheineck **Har**

Thundorf Oppikon Märwil Mettlen Roggwil Berg Tübach Goldach Buriet Thal Höchst Läu

Wängi Tobel Braunau Wuppenau Bischofszell Lömmenschwil Gottshaus Hörchental Mörschwil Untereggen Wolfhalden Walzenhsn. Margre

Matzingen Lommis Neukirch Waldkirch Bernhardzell Weid Grub St. Margrethen Au

Mönchwilen **Wil** Zuzwil Niederbüren Niederwil **Wittenbach** Eggersriet Rehetobel **Lustena**

Eschlikon Sirnach Schwarzenbach Uzwil Arnegg Gaiserwald St. Fiden St. Gallen-Neudorf Speicher Trogen Berneck

Balterswil Dussnang Littenheid Nieder- Uzwil Gossau **ST. GALLEN** Kathedrale Bendlehn Rebstein **Widnau**

Kirchberg Jonschwil Ober- Bazenheid Oberrindal **Flawil** Oberdorf St. Gallen-Winkeln Bruggen Leufen Balgach **Altstätten** Diepoldsau

Gähwil Lütisburg Kloster Wolfertswil **Gossau** Ruppen Gäbris 1251 Bühler Gais Marbach Widnau

Mühlrüti Mosnang Bütschwil Degersheim Mogelsberg **Herisau** Büler Hundwil Schlatt Eichberg Kriessern

Hulftegg 953 Dietfurt Schwellbrunn Waldstatt Gonten Gontenbad Montlingen Mäder

Steg Libingen Krinau Lichtensteig Dicken Furt Schönengrund Gonten **Appenzell** Steinegg Eggerstanden **Oberriet** Kobelwald Korbach **Götzis**

Oberholz Kreuzeck 1314 **Wattwil** Hemberg Bächli Urnäsch Schwende Rüte Brülisau Moos Dürne Hoh

Ulisbach Kronberg 1663 Hoher Kasten 1795 Wasserauen Lienz Meiningen Sulz Zwische

Schwäbisches Meer und Blumenmeer: Der Bodensee

Der »Schwäbisches Meer« genannte Bodensee ist eine Attraktion für sich. Die Städte und Orte rund um den und auf dem See bieten eine außergewöhnliche Fülle von Sehenswürdigkeiten, ob es das Blumenmeer auf der Insel Mainau, das Münster in Konstanz, die Pfahldörfer in Unteruhldingen, das Alte Schloss in Meersburg, das Zeppelinmuseum in Friedrichshafen oder die Inselstadt Lindau ist.

Wasserburg am Bodensee

Attraktionen

Der **Bodensee** mit seiner lieblichen Landschaft und seinem südländischen Flair ist begehrtes Reiseziel nicht nur für Segler und Wassersportler.

B 33 ❶ **Radolfzell**: In diesem Kneipp- und Heilsportkurort lohnt ein Halt, um die von der mittelalterlichen Stadtbefestigung erhaltenen Türme **Pulver-, Höll-** und **Schützentorturm** sowie das **Liebfrauenmünster** (15. Jh.) mit dem **Drei-Hausherren-Altar** (1750) zu besichtigen.

B 33 ❷ **Konstanz**: Herausragendes Bauwerk der Stadt ist das ursprünglich romanische **Münster**, an welchem im Laufe der Zeit deutliche Veränderungen im gotischen und barocken Stil vorgenommen wurden. Eine Besichtigung der wertvollen **Innenausstattung** sollte ebenso wenig versäumt werden wie der Besuch des **Rosgartenmuseums**. In dem ehemaligen Zunfthaus sind **Sammlungen zur Kunst und Kultur der Region** zu besichtigen. In Konstanz legen die Schiffe der »**Weißen Flotte Bodensee**« ab.

Zu einer der Hauptattraktionen der Region zählt die Blumeninsel ❸ **Mainau**, auf der sich einer der schönsten **Schlossparks** der Welt mit zigtausenden von Blumen erstreckt. Das die Insel dominierende Gebäude ist die barocke **Schlossanlage** mit der **Schlosskirche St. Marien**, in der beachtenswerte Plastiken und Fresken zu sehen sind.

Eine weitere besondere Attraktion ist in ❹ **Uhldingen-Mühlhofen** zu bewundern. Im Ortsteil Unteruhldingen sind im **Freilichtmuseum Deutscher Vorzeit** zwei **Pfahldörfer** aus der Stein- und Bronzezeit errichtet.

B 31 ❺ **Meersburg.** Die verwinkelten Gassen des reizvollen Städtchens sind von prächtigen **Fachwerkensembles** geprägt. Über der Stadt thront das **Alte Schloss**, dessen ältester Teil, der **Dagobertsturm**, aus dem 11. Jh. stammt. In der Stadt befindet sich das **Neue Schloss** mit einem beachtenswerten **Treppenhaus**.

Insel Mainau

B 31 ❻ **Lindau**. Einen Rundgang über den **Inselteil** der Stadt mit seiner schönen **Seepromenade** sollte man sich nicht entgehen lassen.

Freizeit und Kultur

B 30, B32 und B 33 ❼ **Ravensburg**. Um die vielen **Türme** und **Tore** der Stadt zu erkunden, bietet sich ein Rundgang entlang der **Stadtmauer** an. Besonders schön ist der **Marienplatz** und seine Umgebung.

B 30 ❽ **Weingarten**. Ein Ausflug hierher lohnt vor allem wegen der **Basilika** (1715 bis 1724), der größten Barockkirche Deutschlands.

Malerisches Schloss Kirchberg

**Fremdenverkehrs-
verbände**

**Interessengemeinschaft
Untersee**
78315 Radolfzell
Marktplatz 2
Tel.: 07732/3800
**Tourismusverband
Bodensee-Oberschwaben**
78462 Konstanz
Schützenstr. 8
Tel.: 07531/90940
**Touristinformation
Konstanz**
78462 Konstanz
Fischmarkt 2
Tel.: 07531/133030
**Fremdenverkehrsamt
Friedrichshafen**
88045 Friedrichshafen
Bahnhofsplatz 2
Tel.: 07541/30010

Spaß für Kinder

Im Juli 1900 startete das erste Luftschiff und leitete damit den Bau von über 100 »Zeppelinen« ein. Im ❾ **Zeppelin-Museum Friedrichshafen** kann man sich die »fliegenden Zigarren« ganz aus der Nähe ansehen. Friedrichshafen liegt direkt am Bodensee an der B 31. Adenauerplatz 1, Tel.: 07541/42923.

Regionale Küche

Ob in Baden, Schwaben, Bayern oder in der Schweiz: An den Seeufern des größten deutschen Binnengewässers dreht sich in der Küche alles rund um den Fisch. Die Bodenseefelche steht am häufigsten auf der Speisekarte. Schon weitaus seltener sind Gerichte mit den ebenfalls im Bodensee vorkommenden Fischen Zander, Wels, Aal und Hecht. Ideale Bedingungen bietet das milde Klima für den Obst- und Gemüseanbau. Das Obst findet sich vor allem in Form von Obstbränden auf den Speisekarten wieder.

Das Gasthaus **Zum Bären**, Marktplatz 11 in Meersburg, bietet Fischspezialitäten und Schwäbisches, ebenso die **Krone** in Kressbronn, Hauptstr. 41.

Rund ums Auto

Verkehrsfunk
SWF III 97,1 MHz

231

Das Bayertor in Landsberg am Lech

Fürstenfeldbruck an der Amper

Augsburg – Fuggerei

Augsburg – Renaissance-Rathaus

Die Bavaria in München

München und das Alpenvorland

Schon im späten Mittelalter war Augsburg eines der bedeutendsten Handelszentren Mitteleuropas. Die Handelshäuser der Fugger und Welser dominierten die Stadt. München, die bayerische Landeshauptstadt, ist eine quirlige Weltstadt voller Kontraste: Auf der einen Seite fast ländlicher Charme mit dem Viktualienmarkt, gemütlichen Bierlokalen, Brezel, Weißwurst und Leberkäs, auf der anderen Seite schicke Kunstgalerien, weit über die Stadtgrenzen bekannte Edelrestaurants und eine florierende Wirtschaft. Hier haben die meisten Museen ihre Heimat, darunter das Deutsche Museum, das größte technisch-historische Museum der Welt mit einem empfohlenen Rundgang von nicht weniger als 16 km.

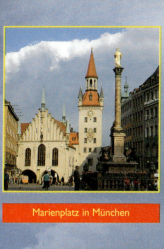
Marienplatz in München

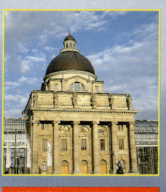
Neue Staatskanzlei München

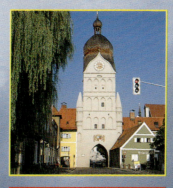
Das Landshuter Tor in Erding

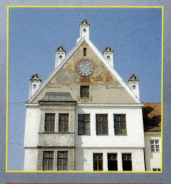
Freisinger Markthaus

AUGSBURG

Dillingen · **Wertingen** · **Meitingen** · **Langweid** · **Gersthofen** · **Neusäß** · **Friedberg** · **Stadtbergen** · **Diedorf** · **Dinkelscherben** · **Zusmarshausen** · **Bobingen** · **Königsbrunn** · **Mering** · **Schwabmünchen** · **Fürstenfeld** · **Schrobenhausen** · **Pöttmes** · **Aichach** · **Altomünster** · **Türkheim** · **Buchloe** · **Bad Wörishofen** · **Kaufering** · **Landsberg** · **Seefeld** · **Herrsching a.A** · **Gilchir** · **Maisa** · **Emmerin**

Donaumünster, Tapfheim, Erlingshofen, Asbach-Bäumenheim, Eggelstetten, Gempfing, Illdorf, Dezenacker, Stengelheim, Grasheim, Ober-grasheim

Schwennenbach, Wolpertstetten, Schwenningen, Mertingen, Oberndorf, Unter-Peiching, Bayerdilling, Eßling, Holzkirchen, Hollenbach, Ambach, Dinkelshausen, Ober-arnbach

Ober-glauheim, Unter-glauheim, Druisheim, Münster, Ober-Sulz, Pessenburg-heim, Wächtering, Etting, Ludwigsmoos, Berg i. Gau, Klingsmoos

Mörslingen, Blindheim, Sonderheim, Pfaffenhofen, Lauterbach, Allmannshofen, Ehingen, Buttenwiesen, Wortelstetten, Nordendorf, Waltershofen, Ostendorf, Wiesenbach, Immendorf, Osterzhausen, Handzell, Walda, Malzhausen, Langen-mosen, Unter-Nl

Höchstädt, Steinheim, Unter-Thürheim, Hohenreichen, Frauenstetten, Westendorf, Hirschbach, Baar, Hemerten, Ellgau, Thierhaupten, Bach, Wilprechts-zell, Schönau, Gundelsdorf, Ingstetten, Schörn, Grimolz-hausen, Winkelhsn., Königsl

Dillingen, Kicklingen, Roggden, Geratshofen, Bliensbach, Prettels-hofen, Herberts-hofen, Pichl, Todtenweis, Schönleiten, Alsmoos, Sainbach, Inchenhofen, Paar, Gachenbach, weilenbach, Steingriff, Mühl

Fristingen, Binswangen, Gottmannshofen, Langenreichen, **Meitingen**, Markt, Laugna, Rieblingen, Sand, Aindling, Petersdorf, Stotzard, Mainbach, Kirche, Motzenhofen, Peutenhausen, Autenzell, Rettenbach, Ober-bernbach, Hörzhausen

Holzheim, Eppisburg, Zusamaltheim, Riedsend, Sontheim, Osterbuch, Eisen-brechtshofen, Feigenhofen, Rehling, St. Stephan, Gaulzhofen, Hollenbach, Ober-bernbach, Igenhausen, Rapperzell, Schiltberg, Ruppe

Asbach, Biberbach, **Langweid**, Achsheim, Lützelburg, Stettenhofen, Schloß Scherneck, Affing, Obergriesbach, **Aichach**, Ober-Wittelsbach, Burgplatz, Allenberg, Asbach

Villenbach, Hegnenbach, Bocksberg, Affaltern, Lauterbrunn, Anwalting, Haunswies, Edenried, Bergen, Zahling, Sulzbach, Griesbecker-Zell, Klingen, Unter-mauerbach, Ober-, Aufhausen, Rand-

Naturpark, Baiers-hofen, Hennhofen, Zusamzell, Altenmünster, Pfarrkirche Welden, Heretsried, Gablingen, Batzenhofen, Hirblingen, Mühlhausen, **Gersthofen**, Augsburg-Ost, Bergen, Ob-schneitbach, Taiting, Gallenbach, Sielenbach, Blumenthal, Thalhausen, **Altomünster**

Unterschöneberg, Reutern, Bonstetten, Rettenbergen, Adelsried, **Augsburg-Zusmarshausen**, Adelsried, E52, Aystetten, Augsburg-West, Derching, Dasing, Laimering, Kiemertshsn., Adelzhsn., Ober-, Langengern, Unter-

Neumünster, Wörleschwang, Streitheim, Auerbach, Ottmarshausen, Tafert-ingen, Stätzling, Dasing, Rieden, Heretshsn., Hohenzell, Irschenhofen, Basilk

Vallried, Zusmarshausen, Bieselbach, Horgau, Hainhofen, **Neusäß** Kriegshaber, Lechhausen, Wulferts-hausen, Wessiszell, Tödtenried, Ober-, Unter-, Klo

Gäblingbach, Steinekirch, Lindach, Rommelsried, Biburg, Agawang Willishsn., Steppach, **Stadtbergen**, Pfersee, Hochzoll, **Friedberg**, Harthausen, Rinnenthal, Burgadelz-hsn., Eurasburg, Sittenbach, **⑤**, Ober-

Fleinhausen, Hader, Kutzenhausen, Deubach, Anhausen, **Diedorf**, Leitershofen, Siebenbrunn, Rederzhsn., Ottmaring, Rohrbach, Unterumbach, Odelzhausen, Wiedenzhausen, Taxa

Anried, **Dinkelscherben**, Mödishofen, Wellenburg, Gessertshausen, Bergheim, **Göggingen**, **AUGSBURG**, Haunstetten, Neukissing, Bachern, Eismannsberg, Pfaffenhofen, Freinried, Sul

Ehertsried, Ustersbach, Reitenbuch, Kloster-K., Margertshausen, Sahraecker, Inningen, **Kissing**, Holzmannsberg, Ried, Weitenried, Ebertshausen, Egenhofen, Wenigmünchen, **Sulzemoos**

Oberschöneberg, Schellenbach, Fischach, Döpshofen, Straßberg, Kirche, **Bobingen**, Baierberg, Mering, Merching, Baindlkirch, Unter-schweinbach, Aufkirchen Rottbach, Maisa

Habertsweiler, Langenneufnach, Reinhartshausen, Siegertshofen, Waldberg, Wehringen, **Königsbrunn** Neuhaus, **Mering**, Steinach, Althegnenberg, Mittelstetten, Ober-, Überacker

Memmenhausen, Mickhausen, Münster, Birkach, Klimmach, Groß-, Kleinaitingen, Unterbergen, Brunnen, Hochdorf, Vogach, Germerswang, Maisa

Obergessertshausen, Haselbach, Grimoldsried, Konradshofen, Mittelstetten, Ober-ottmarshausen, Hofhegnenberg, Hörbach, Mammendorf, Malching, Gernlin

Wälder Reichertshofen, Weiler, Könghausen, Scherstetten, Schwabegg, Graben, Groß-affingen, Gutshof Lechfeld, Schmiechen, Steindorf, Luttenwang, Pfaffenhofen, Aich, Puch, **Emmerin**

Immelstetten, Mittelneufnach, Oberrothenbach, Traunried, Hiltenfingen, Lager Lechfeld, Prittriching, Eresried, Steinbach, Gruntsh., Adelshofen, **⑥** **FÜRSTENFELD**

Eppishausen, Mörgen, Anhofen, Langerringen, Schwabstädl, Wabern, Dünzelbach, Jesenwang, Moorenweis, Kloster, Landsberied

Markt Wald, Schnerzhofen, Siebnach, Westerringen, Ober-, Schwabmühlhausen, Beuerbach, Hausen, Brandenberg, Schöngeising, **Gilchir**, Bibu

Zaisertshofen, Ostettringen, Schwabaich, Weil, Geltendorf, Schwabhausen, Türkenfeld, Mauern, Wildenroth, Unteralting, Holz-hausen, Neugilch

Mattsies, Berg, Ettringen, Lamerdingen, Groß-kitzighofen, Unter-Igling, Penzing, Schöffelding, Eresing, Greifenb., Kloster, Beuern, Etterschlag, Inning, Walchstadt, Weßling

Tussenhausen, Unter-Rammingen, Amberg, **Türkheim**, Dillishausen, L.a.L. Nord, L.a.L. Ost, Windach, Schöffelding, Unter-Schöndorf a.A., **Seefeld**, Steinebach, Hochsta

Bad Wörishofen, Bad Wiedergeltingen, **Buchloe**, Honsolgen, Spotting, Schwifting, Hechenwang, Utting, Breitbrunn, Hechendorf, Wörthsee, Hochsta

Mindelau, Kirchdorf, Irsingen, Lindenberg, Jengen, Kaufbeuren, Friedheim, **⑦** **Landsberg**, Rathaus, Schloß Pöring, Pürgen, Unter-Finning, Holzhausen, Herrsch, Seebach

Mindelheim Ober-, Mindelau, Dorschhausen, Altensteig, Stockheim, Weinhausen, Gammenried, Schlingen, Jengen, Erpfting, Pitzling, Umstetten, Entraching, Andechs, Widdersberg, Frieding, Perchting, **Herrsching a.A**

Helchenried, Lauchdorf, Großried, Rieden, Lengenfeld, Unter-dießen, Stoffen, Ellighofen, Hagenmühlhausen, Windach, Dornstetten, Waalhaupten, Ketterschwang, Unter-Ostendorf, Thaining, Issing, Lechmühlen, Vilgertshofen, Dettenhofen, St. Alban, Riederau, Aschering, Pöc

Das Bayertor in Landsberg am Lech

Das Tor zum Allgäu: Augsburg, Stadt der Biere

Vom Augsburger Perlachturm sind bei klarer Sicht die steil aufragenden Gipfel der höchsten Berge der Allgäuer Alpen zu sehen. Die verkehrsgünstig an der A 8 und B 300 liegende alte Reichsstadt mit ihrer berühmten Fuggerei sowie die nähere Umgebung laden zu einem ausgedehnten Besuch ein. Zu erleben und zu sehen gibt es mehr als genug – und gegen den Durst hilft ein süffiges Bier.

Attraktionen

A 8 ❶ **Augsburg**: Während der Fuggerzeit (Ende des 15. Jh. bis zum 30-jährigen Krieg) war das über 2000 Jahre alte Augsburg als Reichsstadt politischer, wirtschaftlicher und kultureller Mittelpunkt des Reiches. Unbedingt sehenswert sind: die **Fuggerei** (kleine Stadt für sich mit 106 Wohnungen in 53 Häusern); das **Rathaus** aus der Zeit der Renaissance mit dem wiederhergestellten prachtvollen **Goldenen Saal**; das **Schaezlerpalais**, in dem die **Deutsche Barockgalerie** und die **Altdeutsche Galerie** mit Werken von Holbein d. Ä., Apt, Schaffner und Dürer untergebracht sind sowie die kleine evangelische Kirche **St. Ulrich und Afra**. Im Innern des **Doms** mit der **romanischen Basilika** und dem **gotischen Chor** wurden alte **Wandmalereien** freigelegt,

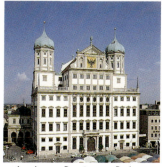

Augsburg – Renaissance-Rathaus

beachtenswert ist auch die aus den Resten zweier Türen zusammengefügte **Bronzetür**. Einen herrlichen Rundblick hat man vom **Perlachturm**. Im **Römischen Museum** erinnern Figuren, **Grabdenkmäler** und ein **Meilenstein** an die römische Vergangenheit Augsburgs.

Freizeit und Kultur

B 300 ❷ **Aichach**, ein Städtchen urbayerischer Gemütlichkeit. Im Waldgebiet **Grubet** östlich der Stadt befinden sich etwa 3500 trichterförmige Vertiefungen, die zu den ältesten **Erzgruben** Deutschlands zählen (Keltenzeit).

Fürstenfeldbruck an der Amper

B 300 ❸ **Schrobenhausen**. Die Stadt mit **mittelalterlichem Ortskern** und erhaltener **Befestigungsanlage** ist Mittelpunkt eines **Spargelanbaugebietes**. Ein genüssliches Spargelessen in einem der gemütlichen Lokale lohnt ebenso wie der Besuch des **Europäischen Spargelmuseums**.

B 300 ❹ **Oberwittelsbach**. Die gotische **Kirche** (14 Jh.) erinnert an die Stammburg der Wittelsbacher, welche bis 1208 hier stand.

Südöstlich von Aichach liegt ❺ **Altomünster**, wo Deutschlands einziges **Birgittinnenkloster** mit einer sehr schönen **Rokokokirche** zu finden ist.

B 2 und B 471 ❻ **Fürstenfeldbruck**. Ein Halt lohnt sich hier wegen der **Fresken** und **Stuckarbeiten** sowie der **Figuren** von Ludwig dem Strengen und Ludwig dem Bayern in der **Kirche Mariä Himmelfahrt**.

Rund ums Auto

Verkehrsfunk
BR III 99,5 MHz

A 96 Abfahrt ❼ **Landsberg**. Die Stadt am Lech war einst die stärkste Festung Bayerns. Herausragende Sehenswürdigkeiten sind hier: das **Rathaus**, die **Stadtpfarrkirche**, die **Johaniskirche** sowie die **Malteserkirche**. Eines der schönsten spätgotischen Tore im Süden Deutschlands ist das **Bayertor**.

Fremdenverkehrsverbände

Tourismusverband Allgäu/Bayerisch-Schwaben
86150 Augsburg
Fuggerstr. 9
Tel.: 0821/33335

Verkehrsverein Augsburg
86150 Augsburg
Bahnhofstr. 7
Tel.: 0821/502070

Landratsamt Unterallgäu
87713 Mindelheim
Postfach 1362
Tel.: 08261/9950

Fremdenverkehrsverband Ammersee-Lech
86899 Landsberg a. Lech
Von Kühlmann-Str. 15
Tel.: 08191/47177

Spaß für Kinder

Zu den Hauptattraktionen im **Augsburger Zoo** gehören die Zuchtgruppen der Löwen und Geparden in der großen Freianlage sowie die Robbenanlagen. Brehmplatz 1, Tel.: 0821/555031.

Geysire, Wasserschleier und Wasserstrudel bei Unterwassermusik – das Szenario in der ❽ **Königstherme** bei **Königsbrunn** südlich von Augsburg stimmt auf ein tropisches Badeerlebnis ein. Zu erreichen über die B 17, Königsallee 1, Tel.: 08231/96280.

Regionale Küche

In kulinarischer Hinsicht fällt einem bei Augsburg unweigerlich der Datschi – ein köstlicher dick mit Zwetschgen belegter Blechkuchen aus Hefeteig – ein. Auf der Getränkekarte im schwäbischen Teil Bayerns steht Bier ganz oben, aber auch Obstler oder Enzian stehen nach dem Essen hoch im Kurs.

Im **Settele**, Martinistr. 29 in Augsburg, hält die Küche, wofür der schwäbische Name steht. Hier steht Regionales wie Rostbraten mit Kässpätzle auf der Speisekarte. Eine mittelalterliche Attraktion erwartet den Gast in der **Welser Kuche**, Maximilianstr. 83, ebenfalls in Augsburg, wo unter anderem Met aus dem Kuhhorn serviert wird.

235

Reichertshofen
Mainburg
Wolnzach
Pfaffenhofen a.d. Ilm
Landshut
Altdorf
Ergolding
Moosburg
Freising
Neufahrn
Eching
Unterschleißheim
Oberschleißheim
Garching
Ismaning
Dachau
Karlsfeld
Röhrmoos
Hallbergmoos
Erding
Dorfen
Taufkirchen
Unterföhring
Kirchheim b. Mchn.
Poing
Markt Schwaben
Hohenlinden
München
Haar
Vaterstetten
Gräfelfing
Planegg
Neuried
Krailling
Gauting
Pullach
Unterhaching
Ottobrunn
Neubiberg
Zorneding
Kirchseeon
Ebersberg
Grafing
Grünwald
Oberhaching
Hohenbrunn
Höhenkirchen-Siegertsbrunn
Schäftlarn
Sauerlach
Erdinger Moos
Hallertau
Speichersee

Das Landshuter Tor in Erding

Technik, Kultur und gesellige Genüsse in und um München

Aus allen Himmelsrichtungen führen sternförmig die Autobahnen auf die heimliche Hauptstadt zu: A 8, 9, 92, 94, 95, 96. Es empfiehlt sich, die Stadt selbst zu Fuß oder mit öffentlichen Verkehrsmitteln zu erobern. So muss beim Besuch eines der zahlreichen Biergärten auf nichts verzichtet werden. Diese gibt es natürlich auch rings um die Metropole in reizvoller Landschaft.

Attraktionen

Per Flugzeug, mit der Bahn oder mit dem Auto über A 8, 9, 92, 94, 95 und 96 ist ❶ **München** zu erreichen. Die Hauptstadt des Bundeslandes Bayern bietet eine Fülle von Attraktionen und Sehenswürdigkeiten. Zu nennen sind: die **Frauenkirche** (15. Jh.); der **Marienplatz** mit dem **Glockenspiel** des **Rathauses**; die **Jesuitenkirche St. Michael**; das im Rokoko-Stil erbaute **Cuvilliés-Theater**; die **Asamkirche**, ein Beispiel bayerischer Rokokoarchitektur; das im klassizistischen Stil erbaute **Nationaltheater**, die **Residenz**, das **Hofbräuhaus**, der **Hofgarten**. Von den vielen Museen sind einen Besuch besonders wert: das **Museum für Völkerkunde**, das **Bayerisches Nationalmuseum**, die **Glyptothek**, in der Kleinplastiken, Goldschmuck und Glas aus verschiedenen Kulturen zu besichtigen sind. Am Königsplatz liegt das Museum, welches die **Antikensammlung** beherbergt. Nicht zu vergessen: das **BMW-Museum** und Deutschlands größtes Technik-Museum, das **Deutsche Museum**. Eine kuriose Attraktion ist das **Karl-Valentin-Museum**, welches an den eigenwilligen Münchner Komiker erinnert. Zu den wertvollsten Gemäldesammlungen der Welt gehören: **Alte** und **Neue Pinakothek**. Weiterhin einen Besuch wert: das **Haus der Kunst,** die **Schackgalerie** sowie die **Städtische Galerie** im Lenbachhaus. Unbedingt lohnt sich ein Ausflug zum Schloss **Nymphenburg**. Beachtenswert

sind hier: der **Steinerne Saal**, die französische **Gartenanlage** mit den Lustschlössern **Pagodenburg** und dem Rokokobau **Amalienburg**. Südlich des Mittleren Rings bei Giesing liegt der **Tierpark Hellabrunn** mit 5000 Tieren aus 380 Arten. Einen grandiosen Blick über München aus 290 m Höhe bietet dem Besucher der **Fernsehturm** auf dem **Olympiagelände** mit Drehrestaurant. Wegen der interessanten Architektur lohnt ein Bummel über dieses Gelände nicht nur anlässlich sportlicher Ereignisse.

Freizeit und Kultur

A 92 ❷ **Landshut**. Sehenswert ist hier: die **Altstadt** mit der **Stadtpfarrkirche St. Martin**, der Prunksaal im **Rathaus**, die **Stadtresidenz** mit **Stadtmuseum** sowie **Burg Trausnitz** mit einer spätromanischen Kapelle. Einen großartigen Blick auf die Stadt und die Isar hat der Besucher vom **Söller**.

Marienplatz in München

A 92 ❸ **Freising**, älteste Stadt an der Isar. Herausragend sind hier: der **Domberg** sowie der Stadtteil **Weihenstephan** mit

der ältesten Brauerei (1146) der Welt. Gartenanlagen wie **Hof-** und **Oberdieckgarten** und ein **Staudensichtungsgarten** laden zum Verweilen ein.

Freisinger Markthaus

**Fremdenverkehrs-
verbände**

**Fremdenverkehrsverein
Münchner Umland**
85732 Ismaning
Postfach 1411
Tel.: 089/9612427
**Fremdenverkehrsamt der
Landeshauptstadt München**
80331 München
Sendlinger Str. 1
Tel.: 089/2330300
Verkehrsverein Landshut
84028 Landshut
Altstadt 315
Tel.: 0871/922050

Spaß für Kinder

Gleich zwei außergewöhnliche Erlebnisparks locken in und um München: Die **Bavaria Film-Tour** lädt ein in die Welt des Films. Mehrere Originalkulissen bekannter Filme, atemberaubende Stuntvorführungen, ein Casting-Studio. Vom Zentrum

Münchens Richtung Grünwald über die Geiselgasteigstr., Bavariaplatz 7, Tel: 089/6493767.

Östlich von München, über die A 94, Abfahrt Parsdorf geht es zur ❹ **No Name City** in **Poing**. Hier überschlagen sich die Ereignisse: gespielte Banküberfälle, Indianertänze, Westerndarbietungen, Goldwaschanlage etc. Gruberstraße 60a, Tel: 08121/79666.

Regionale Küche

Nicht wegzudenkender Bestandteil der Münchner Küche ist die Brotzeit, welche an keine feste Tageszeit gebunden ist. Zum Brotzeitmachen gehört z. B. der Leberkäs: Er enthält weder Käse noch Leber; vielmehr besteht das gebackene Gemisch aus passiertem Rind- und Schweinefleisch und kann – mit Majoran und Muskat gewürzt – warm wie kalt gegessen werden.

In den **Augustiner Großgaststätten**, Neuhauser Str. 27, wird der Schweinsbraten mehrmals täglich frisch zubereitet; dazu gibt es das süffige Augustiner Bier. Auch in den **Franziskaner-Fuchsenstuben**, Persuastr. 5, beide in München, finden die Fleischgerichte aus der eigenen Metzgerei regen Zuspruch.

237

Rund ums Auto

Verkehrsfunk
BR III 97,3 MHz

Beschauliche Ruhe auf der Alm

Eine Herausforderung für Wanderer

Kaiser-Max-Straße in Kaufbeuren

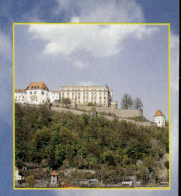
Festung Oberhaus in Passau

Kloster Ettal

Oberbayern, das Allgäu und der Chiemgau

Hohe Berge, tiefe Täler, weiße Gletscher, blaue Seen – malerische Märkte, Märchenschlösser, kühle Wälder, Enzian und Almenrausch. Kein Wunder, dass das oberbayerische Alpen- und Voralpenland zwischen Lech und Inn wie kaum eine andere Region für den Tourismus erschlossen wurde. Schnüren Sie also Wanderschuh oder Bergstiefel und machen Sie sich auf in die Heimat der Herrgottsschnitzer nach Oberammergau, der Geigenbauer nach Mittenwald oder folgen Sie den Spuren des Märchenkönigs Ludwig oder denen des Wildschütz Jennerwein zum Tegernsee.

In den Bayerischen Alpen

Prien am Chiemsee

Blick von der Winkelmoosalm

In den Chiemgauer Bergen

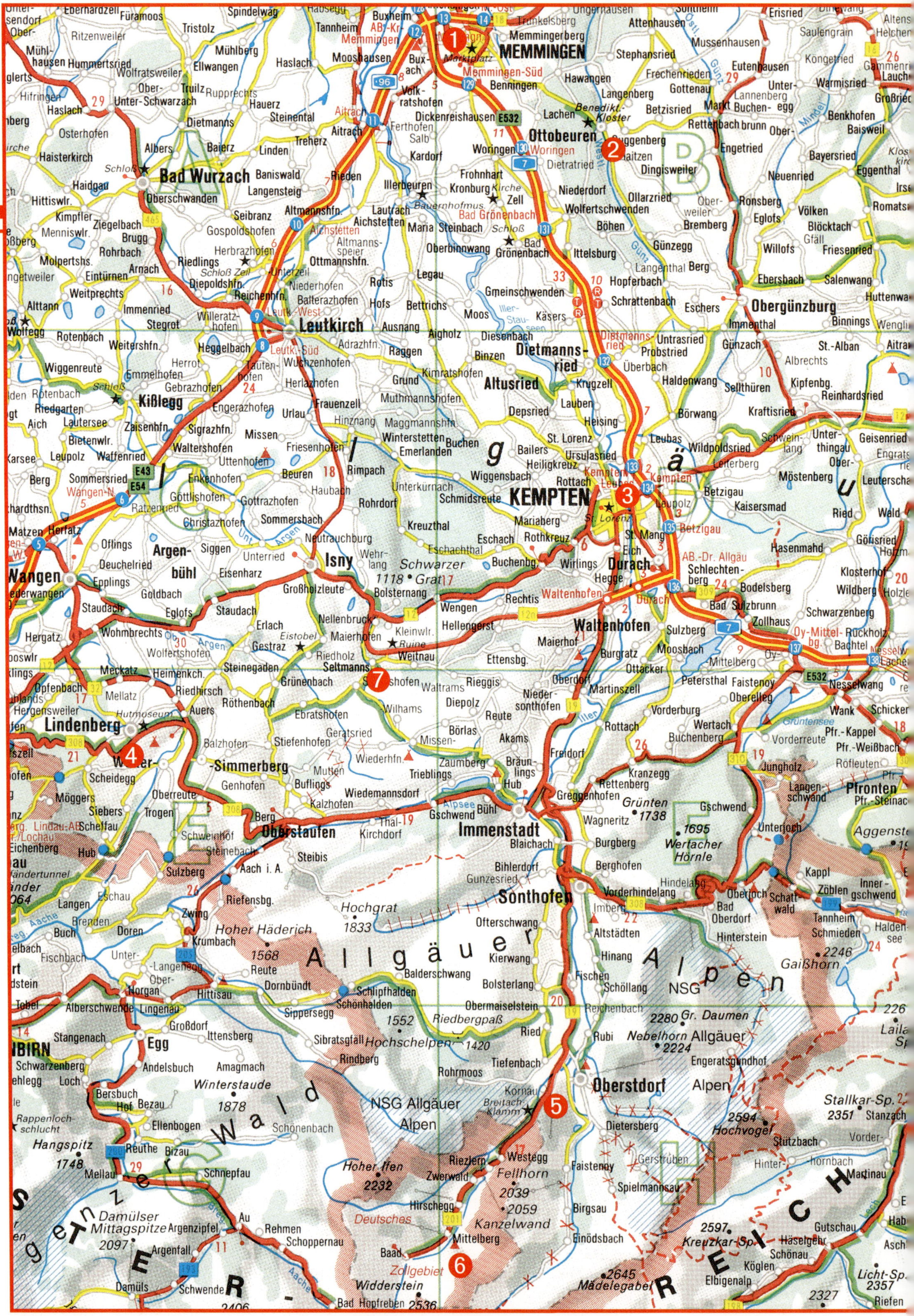

Memmingen
MEMMINGEN
Memmingerberg
Memmingen-Süd
Benningen
Buxheim
Tannheim
Mooshausen
Haslach
Tristolz
Spindelwag
Eberhardzell
Füramoos
Ritzenweiler
Mühlberg
Ellwangen
Hummertsried
Wolfratsweiler
Truilz
Rupprechts
Unter-Schwarzach
Hauerz
Steinental
Aitrach
Ferthofen
Dickenreishausen
E532
Hawangen
Ottobeuren
Benedikt.-Kloster
Woringen
Dietratried
Stephansried
Frechenrieden
Gottenau
Langenberg
Betzisried
Eutenhausen
Lannenberg
Unter-
Buchen-egg
Kongetried
Warmisried
Gammenried
Rettenbach
Engetried
Benkhofen
Baisweil
Bayersried
Eggenthal
Neuenried
Ronsberg
Eglofs
Völken
Blöcktach
Willofs
Friesenried
Ebersbach
Salenwang
Hüttenwang
Obergünzburg
Immenthal
Binnings
Günzach
Albrechts
St.-Alban
Kipfenbg.
Reinhardsried
Kraftisried
Sellthüren
Osterhofen
Haisterkirch
Albers
Baierz
Linden
Treherz
Bad Wurzach
Baniswald
Langensteig
Rieden
Illerbeuren
Frohnhart
Kronburg
Zell
Bauernhofmus.
Niederdorf
Wolfertschwenden
Ollarzried
Dingisweiler
Haidgau
Oberschwanden
Hittiswlr.
Kimpfler
Ziegelbach
Menniswlr.
Brugg
Rohrbach
Seibranz
Gospoldshofen
Altmannshfn.
Lautrach
Aichstetten
Maria Steinbach
Bad Grönenbach
Böhen
Bremberg
Günzegg
Herbrazhofen
Molpertshs.
Arnach
Eintürnen
Riedlings
Schloß Zeil
Diepoldshfn.
Unterzeil
Ottmannshfn.
Oberbinnwang
Ittelsburg
Langenthal
Berg
Weitprechts
Reichenhfn.
Niederhofen
Balterazhofen
Rotis
Legau
Gmeinschwenden
Hopferbach
Schrattenbach
Eschers
Alttann
Immenried
Stegrot
Willeratzhofen
Leutkirch
Leutk.-West
Hofs
Bettrichs
Moos
Käsers
Wolfegg
Rotenbach
Weitershfn.
Heggelbach
Leutk.-Süd
Adrazhfn.
Ausnang
Aigholz
Diesenbach
Dietmannsried
Untrasried
Probstried
Überbach
Haldenwang
Wiggenreute
Herrot
Tautenhofen
Wuchzenhofen
Raggen
Binzen
Emmelhofen
Gebrazhofen
Herlazhofen
Grund
Kimratshofen
Altusried
Krugzell
Kißlegg
Rotenbach
Riedgarten
Lautersee
Engerazhofen
Urlau
Frauenzell
Muthmannshofen
Depsried
Lauben
Heising
Börwang
Aich
Zaisenhfn.
Sigrazhfn.
Bietenwlr.
Waltershofen
Missen
Hinznang
Maggmannshfn.
Winterstetten
Buchen
Emerlanden
St. Lorenz
Leubas
Wildpoldsried
Schweinlang
Unter-thingau
Ober-
Geisenried
Leupolz
Waffenried
Uttenhofen
Friesenhofen
Bailers
Heiligkreuz
Ursulasried
Kempten
Lenzfried
Möstenberg
Berg
Sommersried
E43
E54
Enkenhofen
Beuren
Rimpach
Haubach
Wiggensbach
Rottach
KEMPTEN
Leupolz
Betzigau
Kaisersmad
Wangen-N
Göttlishofen
Gottrazhofen
Rohrdorf
Unterkürnach
Schmidsreute
Hardthsn.
Ratzenried
Christazhofen
Sommersbach
Kreuzthal
Mariaberg
Rothkreuz
St. Mang
Ried
Wald
Matzen
Herfatz
Neutrauchburg
Eschachthal
Eschach
Hasenmahd
Göisried
Oflings
Argenbühl
Siggen
Isny
Wehrlang
Schwarzer Grat
1118
Buchenbg.
Wirlings
Durach
Hegge
AB.-Dr. Allgäu
Schlechtenberg
Klosterhof
Wangen
Deuchelried
Eisenharz
Unterried
Großholzleute
Bolsternang
Bodelsberg
Wildberg
Epplings
Goldbach
Wengen
Rechtis
Waltenhofen
Bad Sulzbrunn
Schwarzenberg
Staudach
Eglofs
Staudach
Nellenbruck
Hellengerst
Zollhaus
Oy-Mittelberg
Rückholz
Bachtel
Hergatz
Wohmbrechts
Wolfertshofen
Argen
Erlach
Gestratz
Eistobel
Maierhofen
Kleinwlr.
Ruine
Weitnau
Maierhof
Waltenhofen
Sulzberg
Moosbach
Burgratz
Ottacker
Mittelberg
Meckatz
Heimenkch.
Steinegaden
Riedholz
Seltmanns
Ettensbg.
Oberdorf
Petersthal
Faistenoy
E532
Nesselwang
Opfenbach
Mellatz
Riedhirsch
Auers
Grünenbach
Waltrams
Rieggis
Martinszell
Vorderburg
Oberellegg
Wank
Schicker
Hergensweiler
Röthenbach
Ebratshofen
Wilhams
Diepolz
Niedersonthofen
Lindenberg
Hutmuseum
Reute
Rottach
Wertach
Buchenberg
Grüntensee
Vorderreute
Pfr.-Kappel
Pfr.-Weißbach
Balzhofen
Stiefenhofen
Geratsried
Missen
Börlas
Akams
Freidorf
Jungholz
Röfleuten
Weiler
Simmerberg
Wiederhfn.
Zaumberg
Bräunlings
Hub
Kranzegg
Rettenberg
Langenschwand
Pfronten
Pfr.-Steinach
Scheidegg
Möggers
Genhofen
Oberreute
Buflings
Trieblings
Greggenhofen
Grünten
1738
Gschwend
Siebers
Trogen
Kalzhofen
Wiedemannsdorf
Alpsee
Bühl
Gschwend
Wagneritz
1695
Wertacher Hörnle
Unterjoch
Aggenstein
Scheffau
Berg
Oberstaufen
Thalkirchdorf
Immenstadt
Blaichach
Burgberg
Schweinhof
Steinebach
Eichenberg
Hub
Sulzberg
Aach i. A.
Steibis
Bihlerdorf
Gunzesried
Berghofen
Kappl
Pfändertunnel
Eschau
Hindelang
Vorderhindelang
Zöblen
Innergschwend
Langen
Riefensbg.
Hochgrat
1833
Sonthofen
Imberg
Oberjoch
Schattwald
Bad Oberdorf
Tannheim
Schmieden
Brenden
Zwing
Ofterschwang
Altstädten
Hinterstein
Haldensee
Buch
Doren
Hoher Häderich
1568
Krumbach
Allgäuer Alpen
Kierwang
2246
Gaißhorn
Fischbach
Unter-
Langenegg
Reute
Balderschwang
Hinang
NSG
Ober-
Bolsterlang
Fischen
Schöllang
Hittisau
Dornbündt
Schlipfhalden
Schönhalden
Obermaiselstein
Reichenbach
2280
Gr. Daumen
Alberschwende
Lingenau
Sippersegg
1552
Riedbergpaß
Stangenach
Großdorf
Ittensberg
Sibratsgfäll
Hochschelpen
1420
Ried
Rubi
Nebelhorn
Allgäuer
2224
Egg
Rindberg
Tiefenbach
Engeratsgundhof
Schwarzenberg
Andelsbuch
Amagmach
Rohrmoos
Oberstdorf
Alpen
Loch
Winterstaude
1878
Bersbuch
Bezau
Hof
NSG Allgäuer Alpen
Breitach-Klamm
Kornau
Stallkar-Sp.
2351
Stanzach
Rappenlochschlucht
Ellenbogen
Schönenbach
Bregenzer Wald
Dietersberg
2594
Hochvogel
Stutzbach
Hangspitz
1748
Reuthe
Bizau
Riezlern
Westegg
Faistenoy
Gerstruben
Hinterhornbach
Martinau
Mellau
Schnepfau
Hoher Ifen
2232
Zwerwald
Fellhorn
2039
Spielmannsau
Hirschegg
2059
Birgsau
Kanzelwand
Gutschau
Damülser Mittagspitze
2097
Argenzipfel
Au
Rehmen
Deutsches Zollgebiet
Mittelberg
Einödsbach
2597
Kreuzkar-Sp.
Häselgehr
Schoppernau
Baad
Schönau
Argenfall
Köglen
Elbigenalp
Lichtspitze
2357
Damüls
Schwende
Widderstein
2645
Mädelegabel
2327
Riefen
Bad Hopfreben
2536
2406
ÖSTERREICH

Allgäu und Allgäuer Alpen: Wandern, Skifahren und der Mau

Die schöne Landschaft des Allgäus und die imposanten Allgäuer Alpen sind sommers wie winters über die A 7 gut zu erreichende Ferienziele. Aber auch eindrucksvolle Baudenkmäler und Sehenswürdigkeiten prägen den Charakter dieser Region. Mit Memmingen ist eine besondere Geschichte verbunden, die mit dem Mond, der hier »Mau« genannt wird, zu tun hat.

Beschauliche Ruhe auf der Alm

Attraktionen

A 7 und A 96 Abfahrt ❶ **Memmingen**. Mit der Stadt ist die **Geschichte vom Mau** verbunden: In einer klaren Vollmondnacht machten sich einige Bürger vom Gasthof Goldener Löwe auf den Heimweg und erspähten im Brunnen den sich dort spiegelnden Mond, der hier »Mau« genannt wird. Um jederzeit über Licht verfügen zu können, bemühten sie sich gemeinsam mit dem Stadtfischer, den Mau

St.-Lorenz-Basilika in Kempten

mit einem Netz aus dem Brunnen zu fischen. Trotz der Hilfe aller herbeieilender Bürger führte der geniale Einfall nicht zum Erfolg. Beachtenswerte Kirchen in der Stadt sind: die spätgotische **St.-Martins-Kirche**, in deren **Chor** ein eindrucksvolles geschnitztes **Gestühl** zu besichtigen ist, die Kirche **Unser Frauen** mit schönen **Wandmalereien** sowie die **St.-Josefs-Kirche** mit einer sehenswerten **Madonnenfigur**. Den **Marktplatz** säumen prächtige Häuser, unter denen das **Rathaus** mit seinem **Erker** und den **Rokokoverzierungen** hervorsticht.

Freizeit und Kultur

Südöstlich von Memmingen liegt ❷ **Ottobeuren**, wo eine der bedeutendsten **Klosteranlagen** Deutschlands auf den Besuch wartet. Die **Klosterkirche** zeigt eine prachtvolle barocke **Innenausstattung**.

A 7 Abfahrt ❸ **Kempten**, Hauptstadt des Allgäus. Auf einem Hügel wurde als erster frühbarocker Kirchenbau im Süden Deutschlands die **Basilika St. Lorenz** errichtet. Neben der wertvollen **Innenausstattung** besticht vor allem der achteckige **Chor** mit einer 42 m hohen **Kuppel**. Bedeutende Sehenswürdigkeit der Stadt ist weiterhin die **Residenz** der Fürstäbte. Der über zwei Stockwerke hohe **Thronsaal** ist innenarchitektonischer Ausdruck absolutistischer Machtfülle. Unter den **prachtvollen Häusern** der

Eine Herausforderung für Wanderer

Stadt ist das **Rathaus** wegen des **Treppengiebels** und des **Zwiebelturms** besonders auffällig. Sehenswert weiterhin: das **Allgäuer Heimatmuseum**, das **Römische Museum** sowie der

Archäologische Park Cambodunum.

B 308 ❹ **Lindenberg**. Seit dem 18. Jh. ist die Stadt wegen der Herstellung von aus Stroh geflochtenen »**Schattenhüten**« bekannt, worüber anschaulich das **Hutmuseum** informiert.

B 19 bei ❺ **Kornau**. Mit einer eindrucksvollen Wanderung entlang tosender Wassermassen lockt die **Breitachklamm**.

B 201 ❻ **Mittelberg**. Dies ist einer der **Wander- und Skiorte** im **Kleinen Walsertal** (Deutsches Zollgebiet), welches sommers wie winters zu sportlichen Aktivitäten einlädt.

Fremdenverkehrsverbände

Landratsamt Unterallgäu
87713 Mindelheim
Postfach 1362
Tel.: 08261/9950
Allgäuer Land vor den Alpen
87435 Kempten
Rathausplatz 24
Tel.: 0831/2525237
Tourismusverband Ostallgäu
87616 Marktoberdorf
Schwabenstr. 11
Tel.: 08342/911313

Spaß für Kinder

Alle berühmten Gebäude der Welt, von Schloss Neuschwanstein bis zur Akropolis von Athen, sind im ❼ **Freizeit- und Miniaturpark Allgäu**

in **Weitnau** maßstabsgetreu im Verhältnis 1:45 nachgebildet und laden zu einer interessanten Weltreise ein. Leicht lassen sich der Dogenpalast aus Venedig, das Weiße Haus in Washington oder die Pyramiden von Gizeh ausmachen. A 7, Abfahrt Waltenhofen, dann über die B 12 nach Weitnau. Zur Eisenschmiede 1–3, Tel.: 08375/1607.

Regionale Küche

Neben ureigenen Spezialitäten finden sich in der Küche der bayerischen Schwaben auch Einflüsse der württembergischen und bayerischen Nachbarn. Sehr beliebt sind die Krautkrapfen: Dabei wird ein ausgerollter Nudelteig wie eine Roulade mit Speck, Kraut sowie Fleischresten gewickelt, bevor die daraus geschnittenen Stücke solange in der Pfanne angebraten werden, bis sich eine Kruste bildet.

Das Restaurant **Haubenschloß**, Haubenschloßstr. 37 in Kempten, bietet regionale Gerichte wie Kraftbrühe mit Leberspätzle oder Allgäuer Kalbsroulade. Der Gasthof **Zum Bauerntanz**, Herrenstr. 10 in Memmingen, weiß seine Gäste mit solchen Leckerbissen wie schwäbischem Brätstrudel zu verwöhnen.

241

Rund ums Auto

Verkehrsfunk
BR III 95,8 MHz

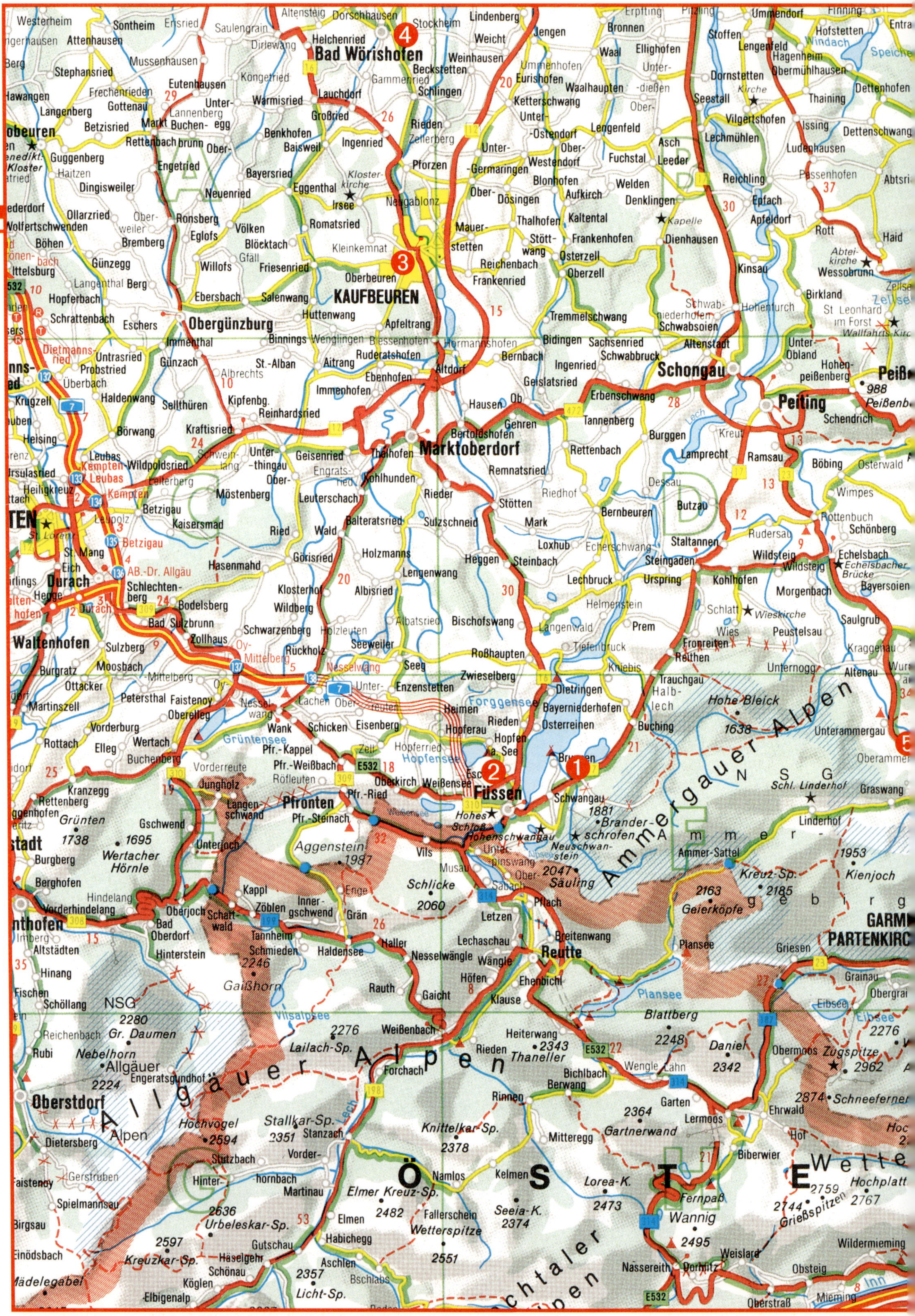

Zuckerbäckerschloss und gesunde Kneippbäder

Schloss Neuschwanstein ist zweifellos Inbegriff von verspielter Verschwendungssucht. Die einmalig schöne Lage und die Anmut der Anlage verzaubern dennoch jeden Besucher. Nicht nur mit weiteren beachtlichen Sehenswürdigkeiten lockt die Region, sondern auch mit den traditionsreichen Kneipp-Bädern. In Bad Wörishofen begann Pfarrer Kneipp mit der Entwicklung seines Naturheilverfahrens.

Füssen

Attraktionen

B 17 ❶ **Schwangau**. Kaum ein Schloss ist so häufig abgebildet worden wie das in der Nähe des Ortes liegende **Schloss Neuschwanstein**. Im Jahre 1869 ließ König Ludwig II. von Bayern mit dem Bau des Schlosses nach mittelalterlichen Vorbildern beginnen. Die Fertigstellung dauerte bis zu seinem Tod im Jahre 1886. Das Schloss liegt malerisch auf einem Felsen hoch über der **Pöllatschlucht**. Von der engen Verbundenheit zwischen Ludwig II. und Wagner zeugen die **Bilder mit Motiven aus Wagneropern**, die in den **verschwenderisch ausgestatteten Räumen** des Schlosses zu sehen sind. Das Schloss kann zu Fuß oder mit einem der bereitstehenden Stellwagen erreicht werden.

Nur einen Fußweg von gut 30 Minuten vom Schloss Neuschwanstein entfernt liegt westlich **Hohenschwangau**, die ehemalige Sommerresidenz des bayerischen Kronprinzen Maximilian.

Freizeit und Kultur

B 16 und B 17 ❷ **Füssen**. Der wichtige Erholungs- und Kurort im Ostallgäu liegt malerisch über dem Lech. Hervorzuhebende Sehenswürdigkeiten der Stadt sind: die **Kirche St. Mang**, in deren **Krypta** ein annähernd 1000 Jahre altes **Fresko** entdeckt wurde; das **Hohe Schloss** mit einer prachtvollen **Kasset-** tendecke im **Rittersaal**; die **Spitalkirche** an der Lechbrücke mit einer schönen **Fassade** sowie das **Kloster** mit **Prunksaal**. Die vielen **Badeseen** rund um die Stadt bieten Möglichkeiten für vielfältige Freizeitaktivitäten, Spazierwege führen zum nahe gelegenen **Moor- und Kneippbad Faulenbach**.

B 12 und B 16 ❸ **Kaufbeuren**. Die herausragende Sehenswürdigkeit der traditionsreichen Stadt ist die **St.-Blasius-Kapelle**. Der meisterhafte **Flügelaltar** wurde 1518 von Jörg Lederer geschaffen. Das Leben des hl. Blasius, Ulrich, Erasmus, Antonius sowie das Martyrium der Apostel zeigen vier **Tafelgruppen** aus dem Jahr 1480. Der **Glassarkophag** mit den sterblichen Überresten der seligen Crescentia Höß ist im **Franziskanerinnen-Kloster** zu sehen. Empfehlenswert ist der Besuch des **Stadtmuseums** mit einer einzigartigen **Kruzifixsammlung** sowie des **Puppentheater-Museums**.

Kaiser-Max-Straße in Kaufbeuren

Nördlich von Kaufbeuren liegt ❹ **Bad Wörishofen**. Durch das Naturheilverfahren des Pfarrers **Sebastian Kneipp** erlangte der Ort einen weltweit bekannten Ruf als Heilbad. Beachtenswert sind hier: das **Kneippmuseum**, die **Klosterkirche** mit einem spätgotischen **Nonnenchor** sowie das **Dominikanerinnenkloster**, wo Kneipp seine Tätigkeit als Priesterarzt begann.

Schloss Neuschwanstein

Spaß für Kinder

Der ❺ **Wellenberg** in Oberammergau, an der B 23 ganz rechts im nebenstehenden Kartenausschnitt zu sehen, liegt inmitten einer schönen Wiesen- und Waldlandschaft und bietet einen wunderschönen Blick auf die Ammergauer Bergwelt. Im Sommer steht ein Freibadbereich zur Verfügung mit einem Wellenbad, einem Warmwasserbecken und einem großen Naturbecken, in dem man nicht nur schwimmen, sondern auch rudern oder paddeln kann. Himmelreich 52, Tel.: 08822/6786.

Regionale Küche

Neben alpenländischen Spezialitäten wie Schweinsbraten mit Kartoffelknödeln oder gebratene Kalbs- oder Schweinshaxe empfiehlt sich der erfrischende Wurstsalat aus in feinen Scheiben geschnittenen Regensburgern (eine fingerdicke Wurstart), Zwiebelringen, Essig und Öl, bevor das Ganze mit Pfeffer bestreut wird.

Im **Burger**, Georg-Fischer-Str. 23 in Marktoberdorf, gefallen neben den handgemachten Kässpätzle und Maultaschen vor allem die Würste und Sülzen aus der hauseigenen Wursterei. Über eine ebensolche verfügt auch der **Gasthof Zum Schwanen**, Brotmarkt 4 in Füssen.

243

Holz-hausen · Widdersberg · Perchting · Söcking · **Starnberg** · Wangen · AB.-Dr. Starnberg · 952 · Baierbrunn · Straßlach · Hohenkirchen-Siegertsbr. · Kastensee · Egmating

Herrsching a.A. · Frieding · Percha · Percha · Schäftlarn · Neu-fahrn · Dingharting · Kreuzpullach · Lanzenhaar · Otterloh · Brunnthal · Faistenhaar · Aying

Landstetten · Maising · Pöcking · Berg · Mörlbach · Icking · Holzkirchen · Oberbiber · **Sauerlach** · Hofolding · Hofoldinger Forst · 33 · Aying · Mü

Kloster · Andechs · Aschering · Traubing · Possenhofen · Bachhausen · Hohenrain · Hornstein · Deining · Aufhofen · Altkirchen · Eichenhausen · Endlhausen · Arget · Attenham · Klein-karolinenfeld · Groß-Helfendorf

Dießen a.A. · Machtlfing · Feldafing · Garats-hausen · Allmanns-hausen · Dorfen · **Wolfrats-hausen** · Egling · Thanning · Fraßhausen · Baiernrain · Wettkam · Wettlkam · E45 · E52 · Kreuzstraße · Aschbach

Kirche · Aidenried · Fischen · Kerschlach · Unterzeis-mering · Amberland · Münsing · Gelting · Ascholding · Schalkofen · Linden · Steingau · Föching · Holz-kirchen · Fellach · Feldkirchen · Valley · Ober-

Raisting · Pähl · Monatshausen · Diemendorf · Haunshofen · Bernried · Holzhausen · Degerndorf · Schwaigwall · Gartenberg · Humbach · Schönegg · Dietenhausen · Lochham · Schmidham · Weyarn · Nam-

Satelliten-funkanl. · Unterstillern · Wielenbach · Wilzhofen · Unternolz Seeseiten · St. Heinrich · Eurasburg · **Geretsried** · Peretshofen · Groß-hartpenning · Osterwarngau · Weyarn · Wattersch · Gol

Weghaus · Unterhausen · 7 · Bauerbach · Schwaigwall · Beuerberg · Herrnhausen · 26 · Osterhofen · Dietramszell · Sufferloh · Lochen · Einhaus · Tahlham

Weilheim · Marnbach · Magnetsried · Seeshaupt · Boschhof · Königsdorf · Hechenberg · Reichers-beuern · Piesenkam · Neumühle · Wall · Wallenbu

Oderding · Polling · Längenlaich · Hohenberg · Eichendorf · Faistenberg · Schwaig · Mooseurach · Unterbuchen · Ellbach · Waakirchen · Dürnbach · Einhaus · Bernloh

Thalacker · Etting · Oberhausen · Eberfing · Neuried · Iffeldorf · Schönrain · Ober-buchen · Oberfischbach · **Bad Tölz** · Greiling · Gaißach · Marien-stein · Kaltenbrunn · Finster-wald · Schwarzenbach · **Gmund a.T.** · Agatharied · Festenbach · 20

erhöfe · Huglfing · Tauting · Unter-söchering · Egenried · Penzberg/Iffeldorf · **Penzberg** · Langau · Unter-Steinbach · Wackersberg · Zwieselberg · Arzbach · Rain · Mühle · **Tegernsee** · Bad Wiessee · St. Quirin · Schwarzenbach · Breitenbach · Rottach-Ege

sleiten · Hechenrain · Eglfing · Ober-söchering · Dürnhausen · Johanns-berg · Sindelsdorf · Bichl · Bad Heilbrunn · 1348 · Schlegldorf · Untermurbach · Steinbach · Steinbach-alm · Abwinkel · Leeberg · Wallberg · Rottach-Ege

Schöffau · Uffing · Rieden · Aidling · Habach · Sindelsdorf · Benediktiner-abtei · Benediktbeuern · Ried · Pessenbach · **Lenggries** · Mühlbach · 1668 · Hirschberg · Scharling · Wallberg · 1722

Staffelsee · Seehausen · Froschhausen · Kleinweil · Großweil · 10 · Murnau/Kochel · Schlehdorf · Kochel · 1801 · Wegscheid · Fleck · 29 · Kreuth

Sprittelsberg · Westried · Hechendorf · Hagen · Schwaiganger · Kochel-see · Benediktenwand · **Mangfa · gebirge** · Wildbad-Kreuth · Steinberg a. Rofan · Oberst

Kohlgrub · Aschau · Schwaigen · Moos · Ohlstadt · Ruine Altjoch · Herzogstand · 1761 · Urfeld · Sachenbach · Jachenau · Hinterbichl · Hohenwiesen · Tannern · Glashütte · Bayerwald · 1926 · Hochnutz · 2075 · Roß-

Grafenaschau · Apfelbichl · **Eschenlohe** · Eschenlohe · Wengwies · Walchensee · Walchensee · Niedernach · Niggeln · Fall · Kaiserwacht · **Achenpaß** · 942 · Achenwald · Kohlstatt · Leiten · Achental · 2196 · Guffert-Sp. · Steinberg

Ettaler Mandl · 1634 · Klosterkirche · Einsiedl · Altlach · Rautbg.-K. · 1413 · Vorderriß · Sylvenstein Stausee · Achenwald · 34 · Achenkirch · Achensee · Scholastika · Hochunutz

Ettal · Oberau · Buchwies · 2086 · Krottenkopf · Isar-Fähre · Schröfeln · NSG · Schafreuter · 2100 · Hinterriß · Demeljoch · Mondschein-Sp. · 2106 · Seeberg-Sp. · 2085 · **Rofángeb.** · Roß

Farchant · Burgrain · **Wank** · 1780 · Gerold · Krün · Barmsee · Soiern-see · Karwendel · gebirge · Pertisau · 2299 · Hochiß

Kreuzeck · 2628 · Schloß Elmau · Graseck · Hoher Kranz-B. · 1391 · Klais · Soiern-Sp. · 2257 · Soiern-Sp. · Karwendel · gebirge · Maurach · As-Münster

Wetterstein-K. · 2483 · Lautersee · **Mittenwald** · Ostl. Karwendel-Sp. · 2537 · Westl. Karwendel-Sp. · 2365 · Birkkar-Sp. · Lalider-Sp. · 2428 · Sonnjoch · 2457 · Engalm · Maurach · Wiesing · Jenbach · Strass · Ache

stein-geb. · Gumpe · Unterkirchen · Löchlau · Reindlau · Scharnitz · 2567 · Pleißen-Sp. · 2749 · 2642 · Praxmarerkar-Sp. · 2725 · Stans · Fiecht · Schwaz · Buch · Schlitt

Leutasch-Kirchplatz · Gasse · Unter-Weidach · Gießenbach · E533 · R E I C H · Kastenalm · Gr. Bettelwurf-Sp. · St. Michael · Mairbach · Umiberg · Gnadenwald · Terfens · Fritzens · **Schwaz** · Prchanger · Kellerjoch · 2344 · Fü

Platzl · Obern · Buchen · Neuleutasch · Mösern · Seefeld · Reither-Sp. · 2373 · Karwendel · Praxmarerkar-Sp. · 2642 · Halltal · Hafelekar-Sp. · 2334 · **Absam** · Baumkirchen · Weer · Kreith · Pill · Hochpillberg

Telfs-Ost · Auland · Reith b.S · Gr. Solstein · 2540 · Pettnau · Arzl · Thaur · Mils · Volders · Kolsass · Weerberg

INNSBRUCK

Geigenbau, Rokoko, Skispringen und ein herzhaftes Andechser Bier

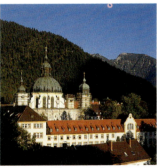

Alpspitze, Zugspitze und Waxenstein

Ob zum Wassersport auf den Seen, ob zum Skifahren auf der Zugspitze, ob zum Miterleben bei sportlichen Ereignissen, ob zum Kennenlernen der Kunst des Geigenbaus, ob zum Besichtigen von wundervollen Baudenkmälern, ob zum Verkosten eines herzhaften Bieres: Für Oberbayern sollte sich der Besucher viel Zeit nehmen, um die vielen Attraktionen der Region genießen zu können.

Attraktionen

Oberbayern wartet hier mit drei landschaftlich äußerst reizvoll gelegenen Seen auf: **Ammersee**, **Starnberger See** und **Tegernsee**. Schöne Straßen führen um die Seen, die von zahlreichen sehenswerten und beschaulichen Ortschaften umsäumt sind. Genannt seien hier: **Herrsching a. A.**, **Dießen a. A.** und **Fischen am Ammersee**; **Starnberg**, **Tutzing**, **Bernried**, **Münsing** und **Berg** am Starnberger See; **Gmund a. T.**, **Tegernsee** und **Rottach-Egern** am Tegernsee.

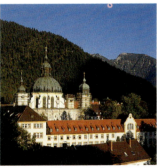

Kloster Ettal

Zwischen Ammersee und Starnberger See lockt bei ❶ **Andechs** mit dem **Kloster Andechs** eine besondere Attraktion. Ein 1388 wiederentdeckter **Reliquienschatz** machte die Klosterkirche **St. Nikolaus und Elisabeth** zu einer der meist besuchten Wallfahrtskirchen in Bayern. Die **Klosteranlage** birgt eine Fülle von Sehenswürdigkeiten, für die sich der Besucher ausreichend Zeit nehmen sollte. Der **Biergarten** lädt zu einer erholsamen Pause ein, in der man das weit über die Grenzen Bayerns bekannte herz-

hafte Bier aus der **Brauerei** des Klosters genießen kann.

Freizeit und Kultur

B 13 ❷ **Bad Tölz**. Den Ruf als Heilbad verdankt die Stadt einer Jodquelle. Die typisch oberbayerische Stadt lädt zu einem gemütlichen Bummel entlang der **Patrizierhäuser** in der Marktstraße, durch winklige Gassen vorbei an alten **Brunnen** ein. Als **Heimatmuseum** mit **Sammlungen von Bauernmöbeln** dient das alte, buntbemalte **Rathaus**. Sehenswert sind weiterhin die **Leonardskirche** (1718 bis 1722) und die **Franziskanerkirche** (1733 bis 1735).

B 2 ❸ **Mittenwald**. Seit 1685 kam in diesem außergewöhnlich schönen Luftkur- und Wintersportort das Geigenbauhandwerk zu großer Bedeutung. Das **Geigenbaumuseum** informiert anschaulich über diese Handwerkskunst.

In den Bayerischen Alpen

B 2 und B 23 ❹ **Garmisch-Partenkirchen**. Herausragende Sehenswürdigkeiten der Stadt sind: der reich dekorierte Barockbau **Neue Pfarrkirche St. Mar-**

tin; die Wallfahrtskirche **St. Anton** mit einem schönen **Zwiebelturm** und einem bemerkenswerten **Deckenfresko** im Innern sowie das **Werdenfelser Heimatmuseum**. Im Rahmen der Vier-Schanzen-Tournee findet hier alljährlich das **Neujahrsspringen** der Skispringer statt. Ein Ausflug mit **Reibungs- und Zahnradbahn und Gondel** von der Stadt bis auf die **Zugspitze** ist ein eindrucksvolles Erlebnis.

B 23 ❺ **Ettal**. Ein Ausflug hierher ist wegen des **Klosters Ettal**, ein Juwel des bayerischen Rokokos, sehr empfehlenswert.

Fremdenverkehrsverbände

Fremdenverkehrsverband Starnberger Fünf-Seen-Land
82319 Starnberg
Am Kirchplatz
Tel.: 08151/90600

Werbegemeinschaft Staffelseegebiet
82414 Murnau
Postfach 1416
Tel.: 08841/61410

Gästeinformation Tölzer Land an Isar und Loisach
Landratsamt
83646 Bad Tölz
Bahnhofsplatz 1
Tel.: 08041/505206

Kurverwaltung Schliersee
83722 Schliersee
Postfach 146
Tel.: 08026/60650

Spaß für Kinder

In **Wolfratshausen**, östlich des Starnberger Sees, liegt an der Isar

ein ❻ **Märchenwald**. Hier leben über 200 Märchenfiguren, die zahlreiche Märchenszenen zum Besten geben. Selbstverständlich gibt es auch Fahrattraktionen wie Miniautos, die Westerneisenbahn, eine Drachenschaukel, eine Pferdereitbahn und Nostalgie-Karussells. Zu erreichen über die A 95, Abfahrt Wolfratshausen, von dort weiter über die B 11 bis zur Abfahrt Gewerbegebiet-Farchet. Ab Wolfratshausen ausgeschildert. Kräuterstraße 39, Tel.: 08171/18760.

Regionale Küche

Weitreichend bekannt geworden ist die Weißwurst, welche aus Kalbsbrät, jungem Speck und Petersilie besteht. Nach bayerischer Tradition darf die Weißwurst das »Zwölfuhrläuten nicht hören«, d. h. man sollte sie nur vormittags verzehren. Die Weißwürste würzt man mit süßem Senf, dazu isst man Laugenbrezen.

Ein würziges Weißbier aus hauseigener Brauerei und frische Weißwürste schmecken in **Karg's Bräustüberl**, Untermarkt 27 in Murnau, ganz vorzüglich.

Rund ums Auto

Verkehrsfunk
BR III 91,0 MHz

Höhenkchn.-Siegertsbr.
Brunnthal
Otterloh
Egmating
Faistenhaar
Hofolding
Kastenseeon
Eichhofen
Lorenzen-berg
Moosen
Emmering
Schlacht
Loitersdorf
Aßling
Maierberg
Wurzach
Altenhohenau
Aham
Obing
Aigisham
Seeon
Klosterk.
Peiß
Münster
Berganger
Hohenthann
Lampferding
Dettendorf
Rott
Wörlham
Holzhausen
Ober-Windering
Schönstett
Höslwang
Oberbrunn
Roitham
Aying
Bergham
Biberg
Ostermünchen
Hochstätt
Schechen
Vogtareuth
Halfing
Almertsham
Pelham
Meisham
See
Klein-karolinenfeld
Aschbach
Percha
Ober-Aufham
Holzham
Beyharting
Tattenhausen
Marienberg
Söchtenau
Siegsdorf
Eggstätt
Oberndorf
Gstadt a. Ch.

Feldkirchen-Westerham
Bruckmühl
Bad Aibling
ROSENHEIM
Bad Endorf i. Obb.
Prien a. Ch.

Miesbach
Hausham
Schliersee
Bad Feilnbach
Raubling
Bernau
Grassau

Gmund a. T.
Rottach-Egern
Bad Wiessee
Schliersee
Wendelstein
Brannenburg
Hohenaschau
Kampenwand

Bayrischzell
Sudelfeldhöhe
Brünnstein
Oberaudorf
Kiefersfelden
Kaisergeb.

Kufstein
Wilder Kaiser

Wörgl
Kramsach
Hopfgarten
Kirchberg
Kitzbühel

Jenbach
Schwaz

Ein versenkbarer Tisch auf einer unsinkbaren Insel im Chiemgau

»Tischleindeckdich« wird der versenkbare Tisch genannt, den sich König Ludwig II. von Bayern im Speisesaal seines Schlosses auf Herrenchiemsee installieren ließ. Eine Fülle von Erinnerungsstücken hält auch das König-Ludwig-Museum für den Besucher bereit. Die herrliche Landschaft um den Chiemsee ist ein beliebtes Ferienziel, Städte und Orte in der Region bieten Anlass für schöne Ausflüge.

Prien am Chiemsee

Attraktionen

Mit 18 km Länge und 14 km Breite ist der bis zu 73 m tiefe **Chiemsee** der größte See Bayerns. Der ihn umgebende **Chiemgau** ist mit seinem Übergang vom flachen Land in das Gebirge eine der reizvollsten bayerischen Landschaften.

Die bekannteste der drei Inseln des Chiemsees ist ❶ **Herrenchiemsee**. Mit dem **Königsschloss** ließ König Ludwig II. von Bayern hier eine Nachbildung des Schlosses von Versailles bauen. Von den **Wohnräumen** des Königs sind zu besichtigen: das prunkvoll ausgestattete **Schlafzimmer**, das **Ruhezimmer**, das **Arbeitszimmer** sowie das **Speisezimmer** mit einem versenkbaren Tisch, dem »**Tischleindeckdich**«. Die 98 m lange **Spiegelgalerie** bildet den Höhepunkt der Schlossbesichtigung. An den Bayernkönig erinnern über 400 Gegenstände im **König-Ludwig-Museum**.

Blick von der Winkelmoosalm

Mittelpunkt der Insel ❷ **Frauenchiemsee** ist das **Kloster Frauenchiemsee** mit dem beeindruckenden **Münster**. Eindrucksvolle Ausblicke auf den See locken zu einem Spaziergang über die Insel.

Die kleinste der drei Inseln, die **Krautinsel**, ist unbewohnt.

Freizeit und Kultur

A 8 Abfahrt ❸ **Rosenheim**. Unter den Sehenswürdigkeiten der Stadt sind bemerkenswert: die **Heilig-Geist-Kirche**, die im Jahr 1449 als Privatkirche eines reichen Bürgers erbaut wurde, sowie das einzig erhaltene Stadttor **Mitteltor**, in dem das **Heimatmuseum** mit einer **Sammlung zur Römerzeit** untergebracht ist. Einen Besuch lohnen die **Städtische Galerie** und das **Innmuseum**, welches eine **Wasserbau- und Schifffahrtstechnische Sammlung** beherbergt.

Chiemsee-Panorama

Westlich von Rosenheim liegt das Moorheilbad ❹ **Bad Aibling**. Das **Schloss Prantsack**, im Jahre 1564 erbaut, ist heute Kurheim. Als beeindruckender **Rokoko-Saalbau** mit schönen Stuckaturen präsentiert sich dem Besucher die **Pfarrkirche Maria Himmelfahrt** (1755 bis 1756).

Ebenfalls sehenswert ist die 1756 erbaute **Sebastianskirche**.

A 93 Abfahrt ❺ **Kiefersfelden**. Der beliebte **Ferienort** ist wegen seiner seit 1618 stattfindenden **Ritterspiele** bekannt, die alljährlich im Sommer aufgeführt werden. Darsteller der Theaterstücke sind Bewohner der Stadt. Die Stadt hat eine sehr schöne alte **Kirche**, erbaut im Stil der späteren Gotik, in der Zeit des Barock und des Rokoko jedoch verändert. Bemerkenswert sind der **Hochaltar** (1763) und die **Kanzel** (1770) im Innern der Kirche.

Spaß für Kinder

Über die A 8, Abfahrt Bernau a. Ch., und weiter über die B 305 erreicht man den Ort **Grassau**.

Für kleine Naturforscher ist der ❻ **Moorlehrpfad**, der von hier aus in insgesamt 50 Stationen durch die Moorlandschaft führt und deren Entstehung erklärt, ein unbedingtes Muss.

In der Stadthalle in **Rosenheim** finden gelegentlich **Theaterstücke für Kinder** von vier bis sechs Jahren statt. Die genauen Termine, Anfangszeiten und das Programm erfragen unter Tel.: 08031/3001-24. Kufsteiner Straße 4, die Stadthalle ist im Ort ausgeschildert.

Regionale Küche

In der bayerischen Brotzeit nehmen die einheimischen Käsearten einen festen Platz ein. Zwar kommen die meisten Käsesorten aus großen Käsereibetrieben, doch in einigen Teilen der bayerischen Alpen wird der Käse noch in mühevoller Kleinarbeit von Hand gemacht.

In der Gaststätte **Waitzinger**, Stadtplatz 12 in Miesbach, muss man unbedingt den »Miesbacher« – einen dem Romadur ähnlichen Käse – probieren. Den Flair einer echten bayerischen Brotzeit in Reinkultur kann man im **Herzoglich Bayerischen Brauhaus Tegernsee**, Schloßplatz 1 in Tegernsee, erleben.

247

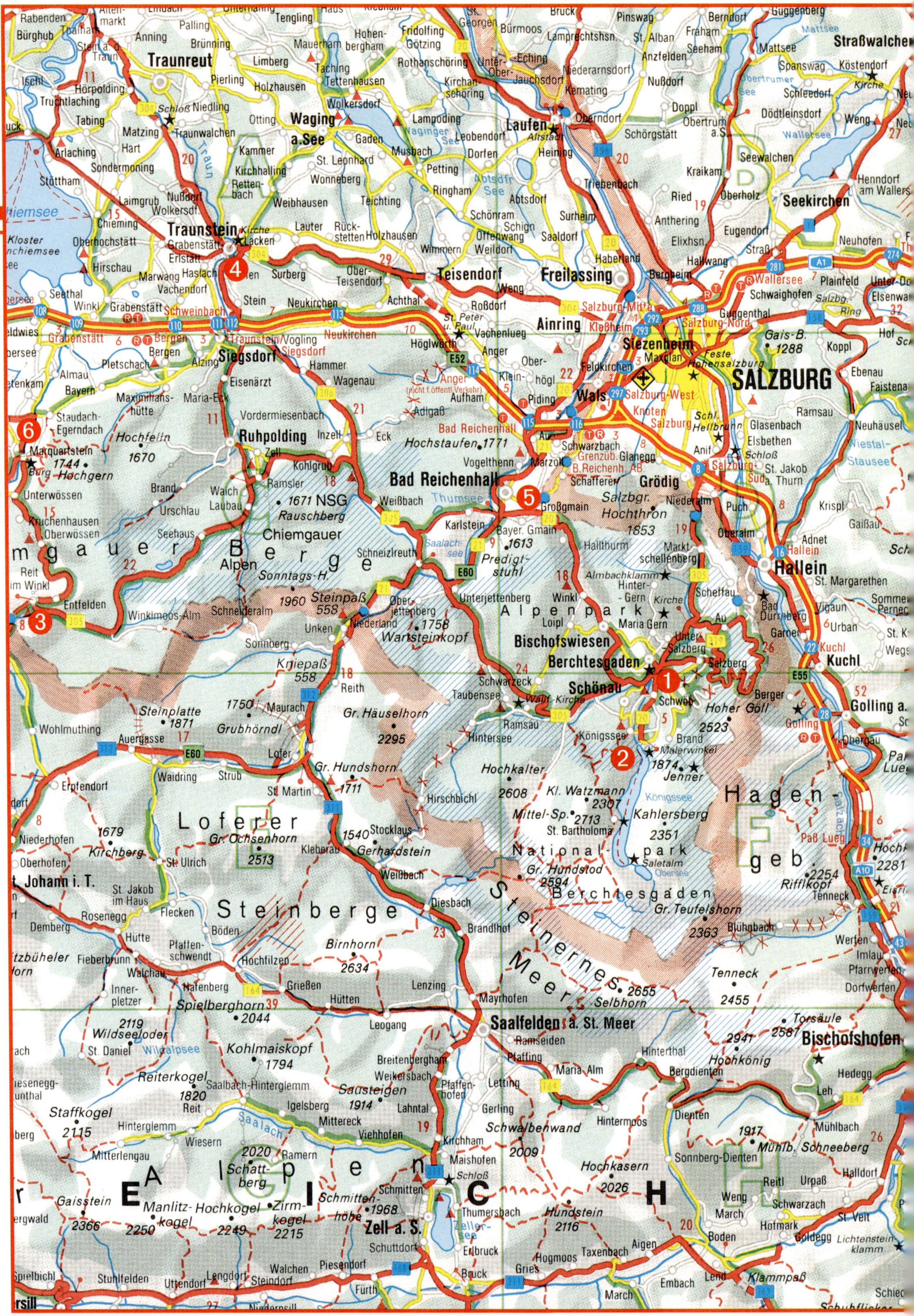
Traunreut
Waging a. See
Laufen
Traunstein
Teisendorf
Freilassing
Siegsdorf
Ruhpolding
Bad Reichenhall
SALZBURG
Salzburg-Mitte
Salzburg-Nord
Salzburg-West
Wals
Siezenheim
Ainring
Grödig
Hallein
Kuchl
Golling a.
Seekirchen
Straßwalchen
Bischofswiesen
Berchtesgaden
Schönau
Chiemgauer Berge
Alpenpark
Nationalpark Berchtesgaden
Hagen-geb.
Loferer Steinberge
Steinernes Meer
Saalfelden a. St. Meer
Zell a. S.
Bischofshofen
Hochkalter 2608
Kl. Watzmann 2307
Mittel-Sp. 2713
Hoher Göll 2523
Hochkönig
Selbhorn 2655
Kitzbüheler Horn
St. Johann i. T.
Unken
Lofer
Waidring
Leogang
Maria Alm
Dienten
Weißbach
Königssee
Obersee
Saalach
Salzach
Steinpaß 558
Kniepaß 558
Hochstaufen 1771
Predigtstuhl
Untersberg
Gr. Hundstod 2594
Gr. Teufelshorn 2363
Tenneck
Werfen
E A l p e n C H
Schmittenhöhe 1968

Entlang der Chiemgauer Berge: Salinen und heilende Wasser

Diese Region ist nicht nur etwas für Wintersportler: Den in Bergmannskluft gekleideten Besucher Berchtesgadens erwartet eine abenteuerliche Fahrt in das alte Salzbergwerk. Ein Ausflug auf dem Königssee bringt unvergessliche Eindrücke von der bizarren Watzmann-Ostwand. Erholung nach Kneipp erfährt man im Traunsteiner Tretbecken »Saukaltes Brünndl«.

Blick auf den Königssee

Attraktionen

B 20 ❶ **Berchtesgaden**. Außer einem herrlichen Ausblick auf den Watzmann und das Steinerne Meer bietet Berchtesgaden noch viele weitere Sehenswürdigkeiten. In der **Stiftskirche St. Peter und Johannes** mit seinem mächtigen frühgotischen Hochchor sind neben dem **Chorgestühl** (1436–1443), dem **Renaissance-Hochaltar** aus Untersberger Marmor auch die **Grabsteine** der Fürstpröbste zu bewundern. Einen Besuch wert sind das reichhaltige **Schlossmuseum** sowie das **Berchtesgadener Heimatmuseum** mit prächtigen Beispielen der Hinterglasmalerei, der Krippenkunst und der feingeäderten Marmorkugeln. Eine außergewöhnliche Attraktion bietet das **Salzbergwerk** an der anderen Flussseite. Dem Besucher, der in Bergmannstracht einfährt, tut sich ein Labyrinth von Stollen, Hallen, Grotten und illuminierten Seen auf. Nach einer Floßfahrt über einen unterirdischen See informiert eine Filmvorführung über die Salzgewinnung.

In den Chiemgauer Bergen

Freizeit und Kultur

Der fjordartige ❷ **Königssee** (B 20) liegt inmitten gewaltiger Bergriesen und ist bis zu 190 m tief. Ein eindrucksvolles Erlebnis ist die vom Dorf Königssee aus startende **Elektrobootfahrt** zur Saletalm. Vorbei an dem über eine 200 m hohe Felswand stürzenden **Königsbach** gelangt man zum Wahrzeichen der Region, zur Kirche **St. Bartholomä** vor der atemberaubenden Kulisse der Watzmann-Ostwand.

Die Reiter Alpen

B 305 ❸ **Reit im Winkl**. Der bekannte Luftkur- und Wintersportort ist berühmt für seine ehemals sehr erfolgreiche Ski-Abfahrtsläuferin Rosi Mittermaier und deren »Hauspiste«, die **Winkelmoosalm**.

B 304 ❹ **Traunstein**. Hier gibt es hervorzuhebende **Kneippanlagen**, wie das Tretbecken »Saukaltes Brünndl«. In der **Salinenkapelle St. Rupert und Maximilian** lassen sich Fresken aus dem 17. Jh. bewundern, die erst 1928 wiederentdeckt wurden. In einem der ältesten Bürgerhäuser der Stadt, der ehemaligen Zieg-

lerwirtschaft, und dem erhaltenen **Brothausturm** ist das **Museum Heimathaus Traunstein** untergebracht.

❺ **Bad Reichenhall**. Das bekannte Heilbad hatte schon in vorrömischer Zeit durch seine Salzvorkommen Bedeutung. Herausragende Sehenswürdigkeit ist das ehemalige **Augustiner-Chorherrenstift St. Zeno** (gegr. 1136) und die **Klosterkirche** (1208), die durch den Wiederaufbau nach einem Brand (1512) gotische Stilelemente erhielt. Zu bestaunen gibt es auch den im 16. Jh. in Marmor gefassten **Hauptbrunnenschacht** in der Alten Saline als Zugang zum unterirdischen Quellenbau. Entspannung verspricht ein Spaziergang durch die herrlichen Anlagen des **Stadtparks** und des **Kurgartens**.

Fremdenverkehrsverbände

Tourismusverband Chiemsee
83209 Prien a. Chiemsee
Alte Rathausstr. 11
Tel.: 08051/2280

Tourismusverband Chiemgau
83278 Traunstein
Ludwig-Thoma-Str. 2
Tel.: 0861/58223

Kur- und Verkehrsverein Bad Reichenhall/ Bayerisch Gmain
83424 Bad Reichenhall
Postfach 2206
Tel.: 08651/95330

Kurdirektion Berchtesgadener Land
83471 Berchtesgaden
Königseer Str. 2
Tel.: 08652/9670

Spaß für Kinder

Südwestlich des Chiemsees an der B 305 liegt der ❻ **Märchen-Erlebnispark Marquartstein**. Hier tut sich vor allem für kleine Kinder eine traumhafte Märchenwelt auf. Herrlich ist auch die Sicht auf die Chiemgauer Berge. Jägerweg 14, Tel.: 08641/7105.

Regionale Küche

Eine besondere Delikatesse der regionalen Küche ist das Kronfleisch. Dabei handelt es sich um das Fleisch vom Zwerchfell des Ochsen, welches sich beim Kochen kräuselt und von der Form her an eine Krone erinnert. Das Kronfleisch wird in Scheiben geschnitten und mit frisch geriebenem Meerrettich sowie Bauernbrot gereicht.

Im Restaurant des Hotels **Sonnenhof**, Hauptstr. 70 in Ruhpolding, findet der Gast internationale wie regionale Küche. Bei der **Windbeutelgräfin Im Mühlenhof**, Brander Str. 37, ebenfalls Ruhpolding, wird viel Wert auf Café-Tradition gelegt.

Rund ums Auto

Verkehrsfunk
BR III 95,9 MHz

249

Oberdörnbach Ergoldsbach Paindlkofen Veitsbuch Mühlhausen Dreifaltig-keitsberg Thürnthenning Töding 16 Pilsting Großköllnbach Landau Wallerfing Ramsd Wisselsdorf Hart-kirchen
Kläham Martinshaun Moosthann Oberköllnbach Lengthal Moosthenning Großköllnbach Harburg Pfarrk. Landau a.d.I. Kammern Pitzling Eichendorf
Ober-ergoldsbach 30 Röhrenbach Unholzing Rimbach Weng Dingol-fing Dornwang Salitersheim Gottfrieding Ober-Bubach Thanhöcking Wolfsdorf Exing Lappersdorf Hörmannsdorf Adldorf Dornach Perbing Schm
Unkofen Artlkofen Unter-unsbach Ober-wattenbach Postau 12 92 Lichtensee Teisbach Geratsberg Hackerskofen Ober-Thanhöcking Mettenhausen Reicherstorf Aufhausen Indersbach
Mirskofen Hader Essenbach Altheim Landsh.-Nord 13 Grießenbach Wörth a.d.I. 16 E53 Niederviehbach a.d. Isar Dingolfing 7 Hirnkofen Dittenkofen Ruhsam Haunersdorf Atten-kaisen Sattlern Münchsh. Thanni
Landsh.-Essenb. 14 Niederaichbach Frauenberg Ober-aichbach Wendelskirchen Unter-weinbach Ob.-Günzkofen Griesbach Rottersdorf Niederhausen Ruppertskirchen Mariakirchen
Ergolding Auloh Deutenkofen Schönbrunn Adlkofen Kröning Loizenkirchen Marklkofen Reisbach Altersberg Oberhausen Eck Kohlstorf Arnstorf
Münster Burg Trausnitz LANDSHUT Jenkofen Dechantsreit Jessendorf Erling Frauenberg Aham 32 Niedertrennbach Frontenhausen 8 Haingersdorf Frankendorf Pischelsdorf Simbach Langgraben Hainberg Mitterhausen
Niederkam Obergangohofen Günzkofen Göttlkofen Wippstetten Gerzen Neuhausen Failnbach Ruhstorf Malgersdorf Jägerkirchen Neukirchen Wammer St. Geo
Geisenhausen Eging Salksdorf Bergham Prosmering Rampoldstetten Kollbach Unter-Rohrbach Rahstorf 26 Döttenau Unter-zeitlarn
Gundihausen Wörnstorf Hermanns-kirchen Vilsbiburg Lichtenhaag Schalkham Johannes-brunn Reicheneibach Sallach Biberg Falkenberg Ober-hausbach Nieder-kirchen Neuhofen Unterhöft
Altfraunhofen 19 794 Haarbach Frauen-sattling Dirnaich Angerbach Melling Wolfsegg Standling Attenham Eggenfelden Kirchen Gern Hebertsfelden Krumgassen Pfarrk
Reitgarten Baierbach Holzhausen Gaindorf Binabiburg Jesenkofen Frauenhasel-bach Thambach Staudach Kirchberg 388 Huldsessen Lohbruck Langeneck Eiberg
Freiling Sulding Unter-schweibach Aich Wolferding Piesenkofen Oberwiesbach Massing 34 Unterdietfurth Niederndorf Martinskirchen Tann 23
Wambach Hohenpölding Geislbach Kirchstetten Erdmanns-dorf Bodenkirchen Egglkofen 39 Elsenbach Bauernhofmus. Hörbering Roßbach Nonnberg Mayrhof Lidorf Mitterskirchen Wurmannsquick Rogglfing Schalldorf Käsberg
Hubenstein 388 Vilslern Hub Eberspoint Harpolden Neumarkt-St. Veit Leoprechting Oberroßbach Hammersbach 388 Arbing Oberwendling Hickerst Zeilarn Schildtm
Bruck Velden Pauluszell Ruprechtsberg Kölbing Feichten St. Johann Bapt. Haunetts-holzen Straß Geratskirchen Ecking 23 Erlbach Sulzberg Gasteig
Aham Moosen Gebensbach Wurmsham Oberensbach Schönberg Hanging 3 Niedertauf-kirchen Langolding Pleiskirchen Wald Rockersbach Reischach Hütting Oberné
Tauf-kirchen Johann-rettenbach Seifriedswörth Aspertsham Irl Brodfurth Kriegstätt Holl Kleßing Endlkirchen 20 Marktherg Oberné
Loiperstätt Eibach Ranoldsberg Lohkirchen Niederberg-kirchen Günzkofen Winhöring Kager Nieder-perach 7 Marktl Marktl
Hampersdorf St. Jakob Buchbach Oberberg-kirchen Rohrbach Erharting Salzing Perach E552 Mittling Stammhar
Dorfen Grüntegernbach Besenbuchbach Stefanskirchen Walkersaich Zangberg Lochheim Mößling Töging 299 Burg 94 Holz Sta
Wasen-tegernbach Wörth Ziegelsham Salmanskirchen Mettenheim Harthausen Altmühldorf Hötzling Kronberg Neuötting 13 Alzgern 17 hausen Haiming
Hausmehring Schwindegg Ober-taufkirchen Weidenbach Ampfing 2 Mühldorf Weiding Teising Kapelle Altötting Piesing
Kleinschwindau Kirchen Schiltern Rattenkirchen 31 Heldenstein Lauterbach Haselbach Kloster Ecksberg Flossing Polling Tüßling Kiefering 5 Emmerting Neuhofen Überack
18 Groß-St. Wolfgang Schönbrunn Oberornau 12 Rattenberg Waldkraiburg Aschau Thann Pürten Wimpasing Frauendorf Grünbach Mörmoosen Kastl Endfelln Mehring Burghausen Burg Barsdor
Klaus Fürholzen Thambach Reichertsheim Ebing Ober-neukirchen Ober-burgkchn. 299 Kastl Wallner 6 Ao
Pyra-moos Diezmanning Kirchdorf Kraiburg a. Inn Pietenberg Forsting Unter-neukirchen 28 Burgkirchen Guffiham Pirach Hochburg
Winden Ramsau Au a. Inn Jettenbach Taufkirchen Hart a.d.A. Hirten Raitenhaslach Wallfahrtsk.
Haslach Joppenpoint Kloster-K. Mittergars Grünthal Spielbichl Garching a. d. Alz Wald Neukirchen Halsbach Klosterkirche Nonnreit St. Radegund
Rechtmehring Lengmoos Gars a. Inn Elsbeth Stadl Zeiling Geisberg Maisenberg Engelsberg Stecken Niederhofen Ober-zeitlarn Aster St. Radegund Tarsdorf Fuckir
14 Freimehring Soyen Wang Titlmoos Waldhausen Wiesmühl Lanzing Kay Kirchheim 138 Ober-miething Tr
Utzenbichl Schleefeld Schambach St. Leonhard Lampertsham Peterskirchen Höbering Tacherting Feichten Kirchweidach 28 Günzelham Leitgering Hofweiden Simling St. Georgen
Brandstätt Edling Wasserburg 1 Weglham Schnaitsee Schmidham Helming Kienberg Heiligkreuz Oberbuch Freutsmoos Bergham Wiesmühl Haus Klebham Pieting
Reitmehring Bach-mehring Schönberg Kirchensur Honau Pößmoos Trostberg Tyrlbrunn Ranham Tyrlaching Ahenham Nilling St. Georgen
Benediktiner-abtei Attel Freiham Eiselfing Alt-Evenhausen Frabertsham 29 Stockham Mögling Engertsham Lindach Palling Unterhafing Tengling Hohen-bergham Götzing Rothanschöring
Ramerberg Maierhof Kloster Altenhohenau Zillham Amerang Albertaich Obing Thalham Bürghub Anning Brünning Mauerham Fridolfing Göging
Grießstätt Wörlham Holzhausen Schonstett Pittenhart Seeon Stein a.d. Traun Traunreut Limbach Pierling Taching Tettenhause
Schloß Kloster-K. Seebruck Hörndm Winhoring Italien Kirchan

An Inn und Salzach: Historische Städte, Wallfahrt und eine Burg

An Inn und Salzach liegen über diverse Bundesstraßen gut zu erreichende historische Städte und Stätten, die einen längeren Ausflug in die Region unbedingt lohnen. Angefangen mit dem einmalig gelegenen Wasserburg über das für die Region typische Mühldorf am Inn und das vor allem als Wallfahrtsort berühmte Altötting bis hin zu Burghausen, welches von einer imposanten Burg überragt wird.

Burg Trausnitz in Landshut

Attraktionen

B 15 und B 30 ❶ **Wasserburg** am Inn. Die wie auf einer Halbinsel in einer Flussschleife des Inn

Wasserburg am Inn

liegende Stadt ist wegen ihres **historischen Charmes** beliebtes Reiseziel. Herausragende Sehenswürdigkeiten sind: die Pfarrkirche **St. Jakob** mit einer **barocken Innenausstattung** (1639); die Kapelle **St. Achatz**; die **Frauenkirche** mit einem **Gnadenbild** auf dem Hochaltar; das altertümliche **Brucktor**, von dem aus die Brücke über den Inn führt; das prächtige **Kernhaus** sowie das gotische **Rathaus**. Empfehlenswert ist ein Besuch des **Städtischen Museums** im Heimathaus.

Freizeit und Kultur

B 12 ❷ **Mühldorf am Inn**. Ein Halt lohnt hier, um die **Frauenkirche** (1640 bis 1643), die Stadtpfarrkirche **St. Nikolaus** (13. Jh.) sowie das spätgotische **Rathaus** zu besichtigen. Schön anzuschauen

ist der **Stadtplatz**, der von bunten, für die Region typischen Häuserzeilen gesäumt ist.

B 299 ❸ **Neumarkt-St. Veit**. Die gotische Klosterkirche **St. Veit** mit einer eigentümlichen **Zwiebelhaube** auf dem Turm ist einen Besuch wert.

B 299 ❹ **Landshut** (Information s. Seite 237).

B 12 ❺ **Altötting**. Die Stadt ist einer der bekanntesten Wallfahrtsorte und wird jährlich von etwa 1 Mio. Pilger besucht. Mittelpunkt der Stadt ist die **Gnaden-**

Romantisches Niederbayern

kapelle, bestehend aus einem inneren **Oktogon** und einem gotischen **Langhaus**. Von Wunderheilungen berichten die **Votivbilder** entlang des Umgangs, der um die Kirche führt. Die dort liegenden schweren **Holzkreuze**

werden von Pilgern um die Kirche getragen. Im Innern der Kirche sind kunstvolle **Reliquien** und weitere **Votivbilder** und **-gaben** zu sehen. Neben dem Hauptportal der beachtenswerten Stifts- und Wallfahrtskapelle **St. Philippus und Jakobus** steht die berühmte Uhr mit dem **Tod von Altötting**, der sekündlich die Sense schwingt. Besonders sehenswert ist der reich geschnitzte **Orgelprospekt** aus dem Jahr 1725. Von außen zugänglich ist die Schatzkammer, in der u. a. die Goldschmiedearbeit **Das Goldene Rößl** (um 1400) zu bewundern ist.

B 20 ❻ **Burghausen**. Die Stadt an der Salzach wird von der imposanten **Burg** überragt, die zu einer ausgedehnten Besichtigung einlädt. Empfehlenswert ist ein Spaziergang durch die schöne mittelalterliche **Altstadt**.

Fremdenverkehrsverbände

Landratsamt Dingolfing
94130 Dingolfing
Obere Stadt 1
Tel.: 08731/4081
Verkehrsverein Landshut
84028 Landshut
Altstadt 315
Tel.: 0871/922050
Tourismusverband Rottal-Inn
84347 Pfarrkirchen
Ringstr. 4–7
Tel.: 08561/20268
Fremdenverkehrsgemeinschaft Inn-Salzach
84503 Altötting
Kapellplatz 2a
Tel.: 08671/506228

Spaß für Kinder

Nicht nur der Name des Freizeitbades ❼ **Caprima** in **Dingolfing** erinnert an die italienische Sonneninsel Capri. A 92, Abfahrt Dingolfing, Stadionstr. 44, Tel.: 09731/4614.

Von Norden kommend über die B 20 biegt man hinter Mettenhausen nach **Reisbach** ab und erreicht den ❽ **Bayern-Park**: Park mit Rot- und Damwild, Drachentretbahn, Trampolinspringen. Tel.: 08734/817.

Regionale Küche

Gegenstand eines jahrzehntelang im Bayerischen Wald geführten Glaubenskriegs zwischen »Büchelsteinern« aus Grattersdorf und »Pichelsteinern« aus Regen war die historisch genaue Herkunft des wohl bekanntesten Eintopfgerichts – des Pichelsteiners. Dieser besteht aus Fleisch vom Kalb, Schwein und Ochsen, das mit unterschiedlichem Wintergemüse zwei Stunden in einem Kessel gedünstet wird.

Der **Fürstenhof**, Stethaimer Str. 3 in Landshut, bietet Hausmannskost auf höchstem Feinschmeckerniveau in dezent rustikalem Ambiente.

251

Rund ums Auto

Verkehrsfunk
BR III 100,1 MHz

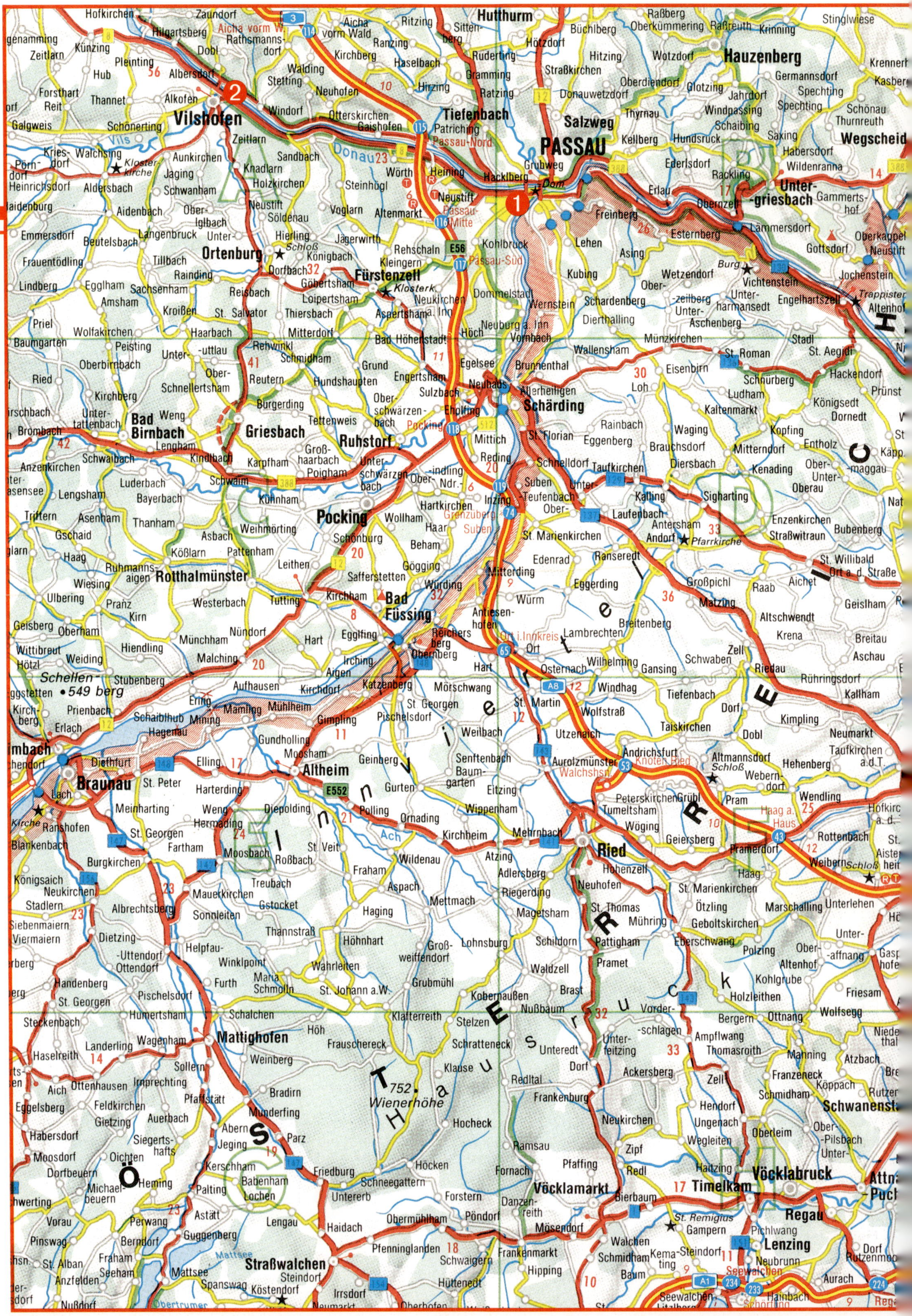

Hofkirchen
Zaundorf
Hilgartsberg
Aicha vorm W.
Rathsmanns-dorf
Aicha vorm Wald
Ritzing
Sitten-berg
Hutthurm
Büchlberg
Raßberg
Oberkümmering
Raßreuth
Krinning
Stinglwiese
Künzing
Pleinting
Dobl
Kirchberg
Ranzing
Haselbach
Ruderting
Hötzdorf
Hitzing
Wotzdorf
Hauzenberg
Krennert
Kasberg
Zeitlarn
Hub
Albersdorf
Walding
Stetting
Neuhofen
Gramming
Straßkirchen
Oberdiendorf
Glotzing
Germannsdorf
Forsthart
Reit
Thannet
Alkofen
Vilshofen
Windorf
Otterskirchen
Gaishofen
Tiefenbach
Patriching
Passau-Nord
Ratzing
Donauwetzdorf
Thyrnau
Jahrdorf
Windpassing
Spechting
Schönau
Thurnreuth
Galgweis
Schönerting
Vils
Donau
Zeitlarn
Salzweg
Kellberg
Hundsruck
Schaibing
Saxing
Wegscheid
Kries-dorf
Walchsing
Kloster-kirche
Aunkirchen
Knadlarn
Sandbach
Wörth
Heining
Passau
Hacklberg
Grubweg
Dom
Edlersdorf
Rackling
Habersdorf
Wildenranna
Pörndorf
Heinrichsdorf
Aldersbach
Jaging
Schwanham
Holzkirchen
Steinhögl
Neustift
Passau-Mitte
Erlau
Obernzell
Unter-griesbach
Gammerts-hof
Aidenbach
Ober-iglbach
Söldenau
Voglarn
Altenmarkt
Freinberg
Lämmersdorf
Oberkappel
Neustift
Emmersdorf
Beutelsbach
Langenbruck
Unter-
Hierling
Jägerwirth
Kohlbruck
Passau-Süd
Lehen
Esternberg
Gottsdorf
Frauentödling
Tillbach
Ortenburg
Schloß
Königbach
Rehschaln
Kleingern
Fürstenzell
Asing
Burg
Jochenstein
Lindberg
Egglham
Amsham
Sachsenham
Raiding
Dorfbach
Göbertsham
Loipertsham
Kloster
Neukirchen a. Inn
Dommelstadl
Kubing
Wetzendorf
Ober-
Vichtenstein
Trappisten
Engelhartszell
Altenhof
Priel
Wolfakirchen
Kroißen
St. Salvator
Reisbach
Thiersbach
Aspertsham
Wernstein
Schardenberg
-zeilberg
Unter-
Unter-harmansedt
Aschenberg
Baumgarten
Peisting
Unter-
-uttlau
Haarbach
Rehwinkl
Mitterdorf
Bad Höhenstadt
Höch
Neuburg a. Inn
Vornbach
Dierthalling
Münzkirchen
Stadl
St. Aegidi
Oberbirnbach
Schmidham
Egelsee
Wallensham
St. Roman
Ried
Schnellertsham
Ober-
Reutern
Hundshaupten
Grund
Engertsham
Brunnenthal
Eisenbirn
Hackendorf
Kirchberg
Unter-tattenbach
Bad Birnbach
Weng
Burgerding
Ober-schwärzen-bach
Sulzbach
Neuhaus
Allerheiligen
Schärding
Loh
Schnürberg
Ludham
Prünst
Brombach
Lengham
Griesbach
Tettenweis
Ruhstorf
Pocking
Egglfing
Mittich
St. Florian
Rainbach
Eggenberg
Waging
Kaltenmarkt
Königsedt
Dornedt
Anzenkirchen
Schwaibach
Kindlbach
Karpfham
Groß-haarbach
Poigham
Unter-schwärzen-bach
Reding
Schnelldorf
Taufkirchen
Brauchsdorf
Diersbach
Kopfing
Mitterndorf
Entholz
Ober-
Unter-
-maggau
Kapp
Lengsham
Luderbach
Bayerbach
Schwaim
Kühnham
Ober-
-indling
Ndr.-
Suben
Teufenbach
Ober-
Unter-
Kalling
Sigharting
Kenading
Oberau
Triftern
Asenham
Thanham
Weihmörting
Pocking
Wollham
Hartkirchen
Grenzübergang Suben
Laufenbach
Antersham
Andorf
Pfarrkirche
Enzenkirchen
Straßwitraun
Bubenberg
Gschaid
Asbach
Haar
St. Marienkirchen
Haag
Kößlarn
Pattenham
Schönburg
Beham
Edenrad
Ranseredt
St. Willibald
Ort a. d. Straße
Wiesing
Ruhmanns-aigen
Rotthalmünster
Leithen
Safferstetten
Gögging
Mitterding
Eggerding
Großpichl
Raab
Aichet
Ulbering
Pranz
Westerbach
Tutting
Kirchham
Bad Füssing
Würding
Würm
Matzing
Geislham
Kirn
Antiesen-hofen
Breitenberg
Altschwendt
Geisberg
Oberham
Nündorf
Münchham
Hart
Eggfing
Reichers-berg
Ort i. Innkreis
Ort
Lambrechten
Krena
Breitau
Wittibreut
Hiendling
Zell
Aschau
Hötzl
Weiding
Malching
Irching
Obernberg
Wilhelming
Gansing
Schwaben
Riedau
Schellen-berg
549
Stubenberg
Aigen
Hart
Osternach
Rühringsdorf
Kirch-berg
Prienbach
Aufhausen
Kirchdorf
Katzenberg
Mörschwang
Windhag
Tiefenbach
Kallham
Erlach
Ering
Mühlheim
St. Georgen
St. Martin
Wolfstraß
Dorf
Kimpling
Schaiblhub
Hagenau
Mamling
Mining
Gimpling
Pischelsdorf
Weilbach
Utzenaich
Taiskirchen
Dobl
Neumarkt
Simbach
Gundholling
Moosham
Senftenbach
Andrichsfurt
Altmannsdorf
Taufkirchen a.d.T.
Diethfurt
Elling
Altheim
Geinberg
Baum-garten
Aurolzmünster
Walchshsn.
Knoten Ried
Schloß
Weberndorf
Hehenberg
Braunau
St. Peter
Harterding
Gurten
Eitzing
Peterskirchen
Grübl
Pram
Wendling
Lach
Meinharting
Weng
Diepolding
Polling
Wippenham
Tumeltsham
Haag a. Haus
Hofkirchen a. d.
Kirche
Ranshofen
St. Georgen
Hermading
Ach
Ornading
Kirchheim
Mehrnbach
Wöging
Geiersberg
Pramerdorf
Rottenbach
Blankenbach
Fartham
Moosbach
St. Veit
Ried
Hohenzell
Weibern
Schloß
Burgkirchen
Roßbach
Wildenau
Atzing
Adlersberg
Haag
Königsaich
Neukirchen
Treubach
Fraham
Aspach
Mettmach
Riegerding
Neuhofen
St. Marienkirchen
Unterlehen
Stadlern
Mauerkirchen
Gstocket
Haging
Magetsham
St. Thomas
Mühring
Ötzling
Marschalling
Siebenmaiern
Albrechtsberg
Sonnleiten
Thannstraß
Höhnhart
Groß-weiffendorf
Lohnsburg
Schildorn
Pattigham
Geboltskirchen
Ober-
Unter-
-affnang
Viermaiern
Dietzing
Helpfau-
Eberschwang
Polzing
Altenhof
-Uttendorf
Ottendorf
Winklpoint
Wahrleiten
Pramet
Kohlgrube
Handenberg
Furth
Maria Schmolln
Grubmühl
Waldzell
Brast
Holzleithen
Friesam
St. Georgen
Pischelsdorf
St. Johann a.W.
Kobernaußen
Nußbaum
Vorder-
-schlagen
Bergern
Ottnang
Wolfsegg
Steckenbach
Humertsham
Schalchen
Klafterreith
Stelzen
Unter-feitzing
Ampflwang
Landerling
Wagenham
Mattighofen
Höh
Frauschereck
Schratteneck
Unteredt
Thomasroith
Haselreith
Sollern
Weinberg
Klause
Dorf
Ackersberg
Manning
Atzbach
Ottenhausen
Imprechting
Bradirn
752
Wienerhöhe
Redltal
Zell
Franzeneck
Köppach
Aich
Pfaffstätt
Frankenburg
Schmidham
Eggelsberg
Feldkirchen
Munderfing
Hocheck
Hendorf
Schwanenstadt
Gietzing
Auerbach
Neukirchen
Ungenach
Oberleim
Ober-
-Pilsbach
Unter-
Habersdorf
Siegerts-hafts
Abern
Jeging
Parz
Ramsau
Wegleiten
Moosdorf
Oichten
Zipf
Dorfbeuern
Heming
Kerschham
Friedburg
Höcken
Pfaffing
Redl
Haitzing
Vöcklabruck
Michael-beuern
Palting
Babenham
Lochen
Schneegattern
Fornach
Vöcklamarkt
Timelkam
Attnang-Puchheim
Schwerting
Lengau
Untererb
Forstern
Danzen-reith
Bierbaum
Regau
Vorau
Astätt
Perwang
Haidach
Obermühlham
Pöndorf
Mösendorf
St. Remigius
Gampern
Pichlwang
Pinswag
Berndorf
Guggenberg
Walchen
Lenzing
Dorf
St. Alban
Fraham
Seeham
Mattsee
Straßwalchen
Pfenninglanden
Schwaigern
Frankenmarkt
Schmidham
Kema-ting
Steindorf
Neubrunn
Rutzenmoos
Anzfelden
Spanswag
Steindorf
Köstendorf
Hipping
Seewalchen
Aurach
Irrsdorf
Hüttenedt
Baum
Seewalchen
Hainbach
Nußdorf
Obertrumer
Neumarkt
Oberhofen
Litzlberg
Schörfling
Ö
S
T
E
R
R
E
I
C
H
I
n
n
v
i
e
r
t
e
l
H
a
u
s
r
u
c
k

Kraftvolle Reden an Donau, Inn und Ilz

Alljährlich findet in Passau der Politische Aschermittwoch statt, der seinen Ursprung jedoch in Vilshofen hat. Politiker ziehen an diesem traditionellen Tag alle Register der Rhetorik. 231 Register kann der Organist an der Orgel im Dom zu Passau ziehen, die zu den größten der Welt zählt. Wer in Passau Station macht, sollte nicht versäumen, die schöne Landschaft vom Schiff aus zu genießen.

Dom St. Stephan in Passau am Inn

Attraktionen

A 3 Abfahrt ❶ **Passau**. Die Bischofsstadt liegt am Zusammenfluss von Donau, Inn und Ilz, direkt an der Grenze zu Österreich. Die Stadt hat den Beinamen »das bayerische Venedig«, da sie nach Hochwasser- und Brandkatastrophen ganz im Stile des **italienischen Barock** aufgebaut wurde. Prachtvoll steht der **Dom St. Stephan** im Zentrum der Stadt. Das Innere des hochbarocken Sakralbaus ist überwältigend: **Fresken, Stuckaturen, Atlanten** und **Arkadenbögen** sind im Stil des italienischen Barock gehalten. Als besonders wertvoller Kunstschatz gilt die **goldene Kanzel** aus dem 18. Jh. Mit 231

Festung Oberhaus in Passau

eines **Marienbildes** von Lucas Cranach d. Ä. und die sog. **Kaiserampel** aus dem Jahr 1676 zu sehen. Hoch über dem Donauufer erhebt sich die **Veste Oberhaus** (13. bis 16. Jh.). In der ehemaligen Festung sind ein **Museum** mit klerikaler Kunst, stadtgeschichtli-

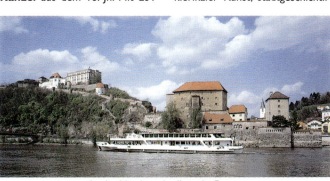

An der Mündung der Ilz in die Donau

Registern und über 17.000 Pfeifen zählt die **Orgel** aus dem Jahr 1928 zu den größten der Welt. Weitere Sehenswürdigkeiten der Stadt sind: die **Neue Bischöfliche Residenz** mit **Rokoko-Treppenhaus**, einer schönen **Bibliothek**, dem für den Besucher offenstehenden **Großen Hofsaal** sowie dem **Diözesanmuseum** und dem **Domschatz**. Auf dem 358 m hohen **Mariahilf-**

berg ist das **Kloster Maria Hilf** gelegen. In der doppeltürmigen **Wallfahrtskirche** ist eine Kopie

chen und volkskundlichen Sammlungen sowie das **Niederbayerische Feuerwehrmuseum** und das **Böhmerwaldmuseum** untergebracht. Neben dem **Spielzeugmuseum** mit Unikaten alter europäischer und amerikanischer Spielzeuge ist das **Passauer Glasmuseum** besonders zu empfehlen. Es ist im **Hotel Wilder Mann** untergebracht, wo auf vier Etagen zigtausende Glasge-

genstände aus Bayern, Böhmen und Österreich zu bewundern sind. Für abwechslungsreiche Erholung sorgt eine **Schifffahrt auf der Donau** nach Engelhartszell. Beim Kraftwerk Jochenstein liegt eine **Schleusung**, wo das Schiff um mehr als 10 m gesenkt bzw. gehoben wird.

Freizeit und Kultur

B 8 ❷ **Vilshofen**. In der Stadt an Donau und Vils hat der »**Weissblaue Aschermittwoch**«, Tag kraftvoller Reden vornehmlich bayerischer Politiker, seinen Ursprung. Aus Platzgründen wurde diese Attraktion 1975 nach Passau verlegt. Wahrzeichen der Stadt ist der **Stadtturm**. Dem Renaissancebau ist ein **achteckiges Geschoss** aufgesetzt. Der aufwendige **Hochaltar** (1719) in der **Pfarrkirche St. Johannes** verdient besondere Beachtung.

Fremdenverkehrsverbände

Tourist-Info Passauer Land
94034 Passau
Kirchensteig 2
Tel.: 0851/9496016
Passau Tourismus e.V.
94032 Passau
Bahnhofstr. 36
Tel.: 0851/95598–0
Niederbayerische Heil- und Thermalbäder
94072 Bad Füssing
Rathausstr. 8
Tel.: 08531/975595

Spaß für Kinder

In der Stadt **Passau** fließen die Donau, der Inn und die Ilz zusammen. Auf einer **Drei-Flüsse-Fahrt** kann man in den wärmeren Monaten die Stadt vom Schiff aus erleben. Besonders interessant an der Stelle, wo alle drei zusammenfließen, ist die unterschiedliche Farbe der einzelnen Flüsse: Die Donau ist braun, der Inn, der aus den Alpen kommt, blau, und die Ilz ist sehr dunkel, beinahe schwarz. Eine Rundfahrt dauert eine dreiviertel Stunde, Anlegestelle ist der Rathausplatz. Fahrzeiten und Kosten können Sie erfragen unter Tel.: 0851/929292.

Regionale Küche

Typische Beispiele für die einfache Küche Niederbayerns sind solch von der Kartoffel beeinflusste Gerichte wie die Rahmerdäpfel, also Kartoffeln mit Sauerrahm, oder auch der Kartoffelschmarrn ein mit der Gabel zerteiltes herzhaftes Omelett.

Im **Bräustüberl Hacklberg**, Bräuhausplatz 7 in Passau, trinkt man zu den dort servierten urbayerischen Schmankerln das jedem Bierkenner geläufige würzige Hacklberger »Zwicklbier«.

253

Ortsregister